Les Éditions du Boréal
4447, rue Saint-Denis
Montréal (Québec) H2J 2L2
www.editionsboreal.qc.ca

Ma Vie

DU MÊME AUTEUR EN LANGUE FRANÇAISE

L'Arbre, une vie (en collaboration avec Wayne Grady), illustrations de Robert Bateman, Boréal, 2005.

L'Équilibre sacré, redécouvrir sa place dans la nature (en collaboration avec Amanda McConnell), Fides, 2001.

La Sagesse des anciens (en collaboration avec Peter Knudtson), Éditions du Rocher, 1996.

En route vers l'an 2040, un portrait saisissant de l'état actuel de notre planète et des illusions qui menacent notre avenir (en collaboration avec Anita Gordon), Libre expression, 1993.

POUR ENFANTS

Écolo-jeux (en collaboration avec Kathy Vanderlinden), Trécarré, 2001.

David Suzuki

Ma Vie

traduit de l'anglais (Canada)
par Claire Laberge

Boréal

Crédits photo : CBC (88, 95, 116, 119, 415, 451) ; Jeff Topham (243) ; fondation David Suzuki (291, 308, 327) ; Lance Webster (442) ; Annie Liebowitz / Contact Press Images, photo parue à l'origine dans Vanity Fair *(463) ; Jeff Gibbs (500) ; Photo de la CBC prise par Greg Pacek pour* The Nature of Things with David Suzuki *(502).*

David
Suzuki
Foundation

SOLUTIONS ARE IN OUR NATURE

www.davidsuzuki.org

www.equiterre.org

La traduction de cet ouvrage a été rendue possible grâce à une aide financière du Conseil des Arts du Canada et du ministère du Patrimoine canadien par l'entremise du Programme d'aide au développement de l'industrie de l'édition.

Les Éditions du Boréal sont inscrites au Programme d'aide aux entreprises du livre et de l'édition spécialisée de la SODEC et bénéficient du Programme de crédit d'impôt pour l'édition de livres du gouvernement du Québec.

Photo de la couverture : Chick Rice.

L'édition originale de cet ouvrage est parue en 2006 chez Greystone Books sous le titre *David Suzuki : the Autobiography.*

Diffusion au Canada : Dimedia
Diffusion et distribution en Europe : Volumen

Catalogage avant publication de Bibliothèque et Archives Canada
Suzuki, David, 1936-
   David Suzuki : ma vie
   Autobiographie.
   Traduction de : David Suzuki : the Autobiography.
   Comprend un index.

   ISBN 2-7646-0447-5

   1. Suzuki, David, 1936- . 2. David Suzuki Foundation. 3. Environnementalistes – Canada – Biographies. 4. Généticiens – Canada – Biographies. 5. Écrivains canadiens-anglais – 20ᵉ siècle – Biographies. I. Titre.

GE56.S99A3   2006b   333.72092   C2006-940550-6

Du fond du cœur, je remercie le grand public qui a rendu possible l'ensemble de mon œuvre, et je lui dédie ce livre.

Vous avez regardé mes émissions, vous les avez écoutées ; vous avez pris connaissance des idées que j'ai exprimées dans des essais, des articles et des livres, vous y avez réfléchi et répondu.

Je vous remercie de votre soutien, qui a donné poids et visibilité à mes projets et m'a permis de surmonter de nombreux obstacles et de faire fi de maints détracteurs.

Ce soutien a été un grand honneur, un immense privilège, tout en me donnant une responsabilité, dont j'ai essayé à ma manière, imparfaite et humaine, d'être digne.

Ma vie et ma carrière à l'université, dans la recherche et les médias, n'auraient pas été possibles sans l'appui généreux et enthousiaste qu'un très grand nombre de personnes m'ont apporté de multiples façons.

À mes aînés — maman, papa, Harry, Freddy

À l'amour de ma vie, mon ancre — Tara

À l'avenir — Tamiko, Troy, Laura, Severn, Sarika, Tamo, Midori, Jonathan

Aux nombreux étudiants, chercheurs et associés qui ont fait de mon laboratoire un milieu si dynamique, si stimulant et si productif.

Aux dizaines d'employés de la radio et de la télévision de la CBC, de recherchistes pigistes, de rédacteurs et de profession-nels des médias qui m'ont permis de me montrer sous mon meilleur jour, ce qui, comme me l'a rappelé Jim Murray, n'est pas une tâche facile.

Aux centaines de bénévoles, d'employés et d'associés qui ont fait de la fondation un milieu si dynamique, si plaisant et si positif.

Aux dizaines de milliers de personnes qui ont apporté une aide si généreuse à la fondation.

À Élois Yaxley, pour avoir mis un peu d'ordre dans ma vie.

À Rob Sanders, de Greystone, et à Patrick Gallagher, de Allen & Unwin Publishers, pour votre appui constant.

À Nancy Flight et à Wendy Fitzgibbons, pour avoir fait de ma prose un texte lisible.

À ma jeune sœur Aiko, qui m'a tant appris sur la vie et qui est décédée à la toute fin de 2005.

Préface

En 1986, l'année de mes cinquante ans, j'ai eu la témérité de rédiger *Metamorphosis : Stages in a Life*, qui ne se voulait pas une autobiographie, mais bien une série d'essais. Mon éditeur m'a incité à ajouter des anecdotes et du matériel personnel de plus en plus abondant, si bien qu'il ne restait plus que trois essais à la fin du livre. J'ai été étonné et ravi de voir que les gens s'intéressaient aux événements de ma vie, et ce livre s'est vendu mieux que tous mes autres. À l'époque, à peine âgé d'un demi-siècle, je ne croyais pas avoir suffisamment mûri pour contempler ma vie de manière éclairée. Aujourd'hui, vingt ans plus tard, je sais que j'étais encore un enfant immature, et même maintenant, dans le miroir, j'ai de la difficulté à concilier le vieil homme qui me regarde avec la personne encore jeune d'esprit qui se trouve derrière le visage.

Bien que tous les êtres humains sur Terre, en tant que membres d'une seule espèce, partagent la même anatomie du cerveau, la même chimie des neurones et de semblables organes des sens, chacun de nous « perçoit » le monde de façon très personnelle, à travers des filtres perceptuels formés par nos expériences et nos gènes, notre identité sexuelle, notre origine ethnique, notre foi religieuse et notre statut socio-économique. Essentiellement, notre cerveau traite l'information relayée par nos organes sensoriels et y donne un sens dans le contexte de notre histoire personnelle et des valeurs et croyances que nous avons acquises.

Maintenant que mon corps vieillissant m'impose certaines limites et m'oblige à ralentir le rythme, je passe plus de temps à réfléchir, à tenter de mettre un certain ordre dans mes expériences les plus mémorables, à la façon dont les scientifiques écrivent un rapport ou un article de recherche. Nos interrogations nous mènent sur plusieurs chemins : nous nous engageons dans des ruelles sans issue, empruntons une voie rapide ou un raccourci, avançons en zigzags lorsque nous sondons un phénomène intéressant. Puis, quand vient le temps de rédiger, nous trions les expériences, nous en éliminons quelques-unes et organisons le reste dans un ordre qui crée l'illusion qu'un fil conducteur nous a guidés de la question initiale aux résultats finals.

Il en va ainsi de l'histoire de ma vie. Ma mémoire n'est pas photographique (Dieu merci), et certains événements qui seraient peut-être passés inaperçus pour quelqu'un d'autre me sont restés gravés à l'esprit, alors que d'autres moments, apparemment plus frappants, se sont estompés. Ceci est donc une histoire que j'ai créée en repêchant de petits morceaux parmi soixante-dix années de vie. Les quatre premiers chapitres survolent les cinquante premières années, sous un angle quelque peu différent de celui retenu dans *Metamorphosis*, et offrent d'autres faits sur ces années ; le reste du livre décrit des événements survenus ces vingt dernières années.

Pourquoi s'intéresserait-on à ma vie ? Je sais qu'on aime souvent fouiner dans les parties cachées de la vie des personnes qui ont acquis une certaine notoriété, dans l'espoir de trouver des ragots croustillants, des signes de faiblesse ou des défauts qui les font dégringoler de leur piédestal, ou simplement pour en savoir plus sur une personne bien connue. Je n'entends pas satisfaire cette curiosité. Plutôt, à titre d'« aîné », j'espère que ces pensées que m'ont inspirées ma vie pourront conduire le lecteur à les appliquer à la sienne.

CHAPITRE 1

Mon enfance heureuse
dans une province raciste

Les immigrants japonais ont commencé à arriver au Canada en grand nombre à la fin du XIXe siècle, attirés par l'extraordinaire abondance de terres, de poissons et de forêts, sources de richesse. Petits, industrieux, dégageant une odeur de mets bizarres, s'exprimant avec un fort accent, ces nouveaux venus asiatiques semblaient appartenir à un autre genre humain, prêts à vivre entassés pour économiser leur argent durement gagné. On a alors adopté des lois leur interdisant de voter, d'acheter des terres et de s'inscrire à l'université.

Comme bien d'autres Japonais, mes grands-parents sont venus au Canada non pas parce qu'ils rêvaient d'une nouvelle vie ici, mais bien parce qu'au Japon ils étaient prisonniers d'une pauvreté extrême. Je ne peux imaginer les conditions épouvantables qui les ont poussés à tenter leur chance dans un pays qui les percevait comme une race sous-humaine. Le Japon était leur patrie, et ils avaient l'intention d'y retourner après avoir amassé un pécule. Mais ils s'embarquaient pour un voyage vers un pays lointain, d'où ils n'étaient pas sûrs de revenir. Après ma naissance, les parents de mon père ne sont jamais retournés au Japon, alors que ceux de ma mère ne l'ont regagné qu'après la Seconde Guerre mondiale, désenchantés du traitement reçu au Canada. Ils se sont établis à Hiroshima et sont tous deux décédés moins d'un an plus tard.

Mes grands-parents ont commencé leur vie au Canada avec rien de plus que l'espoir et que la volonté de travailler. Ils n'avaient pas d'instruction, ne parlaient pas anglais et étaient issus d'une culture totalement étrangère aux Canadiens, dont la mentalité et les perspectives sur tout, de la famille aux coutumes, étaient différentes des leurs. À l'instar des foules d'immigrants qui sont venus ici depuis deux siècles, mes grands-parents voyaient le Canada comme une terre d'avenir et d'abondance. La petite histoire suivante résume bien cette idée. Deux immigrants arrivent au Canada un dimanche et vont se promener dans la rue. L'un des deux regarde par terre, aperçoit un billet de vingt dollars et se penche pour le ramasser. Son ami l'arrête et lui dit : « Laisse-le là, nous commençons à travailler seulement demain. » Aujourd'hui, je vois la famille chinoise qui exploite le dépanneur du coin, le chauffeur de taxi punjabi qui travaille de longues heures et les travailleurs saisonniers mexicains qui cueillent des légumes ; il s'agit là d'emplois que peu de Canadiens d'origine sont prêts à occuper. Ces gens font partie du flot d'immigrants qui, comme mes grands-parents, ont enrichi, avec leur vigueur, leurs coutumes, langues et croyances exotiques, ce qui est devenu une société largement multiculturelle. Mais, au début du siècle dernier, ce pays n'offrait aucune garantie constitutionnelle.

Mon père et ma mère sont nés à Vancouver en 1909 et 1910, respectivement, et ont survécu au traumatisme de la Crise de 1929 grâce à leur dur labeur et au grand soutien de la famille élargie qui serrait les rangs par nécessité économique et par résistance aux forces du racisme dans la Colombie-Britannique de cette époque. Les Asiatiques, étrangers ou nés au Canada, étaient isolés des autres Canadiens par les barrières de la langue, de l'apparence physique et du mode de vie. Mes parents sont allés à l'école avec d'autres Canadiens et, puisque le japonais était leur langue maternelle, ils sont vite devenus parfaitement bilingues et ont eu de nombreux amis non japonais. La fréquentation de l'école était une grande priorité pour leurs parents, et ils ont ainsi tous deux terminé leurs études secondaires, ce qui représentait un bon niveau d'instruction dans les années 1920. Ils ont enduré avec stoïcisme le racisme qu'ils croisaient à l'école, dans les magasins et dans la rue, mais seuls les plus rebelles des Canadiens japonais du temps auraient jamais pensé à fréquenter, sans parler d'épouser, une personne blanche. Chacun des neuf enfants des familles de mes parents a épousé un Japonais (aujourd'hui, parmi leurs dizaines d'enfants et de petits-enfants, seule ma sœur jumelle Marcia est mariée à un Japonais). Même si leur vie sociale était axée sur la famille et la communauté japonaise, mes parents se sentaient pleinement canadiens.

Travailler fort faisait partie de leur vie depuis l'enfance. Vers l'âge de dix ans, mon père a été envoyé dans une riche famille de Blancs pour travailler comme domestique et exécuter des tâches légères pour le ménage, moyennant quoi il était logé et nourri. L'événement le plus marquant de cette période de sa vie a sans doute été la lecture de tous les volumes du *Livre des connaissances,* dont il a beaucoup retenu. Fillette, ma mère cueillait des petits fruits et a fini par y exceller. Après la guerre, quand nous vivions dans le sud de l'Ontario, ma mère, mes sœurs et moi travaillions dans des fermes à cueillir des fraises et des framboises à la pièce (c'est-à-dire que nous recevions un montant fixe pour chaque boîte cueillie), mais nous ne pouvions jamais garder le rythme de maman.

Papa et maman se sont rencontrés quand ils travaillaient tous deux pour la Furuya's, entreprise originaire de Vancouver et encore active jusqu'à tout récemment à Toronto, spécialisée dans les aliments et les articles de cuisine japonais importés. L'entreprise imposait une règle stricte de non-fraternisation entre les sexes, mais maman et papa ont commencé à se fréquenter en secret. Finalement, papa a dû quitter l'entreprise pour fréquenter ouvertement maman. Le japonais de papa s'était détérioré à l'école, et quand il a approché le père de maman pour lui demander la permission de sortir avec elle, il a formulé sa demande d'une manière telle qu'il a semblé demander sa main. « Vous êtes bien trop jeunes tous les deux », a répondu mon grand-père en japonais. « Si vous êtes sérieux, alors attendez et revenez dans cinq ans. »

Ils ont quand même continué à se voir et, cinq ans plus tard, au milieu des années 1930, papa a demandé sa main et l'a obtenue. Leur mariage n'était pas arrangé selon la tradition ; ils étaient plutôt animés par la notion occidentale de l'amour romantique. Nous, les enfants, avions l'habitude de les voir s'embrasser et, à l'occasion, nous pouvions les entendre faire l'amour.

Après leur mariage, et grâce à l'aide des parents de papa, ils ont ouvert une petite blanchisserie à Marpole, quartier à la limite de la ville, près du fleuve Fraser. Nous habitions à l'arrière. Maman a fait une fausse couche au début de leur mariage, puis, ma sœur jumelle Marcia et moi sommes venus au monde le 24 mars 1936. Papa dit que maman était énorme et que l'accouchement a été long et très douloureux. Je suis né le premier, pesant quatre kilos, mais Marcia a pris beaucoup de temps — tellement de temps, en fait, que maman n'avait plus de forces et que le médecin a dû utiliser les forceps. La deuxième des jumeaux à naître, Marcia, selon la tradition japonaise, est considérée comme l'aînée, car elle a permis au plus

Maman (Setsu Nakamura) et papa (Carr Suzuki), le jour de leur mariage, le 21 mars 1934.

jeune des deux de sortir d'abord. Mais Marcia était minuscule, pesant moins de 1,3 kilo, et les forceps ont causé des dommages qui ont rendu son côté droit plus faible toute sa vie.

Je suis rentré à la maison avec maman, mais Marcia est restée à l'hôpital. Papa allait la voir chaque jour et s'irritait parce qu'elle ne semblait pas recevoir les soins adéquats, alors que j'étais à la maison et constituais le centre d'attention de tous. Il a donc dit au médecin que, si on allait laisser mourir Marcia de toute façon, il préférait l'emmener chez nous, où sa famille lui prodiguerait de l'amour et des soins. Le docteur ayant acquiescé, le jeune couple s'est donc occupé lui-même des deux enfants, dont l'une nécessitait beaucoup de soins et d'attention. Et Marcia s'en est tirée. Durant notre enfance, j'ai toujours cru que papa et maman étaient trop durs envers elle, la traitant exactement comme mes deux sœurs cadettes et moi et exigeant qu'elle travaille avec nous. Papa m'a appris plus tard que maman était déterminée à ce que Marcia soit forte et autonome. Et c'est ce qui est arrivé ; elle est devenue une excellente lanceuse à la balle molle, et l'esprit compétitif l'anime dans tout ce qu'elle fait. Elle a eu deux enfants et est aujourd'hui la merveilleuse grand-mère de deux petits-fils.

Aiko est née un an et demi plus tard. Comme papa espérait un autre fils et voulait l'appeler Gerald, elle a alors reçu le prénom de Geraldine, ou Gerry. Nous avions tous un deuxième prénom japonais, et plus tard, après avoir choisi de mener une vie d'artiste et de bohème, Gerry a repris le nom d'Aiko. Aiko se comportait tout à fait comme un deuxième enfant : rouée, espiègle, toujours prête à explorer. Papa avait adopté l'attitude japonaise classique envers les filles : elles devaient finir les études secondaires, obtenir un emploi et trouver un mari. Mes parents se sont ensuite établis à London (Ontario), puis Marcia et Aiko sont parties à Toronto dès la fin de leurs études secondaires pour acquérir leur autonomie. Aiko s'est vite fon-

Papa et les jumeaux, Marcia (à gauche) *et moi, en 1936.*

due à la faune artistique. Je me souviens d'être rentré à la maison à London, pendant mes études universitaires aux États-Unis, et d'avoir rencontré son copain, Alex, un Hongrois costaud qui arborait une barbe et une queue de cheval. C'était au milieu des années 1950, et la barbe choquait déjà assez, mais qu'un homme porte une queue de cheval était impensable. Comble de la honte, Alex et Aiko vivaient ensemble à une époque où bien des hommes espéraient encore épouser une vierge. Aiko repoussait toujours les limites, et moi, Monsieur Vieux-Jeu, avec les cheveux en brosse, j'ai été entraîné dans son monde à la fois passionnant et effrayant. J'étais à ses côtés lorsqu'elle est décédée le 31 décembre 2005.

Durant la guerre, quand nous vivions dans des camps en Colombie-Britannique, papa avait été séparé de la famille pendant un an pour travailler à la construction de l'autoroute transcanadienne. Il s'est débrouillé pour venir à Slocan City, où nous étions emprisonnés, pendant quelques jours avant de retourner sur le chantier. Neuf mois plus tard, notre plus jeune sœur, Dawn, est née. Dawn est devenue comme un deuxième fils pour papa et l'a accompagné à de nombreuses excursions de pêche. Elle ne voulait pas faire comme ses sœurs aînées et entrer tout de suite sur le marché du travail après l'école secondaire, et, quand elle a déclaré vouloir aller à l'université, Aiko et moi l'avons appuyée de toutes nos forces jusqu'à ce que papa cède. C'était aussi une gracieuse ballerine, et, après avoir obtenu son diplôme de l'Université de Toronto, elle a décroché une bourse du Conseil des Arts pour aller danser avec Martha Graham à New York, ce qu'elle a ensuite fait pendant des années.

Petit garçon, je me tenais pendant des heures derrière la machine à vapeur qu'utilisait mon père pour repasser chemises et pantalons, et je ne cessais de lui poser toutes sortes de questions. Il me répondait en puisant dans ce qu'il avait retenu du *Livre des connaissances*. Il m'emmenait avec lui lorsqu'il allait porter des vêtements aux clients, et je l'attendais patiemment dans la voiture. Il était volubile et, vers la fin des livraisons, ses visites chez les clients s'allongeaient, probablement parce qu'il prenait un verre ou deux en conversant avec eux. C'était un ami merveilleux, et j'espère que ma compagnie le ravissait autant que la sienne m'enchantait.

Papa était également un rêveur. Ses parents l'exhortaient constamment à gagner de l'argent et à épargner pour s'offrir un jour un toit et la sécurité. Comme il était l'aîné d'une famille de sept, on attendait de lui qu'il soit un modèle pour ses frères et sœurs, mais il n'était pas celui que ses parents avaient en tête. Il ne craignait pas le travail et trimait dur afin de subvenir aux nécessités de son existence. Mais il ne croyait pas qu'il fallait courir après l'argent comme une fin en soi et il nous a enseigné qu'il était impoli de parler d'argent devant des tiers. Nous avons appris à plaindre la personne qui se vantait d'avoir de l'argent, une nouvelle voiture ou des vêtements chic. Papa aimait pêcher et jardiner ; et les plantes le fascinaient. Mes grands-parents le considéraient comme un raté et le critiquaient sans cesse pour qu'il fasse mieux, mais pour moi c'était un grand héros et le modèle à suivre.

Papa adorait la pêche, le camping et la cueillette des champignons dans les montagnes, où il rencontrait souvent des Amérindiens. Comme il était bavard, il défrayait souvent la conversation et finissait par être invité à souper ou à coucher chez eux. Au milieu des années 1960, revenu à Vancouver, papa est devenu l'ami intime d'une famille autochtone qui vivait près de Boston Bar, au bord du fleuve Fraser. Au cours de ses excursions de pêche, il restait souvent chez elle, et, quand elle venait en ville, toute la famille lui rendait visite et restait chez mes parents.

Une fois, je l'ai accompagné dans une excursion de cueillette de matsutake, un champignon du pin aromatique très prisé des Japonais, et c'est là que j'ai rencontré cette famille autochtone. J'étais étonné de constater que j'étais beaucoup plus tendu que mon père, qui était comme chez lui. Moi, jeune professeur de génétique, je n'avais jamais rencontré d'autochtones, et tout ce que je savais à leur sujet se résumait à quelques bribes tirées des médias. Je ne connaissais pas du tout les amis de papa et je ne savais pas comment leur parler. Papa était détendu et les acceptait simplement comme des gens qui partageaient son amour de la pêche, des arbres et de la nature, et il a vite trouvé des sujets d'intérêt commun sur lesquels ils pouvaient s'étendre des heures. Pour ma part, je me sentais comme un étranger et je craignais surtout de dire quelque chose de blessant ou de condescendant. J'étais dépassé par le fait que c'étaient des Amérindiens et je n'ai jamais compris que c'était notre humanité fondamentale partagée qui pouvait servir de lien entre nous. Ils étaient probablement perplexes au sujet de ce type qui avait un père formidable mais qui était trop hautain pour leur parler.

Parmi les grandes qualités de papa, il y avait celle-ci : lorsqu'il rencontrait des gens, il s'ouvrait totalement à eux parce qu'il était véritablement intéressé à ce qu'ils pouvaient lui dire au sujet de leurs expériences et leur univers. Naturellement, les gens l'aimaient beaucoup, parce que tout le monde aime parler de soi et que lui écoutait si bien. Je me rends compte maintenant qu'il affichait spontanément la qualité que les Amérindiens jugent si essentielle pour communiquer : le respect. Il m'a fallu beaucoup de temps avant de comprendre que notre héritage génétique commun — c'est-à-dire nos traits physiques — rendait les peuples des Premières Nations immédiatement plus réceptifs à mon égard.

Maman était une épouse japonaise traditionnelle, qui ne contestait ni ne contredisait jamais papa devant les enfants ou des visiteurs. Sa vie entière était définie par le travail. Elle était la première à se lever le matin et la dernière à se coucher le soir, mais je ne l'ai jamais entendue se plaindre ou asticoter mon père. Elle s'occupait des finances de la famille, et quand nous, les enfants, avons commencé à garder des enfants, à servir aux tables ou à travailler à la ferme ou sur des chantiers de construction, nous lui remettions tout l'argent ainsi gagné. Nous n'avions pas d'allocations ; maman et papa achetaient nos vêtements, nos livres et tout ce qui nous était nécessaire, et de temps à autre ils se fendaient d'un peu de monnaie pour une friandise, mais je n'ai jamais ressenti le besoin ardent d'avoir quoi que ce soit. Je ne me suis jamais intéressé à la mode, peut-

Marcia et moi, la première journée de maternelle, en septembre 1941.

être parce que mes parents achetaient mes vêtements pour moi. Encore aujourd'hui, ma femme me dit que je n'ai pas le sens des couleurs parce que mes chaussettes jurent avec ma chemise, ce que je ne parviens toujours pas à comprendre. Qu'est-ce que la couleur de mes chaussettes peut bien avoir à faire avec celle de ma chemise ?

Le plus grand cadeau de ma mère a été l'intérêt qu'elle portait à tout ce que je faisais. À London, quand j'étais adolescent, j'avais pour royaume un marécage et je revenais à la maison trempé, souvent couvert de boue, mais brandissant triomphalement des bocaux remplis d'insectes, d'œufs de salamandre ou de bébés tortues. Elle ne me grondait jamais, mais s'extasiait devant chaque petit trésor tout en m'aidant à retirer mes vêtements pour les laver.

À Vancouver, nos voisins immédiats étaient les McGregor, bons amis de mes parents, et leur fils cadet, Ian, était mon compagnon de jeu. Je n'ai aucun souvenir lié à la question de la race, en ces jours insouciants. Le premier jour d'école maternelle, en 1941, je me suis déshabillé sans hésitation, ne gardant que mon caleçon, devant tous les parents et j'ai grimpé sans la moindre gêne sur une table pour me faire examiner par un médecin, bien que mes parents m'aient dit plus tard avoir éprouvé de l'embarras à la pensée que je m'étais déshabillé devant des parents blancs.

Le reste de mes souvenirs d'enfance est fait d'excursions de chasse et de pêche avec papa. Nous nous rendions plus loin que Haney, qui se trouve aujourd'hui en périphérie est de Vancouver, pour pêcher au lac Loon, un petit lac si grouillant de truites que leur croissance s'était arrêtée, la plupart ne mesurant pas plus de 18 à 20 centimètres. C'est là que j'ai pris mes premières truites, jusqu'à la limite permise de 15, pendant que papa pêchait à la mouche. Aujourd'hui, le lac Loon fait partie de la forêt modèle de l'Université de la Colombie-Britannique (UBC).

Parfois, nous nous rendions au canal Veddar, près de Chilliwack, dans la vallée du Fraser, où papa louait des chevaux pour nous rendre quelques kilomètres en amont et camper. J'étais toujours fasciné par le fait qu'on pouvait libérer les chevaux à la fin de notre excursion et qu'ils trouvaient le chemin du retour. Papa prenait des steelheads et des truites Dolly Varden dans la rivière. La première fois que nous y sommes allés, j'ai glissé sur un caillou dans l'eau, par mégarde. Levant les yeux vers papa, je m'attendais à une réprimande, mais non : il m'a plutôt dit de plonger dans le ruisseau et de m'amuser — tout habillé ! C'était merveilleux. Les enfants vivent dans un monde qu'ils se fabriquent, une vie fantastique construite à partir d'expériences réelles, de rêves et d'imagination qui se confondent aux premiers stades de la coalescence pour former le filtre à travers lequel nous percevrons le monde en tant qu'adultes. Même aujourd'hui, je vois ma mémoire se transformer, car, de plus en plus, je constate que ces « souvenirs » sont engendrés par des photographies précieuses de cette époque, comme celle où on me voit tout mouillé, plutôt que par un véritable rappel des événements.

Protégé du monde par mes parents, je ne savais pas que le Japon avait attaqué Pearl Harbor, le 7 décembre 1941, et je n'ai senti ni crainte, ni consternation de leur part. Des années plus tard, mon père m'a dit que, quand il a appris la nouvelle de l'attaque, il s'est immédiatement rendu chez le coiffeur et s'est fait couper les cheveux en brosse, style qu'il a gardé le reste de ses jours. « Je savais qu'on allait nous traiter comme des Japs, alors je me suis dit qu'il valait aussi bien en avoir l'air », m'a-t-il expliqué. Sa coupe de cheveux était un geste à la fois de défi et de soumission par rapport à ce qu'il percevait comme inévitable. La perfidie de cette attaque-surprise et la terrible guerre qui s'en est suivie ont projeté ma famille et quelque vingt mille autres Canadiens japonais ou Japonais de nationalité dans une

tumultueuse série d'événements, à commencer par la procla-
mation de l'inique *Loi sur les mesures de guerre*, qui nous privait
alors de tous nos droits de citoyenneté.

En 1941, le Canada était encore une société raciste. À
Prince Rupert, les peuples des Premières Nations vivaient
dans des conditions semblables à celles imposées par l'apar-
theid en Afrique du Sud. On ne leur permettait pas de séjourner dans la plupart des hôtels, on refusait de les servir dans les
restaurants, et ils étaient obligés de s'asseoir uniquement dans
certaines sections désignées des cinémas. On leur interdisait
aussi de fréquenter les bars. Dans un bar, on a même demandé
à mon oncle Mar, qui était très basané, de quelle tribu il était.
Il a répondu : « La tribu des Japs ».

Le Canada se vante de ses idéaux de démocratie et de tous
les droits qui y sont garantis, mais nombre d'entre eux ont
été durement acquis — le droit, pour les minorités visibles,
de voter, d'être propriétaire, d'aller à l'université ou même de
boire dans un pub —, et quelques-uns ne font pas encore partie des droits acceptés pour tous les citoyens. Encore aujour-
d'hui, nous débattons de la reconnaissance des personnes gaies,
transsexuelles et hermaphrodites en tant qu'êtres humains,
dotés de droits reconnus par la loi, y compris le droit de se
marier. Les Canadiens sont prêts à se battre et à mourir pour
ces principes. Pourtant, en proclamant la *Loi sur les mesures de
guerre*, le gouvernement déclarait que l'origine ethnique à elle
seule menaçait suffisamment la sécurité canadienne pour révo-
quer tous les droits de citoyenneté des Canadiens d'origine
japonaise.

Un des plus délicats dilemmes que pose la démocratie,
c'est que ces droits si chers ne comptent réellement que dans
des moments de contrainte ou de crise, et pourtant, c'est précisément à ces moments qu'ils sont souvent abrogés au nom de
la sécurité nationale. À quoi servent les grands idéaux si on ne

les garantit que lorsque tout va bien ? Nous savons aujourd'hui qu'il n'y a pas eu un seul cas officiel de trahison de la part des Canadiens japonais durant la guerre, malgré les conditions qu'on leur a imposées. Mais, pour les Blancs, nous paraissions différents ; nous ressemblions à l'ennemi et nous méritions donc d'être traités comme lui. La plupart des Canadiens japonais ont été d'une loyauté sans faille envers le Canada, et nombre de jeunes Canadiens japonais se sont enrôlés, ont vaillamment combattu et sont morts pour ce pays. Hélas, l'évacuation et l'incarcération ont provoqué un énorme ressentiment au sein de la communauté, et de nombreux Canadiens japonais ont renoncé à leur citoyenneté et abandonné le Canada pour s'établir au Japon après la guerre. En vertu de la *Loi sur les mesures de guerre*, ce que possédaient les Canadiens japonais a été confisqué et vendu à des prix ridicules, leurs biens ont été pillés, les comptes de banque, bloqués, et on leur a dit qu'on les évacuerait de la côte, où l'on jugeait qu'ils constituaient une menace. En quelques mois, nous avons été envoyés dans d'autres provinces ou emmenés dans des camps de fortune situés dans les régions les plus éloignées de la Colombie-Britannique.

Pendant mon enfance, je n'étais conscient d'aucun de ces événements, et je ne peux que m'émerveiller de la façon dont mes parents nous ont épargné le tumulte qu'ils ont dû subir. Adolescent, je me suis rendu compte que nous, les Canadiens japonais, n'avions pas été jugés dignes d'être membres à part entière de ce pays. C'était une exclusion non pas tellement de mon pays, le Canada, que de la société canadienne blanche. Toute mon identité était alors fondée sur la conscience du fait que, aux yeux des Blancs canadiens, j'étais japonais d'abord, canadien ensuite. Toute ma vie adulte, mon ambition de réussir a été motivée par le désir de démontrer à mes concitoyens que ma famille et moi ne méritions pas d'être traités comme nous l'avions été. Et si c'est là le fardeau psychique que j'ai porté à la suite de nos expériences vécues durant la guerre, imaginez, pour les Amérindiens, les conséquences psychiques des traitements épouvantables qu'ils ont subis depuis l'arrivée des Blancs.

Évidemment, les Canadiens japonais entretenaient des liens solides avec le Japon. Tout comme les Anglais ayant vécu en Argentine depuis des générations ont quand même été bouleversés quand la Grande-Bretagne a attaqué les îles Malouines, les Japonais qui sont venus au Canada (appelés Issei, ou première génération) avaient encore de la famille et des amis dans le « vieux pays ». Comme pour tous les immigrants, la première génération d'enfants japonais nés au Canada (appelés Nisei, ou deuxième génération) a dû grandir sans grands-parents ni famille élargie. C'était une coupure nette par rapport aux valeurs traditionnelles de la famille et des aînés, et les Issei s'inquiétaient beaucoup de la perte de ces valeurs. Moi-même Sansei (troisième génération) issu de parents nés au Canada, j'avais des grands-parents à Vancouver et je les voyais régulièrement mais, étant unilingue, j'étais presque aussi coupé d'eux que je l'aurais été s'ils avaient vécu de l'autre côté du Pacifique. La plupart des Issei étaient comme mes grands-parents : désespérément pauvres, sans instruction et à la recherche non pas de la liberté ou de la démocratie, mais d'une vie meilleure. Ils ont accepté le sectarisme auquel ils ont dû faire face et les restrictions imposées à leur intégration dans la société. La *Loi sur les mesures de guerre* a raffermi leur impression qu'au Canada l'égalité et la démocratie ne valaient pas pour tous, mais seulement pour certains groupes ethniques privilégiés.

Curieusement, c'est dans les camps que j'ai pris conscience de la discrimination et de la douleur qu'elle pouvait provoquer — et cela de la part de la communauté canadienne-japonaise. C'était la première fois que je ressentais l'exclusion et l'isolement, et j'en ai gardé toute ma vie le sentiment d'être un exclu. Peu après Pearl Harbor, mon père s'est porté volontaire pour aller dans un chantier où les Canadiens japonais participaient à la construction de l'autoroute transcanadienne. Il espérait que cela démontrerait ses bonnes intentions et sa droiture, de même que sa disposition à laisser sa famille en otage comme garantie de sa bonne conduite, nous permettant ainsi de demeurer à Vancouver. Mais il n'en fut pas ainsi. Je suis ébahi de constater que mes parents, alors au début de la trentaine, ont réussi à protéger mes sœurs et moi de la souffrance, de la colère et de la peur qui ont dû les accabler lorsque le seul pays qu'ils ont connu les a traités comme des étrangers ennemis, à qui on ne pouvait faire confiance.

Un jour, au début de 1942, mon père est parti. Pourtant, je ne me souviens pas d'avoir ressenti l'angoisse associée au départ soudain, puis à l'absence prolongée du seul homme adulte dans ma vie, qui était mon meilleur ami et mon modèle. Ma mère, avec trois jeunes enfants sur les bras, devait trier tout ce que nous possédions et séparer le nécessaire du reste, qui devait être vendu, donné ou jeté avant le long trajet en train vers notre destination finale, dans les Rocheuses. Je ne me demandais pas pourquoi tout le monde dans le train était japonais. Je m'amusais simplement avec Martha Sasaki, dont la famille était assise à côté de nous, et nous avons eu bien du plaisir.

Notre destination était Slocan City, ville fantôme érigée durant la ruée vers l'argent des années 1890, quand des milliers de personnes prises de la fièvre de l'argent se sont précipitées dans cette belle vallée isolée, puis l'ont abandonnée. Une autre vague de gens arrivait maintenant dans les montagnes. Je me suis retrouvé entouré de centaines d'autres Canadiens japonais, logés dans des édifices en ruines, aux fenêtres sans vitres. Nous habitions un hôtel délabré qui avait dû être assez impressionnant lorsque Slocan City était prospère, mais qui était alors en si mauvais état que je devais éviter les planches pourries de la véranda. Ma mère, mes deux sœurs et moi avons été placés dans une des minuscules chambres qui empestaient encore les odeurs de ses anciens occupants, et nous nous réveillions chaque matin couverts de morsures de punaises. Pour les Japonais, la propreté est comme une religion, et je ne peux qu'imaginer la répulsion qu'a dû éprouver ma mère durant ces premières semaines.

Le bouleversement massif qu'ont entraîné le déplacement et l'incarcération de 22 000 Canadiens japonais, censés représenter une menace pour le pays, posait un énorme problème de logistique. Les camps faits de tentes et de baraques montées à la hâte ont vite été remplis. C'est un pays déjà préoccupé par les combats outre-mer qui devait nous nourrir. Il y avait des pénuries, touchant surtout les personnels spécialisés comme des infirmières, des médecins et des enseignants. Il n'y avait pas d'école la première année et, pour un enfant soudainement transplanté dans une vallée où les lacs et rivières foisonnaient de poissons et où les forêts grouillaient de loups, d'ours et de cerfs, c'était le paradis.

J'avais beaucoup de temps pour jouer. Une de mes camarades était une fille nommée Daisy, qui avait à peu près mon âge et qui avait abouti à Slocan avec sa mère canadienne-japonaise. Son père était un Blanc qui servait dans l'armée, défendant les droits démocratiques refusés à sa famille. Daisy était une des rares enfants avec qui j'avais du plaisir à jouer, mais elle était cruellement attaquée par les autres enfants, qui la faisaient fondre en larmes en la traitant d'« Ainoko », que l'on pourrait traduire grossièrement par « Métis ». C'était mon amie et jamais je n'ai participé à ce jeu méchant, mais pendant des années j'ai éprouvé de la honte pour n'avoir pas eu le courage de tenir tête aux autres et de la défendre. Des années plus tard, quand nous étions adolescents, j'ai revu Daisy dans le sud

Fier de mes prises, au lac Béatrice, dans ce qui est maintenant le Parc provincial Valhalla.

de l'Ontario. Elle était d'une beauté éblouissante, mais pleine de rage à l'égard des Canadiens japonais pour les tourments qu'elle avait connus dans les camps. Je comprenais bien les terribles répercussions psychiques de la discrimination, parce que moi aussi j'étais victime de ces préjugés.

On avait emmené papa au Japon pendant un mois, quand il avait cinq ans, mais maman n'avait jamais visité ce pays. Ils étaient canadiens. Mes parents nisei étaient tous deux bilingues mais ils parlaient anglais à la maison, sauf quand ils ne voulaient pas qu'on comprenne. Presque tous les autres enfants des camps étaient nisei et étaient donc parfaitement bilingues, passant au japonais à leur gré. Moi, sansei, je ne parlais pas japonais et souvent je ne comprenais pas ce qu'ils disaient. À cause de ma déficience linguistique, on se moquait de moi et on me tenait à distance.

Environ un an après notre arrivée à Slocan, une école a été construite dans un endroit nommé Bayfarm, à deux kilomètres de là. J'ai donc dû m'y mettre sérieusement et commencer ma première année. J'aimais l'école et j'étais bon élève. Papa et maman m'interrogeaient chaque jour sur ce que j'avais appris, écoutant patiemment mes babillements. Je croyais que ce que j'avais à dire était captivant, mais je sais maintenant que mes parents avaient plutôt trouvé là une façon très efficace de me faire repasser mes leçons, de m'aider à me corriger ou de me guider. J'avais sept ans quand je me suis inscrit en première année, mais j'ai vite sauté trois années et je suis passé en quatrième année en un an. Mon père a dit qu'à un certain moment j'ai semblé perdre tout intérêt pour mes études et que je me suis mis à me plaindre de devoir aller à l'école. Papa et maman étaient très inquiets parce que l'instruction de leurs enfants était une de leurs plus grandes priorités. Un jour, papa a décidé de venir à l'école pour voir de quoi il en retournait. En suivant la voie ferrée qui menait de Slocan à Bayfarm, il a vu une bande d'enfants au loin qui pourchassait un garçon. C'était l'hiver et une épaisse couche de neige recouvrait le sol. La victime glissait, puis tombait et les enfants la rattrapaient, lui assenant coups de poing et de pied, tandis qu'elle s'efforçait de se remettre sur pied pour fuir ses bourreaux. La victime en question, c'était moi. Heureusement, je n'ai pas de souvenir de ce type précis de harcèlement, même si je me rappelle les nombreux sarcasmes subis dans la cour de l'école. Il m'a fallu beaucoup de temps pour vaincre ma méfiance et mon ressentiment à l'égard des Canadiens japonais, à cause du traitement que j'ai reçu dans ces camps.

Les enfants blancs étaient rares, et ceux que nous voyions étaient des doukhobors accompagnant leurs parents qui venaient aux camps pour vendre viande, fruits et légumes frais. J'ai encore honte d'un incident survenu à l'époque, auquel j'ai participé par ignorance et stupidité enfantine. J'ai toujours été reconnaissant aux fermiers doukhobors, qui venaient aux camps peut-être motivés en partie par leurs propres souvenirs de répression et d'injustice subies en Russie. Mais, à mes yeux, ils avaient alors l'air d'étrangers mystérieux quand ils venaient à Slocan dans leurs charrettes tirées par des chevaux, débordant de fruits et de légumes. Un jour, un copain m'a dit un « mauvais mot » en russe et ne cessait de rigoler en me le faisant répéter encore et encore jusqu'à ce que je le retienne. Nous ne savions pas s'il s'agissait d'une insulte ou d'un terme sexuel, et j'ignore même comment il avait appris ce mot. Nous étions appuyés à une fenêtre du deuxième étage quand la charrette d'un fermier a descendu l'allée et s'est arrêtée au-dessous de nous. Mon ami et moi avons crié le mot. Comme le fermier ne réagissait pas, nous avons continué à le scander, jusqu'à ce qu'il s'empare d'un couteau à légumes, qu'il nous crie quelque chose et descende de la charrette. J'imagine que c'est une poussée d'adrénaline provoquée par la peur qui incite les petits garçons à faire ces choses, mais je n'ai pas aimé craindre pour ma vie. Nous nous sommes enfuis jusque chez moi et cachés sous le lit. Nous tremblions en tâchant de calmer notre respiration affolée. Je doute que le fermier soit entré dans l'édifice, mais, à ce moment-là, j'étais absolument convaincu qu'il allait nous tuer. Beaucoup plus tard, nous avons finalement rampé hors de la pièce, et vous pouvez être certains que nous n'avons jamais répété ce mauvais coup. Des années plus tard, je me suis excusé de cette frasque devant un auditoire du centre doukhobor de Castlegar et j'ai remercié la communauté doukhobore de son appui donné aux Canadiens japonais durant ces années difficiles.

Comme la guerre tirait à sa fin, ceux qui avaient renoncé à leur citoyenneté canadienne et qui attendaient un aller simple pour le Japon ont été séparés de ceux qui avaient choisi de demeurer au Canada. Une grande détermination régnait chez les résidants des camps pour démontrer leur colère à l'endroit du Canada en acceptant de se faire « rapatrier » au Japon, et plus de 95 pour cent l'ont fait. Ceux qui refusaient étaient traités de *inu*, ou « chiens ». Ma mère rencontrait régulièrement un groupe de femmes pour causer et potiner, mais quand le mot s'est répandu que nous restions au Canada, une femme du lot l'a insultée et personne ne l'a défendue. Elle n'y est jamais retournée. Jusqu'à sa mort, elle n'a jamais révélé à mon père l'identité de cette femme et les paroles prononcées. Je ne l'ai jamais oublié. Ma mère, une des personnes les plus douces et aimables que j'aie connues, une personne qui a travaillé fort toute sa vie, qui n'aurait jamais fait de mal à quiconque, avait été profondément blessée par des personnes qu'elle considérait comme des amies. L'un de mes pires défauts, c'est que j'ai du mal à pardonner et à oublier les insultes et injures passées ; l'expulsion de ma mère m'a éloigné davantage de la « communauté » japonaise.

Quand les premiers bateaux chargés de passagers (dont les parents de ma mère et la famille de sa sœur aînée) sont arrivés au Japon, la nouvelle s'est vite répandue que les conditions de vie y étaient horribles. Le Japon avait été écrasé par les bombes. Tous étaient atterrés par les effets des bombes atomiques et la capitulation totale du pays. La nourriture, les vêtements et le logement étaient extrêmement difficiles à trouver, et les gens luttaient pour survivre. Alors, ceux qui avaient renoncé à leur citoyenneté ont commencé à changer d'idée et exigeaient à cor et à cri de demeurer au Canada. Ils sont restés si longtemps dans les camps de la Colombie-Britannique à combattre la déportation que le gouvernement leur a finalement permis de s'établir de nouveau là où ils le voulaient. Bon nombre ont choisi de retourner sur la côte de la Colombie-Britannique. Mon père était très amer à ce sujet : il n'avait pas voulu quitter la province et pourtant, en optant de rester au Canada, il avait été évincé de la Colombie-Britannique, alors que ceux qui avaient dit vouloir quitter la province et le Canada ont fini par y rester. Mon père les traitait avec mépris de « rapatriés » et de lavettes. En premier lieu, ils n'ont pas eu la force de demeurer au Canada et de se battre pour leurs droits, puis ils se sont dégonflés et ne sont pas retournés au Japon.

Après avoir choisi de vivre au Canada, nous avons été envoyés de Slocan à Kaslo, une zone urbaine beaucoup plus importante, près du lac Kootenay. Pour la première fois, je fréquentais une école remplie d'enfants blancs. Mais ils me semblaient maintenant étrangers, et je m'en éloignais, heureux d'explorer seul cette nouvelle contrée de lacs et de montagnes. La vallée de Kootenay regorgeait de champignons des pins et, cet automne-là, j'ai appris où les trouver et comment reconnaître les bosses sur le sol, sous les arbres, qui indiquaient la présence des matsutake. Nous prenions des poches de pommes de terre et les remplissions de champignons odorants, puis ma mère les embouteillait. De nos jours, les cueilleurs de matsutake font de bonnes affaires en les exportant au Japon. Le lac Kootenay abritait une population de kokanis, ces petits saumons rouges d'eau douce. Nous avons pris le *Moyie*, un vapeur à roues, pour aller à Lardo, une jetée à la tête du lac, où nous avons été témoins d'une course spectaculaire de kokanis. Comme leurs cousins de la mer, les kokanis virent au rouge vif à l'époque de la fraie, et le fond de la rivière était tapissé de rubans rouges ondulants.

Un jour d'été de 1945, à Kaslo, j'étais aux bains publics avec un vieux Japonais quand les cloches se sont mises à sonner. « *Damme ! Maketa !* », s'est-il exclamé, ce qui voulait dire : « Ça va mal ! Nous sommes battus ! » Je ne savais pas ce qu'il entendait par « mal » et par « nous », car pour moi nous avions gagné. Je me suis habillé et précipité dans la rue, où les gens célébraient et allumaient des pétards. Je me suis rapproché de la foule, espérant qu'on me tende un pétard. Un gros garçon m'a plutôt botté le derrière et crié : « Va-t'en, le Jap ! On t'a battu ! » C'est pour cela que le vieil homme soutenait l'autre camp. L'évacuation et ce garçon m'avaient montré que je n'étais pas canadien. J'étais encore un Jap.

Nous avons finalement quitté Kaslo et entrepris un long voyage en train à travers les Prairies, vers une banlieue de Toronto, où les Canadiens japonais étaient gardés dans un hôtel jusqu'à ce qu'ils trouvent un endroit où aller. Papa a finalement décroché un emploi de manœuvre dans un verger de pêchers de 40 hectares, dans le comté d'Essex, la partie la plus méridionale du Canada. On nous a fourni une maison, et mes sœurs et moi fréquentions une école d'une seule classe, dans le comté d'Olinda. Il y avait là une trentaine d'élèves, dont beaucoup étaient de descendance allemande, mais ils étaient blancs et n'avaient pas subi le genre de discrimination que nous avions connue durant la guerre. Mes sœurs et moi étions les seuls non-Blancs de toute la région.

Le premier jour d'école, j'étais si intimidé que je ne pouvais pas regarder les autres dans les yeux. À la récréation, j'ai été stupéfait. Les autres enfants sont venus à nous, ils nous ont fait participer à leurs jeux et nous ont gardés au centre de tout cet amusement. J'ai appris plus tard que notre enseignante, Mademoiselle Donovan, avait annoncé aux autres élèves que nous arrivions et qu'ils devaient nous accueillir parmi eux. Quel merveilleux cadeau elle nous a fait !

J'ai adoré cette année-là à Olinda, mais nous avons déménagé à Leamington l'année suivante, où papa avait trouvé un emploi dans un centre de nettoyage à sec. C'était en 1946, et quand nous y sommes arrivés, les Leamingtonniens m'ont assuré qu'« aucune personne de couleur n'y était jamais demeurée plus tard que le coucher du soleil ». Nous étions la première famille « de couleur » à s'y installer et nous étions nerveux.

En Ontario d'après-guerre, les Canadiens japonais étaient éparpillés dans toute la province. Dans le sud, les quelques familles qui travaillaient dans les fermes restaient en contact et ont formé le cercle social de mes parents. Elles se réunissaient périodiquement pour échanger des histoires, offrir leur aide et festoyer avec des mets japonais recherchés, préparés pour l'occasion. Papa s'est engagé au sein de l'association des citoyens canadiens-japonais, qui a été mise sur pied pour aider les gens à s'établir dans leur nouvelle province et pour entamer la longue lutte en vue d'obtenir une réparation et des excuses. Pour moi, la rencontre de Canadiens japonais suscitait des sentiments partagés, parce que je me souvenais encore de la façon dont j'avais été traité dans les camps, mais les hormones déferlant dans mon corps m'ont poussé à examiner les seules possibilités de fréquentations qui s'offraient alors : les Canadiennes japonaises.

Les enfants sont merveilleux. Ils ne voient ni couleur ni race, jusqu'à ce qu'ils apprennent, de leurs parents ou camarades, ce qu'il faut regarder et la façon d'y réagir. Pendant que je jouais avec un de mes copains, mon père est passé à bicyclette. Je l'ai appelé, il m'a fait signe de la main et a continué son chemin. Ahuri, mon ami m'a demandé : « Comment le connais-tu, *lui* ? » Quand j'ai répondu : « Parce que c'est mon père, idiot », il a répliqué, estomaqué : « Mais c'est un *chinetoque* ! »

En sixième année, à l'école de Mill Street à Leamington, mon enseignante était la femme dont l'école porte aujourd'hui le nom. Comme j'étais un élève obéissant et discipliné, ce fut donc un choc total quand, un jour que j'étais assis tranquille en classe, elle m'a ordonné de sortir. Le pas chancelant, je suis allé dans le corridor, étonné et humilié, et je me suis assis, tremblant d'appréhension. Après une attente interminable, elle est sortie. « Mais qu'est-ce que j'ai fait ? », ai-je bégayé. Elle a rétorqué : « Tu me regardais d'un *air narquois.* Je sais ce que pensent les gens comme toi. Retourne en classe maintenant et que je ne te voie jamais me regarder de la sorte une autre fois ! » J'étais complètement déboussolé, mais aussi envahi par une colère que je devais cacher. Après cette expérience, j'ai compris que mon apparence physique pouvait être menaçante pour des personnes comme elle. L'ignorance et la propagande constante durant la guerre, qui dépeignait des Japonais aux dents de lapin et aux yeux bridés dans le poste de pilotage d'un avion en pleine mission kamikaze, étaient sans doute aussi déconcertantes et effrayantes que l'image d'un extrémiste musulman bardé d'explosifs qu'on nous sert aujourd'hui. Chaque fois que je me regardais dans une glace, je voyais ce stéréotype. Encore aujourd'hui, je n'aime pas l'apparence que j'ai à la télévision et j'évite de regarder mes propres émissions.

Un de nos camarades de classe à l'école de Mill Street était un autochtone nommé Wayne Hillman. Je me demande souvent ce qu'il est devenu. À l'époque, je l'enviais, car il paraissait si insouciant. Il avait toujours le sourire et il était l'image même du type décontracté. Je suis persuadé qu'il a aussi subi les attaques sectaires de notre enseignante.

J'ai terminé mon cours à l'école publique de Mill Street pour entrer en neuvième année à la seule école secondaire de Leamington. Je crois que j'étais le seul Asiatique inscrit, alors j'étais un peu comme une mascotte ou un original. J'adorais cette école et j'ai supplié mes parents de me laisser y finir mon année, après qu'ils ont décidé de déménager à London. Ils ont donc pris un arrangement pour que j'habite une ferme exploitée par des amis, la famille Shikaze, à environ huit kilomètres de Leamington. En échange de quelques tâches à exécuter avant et après l'école, j'étais logé et nourri. J'ai même appris un peu de japonais, parce que Monsieur et Madame Shikaze étaient issei et ne parlaient que japonais à la maison. À l'école secondaire de Leamington, bien des élèves étaient enfants de fermiers et venaient à l'école en autobus : j'étais donc à ma place.

Il y a quelques années, je suis tombé sur l'annuaire de 1950 de l'école secondaire de Leamington et j'ai été étonné d'y trouver un de mes poèmes, intitulé *A Walk in Spring*, dont je donne ici une strophe :

> *Let us a walk through the wood,*
> *While we are in this imaginative mood;*
> *Let us observe Nature's guiding hand,*
> *Throughout this scenic, colorful land*.*

Les frères et les parents de papa avaient déménagé à London (Ontario) durant la guerre et avaient échappé à l'incarcération. Par la suite, ils ont mis sur pied une entreprise de construction, devenue prospère durant le boom de l'après-guerre. Ils avaient prié mon père, l'aîné de la famille, de les rejoindre à London, où il y avait de meilleures écoles et où il pourrait travailler pour eux. À Leamington, maman et papa parvenaient à gagner leur vie, avec le supplément que mes sœurs et moi apportions en travaillant dans les fermes en été, mais ils joignaient à peine les deux bouts, sans pouvoir épargner. Quand nous sommes partis pour London, nous étions encore dans la misère.

---

* Allons marcher dans les bois, / Dans cette humeur imaginative ; / Observons la main de la nature, / Dans ce pittoresque et coloré paysage.

Leamington comptait quelque 10 000 habitants, alors, quand je suis arrivé à London, où la population s'élevait à près de 100 000 âmes en 1950, cette ville m'a semblé être une immense métropole. Je me sentais vraiment comme un paysan. Mes cousins avaient déménagé à London durant la guerre, y avaient fréquenté l'école primaire et étaient pleinement acceptés dans la communauté. Même s'il ne voulait pas lui-même laisser sa Colombie-Britannique chérie, papa avait conseillé à ses frères et à ses parents de quitter la province au début de la guerre et d'aller dans l'Est, ce qui leur avait épargné une grande part de l'angoisse associée au fait d'être japonais au Canada. Dans l'Est, les Japonais étaient rares, davantage perçus comme une curiosité que comme une menace. Dan et Art, mes cousins, se tenaient exclusivement avec des enfants blancs et allaient même dans des petites fêtes, où, à leurs dires, ils jouaient à la bouteille ! Oh là ! là ! embrasser une Blanche m'était inconcevable, et je les enviais tellement.

Mes oncles ont aidé la famille à se remettre sur pied. Je ne sais pas quelles étaient les ententes financières entre eux, mais papa travaillait pour son plus jeune frère comme menuisier. Il installait des portes, faisait la finition des planchers et des fenêtres et fabriquait des armoires de cuisine. Des années plus tard, sa personnalité extravertie en a fait le candidat parfait à la vente d'assurances pour les maisons construites par les frères Suzuki. Dans les premiers mois à London, mes parents et mes sœurs habitaient avec la famille d'oncle Minoru. J'étais chez les Shikaze à l'époque, mais j'ai entendu dire que ma famille était à l'étroit dans cette maison de London et que cela créait d'inévitables tensions.

Quand je suis arrivé à London, mes parents avaient acheté un terrain, et les frères de mon père lui avaient donné un coup de main pour bâtir une petite maison. Quand j'y ai emménagé, le toit était recouvert de bardeaux, mais les murs extérieurs n'étaient encore qu'en contreplaqué, les divisions intérieures étaient nues et, au sol, il n'y avait qu'un sous-plancher. La maison était encore en construction, mais la famille y avait déjà emménagé et s'était servie de carton pour recouvrir les murs intérieurs. Au cours des mois suivants, comme nous travaillions tous pour contribuer à la trésorerie familiale, nous avons peu à peu acheté le matériel nécessaire pour finir l'intérieur, puis l'extérieur. J'étais devenu monteur de charpente pour Suzuki Brothers Construction. J'adorais mon emploi, travaillant les fins de semaine, les jours de congé et en été. J'en ai appris suffisamment pour pouvoir monter une charpente, couler du ciment, faire des trottoirs, construire un caveau à fruits et poser une dalle de béton à l'entrée de notre maison. Il nous a fallu environ deux ans pour finir la maison. Mes sœurs et moi étions gênés de vivre dans une maison non finie et nous n'y invitions jamais personne.

Papa a finalement acheté une voiture, la première que la famille ait acquise après la fin de la guerre : une Ford modèle A de 1929. Elle était en bon état, et aujourd'hui n'importe qui serait heureux d'en posséder une, mais au début des années 1950 c'était humiliant pour un adolescent. Où que nous roulions, je me baissais dans l'espoir de n'être vu de personne. Pour empirer les choses, en automne, papa allait ramasser les feuilles qui s'étaient entassées dans les rues, puis qui avaient été réduites en mottes épaisses par les voitures — ce qui donnait un paillis parfait pour le jardin. Il a fabriqué une boîte qui s'accrochait au pare-chocs arrière de la vieille voiture et, après le souper, je devais l'accompagner dans sa recherche, en voiture, d'un endroit particulièrement riche en feuilles broyées. Nous les pelletions dans la boîte, revenions à la maison et entassions les feuilles devant la maison. Le lendemain, après l'école, il m'incombait de déplacer les feuilles à l'arrière, où je creusais des tranchées dans le jardin et les y enfouissais pour en faire du compost. Je craignais toujours qu'on me reconnaisse, quand papa et moi peinions sous les lampadaires à empiler les feuilles à l'arrière de la Ford. J'admire aujourd'hui la passion du jardinage que papa nourrissait, mais à l'époque je la trouvais détestable. Comme tout garçon à l'âge de la puberté, j'étais bien plus intéressé par le sexe, mais j'étais trop gêné pour en parler à quiconque. Quand je voyais des camarades de classe dans l'autobus ou dans la rue, je faisais de mon mieux pour éviter d'avoir à faire la conversation en m'assoyant seul ou en traversant la rue.

À l'école secondaire de Leamington, je m'étais senti à l'aise parmi les élèves. J'y avais même remporté la joute oratoire scolaire. Mais le Central Collegiate Institute de London était d'un autre ordre. La plupart des élèves passent au secondaire avec des amis de leur école primaire. Les vieilles amitiés se consolident, de nouvelles se forment et les cliques se constituent. Quand je suis arrivé en dixième année au Central Collegiate Institute de London, les cercles sociaux étaient très bien établis, alors que j'étais un pur étranger, un paysan, un marginal. Comme les hormones de l'adolescence circulaient dans mon système, j'étais dévoré par des envies sexuelles, mais complètement incapable de les assouvir. Il ne m'est jamais venu à l'esprit d'inviter une Blanche à sortir, parce que la crainte du refus était trop forte. Il faut dire aussi que trois des dix Canadiennes japonaises de London étaient mes sœurs.

Dans un cours d'éducation civique, on nous a demandé ce que nos parents faisaient. À mon étonnement, j'étais le seul de la classe dont la mère travaillait, car les mères des autres élèves étaient toutes des parents à temps plein ; dans les années 1950, c'était une indication du statut social. Pour exacerber mon isolement, j'étais un bon élève, ce qui, à l'époque, équivalait à être lépreux. J'ai été horrifié lorsque, une fois, le professeur nous a demandé de dire quelles étaient nos notes de l'année précédente. J'avais honte de dire que toutes mes notes étaient excellentes. « Mais j'ai eu un B à un examen », ai-je ajouté dans un vain effort pour mitiger le mépris. De même, pour mes sœurs et moi, les fins de semaine et l'été n'étaient pas autant d'occasions de s'amuser et de prendre des vacances, mais plutôt de travailler et de contribuer au revenu familial. J'ai été stupéfait de découvrir, dans un autre cours, que mes camarades passaient tout l'été en vacances — c'est-à-dire sans travailler —, situation qui me distinguait d'eux une fois de plus.

Les seuls Canadiens japonais au Central Collegiate Institute de London étaient mes sœurs et mes cousins. Ces derniers s'étaient bien intégrés, et même mes sœurs avaient noué des amitiés à l'école primaire, si bien que la transition à l'école secondaire a été facile pour elles. Les élèves formaient un ensemble plutôt homogène, à Central, et il y avait encore moins de Canadiens chinois que de Canadiens japonais. Je ne me rendais pas compte que les différences entre chrétiens et juifs étaient très importantes à cette école. Pour moi, c'étaient tous des Blancs qui se trouvaient à fréquenter différentes églises. En douzième année, l'un des candidats à la présidence du conseil des élèves était Jerry Grafstein, aujourd'hui affairiste et sénateur du Parti libéral. J'ai alors voté pour lui car j'admirais sa personnalité volubile et son immense popularité, et je croyais que ce serait le cheval gagnant. Je ne pouvais pas le croire quand il a perdu, et c'est seulement plus tard que j'ai su que Central n'élisait tout simplement pas de juifs au conseil des élèves.

Ma solitude était permanente à l'école secondaire. Je brûlais d'envie d'avoir un bon copain avec qui me tenir, mais j'étais beaucoup trop timide pour m'affirmer et nouer des liens d'amitié. Je trouvais ma consolation dans un grand marais, à dix minutes de la maison, à bicyclette. Tout marécage ou milieu humide est un endroit magique, rempli de mystère et

Une carpe pêchée dans la rivière Thames, à London, en Ontario.

d'une incroyable variété de formes de vie végétale et animale. Les animaux étaient au centre de ma vie. Les insectes me fascinaient. Quiconque m'aurait aperçu dans ce marécage aurait acquis la conviction que j'étais une espèce d'abruti, pataugeant tout habillé, les yeux à hauteur de l'eau, explorant sous la surface, un filet et un pot à la main, derrière mon dos. Mais je ne pouvais pas passer tout mon temps dans ce marécage. Alors je rêvassais, me créant un monde imaginaire dans lequel j'étais doté de capacités athlétiques et intellectuelles surhumaines qui me permettaient de faire la paix en ce monde et de conquérir des foules de femmes magnifiques me suppliant d'être mes chéries.

Je frayais avec quelques autres marginaux, de bons élèves qui ne faisaient partie d'aucune équipe sportive. Dans son ouvrage fascinant, *Is There Life After High School ?* (1976, Little,

Brown), Ralph Keyes explique que l'école secondaire est la période formatrice la plus intense de notre vie. Divisant les élèves du secondaire en deux groupes — les « In » (joueurs de football, meneuses de claque, joueurs de basket-ball) et les « Out » (tous les autres souhaitant être « In ») —, il avance que notre statut à l'école secondaire survit dans notre psychisme pendant tout l'âge adulte. Dans mon cas, il a raison.

À ma dernière année du secondaire, un des autres *nerds* a proposé que je me porte candidat à la présidence des élèves de l'école. C'était tout à fait inattendu, et j'ai refusé. Quand j'en ai fait part à mon père, il s'est montré déçu et m'a demandé d'expliquer mon refus. « Parce que je perdrais », ai-je dit. Papa était outré. « Comment peux-tu le savoir si tu n'essaies même pas ? D'ailleurs, qu'y a-t-il de mal à perdre ? Quoi que tu fasses,

La Ford modèle A de mon père lors de ma campagne pour devenir président du conseil étudiant, en 1953. Notez la boîte à l'arrière qui servait à transporter le compost.

47

il y en aura toujours des meilleurs que toi, mais ça ne veut pas dire qu'il ne faut pas essayer. Il n'y a pas de honte à ne pas finir premier. » Je ne sais pas comment il a acquis cette sagesse, mais sa réponse m'est restée à l'esprit toute ma vie.

Je suis donc retourné voir mon ami pour lui dire que j'essaierais. Nous avons fait campagne à titre de « Out » et rallié tous ceux qui ne faisaient pas partie de la bande des « In » et qui voulaient avoir leur mot à dire au conseil des élèves. Mes sœurs et nos amis ont fabriqué des pancartes et des affiches disant : « You'll Rave About Dave* ». Papa m'a laissé prendre la Ford modèle A pour aller à l'école et nous avons fixé une pancarte sur le toit. Mon expérience d'orateur m'a bien servi durant la campagne et, à mon étonnement, j'ai gagné en recevant plus de votes que tous les autres candidats réunis. C'était une puissante leçon : il y avait beaucoup plus de « Out » que de « In » et, ensemble, les premiers représentaient une grande force.

Tout au long de mes études secondaires et collégiales, j'ai travaillé comme monteur de charpente pour Suzuki Brothers Construction. J'ai travaillé à des maisons, charpentant les fondations, pelletant et coulant du ciment, puis construisant la charpente jusqu'au toit. C'était un travail physique exigeant, et j'éprouvais une grande satisfaction quand je voyais la maison émerger d'un trou dans le sol. La structure que nous, les charpentiers, montions était ensuite couverte de bardeaux, de plâtre, de boiseries et de peinture, jusqu'à ce qu'il n'y ait plus de trace visible de notre travail. De bien des façons, cette maison était analogue à nos expériences de l'enfance. Avec le temps, nous acquérons un vernis de personnalité qui nous permet d'interagir avec les autres, mais qui cache toutes les expé-

---

* Vous n'aurez que des éloges pour Dave. *(Ndlt)*

riences familiales dont nous ne nous souvenons pas, ainsi que les craintes, les blessures et les insécurités de l'enfance que les autres ne voient pas. Pour moi, le sentiment d'exclusion qui a débuté au moment de l'évacuation en Colombie-Britannique et qui a continué à l'école secondaire est resté une partie fondamentale de ce que j'ai été toute ma vie, malgré le vernis acquis avec la maturité.

CHAPITRE 2

L'université et une carrière naissante

J'ai fréquenté une université américaine à cause d'une rencontre fortuite avec John Thompson, un ancien camarade de classe à London. Son père était directeur de l'école de commerce de l'Université de Western Ontario, à London, et John, citoyen américain, est parti après sa 12e année pour s'inscrire au collège Amherst (Massachusetts). Je l'ai croisé dans la rue, lors d'une de ses visites au pays ; il ne tarissait pas d'éloges sur Amherst et m'a suggéré d'y poser ma candidature. Il m'a fait parvenir les formulaires nécessaires à cette fin, que j'ai remplis et envoyés. Je n'avais pas suivi les cours préparatoires en vue des examens d'habileté scolaire, contrairement à tant d'étudiants canadiens aujourd'hui, et je n'avais pas l'expérience parascolaire ou athlétique que les candidats aux meilleures universités possèdent habituellement. Je n'avais que mon dossier scolaire. J'ai su plus tard que John avait parlé en ma faveur au responsable des admissions, Eugene Wilson, de sorte que j'ai été accepté avec une bourse de 1 500 $, soit davantage que le salaire annuel de mon père à l'époque.

En Ontario, dans les années 1950, tous les élèves de 13ᵉ année passaient les mêmes examens, qui servaient de critères de sélection pour l'entrée à l'université. La plupart des élèves quittaient l'école secondaire à la fin de la 12ᵉ année, tandis que la 13ᵉ année était destinée à ceux qui entendaient poursuivre à l'université. Mais bon nombre de ceux qui échouaient en 13ᵉ année étaient tout de même admis dans les universités américaines. Nous croyions donc tous que celles-ci avaient des exigences scolaires beaucoup moins strictes que celles des universités canadiennes. En outre, les Américains n'avaient qu'une 12ᵉ année à réussir avant d'entrer à l'université, tandis que j'avais dû faire une année d'études additionnelle. Je croyais donc que mes études à Amherst seraient des plus faciles. J'ai vite appris qu'il y a une grande diversité d'établissements post-secondaires aux États-Unis. Oui, certaines universités et des collèges privés appliquent des normes assez peu élevées, alors que les collèges et universités d'État varient énormément en matière de qualité d'enseignement et d'exigences. La qualité des établissements privés varie aussi, mais de nombreux collèges d'arts libéraux sont très bien cotés aux États-Unis, y compris Amherst, Swarthmore, Reed et Smith. Les meilleurs étudiants, aux États-Unis, ont souvent fréquenté des écoles secondaires préparatoires privées, dont le programme est destiné à favoriser l'admission des élèves dans un établissement d'enseignement réputé. Plus d'un quart des étudiants de mon groupe, à Amherst, avaient obtenu les notes les plus élevées à leur école secondaire. Les élèves au dossier médiocre ne prenaient même pas la peine de faire une demande, et, parmi ceux qui le faisaient, moins de un sur dix était accepté. Ces étudiants étaient donc assez impressionnants. Étant boursier, je devais figurer parmi les vingt pour cent supérieurs de mon groupe pour conserver ce soutien. Pas de problème, me disais-je, puisque j'ai fait une année de plus dans une école secondaire canadienne, que je croyais supérieure, au départ.

J'ai bien compris ce qui m'attendait aux premiers examens mi-semestriels. Je n'allais pas me la couler douce à Amherst, contrairement à ce que j'avais fait durant tout mon cours secondaire. Soudain, j'ai dû acquérir de bonnes habitudes d'étude, apprendre à me servir des ressources de la bibliothèque et à rédiger des dissertations réfléchies. Amherst a perfectionné mes aptitudes scolaires, et je suis heureux d'avoir pu fréquenter une université de premier plan et d'avoir reçu une formation d'élite qui n'avait pas sa pareille au Canada. J'admire et je soutiens la politique éclairée qui a rendu possible le financement des études d'un étranger comme moi, dans l'espoir qu'elle serait ainsi bénéfique pour tous les étudiants d'Amherst. Je ne peux m'empêcher de comparer cette politique à celle des universités canadiennes, qui acceptent aujourd'hui des étudiants étrangers seulement s'ils acquittent des frais de scolarité exorbitants.

J'ai été la première personne de ma famille à recevoir un diplôme universitaire. Bien que mes grands-parents n'aient pas eu l'intention de s'établir au Canada, leurs enfants nés ici — mes parents — n'étaient pas intéressés à déménager au Japon, parce que le Canada était leur patrie. Ils ont donc insisté, à la maison, sur l'importance de l'école, afin que nous échappions à l'extrême pauvreté qui nous accablait après la guerre. La plus grande crainte que j'ai éprouvée, dans ma jeunesse, c'était que mon père me sorte de l'école et m'oblige à travailler.

La plupart des étudiants d'Amherst venaient de familles dont les membres avaient fait des études universitaires depuis des générations. Ils avaient beaucoup voyagé et nombre d'entre eux avaient passé des étés entiers à l'étranger. Ils allaient au concert et écoutaient de la musique classique. Ils lisaient pour le plaisir et allaient au théâtre. Ces étudiants étaient cultivés, expérimentés, sûrs d'eux et extrêmement brillants, et je n'ai jamais eu si fort l'impression d'être un novice que lorsque je suis arrivé à cette université.

À Amherst, j'ai aussi découvert que la plupart des Américains ne savaient presque rien du Canada. Si, en de rares occasions, ils évoquaient le voisin du nord, ils le considéraient simplement comme une annexe des États-Unis. Néanmoins, je faisais partie des étudiants étrangers et, la première année, j'ai profité d'un programme qui leur était destiné pour passer l'Action de grâce dans une famille américaine. J'ai été stupéfait lorsque, durant le traditionnel souper à la dinde, la conversation a pris un ton politique très sérieux et que la mère a entamé une discussion très animée avec son mari. Dans ma famille, les femmes ne participaient pas à des discussions où il pouvait y avoir désaccord. Ma mère laissait à mon père les discussions sérieuses tenues en public (bien que j'aie appris après sa mort qu'elle avait son franc-parler et qu'elle exerçait une grande influence sur mon père quand ils étaient seuls). Et elle ne l'affrontait certainement jamais ni ne s'opposait à lui en présence d'autres personnes. Cette Action de grâce m'a donné mon premier aperçu de ce que pouvait signifier l'égalité des sexes.

À London, la puberté vécue à une époque d'attitudes sévères envers le sexe, de crainte de la grossesse et de « mariages forcés » était assez difficile, mais, comme Canadien japonais marqué par la guerre et l'internement, le champ potentiel de filles à envisager était restreint. Limité par l'édit paternel selon lequel je devais trouver une compagne japonaise, j'ai protesté en expliquant qu'il y avait trop peu d'adolescentes japonaises dans tout London ; alors papa s'est adouci et m'a permis de penser à fréquenter une Canadienne chinoise. « Papa, ai-je déclaré, il n'y a que trois familles chinoises ici et je n'en connais aucune. — D'accord, d'accord, a-t-il concédé, une fille autochtone fera l'affaire. » Quand je lui ai fait remarquer qu'il y avait certes des réserves en périphérie de la ville, mais que je ne connaissais aucune autochtone, il a ajouté une fille noire à la liste des prétendantes acceptables. Annabel Johnson était la seule fille noire de ma connaissance et elle ne s'intéressait nullement à moi. « Très bien, ce pourrait être une juive », a-t-il dit à regret, à court de minorités visibles. L'ordre décroissant de mes compagnes éventuelles qu'avait défini papa était fondé sur l'origine ethnique et sur l'ampleur des préjugés dont il croyait qu'elles avaient fait l'objet, mais il ne reconnaissait pas qu'il acceptait ainsi implicitement les stéréotypes des racistes.

En 12e année, j'ai invité la plus jolie Japonaise de London, Joane Sunahara, à une danse organisée la veille du jour de l'An. Elle dansait superbement et embrassait encore mieux, et elle est vite devenue ma première petite amie. Quand j'ai été élu président des élèves de Central Collegiate, elle était vice-présidente des élèves de Tech, et nous avons alors participé en couple à toutes les activités sociales des deux écoles. Mais à la fin de nos études secondaires, elle est allée à Ryerson, à Toronto, tandis que j'ai pris le chemin d'Amherst, et nous avons convenu de rester en contact tout en sachant que nous aurions d'autres fréquentations.

Amherst était une université exclusivement masculine depuis sa fondation, en 1821. Mais, après un long débat, souvent amer, le conseil d'administration a accepté l'admission d'étudiantes à l'automne 1974, et le premier groupe de première année pleinement mixte a été formé en 1976. Aujourd'hui, les garçons et les filles sont en nombre presque égal. Quand j'étais à Amherst, nous fréquentions des étudiantes qui allaient aux collèges pour filles Smith et Mount Holyoke, à onze et à seize kilomètres respectivement. Chaque automne, quand je revenais à Amherst, je feuilletais anxieusement les albums de première année de Smith et Mount Holyoke, à la recherche des trois ou quatre étudiantes asiatiques que je pourrais penser à fréquenter. Dans toutes les activités sociales, j'étais très conscient d'être japonais.

En première année, un autre étudiant asiatique, un Américain japonais d'Hawaii, résidait au même étage du dortoir, mais il ne faisait qu'exacerber mon sentiment d'insécurité. Gordon était très costaud pour un Asiatique et avait une personnalité plutôt extravertie. Son père était un dentiste et un homme d'affaires prospère d'Honolulu. Gordon accordait beaucoup d'importance aux vêtements et il m'a appris que les chaussures de daim couleur crème étaient de rigueur et que les cravates de challis, les complets gris fusain et les chemises roses à col boutonné étaient le propre d'une personne bien mise. Je ne pouvais me les permettre, mais peu m'importait, car je ne m'étais jamais intéressé à la mode et j'étais content de laisser mes parents m'acheter mes vêtements. Je frayais avec Gordon simplement parce que c'était un autre Asiatique avec qui je croyais partager des antécédents communs.

Mais il n'en était rien. Gordon avait été élevé dans un milieu privilégié. Les Américains japonais d'Hawaii n'avaient pas été incarcérés durant la Seconde Guerre mondiale, et il avait alors fréquenté une école privée d'Honolulu. Gordon avait confiance en lui, et nos traits asiatiques communs étaient sans conséquence pour lui. Je crois qu'il me tolérait comme on tolère un chien, avec amusement et pitié. Quand son père lui a rendu visite, en première année, ils m'ont invité à souper au restaurant. Je travaillais à la cafétéria dès six heures chaque matin, où je gagnais 1,50 $ l'heure, pour payer mes dépenses. Ils m'ont emmené dans un restaurant chic, où j'ai été renversé par les prix des plats au menu. Lorsque l'addition est arrivée, j'ai offert, en tremblant, de payer ma part. À mon grand soulagement, le père de Gordon a refusé, mais je me suis juré de ne jamais souper de nouveau avec eux. Et je ne l'ai jamais refait. Une énorme barrière issue de nos expériences de guerre différentes nous séparait. À Hawaii, les Américains japonais étaient trop nombreux pour que soit envisagée leur incarcération en masse, même si l'attaque des Japonais avait eu lieu contre Pearl Harbor, à Honolulu. Les Américains japonais prospéraient à Hawaii et connaissaient peu les pressions que nous avions subies, au Canada. Mon identité et ma personnalité ont été sculptées par la pauvreté, l'ignorance et un sentiment de honte.

À l'automne de 1957, pendant ma dernière année à Amherst, une épidémie de grippe asiatique a balayé le monde. Bien que situé en milieu rural, Amherst ne constituait pas un rempart contre la grippe, et, comme bien d'autres, j'ai finalement succombé au virus. J'ai titubé jusqu'à l'infirmerie, remplie de gars malades qui m'ont hué quand je me suis montré. Il n'y avait qu'une poignée d'Asiatiques sur le campus à l'époque et c'était donc facile de nous blâmer (à la blague), mais j'étais trop malade pour m'en faire de toute façon.

Je me suis effondré dans mon lit, me sentant atrocement mal, avec la radio pour seule compagne. Je me souviens précisément d'avoir oublié ma maladie lorsqu'un annonceur a interrompu la programmation pour nous informer que l'Union soviétique avait réussi à lancer un satellite, nommé *Spoutnik*, dans l'espace. Il n'était pas plus gros qu'un ballon de basketball, mais c'était une réalisation électrisante : le premier objet artificiel à être placé en orbite terrestre. Comme je ne savais même pas qu'il y avait un programme spatial, l'exploit a frappé mon imagination. Mais, dans les mois suivants, le reste de l'Amérique et moi avons vécu le supplice de l'échec spectaculaire des États-Unis à envoyer le moindre satellite dans l'espace, alors que l'URSS annonçait des premières à un rythme inouï : Laïka, le premier animal (une chienne) ; Iouri Gagarine, le premier homme ; la première équipe de cosmonautes ; Valentina Terechkova, la première femme.

Reconnaissant tardivement que les Soviétiques étaient très avancés en science, en génie, en mathématiques et en médecine, les États-Unis se sont résolus à les rattraper en multipliant les sources de financement destinées aux étudiants, aux universités et aux laboratoires publics. Dans la frénésie de l'après-*Spoutnik*, on redoublait d'efforts pour attirer les étudiants en science, et, bien que canadien, j'ai reçu une bourse pour poursuivre mes études supérieures à l'Université de Chicago. L'injection de fonds et la priorité accordée à la science par le gouvernement américain engendraient un climat stimulant. Sur tous les tons, durant nos études supérieures, on nous a enseigné que la science était le moyen le plus efficace de connaître le monde. Grâce à la science, nous percions les secrets les mieux gardés de la nature : la structure même de la matière, les confins de l'Univers, le code génétique. Dans notre formation, il y avait la notion implicite que la science rejetait les émotions et la subjectivité et ne recherchait que la vérité. La reine de toutes les sciences était la physique, surtout la physique théorique. Par contre, la biologie était une science floue ; la vie n'est pas nette et ne se prête pas facilement aux délicates expériences effectuées en physique. Et, en biologie, il y avait un ordre hiérarchique défini : la taxinomie et la systématique (que les généticiens traitaient avec mépris de philatélie), l'écologie et la biologie des organismes étaient en bas, la biologie moléculaire et la génétique trônaient tout en haut (du moins, selon les généticiens).

J'avais toujours voulu être biologiste. Dans mes premières années d'études, je rêvais d'être ichtyologiste, spécialiste des poissons. Enfant, j'avais imaginé pêcher à la mouche les poissons sur lesquels je ferais mes expériences, puis de les manger après. Que pouvait-il y avoir de mieux ? Plus tard, devenu collectionneur d'insectes passionné, j'ai pensé à l'entomologie comme profession éventuelle. Mais c'est au cours de ma troisième année d'université que, brillant étudiant en biologie, j'ai dû suivre un cours de génétique et que je suis tombé follement amoureux de l'élégance et de la précision mathématique de cette discipline. J'ai adoré lire les articles mystérieux et difficiles publiés au sujet d'expériences raffinées, et j'ai découvert que j'avais le don de monter des expériences compliquées pour résoudre des questions très précises.

On m'avait assuré une place à la faculté de médecine de l'Université de Western Ontario, à London, mais j'ai décidé d'abandonner la médecine pour me tourner vers la génétique. Ma mère a été inconsolable pendant des semaines lorsque je lui ai appris que je ne deviendrais pas médecin et que j'étudierais plutôt les mouches à fruits. Au moment où j'ai pris cette décision, il était déjà trop tard pour demander une bourse ou postuler un emploi d'assistant à l'enseignement. J'avais espéré travailler avec le fameux généticien qu'était Curt Stern, à l'Université de la Californie à Berkeley, mais, bien que j'y aie été admis, il était trop tard pour recevoir un soutien financier. À ce moment-là, Joane et moi étions encore en couple et prévoyions nous marier, de sorte que je ne pouvais pas me priver de ce soutien. Bill Hexter, mon directeur de thèse, a téléphoné à un ami, Bill Baker, un généticien spécialisé dans l'étude des mouches à fruits de l'Université de Chicago, qui m'a offert un poste d'assistant de recherche financé par sa subvention.

Lorsque j'ai reçu mon diplôme d'Amherst, avec distinction en biologie, en 1958, je savais que je pourrais au moins être un bon enseignant, mais, en entrant au deuxième cycle, j'ai découvert que j'avais le désir ardent de faire de la science expérimentale. Je me suis inscrit au département de zoologie, où Joane, que j'avais épousée en août 1958, travaillait comme technicienne dans la préparation de spécimens pour le microscope électronique, tâche très exigeante à laquelle elle excellait. Comme j'avais suivi un cours sur le mariage et la sexualité durant ma dernière année de baccalauréat, je croyais savoir

Mon professeur Bill Baker, Anita Hessler, étudiante au doctorat, et moi au laboratoire où nous étudiions la drosophile à l'Université de Chicago.

tout ce qu'il me fallait pour planifier. Hélas, la passion et la négligence se sont immiscées et tous nos plans d'avenir se sont évaporés lorsque Joane est tombée enceinte, cinq mois après nos noces. C'est tout ce que m'avait valu le A que j'avais obtenu pour ce cours. Tamiko est née en janvier 1960, une merveilleuse surprise qui m'a conquis pour la vie.

L'arrivée de Tamiko a suscité une forte pression pour que j'obtienne mon diplôme. Joane travaillait le jour pendant que je m'occupais de Tamiko. La plupart du temps, je l'emmenais au labo, où elle pouvait dormir dans sa poussette, tandis que je comptais des mouches à fruits. Je la ramenais à la maison pour souper, puis je passais de longues soirées à poursuivre mes expériences. Mon travail a été récompensé, car j'ai terminé mon doctorat moins de trois ans après avoir quitté Amherst.

Le département de zoologie de l'Université de Chicago jouissait d'une réputation bien établie dans les secteurs traditionnels, alors que la biologie cellulaire et la génétique étaient des nouvelles venues. Aaron Moscona était un éminent spécialiste en biologie du développement, tandis que Hewson Swift était un cytologiste-microbiologiste expert en microscopie électronique. Bill Baker était le généticien. Il y avait aussi des gens formidables dans d'autres départements, comme la botanique, la microbiologie et la biochimie ; un climat intellectuel stimulant régnait donc à l'université. J'ai suivi des cours avec deux des « grands bonshommes de l'écologie », Alfred Emerson et Tom Park, qui m'ont donné une base en écologie et m'ont présenté des étudiants dans ce domaine. Mais l'effervescence ayant entouré la découverte de l'ADN en tant que matériau génétique, le modèle Watson-Crick et les percées de la

Joane et Tamiko.

biologie moléculaire semblaient pénétrer tous les domaines des sciences de la vie. Je me souviens de Tom Humphreys, l'un des brillants étudiants du labo de Moscona, qui protestait : « Vous, les généticiens, semblez vouloir envahir toute la biologie. » Il avait raison, car c'est ce que nous avons fait. Pour nous, tout le domaine de la biologie du développement découlait de l'activation et de l'inactivation différentielle des gènes. Nous, les étudiants diplômés en génétique, étions assez imbus de nous-mêmes à cause des récentes découvertes et avions tendance à être condescendants à l'égard des sciences descriptives plus traditionnelles. Maintenant que je comprends l'importance de greffer une perspective écologiste aux questions d'environnement, je ressens le besoin de faire pénitence pour mon arrogance de jeunesse.

En juin 1961, j'ai obtenu mon doctorat et j'ai eu en prime le plaisir de recevoir mon parchemin des mains du nouveau président de l'université, George Beadle, un lauréat du prix Nobel qui avait travaillé sur le maïs en début de carrière, puis qui était passé aux mouches à fruits avant de se consacrer finalement à la moisissure du pain dénommée *Neurospora crassa*. Au fil de leurs recherches, Edward Tatum et lui ont découvert la relation gène-enzyme, en vertu de laquelle chaque gène produit une protéine ou une enzyme particulières. Je suis donc devenu un scientifique dûment agréé, en recevant mon diplôme d'un éminent confrère généticien.

Mon directeur de thèse, Bill Baker, avait travaillé nombre d'années au département de biologie du laboratoire Oak Ridge National (ORNL), au Tennessee, et il m'a alors fortement recommandé d'y postuler un emploi, ce que j'ai fait. J'ai eu le plaisir d'obtenir mon premier poste à temps plein à titre d'assistant de recherche au labo de Dan Lindsley, l'un des experts mondiaux en manipulation des chromosomes. L'ORNL avait été créé dans les montagnes du Tennessee dans le cadre d'un projet ultrasecret de purification de l'uranium qui relevait du projet Manhattan pour la mise au point d'une bombe atomique, en 1942. Après la guerre, la recherche sur la radiation s'est poursuivie au département de biologie, mais, au moment où j'ai postulé, le département s'était déjà réorienté vers la biologie fondamentale. Donc, une fois rendu là, j'étais libre de suivre la voie de recherche que je désirais, en compagnie de certains des meilleurs scientifiques du monde. Un merveilleux esprit de collégialité et d'entraide encourageait la coopération et l'échange d'idées, qui sont les meilleurs moyens d'acquérir des compétences. J'ai acquis une plus grande confiance dans mes capacités en tant que scientifique.

La Seconde Guerre mondiale avait donné naissance à Oak Ridge, et, paradoxalement, l'établissement qui avait été à l'origine des bombes ayant détruit Hiroshima et Nagasaki était devenu un foyer de recherche et de coopération d'envergure mondiale, et j'en faisais partie. La Crise des années 1930 avait laissé un autre héritage. La région avait été l'une des plus pauvres des États-Unis ; les forêts avaient été rasées depuis longtemps et les agriculteurs avaient surexploité le sol, cause de fertilité moindre et d'érosion. Durant la Dépression, le président Franklin D. Roosevelt avait galvanisé le peuple avec son New Deal pour relancer l'économie et créer des emplois. À sa demande, le Congrès a mis sur pied la Tennessee Valley Authority (TVA), en 1933, pour superviser un énorme projet de création d'emplois. La TVA était issue d'une approche radicalement nouvelle qui adoptait une vision globale des problèmes, en matière de contrôle de la malaria, d'inondations, de déforestation, de navigation et d'érosion. Un réseau de lacs formés par des barrages servait à endiguer les inondations et, surtout, fournissait de l'électricité aux usagers domestiques et industriels. Autour d'Oak Ridge, des barrages de la TVA offraient aussi un abri à des populations de

En compagnie de Dan Lindsley (à gauche) *et de Yatarao Tazima* (à droite), *spécialiste japonais du ver à soie, en visite au Oak Ridge National Laboratory, au Tennessee.*

poissons. En bas des barrages, je pêchais la truite et l'alose, tandis qu'en haut, dans les lacs, le bar blanc abondait. J'emmenais la famille camper dans les montagnes Smoky. Papa nous a rendu visite et il a eu tôt fait d'aller se promener dans l'arrière-pays, où il a rencontré de vrais campagnards et vite partagé leur alcool de contrebande.

Mais le Tennessee avait été un État esclavagiste et avait fait partie de la Confédération sudiste durant la guerre de Sécession. Des signes de racisme évidents persistaient. À cause de mes expériences vécues durant la guerre, je m'identifiais fortement à la communauté noire. Comme la plupart des scientifiques, à l'ORNL, venaient du Nord, l'établissement était donc une oasis de libéralisme. Au labo de Dan Lindsley où je travaillais, la technicienne en chef était Ruby Wilkerson, une Afro-Américaine qui vivait avec son mari, Floyd, dans le village voisin de Philadelphia. Ruby et moi nous assoyions devant nos microscopes, l'un en face de l'autre, et elle me régalait d'anecdotes sur les nombreux généticiens qui étaient passés au labo de Lindsley.

Lorsque Joane et moi rendions visite à Ruby et à sa famille, les invités s'assoyaient à la table avec les hommes, tandis que les femmes se tenaient en retrait et remplissaient nos assiettes et nos verres, au besoin. La télé jouait toujours à tue-tête. À un certain moment, je me suis rendu compte, pendant que je parlais, que personne ne m'écoutait : tous fixaient l'acteur noir qui venait d'apparaître à la télé. J'ai pu ainsi comprendre directement à quel point ils avaient envie d'y voir quelqu'un auquel ils pouvaient s'identifier immédiatement.

L'ORNL comptait de nombreux employés noirs, y compris le mari de Ruby et son frère, mais ils occupaient presque tous des postes de soutien — concierges, aide-cuisiniers, soigneurs d'animaux. J'ai participé aux activités d'une section locale de la NAACP (National Association for the Advancement of Colored People, l'Association pour le progrès des gens de couleur) et, comme j'éprouvais de l'empathie pour les victimes de discrimination raciale dans le Sud, tous les Blancs se sont mis à m'irriter. Joane et moi avons voyagé dans le Sud profond, où j'ai été affligé par le racisme manifeste que révélaient les panneaux limitant l'usage des fontaines et des toilettes. Il est vrai que j'aurais pu demeurer à Oak Ridge et qu'on m'avait offert plusieurs postes d'enseignement aux États-Unis, mais je me sentais profondément étranger à la culture américaine en raison du racisme flagrant. Bien que le Canada ait invoqué la *Loi sur les mesures de guerre* contre les Canadiens japonais, le pays était moins vaste et je croyais qu'il y avait plus de possibilités de travailler à l'amélioration de cette société. Les débouchés pour un scientifique étaient bien meilleurs aux États-Unis, à l'époque, mais je n'ai jamais regretté ma décision de rentrer au pays.

Un poste de professeur adjoint s'étant libéré au département de génétique de l'Université de l'Alberta, je me suis empressé de postuler et on me l'a offert. Je l'ai accepté, et Edmonton était un excellent endroit où entamer ma carrière, même si mon salaire était inférieur à ce que j'aurais reçu à l'ORNL si j'y étais resté. La province était florissante et offrait beaucoup plus de soutien à la recherche et au personnel que ce que recevaient la plupart des universités. Quand je suis arrivé à Edmonton, à l'été de 1962, je quittais le labo vers deux ou trois heures du matin et j'étais ravi de voir qu'il faisait encore jour. J'étais moins heureux quand on m'a affecté à un cours d'introduction à la génétique s'adressant à des étudiants en agronomie, mais il s'est trouvé que ces étudiants ont été les plus acharnés au travail et les plus intéressants que j'aie eus. Cependant, cet hiver-là, le thermomètre a descendu à moins 40 degrés, ce que je n'avais jamais connu et ne souhaitais pas subir de nouveau. Alors, dès qu'un poste s'est libéré à l'Université de la Colombie-Britannique (UBC), j'ai postulé et on m'a invité à une entrevue. J'ai quitté Edmonton par une température de moins 34 °C, tandis qu'à mon arrivée à Vancouver le mercure indiquait moins 1 °C et que tout le monde pestait contre le froid ! J'ai accepté l'emploi mais j'ai aussi dû subir une autre réduction de salaire. C'est une bonne chose que je sois resté là, car, à un tel rythme, j'aurais pu finir par payer pour occuper un emploi.

Quand j'ai pris l'emploi à Edmonton, en 1962, j'ai demandé une subvention au Conseil national de la recherche, et j'ai été bien déçu de ne recevoir que 4 200 $. On m'a appris plus tard qu'une première subvention pour un nouveau professeur s'élevait à 3 500 $, mais, puisque j'avais fait une année

Ma collègue au laboratoire d'Oak Ridge, Ruby Wilkerson, son mari Floyd et sa fille Patricia à l'étang à truites de papa près de London.

d'études post-doctorales, la mienne était supérieure. C'était un choc car, à l'époque, les personnes qui avaient reçu leur diplôme aux États-Unis en même temps que moi recevaient des subventions initiales de 50 000 $ à 80 000 $. Le Canada n'était tout simplement pas encore entré dans l'ère de l'après-*Spoutnik*, contrairement aux États-Unis qui s'étaient engagés à fond en faveur de la science dans le cadre de la guerre froide. Les programmes de financement du Canada avaient été élaborés au moment où les maigres fonds destinés à la recherche soutenaient un noyau de scientifiques mal payés qui ne s'adonnaient à la recherche que par conviction personnelle. Au Canada, on acquérait lentement la respectabilité : plus on persistait dans la recherche, plus les subventions augmentaient. Quand je suis rentré au pays, en 1962, les directeurs de département obtenaient souvent les subventions les plus élevées, même s'ils étaient habituellement accaparés à plein temps par les tâches administratives. Ils étaient puissants à cause de leur mainmise sur l'argent et de leur pouvoir de décision en matière d'embauche et de rémunération.

Le changement s'est opéré lentement. En ce temps-là, au Canada, un spécialiste en génétique des microbes de l'Université de Toronto, Lou Siminovitch, s'efforçait d'obtenir un meilleur soutien pour les jeunes scientifiques. Il a attiré un groupe de jeunes gens de premier plan à l'Université de Toronto, et je crois que ses efforts pour un meilleur soutien aux jeunes chercheurs expliquent en partie pourquoi mes propres subventions ont connu une hausse, à mesure qu'augmentait la productivité du laboratoire. Lou comprenait que la génétique des drosophiles serait un important domaine d'intérêt moléculaire et il m'a offert un poste à l'Université de Toronto qui aurait comporté des subventions et un soutien accrus. Mais j'aimais vraiment la Colombie-Britannique et je ne me voyais pas vivre dans une grande ville.

Le Canada a eu des lauréats du prix Nobel en science, dont les plus célèbres ont été Frederick Banting et John MacLeod, pour leur découverte de l'insuline. Ce sont les prix Nobel décernés à un chimiste de l'Université de Toronto, John Polanyi, en 1986, et à un chimiste de l'ADN de l'UBC, Mike Smith, en 1993, qui ont apporté un meilleur soutien à la recherche. En 1972, le Comité sénatorial en matière de politique scientifique, sous l'égide du sénateur Maurice Lamontagne, a publié ses recommandations concernant la science. On y mettait l'accent sur « la recherche axée sur une mission » — c'est-à-dire la recherche consacrée à un objectif précis.

Le problème que posait cette approche, c'est que la science ne procède pas de l'expérience A à l'expérience B ou C ou D pour trouver un remède au cancer. Si c'était le cas, nous aurions déjà résolu la plupart des problèmes de ce monde. La science ne peut procéder de cette manière linéaire. Lorsque nous commençons l'expérience A, nous n'avons aucune idée des résultats que nous obtiendrons. Notre façon de maximiser le « rendement du capital investi » consiste à soutenir les meilleurs chercheurs, et non les meilleurs projets de recherche. De plus en plus, les universités favorisent des ententes en vertu desquelles le financement provient du secteur privé — en foresterie, en agriculture, en pharmacie, en biotechnologie, etc. Cette politique a eu un effet néfaste sur la liberté de discussion, de critique et de recherche qui constitue l'essence de tout milieu universitaire.

Au tout début de ma carrière, j'étais ambitieux et déterminé à faire ma marque, non pour des questions d'argent ou de pouvoir, mais surtout pour l'approbation des scientifiques que j'admirais le plus en génétique de la drosophile. Mais je ne pouvais absolument pas me bâtir une carrière sur une subvention aussi insignifiante que celle du Conseil national de la recherche (4 200 $), si bien que, et à contrecœur, j'ai commencé à me renseigner sur des postes aux États-Unis. Heureusement, au moment où j'avais quitté Oak Ridge, George Stapleton, administrateur dont j'avais fait la connaissance, m'avait conseillé d'envoyer une demande de subvention de recherche à la commission américaine de l'énergie atomique (USAEC). Une fois rendu à l'Université de l'Alberta, j'ai fait ma demande à l'USAEC, mais je n'en attendais rien, parce que je faisais de la génétique fondamentale, qui n'avait rien à voir avec les questions atomiques. À mon grand ravissement, j'ai reçu une subvention substantielle représentant environ dix fois ce que m'avait accordé le Conseil national de la recherche, certainement suffisante pour lancer mon laboratoire. Il est tout à fait paradoxal que ce soient les États-Unis qui m'aient donné le soutien qui m'a permis de rester dans mon pays.

J'avais travaillé jour et nuit à Oak Ridge, et il y avait toujours des gens autour de moi qui travaillaient aussi fort. Quand j'ai accepté mon poste universitaire au Canada, j'avais confiance dans mes capacités d'enseignant et de scientifique et j'avais hâte de me faire un nom en recherche, alors j'ai continué à travailler au labo le soir et la fin de semaine. Les étudiants répondaient à cet exemple et travaillaient avec moi ; le labo demeurait donc éclairé longtemps après que mes collègues et les autres étudiants du département étaient rentrés chez eux.

J'étais à la fin de la vingtaine quand je suis arrivé à l'UBC. Les membres du corps professoral portaient le veston-cravate, et leurs étudiants les appelaient « Docteur ». Je ne portais certes ni veston ni cravate, et mes étudiants m'appelaient par mon prénom. Ce style plus « américain » était boudé. Je ne me suis jamais intégré au milieu social des autres professeurs, parce que je me consacrais surtout à la mise sur pied de mon propre laboratoire et au lancement de notre recherche. Le corps professoral canadien se comportait encore comme un

Récoltant des glandes pituitaires de saumons pour les études en biochimie du futur Prix Nobel Michael Smith. (Ouais, j'ai déjà fumé.)

petit club exclusif. J'ai été dégoûté pendant une réunion de professeurs quand l'un d'eux s'est vanté du fait que nous formions l'un des meilleurs départements de zoologie du Canada. Je voulais plutôt faire partie des meilleurs au monde.

Le soir était le meilleur moment, au labo. Personne, moi y compris, n'avait de cours, alors nous pouvions donc compter les mouches à fruits, boire du café et parler — et comment ! —, surtout de génétique, mais aussi de sexualité, de politique et du monde. Dans la foulée de la révolution en biologie moléculaire, nous étions tous enthousiasmés par les découvertes successives qu'on y faisait et nous concevions sans cesse de folles idées d'expériences. Les étudiants que j'attirais étaient enthousiastes, et le labo est devenu comme une famille. Nous travaillions beaucoup, mais nous nous amusions tout autant ; nous allions au pub, faisions de la planche à roulettes dans le sous-sol, allions camper ensemble la fin de semaine et l'été. Mais l'autonomie de mon labo, notre enthousiasme et, sans doute, notre arrogance nous distinguaient du reste du département. Nous regardions de haut les spécialistes en pêcheries et en biologie de la faune, sous prétexte qu'ils ne faisaient que de la biologie descriptive et non de la véritable recherche scientifique expérimentale comme nous. Je frémis lorsque je repense à cette prétention et à ce sentiment de supériorité. Mais cet enthousiasme à propos de notre travail créait un fort sentiment d'appartenance à notre groupe, et m'aliénait aussi la plupart de mes collègues professeurs. Confiant dans mon enseignement et dans ma recherche et absorbé par mon groupe d'étudiants, je portais peu d'intérêt aux politiques locales de la vie universitaire et je vivais dans une espèce d'isolement volontaire du reste de l'université. S'ils ne me dérangeaient pas, j'étais heureux qu'on me laisse tranquille. Naturellement, comme je passais de plus en plus de temps au labo, Joane et moi étions de moins en moins souvent ensemble. Le souper, le bain des enfants, la lecture au coucher, cela faisait partie de ma routine avant de retourner au labo. Mais même lors d'excursions de camping avec Joane et les enfants, le labo venait souvent avec nous. Joane avait parfaitement raison de me demander de passer plus de temps avec elle. Elle avait travaillé fort pour que je puisse poursuivre mes études supérieures, même avec un enfant, et, après que je suis devenu membre du corps professoral, nous aurions dû passer plus de temps ensemble. Mais j'étais trop ambitieux pour lui accorder de mon temps, je voulais faire des expériences réellement sophistiquées et importantes. Notre mariage battait de l'aile. Pas très longtemps après la naissance de Laura, notre troisième enfant, en 1964, Joane et les enfants ont emménagé dans une nouvelle maison que nous venions d'acheter. Sans moi.

Le 4 avril 1968, Martin Luther King a été assassiné, et les étudiants de l'UBC ont organisé un ralliement dans les marches de la bibliothèque pour exprimer leur chagrin. Je n'étais qu'un jeune professeur adjoint, mais j'ai choisi de prendre la parole et de rappeler aux Britanno-Colombiens que ce n'était pas le moment de réaffirmer d'un ton suffisant notre sentiment de supériorité à l'égard des Américains, mais bien de refaire l'examen de notre propre société. Je leur ai rappelé l'incarcération des Canadiens japonais durant la guerre, le traitement des autochtones et le fait qu'Asiatiques et Noirs n'ont obtenu le droit de vote en Colombie-Britannique que dans les années 1960. Le *Vancouver Sun* a publié un éditorial cinglant qui me reprochait d'avoir rouvert de vieilles blessures et de soulever des questions qui ne relevaient pas de la commémoration de King. C'est alors que j'ai compris l'importance du statut de professeur, puisqu'on m'a subtilement informé que les administrateurs de l'université s'inquiétaient du fait que certains professeurs pouvaient leur attirer une publicité défavorable.

Lorsque Joane et moi nous sommes séparés, mon directeur

de département m'a averti que la rupture de mon mariage pouvait menacer ma carrière. Un professeur de microbiologie m'a ramené à la maison, un soir, et, comme j'allais descendre de la voiture, il m'a dit : « Je dois te dire que, en mettant fin à ton mariage, tu vas en payer le prix au sein de l'université. »

L'université n'avait pas encore rattrapé l'évolution rapide des valeurs de la société.

Lorsque je suis revenu des États-Unis, je brûlais d'envie d'étudier la division cellulaire chez la drosophile et je croyais avoir quelques bonnes idées à faire valoir. Mais j'aimais aussi enseigner et j'y mettais beaucoup de temps et d'énergie. Mes premières années de cours et de joutes oratoires ont développé mes capacités d'« artiste ». J'encourageais mes étudiants à m'interrompre en tout temps s'ils ne comprenaient pas quelque chose ou avaient une question à poser.

Mais les étudiants s'intéressaient à bien d'autres choses que l'importance quantitative d'un examen ou la matière couverte par l'examen final ; ils voulaient explorer les répercussions des travaux que je leur présentais, comme les questions sociales liées au génie génétique, au clonage et à l'eugénisme. J'étais donc obligé de lire sur l'histoire de la génétique, ce qu'on ne m'avait pas enseigné à l'université. J'ai été renversé de découvrir, dans mes lectures, que les généticiens au début du XXᵉ siècle s'étaient permis, à partir de leurs études sur l'hérédité des traits physiques chez les souris, les mouches à fruits et les plantes, de se prononcer sur le caractère héréditaire de l'intelligence et du comportement chez les humains. À l'époque, la génétique était une nouvelle science passionnante qui faisait avancer à grands pas la compréhension des mécanismes de l'hérédité, et ils ont sûrement cru être sur le point d'acquérir d'incroyables capacités de manipuler l'hérédité humaine. Mais ces grandes anticipations ont abouti à une législation discriminatoire interdisant le mariage interracial dans certains États des États-Unis, limitant l'immigration de certains groupes ethniques et autorisant la stérilisation de détenus dans des établissements psychiatriques pour des raisons génétiques. Ce fut un choc pour moi de découvrir que les déclarations grandioses de généticiens avaient servi à justifier, au Canada, les craintes de trahison de la part des Canadiens japonais qui ont mené à notre évacuation et à notre incarcération, et à étayer, en Allemagne nazie, les lois de purification raciale qui ont abouti à la Shoah.

J'ai décidé que je devais parler des usages abusifs potentiels de la génétique. Mes collègues généticiens n'ont pas apprécié, surtout que les idées et les techniques révolutionnaires en manipulation de l'ADN laissaient présager une pléthore de merveilleuses applications. Je tentais sans cesse de rappeler aux généticiens les conséquences désastreuses des déclarations qu'avaient faites des généticiens tout aussi éminents il y avait à peine deux générations. C'était un rôle ingrat pour un généticien de soulever des préoccupations devant tant d'enthousiasme et tant de possibilités apparentes d'applications révolutionnaires.

Bien des années plus tard, en 1991, j'ai été invité à animer une série de huit émissions sur la révolution génétique, pour une coproduction de PBS et de la BBC. En Grande-Bretagne, la série était intitulée *Cracking the Code*, et aux États-Unis, *The Secret of Life*, et elle a été diffusée en 1993. Ce fut un grand succès pour PBS : une critique de *Newsweek* a même dit que la série était « le premier signe de vie intelligente en cette saison de télévision ». En raison de ce succès, on m'a demandé d'animer un colloque d'un jour, à Oklahoma City, en avril 1995, soit deux semaines seulement avant l'explosion tragique de l'immeuble du gouvernement fédéral, qui a fait 168 victimes. Les participants étaient d'éminents généticiens qui discutaient des répercussions captivantes de leurs travaux. La vedette du colloque était James Watson lauréat du prix Nobel, qui a découvert avec Francis Crick la double hélice de l'ADN. J'ai longuement présenté Watson, mentionnant que bien peu de scientifiques avaient connu autant de succès que lui, qui voyait ses travaux faire l'objet de manuels scolaires, etc. Lorsque j'ai invité l'auditoire à poser des questions après son exposé, les spectateurs étaient assez hésitants. Alors j'ai pris l'initiative de poser à Watson une question que je croyais anodine sur les conséquences sociales et morales des techniques révolution-naires employées en biologie moléculaire. À ma grande sur-prise, Watson a répondu en s'en prenant violemment à moi : « Je sais ce que pensent les gens comme vous. Vous voulez que nous soyons tous pareils. » Il a ensuite enchaîné en se moquant de ceux qui soulèvent des questions morales à propos de la génétique moderne.

J'étais vraiment offensé, déçu et gêné tout à la fois. Il avait déformé mes dires de façon à faire de moi un homme de paille qu'il pouvait facilement mettre à terre. À titre d'animateur, j'ai cru qu'il valait mieux ne pas me mettre à débattre avec lui ; je l'ai donc laissé terminer avant de donner la parole à l'interve-nant suivant, mais je bouillais encore de rage. Je savais que, plus tard dans la soirée, j'aurais l'occasion de réfuter les argu-ments de Watson, mais il a quitté les lieux dès la fin de notre séance. Ma réfutation me semblait maintenant tourner à vide, mais je l'ai tout de même formulée en soulignant que Watson était tout à fait dans l'erreur. « Oui, ai-je dit, je crois au magni-fique concept de l'égalité devant la loi. Mais, comme généti-cien, je sais aussi que la diversité et la différence font partie de notre nature même, et personne ne devrait tenter d'y porter atteinte. »

Au fil des ans, Watson a multiplié les déclarations pour exprimer sa foi sans bornes dans les avantages des manipulations génétiques concernant presque toutes les dimensions du développement et du comportement humains. Encore aujourd'hui, le simple fait de repenser à cet emportement de Watson me rend irritable, même si je sais maintenant que Jim s'était alors simplement montré sous son vrai jour.

Durant les années 1960, à mesure que les départements de science prenaient de l'expansion partout, la rivalité pour mettre la main sur de bons professeurs devenait de plus en plus vive. Les subventions à la recherche qui étaient accordées au Canada étaient si maigres qu'il était impossible d'y attirer un scientifique de pointe œuvrant aux États-Unis. Donc, pendant que les universités américaines attiraient vers elles les meilleurs candidats du Canada et du reste du monde, nous en étions réduits à rivaliser avec les autres universités canadiennes et les établissements américains de troisième ordre pour convaincre ceux qui restaient de se joindre à nous. À une réunion de la faculté, j'ai suggéré qu'on pourrait envisager de former un corps de recherche de premier plan à l'UBC en mettant l'accent sur le recrutement des femmes. À l'époque, la plupart des femmes avaient encore de la difficulté à obtenir un poste conduisant à la permanence et elles étaient habituellement recrutées comme adjointes de recherche ou professeurs non permanents. Il aurait été beaucoup plus facile pour un établissement canadien comme l'UBC de recruter les meilleures candidates pour devenir peu à peu une université de calibre international. Le département de zoologie ne comptait alors qu'une seule femme. Ma proposition a suscité un silence total, puis la discussion a bifurqué vers d'autres sujets. Une fois de plus, je sentais que je m'étais marginalisé par rapport à mes collègues du département en évoquant ce qu'on disait être une autre lubie à la Suzuki.

Quand l'UBC m'a recruté, quelque 60 pour cent des professeurs du département de zoologie étaient canadiens, alors que les autres étaient d'origine britannique et américaine. Les universités canadiennes connaissaient une croissance rapide, car elles accueillaient de plus en plus d'étudiants, de sorte que, dans les années 1970, elles décernaient un bon nombre de doctorats. Pourtant, nous embauchions un nombre croissant d'Américains et de Britanniques, et la proportion des Canadiens dans mon département est alors passée sous la barre des 50 pour cent. Lors d'une réunion du département, j'ai suggéré de séparer en deux piles les demandes d'emploi reçues : une première pour les candidats canadiens et une deuxième pour tous les autres. Nous devrions ensuite n'examiner que la pile des candidats canadiens pour voir s'il y en avait au moins un qui satisfaisait à nos besoins et à nos normes universitaires. Dans l'affirmative, je recommandais de recruter ce candidat sans même jeter un coup d'œil aux autres candidatures. Si nous ne trouvions personne de calibre suffisant dans les demandes canadiennes, alors seulement nous examinerions les candidatures du deuxième groupe.

J'ai été abasourdi par leur réaction. Un jeune professeur britannique m'a traité de « fasciste » et a brandi le spectre des chemises brunes nazies si l'on suivait mes conseils. J'étais ahuri de voir la réaction à ma tentative de permettre aux Canadiens de recevoir un traitement plus équitable, tout en respectant les normes universitaires. Après tout, lorsque toutes les demandes étaient regroupées, les Canadiens étaient immanquablement désavantagés, ne serait-ce qu'en raison du nombre de candidats pour tout emploi.

Je ne veux pas laisser entendre que je souffrais d'être marginalisé. Dans une large mesure, c'est par choix que je suis demeuré dans cette position, en ne jouant pas le jeu. L'ascension dans la hiérarchie universitaire ne m'a jamais intéressé, et tant que j'obtiendrais un appui pour mes recherches et que j'aurais de bons étudiants, je serais heureux. Je me souvenais aussi de la mise en garde de mon père : si je voulais être aimé de tous, je ne pourrais défendre aucune position de principe. Si je voulais affirmer mes convictions, je devais être prêt à accepter que certaines gens seraient toujours en rogne contre moi. Maintes fois, dans des réunions, quand je savais que je serais le seul à défendre une position et que j'en mécontenterais ainsi beaucoup, j'avais fortement envie de laisser tomber la question et ainsi de me simplifier la vie. Mais je ne pouvais pas m'empêcher de réagir lorsqu'il s'agissait d'une question de principe, même si tout en moi aspirait à se rallier et à ne pas créer de remous. Mes collègues prenaient alors un air exaspéré, se disant sans doute : « Voilà Suzuki qui part encore en croisade. »

Je crois qu'un marginal voit souvent les choses sous un angle différent et peut ainsi apercevoir ce que les autres ne remarquent pas. Un scientifique travaillant en biotechnologie qui a la possibilité de gagner beaucoup d'argent grâce à la mise au point d'un produit peut carrément refuser de songer aux dangers ou aux risques que quelqu'un de l'extérieur peut voir plus clairement. Pour moi, le statut de marginal a eu du bon et du mauvais. Quand j'étais plus jeune, je voulais tellement m'intégrer et ne pas rester à l'écart, être accepté et aimé. Toutefois, en adoptant un point de vue plus marginal, non seulement je vois les choses selon une autre perspective, mais je n'ai aucun intérêt personnel à favoriser le statu quo ou à défendre les entreprises, les groupes ou les organisations que je pourrais être enclin à critiquer.

CHAPITRE 3

Une nouvelle carrière

En 1954, quand j'ai terminé mes études secondaires pour aller à l'université, ma famille n'avait pas de téléviseur. En ce temps-là, à London, en Ontario, la télévision était encore une nouveauté, et les pionniers qui se procuraient un téléviseur avaient besoin d'une antenne géante pour capter les signaux de Cleveland ou de Detroit. Je me souviens encore du frisson de plaisir que j'avais à m'asseoir dans le salon de mon oncle et à regarder des images floues à travers un épais rideau de neige électronique : c'était davantage la nouveauté de la chose que les émissions elles-mêmes qui nous fascinait. Mais regarder la télévision n'a jamais fait partie de ma jeunesse, tandis qu'à l'université j'étais trop occupé.

Parallèlement, toutefois, mon père m'avait encouragé à pratiquer l'art oratoire. Dans la culture japonaise, l'autorité et la position sociale font l'objet d'une extrême révérence. Cette culture de la modestie et de la politesse a souvent pour conséquence que les gens hésitent à prendre la parole ou à défendre leurs idées. Au Canada, dans une culture où le franc-parler et

l'autopromotion dynamique sont souvent admirés, l'incapa-
cité de nombreux Canadiens japonais à se tenir debout et à
parler avec enthousiasme ou autorité fait figure de handicap.
Mon père m'a maintes fois rappelé que je devais être capable
de « me tenir debout et de parler en public ». Lui-même
était d'une espèce rare pour un Japonais, extraverti, grégaire et
s'exprimant facilement, et il voulait que je sois ainsi. Quand
j'étais adolescent, donc, il m'a vivement conseillé de participer
à des joutes oratoires et a consacré beaucoup de temps à m'apprendre à prononcer des discours. Cela a valu la peine, puisque
j'ai ensuite gagné un certain nombre de concours.

Le collège Amherst, dans les années 1950, visait à diplômer
des étudiants versés en lettres, en sciences humaines et en
sciences pures. À l'époque, chaque étudiant d'Amherst, peu
importe sa spécialité, devait suivre des cours de littérature
anglaise et américaine et apprendre une langue étrangère ; l'une
des exigences les plus étonnantes était que les étudiants soient
capables de nager deux longueurs de piscine. En deuxième
année, tous les étudiants d'Amherst devaient aussi suivre des
cours d'art oratoire. Le cours faisait l'objet des blagues des étudiants, parce que personne n'échouait jamais, mais je le prenais
au sérieux et j'ai eu d'excellentes notes pour les six discours que
nous avons dû prononcer en deux trimestres. De même, en ma
qualité d'étudiant parmi les meilleurs en biologie, j'ai dû présenter un exposé scientifique aux étudiants et aux professeurs
durant les deux trimestres de ma dernière année, et j'ai ainsi
découvert que je savais présenter des sujets scientifiques complexes d'une façon qui non seulement était compréhensible,
mais aussi qui intéressait vivement le public. Je me suis rendu
compte que j'aimais enseigner et que je le faisais bien et, au
troisième cycle, les séminaires et discussions que j'animais ont
confirmé cette impression en moi.

Après mon arrivée à l'Université de l'Alberta, en 1962, pour y occuper mon premier poste, j'ai rapidement acquis une réputation de bon conférencier et j'ai alors été invité à parler à une émission intitulée *Your University Speaks*, diffusée par une télévision locale, qui présentait des professeurs s'exprimant dans leur domaine de compétence, à l'aide de diapositives. Comme l'indique le titre de l'émission, c'était une série assez ennuyeuse. Mais j'étais curieux et j'ai accepté l'invitation (je crois même qu'on recevait vingt-cinq dollars), et apparemment j'ai bien fait, car on m'a demandé de revenir la semaine suivante et d'en faire une autre, puis encore une autre, et j'ai ainsi fait huit émissions. Comme l'émission était diffusée tôt le dimanche matin, j'ai été un peu estomaqué lorsque des gens m'ont arrêté pour me dire à quel point ils avaient aimé mon émission. Je ne comprenais pas pourquoi quiconque regardait la télé le dimanche matin, mais c'est à ce moment-là que j'ai commencé à me rendre compte que la télévision était devenue un puissant moyen d'informer les gens.

De retour au Canada depuis un an, j'ai obtenu un poste à l'Université de la Colombie-Britannique (UBC), à Vancouver, où l'on m'a demandé à l'occasion de présenter à la télévision une critique de livre ou un commentaire sur un événement scientifique. Je me suis intéressé davantage à ce média comme moyen de communication et j'ai fini par proposer une série télévisée sur les plus récentes découvertes de la science. Knowlton Nash était le directeur des programmes et a accepté ma proposition de série, tournée à Vancouver. À un moment donné, il a téléphoné à Keith Christie, qui devait produire la série, et lui a demandé si les choses se passaient bien. Lorsque Keith lui a demandé de quoi il parlait, Knowlton a répliqué : « Tu sais, cette série de Suzuki sur la science. » Keith me dit qu'il a répondu « Voilà ! », et l'émission a été intitulée *Suzuki on Science*. Elle a été diffusée dans tout le pays, en 1969, et m'a permis de participer pour la première fois à une série visant un auditoire national. La série a duré deux saisons et aurait pu se poursuivre une autre année, mais j'ai renoncé : elle disposait d'une mauvaise case horaire et d'un maigre budget et m'apparaissait sans avenir intéressant, malgré tout le plaisir que j'éprouvais à y participer.

En 1974, Jim Murray, longtemps producteur délégué de *The Nature of Things*, à la télé de la CBC, a lancé une nouvelle émission intitulée *Science Magazine*, série hebdomadaire d'une demi-heure offrant des reportages sur la science, la technologie et la médecine. Il connaissait ma série de Vancouver et, après en avoir discuté ensemble, il m'a embauché comme animateur. Ce fut un succès instantané : cette émission attirait un auditoire cinquante pour cent plus nombreux que celui de la série populaire de longue date *The Nature of Things*, qui avait débuté en 1960. J'ai alors obtenu un congé de l'UBC pour animer l'émission. À mi-chemin de la première saison, Knowlton Nash nous a appris que la série ne reviendrait pas l'année suivante. Nous étions très déçus, mais nous l'avons menée à terme. À la fin de la dernière émission, j'ai annoncé aux téléspectateurs que la série cessait, je les ai remerciés de nous avoir écoutés et je leur ai dit au revoir. Je ne me suis pas plaint de la fin de l'émission et je n'ai pas réclamé du soutien, mais l'auditoire a réagi par des lettres et des appels s'opposant à la décision. La série a alors été remise en ondes et y est restée quatre ans de plus.

Durant la première saison de *Science Magazine*, Diana Filer, productrice déléguée de la série radiophonique *Concern* de CBC, a assisté à une conférence que j'ai donnée à l'Université de Toronto. Elle avait proposé une nouvelle émission sur la science à la radio, intitulée *Quirks and Quarks*, et m'a embauché pour l'animer lors de son entrée en ondes, en 1975. J'ai animé à la fois *Science Magazine* à la télévision et *Quirks and Quarks* à la radio, ce qui représentait un emploi à temps plein, jusqu'en 1979.

En entrevue, vers la fin des années 1960.

Diana m'a aussi présenté Bruno Gerussi, dont l'émission de radio à la CBC avait précédé celle de Peter Gzowski, *This Country in the Morning.* Bruno est devenu un bon ami, et je lui rendais souvent visite à Gibson's Landing, où il habitait pendant qu'il tournait pour la CBC sa populaire série télévisée *The Beachcombers.* Lors d'une de mes visites, il a fait la connaissance de mon père et a immédiatement sympathisé avec lui ; il l'a finalement invité à jouer un petit rôle dans son émission. Bruno avait aussi écrit un épisode où je devais jouer un scientifique à la recherche d'une rare espèce d'arbre côtier.

Dans cet épisode, j'ai fait une apparition avec le célèbre acteur amérindien Chief Dan George, qui avait partagé brillamment la vedette avec Dustin Hoffman dans *Little Big Man.* Je l'admirais beaucoup et me réjouissais d'être en sa présence, mais il était alors assez âgé et de santé fragile. Selon le scénario, je venais lui demander conseil à propos de l'endroit où je pourrais trouver l'arbre rare. Quand je suis arrivé au tournage, Chief George était installé dans une chaise berçante sur la véranda, revêtu d'une couverture. Pendant que l'équipe préparait l'éclairage et les caméras, j'ai essayé de causer avec lui. Comme il répondait d'une voix presque inaudible, je me suis rendu compte qu'il devait ménager ses forces et je l'ai laissé tranquille, inquiet de sa prestation. Quand la caméra s'est mise en marche et que le réalisateur a crié « Action ! », Chief George a retiré sa couverture, s'est levé et a donné ses répliques avec force, de sa voix unique. Dès que le réalisateur a crié « Coupez ! », Chief George s'est immédiatement couvert les épaules de la couverture et s'est affalé dans sa chaise. Il a rempli sa mission comme un bon soldat en préservant ses forces entre les prises de vue. C'est ce que j'appelle du professionnalisme.

En 1979, j'ai quitté *Science Magazine* et *Quirks and Quarks* afin d'animer la nouvelle formule de la série de longue date *The Nature of Things,* qui allait devenir une émission d'une heure intitulée *The Nature of Things with David Suzuki*. C'est bien à contre-cœur que j'ai quitté la radio. C'était le média que je préférais, parce que les entrevues se déroulaient dans un climat détendu et qu'il était possible d'être spontané, drôle et même audacieux, puisque les enregistrements pouvaient être modifiés au montage tout en conservant quand même chaleur et intimité.

Par contre, la télévision est très encadrée, car le temps d'antenne est précieux. À la fin de mes conférences, je rencontre souvent des gens qui me disent à quel point je suis différent de mon personnage à la télé. Mais il n'y a là rien de surprenant, car la personne à l'écran est une création du média. Mes apparitions à l'écran sont soigneusement planifiées et maîtrisées, puis peaufinées, tandis que la narration s'effectue en studio, où le texte lu est soigneusement découpé pour correspondre aux images. Parce que la radio consomme rapidement le matériel et que, comme animateur de *Quirks and Quarks*, je devais faire toutes les entrevues, je devais y consacrer beaucoup plus de temps qu'à la télévision. Je ne pouvais nier non plus que la télévision attire un auditoire beaucoup plus vaste et, par conséquent, exerce une plus grande influence. J'ai donc quitté à regret *Quirks and Quarks*, mais, encore aujourd'hui, je suis bien fier de savoir qu'elle a survécu et prospéré grâce à plusieurs excellents animateurs.

Quand j'ai commencé à travailler à la télévision en 1962, je n'aurais jamais pu imaginer qu'elle occuperait finalement la majeure partie de ma vie et qu'elle ferait de moi une célébrité au Canada. Je croyais avoir un don pour traduire le jargon parfois obscur de la science en des termes compréhensibles pour le public profane, et j'estimais que travailler à la télévision était une responsabilité qui m'incombait parce que j'avais accepté des subventions à la recherche du gouvernement et un appui public dans une université. J'ai aimé l'expérience nouvelle que m'ont procurée mes premières apparitions à la télévision, mais je n'avais pas prévu la notoriété qui en résulterait. En rétrospec-

Nim Chimpsky, à qui Herb Terrace de l'université Columbia a enseigné le langage des signes.

tive, je me rends compte à quel point j'étais incroyablement naïf. Je ne comprenais tout simplement pas les relations unissant le téléspectateur, la télévision et l'information.

La télévision est un média de l'éphémère ; une émission exigeant des mois de travail passe à toute vitesse à l'écran, devant un auditoire souvent occupé par d'autres activités : nourrir les enfants, répondre au téléphone, aller aux toilettes, se servir à boire. Les téléspectateurs ne sont donc pas pleinement attentifs à toute l'émission et n'en retiennent parfois que quelques bribes. Et lorsqu'une émission s'inscrit dans une série comme *The Nature of Things with David Suzuki,* où sont abordés divers sujets chaque semaine, le thème peut en être oublié, mais le seul élément constant de semaine en semaine — l'animateur — reste en mémoire.

Avec le temps, il s'établit une relation de confiance amenant l'auditoire à croire ce que dit l'animateur. Songez à tous ceux qui écoutent religieusement des gens comme Walter Cronkite, aux États-Unis, et Peter Mansbridge, au Canada. Dans ce processus, je me transforme de messager de l'information en un « expert ». Les gens finissent par croire que je suis une autorité en chaque matière que nous couvrons dans la série et que je dois savoir tout dans les domaines de la science, de l'environnement, de la technologie ou de la médecine. Des étrangers m'approchent souvent pour me poser une question très précise sur le traitement d'une maladie, sur une nouvelle technique de dépollution ou sur la découverte d'une espèce en Amazonie. Quand je réponds que je n'en ai aucune idée, ils me regardent d'un air incrédule et me demandent : « Comment, vous ne savez pas ? Je croyais que vous saviez tout ! »

Déjà dans les années 1960, quand je touchais à peine à la télévision, on la nommait la « télé poubelle », et je savais qu'elle offrait surtout des émissions stupides, ennuyeuses ou les deux. Quand j'ai commencé à faire de la télévision, j'étais assez prétentieux pour croire que mes émissions seraient différentes et brilleraient comme des pépites d'or dans la boue. Parce que je n'avais pas l'habitude de regarder la télévision, je croyais que les gens lisaient attentivement l'horaire pour y repérer les émissions importantes, intéressantes ou divertissantes qui seraient présentées, les attendaient avec beaucoup de hâte, allumaient le téléviseur juste avant le début et restaient rivés devant l'écran jusqu'à la fin. Puis, croyais-je, ils éteindraient l'appareil et en discuteraient ensemble.

Naturellement, je sais maintenant que ce n'est pas du tout ainsi que nous regardons la télévision, surtout aujourd'hui, avec tous les choix offerts. Plus vraisemblablement, nous rentrons du travail, allumons le téléviseur et vaquons ensuite à nos occupations. Souvent, il fonctionne durant le souper et toute la soirée, jusqu'au coucher. Même lorsque nous regardons une émission, nous sommes parfois distraits par tout ce dont j'ai parlé plus haut. Au moment d'aller au lit, nous ne nous souviendrons même pas si un fait donné a été vu à *That's Incredible* ou à *The Nature of Things with David Suzuki*.

Dans les années 1970, Bob McLean animait une émission à midi, à la CBC, et m'y a invité un jour. Il m'a demandé à brûle-pourpoint : « Comment croyez-vous que le monde sera dans cent ans ? » J'ai répondu à peu près ceci : « S'il y a encore des humains à cette époque, je crois qu'ils nous maudiront pour deux choses : les armes nucléaires et la télévision. » Surpris par ma réponse, il a fait fi de mon allusion à la question nucléaire et au fait que l'humanité pourrait ne pas survivre cent autres années et il a rétorqué : « Pourquoi la télévision ? » J'ai répliqué : « Vous venez de poser une question très importante. Supposons que je vous aie répondu "Bob, ce n'est pas facile et je dois y penser" et qu'ensuite j'y aie effectivement *pensé*, sans rien *dire* pendant dix secondes. Vous auriez diffusé un message publicitaire en moins de trois secondes, parce que la télé ne tolère aucun temps mort. Voilà le problème : elle exige une réponse instantanée, c'est-à-dire exempte de toute réflexion. » Quand je repense à cette réponse, j'en suis assez fier, parce qu'elle correspond bien à ce que je crois encore aujourd'hui.

Je m'inquiète de l'incidence de l'ordinateur et de la télévision, parce que le cyberunivers est séduisant, non pas parce qu'il est si réel, mais bien parce que, à maints égards, il est *mieux* que la réalité. Vous pouvez faire les actes sexuels les plus osés sans craindre de vous faire surprendre par votre partenaire ou de contracter le sida, tout comme vous pouvez frapper un mur avec une voiture de course ou vous faire descendre dans une fusillade et en sortir indemne. Pourquoi s'embarrasser du monde réel quand on peut éprouver toutes les palpitations et tous les tressaillements qu'il offre, sans les risques et les blessures qui en découlent ? J'ai toujours cru que nos émissions sur la nature seraient différentes : elles montreraient aux gens le monde naturel grâce à de magnifiques images qui leur apprendraient à l'aimer et à le chérir. Mais, maintenant, je me rends compte que moi aussi je crée un monde virtuel, une version reconstituée de la réalité.

Si nous voulons faire une émission sur les diverses formes de vie dans l'Arctique ou en Amazonie, nous envoyons un caméraman y passer des mois pour obtenir le plus d'images sensationnelles possible. Puis, dans la salle de montage, nous prélevons les meilleures images de toutes ces heures de tournage et créons une séquence d'images montrant des ours polaires, des phoques et des baleines dans l'Arctique, des perroquets, des piranhas et des jaguars en Amazonie. En fin de compte, nous créons une illusion d'activité qui trahit la vérité. Si quelqu'un se rend en Amazonie ou dans l'Arctique en espérant voir ce que le film lui a montré, il sera très déçu, car ce qu'exige la nature est la seule chose que la télévision ne peut tolérer : *du temps*. La nature a besoin de temps pour révéler ses secrets, mais la télévision exige la succession de prises de vue plus extraordinaires les unes que les autres, un genre de nature stimulée aux stéroïdes pour capter l'attention des téléspectateurs, de sorte qu'ils ne perdent pas patience et changent de chaîne. Si l'on ne comprend pas la nécessité du temps, on perçoit alors un monde à la Disney procurant maints et maints frissons de plaisir à la minute.

Aujourd'hui, dans n'importe quelle ville des pays développés, la câblodistribution donne un accès instantané à soixante ou cent canaux et une antenne parabolique peut en relayer des centaines. Jeter un simple coup d'œil à toutes ces émissions à l'aide d'une télécommande peut prendre la moitié d'une émission. Mais en passant ces canaux à toute vitesse, on a le sentiment soudain que Bruce Springsteen a raison de chanter

« *Fifty-seven channels and nothin' on**. » Ainsi, pendant que le télé-spectateur explore les canaux offerts, chaque émission tente de sortir de la boîte, de le saisir par le collet et de l'apostropher : « Que je te voie donc changer de chaîne ! » Comment une émission s'y prend-elle ? En devenant plus tonitruante, plus brève, plus rapide, plus racoleuse, plus sensationnelle, plus vio-lente. Ce n'est pas par hasard que *The Nature of Things with David Suzuki* a récemment présenté des émissions sur les psycho-pathes, l'excision et le pénis. Mais il y a un prix à payer pour gagner cet auditoire : dès qu'on saute dans la fosse septique, on ressemble à son contenu.

En 1992, peu avant le Sommet de la Terre tenu à Rio, j'ai revu une émission sur la première conférence sur l'environne-ment parrainée par l'ONU, à Stockholm en 1972, dans un reportage de *The Nature of Things*. En ce temps-là, il n'y avait pas plus de deux ou trois canaux qui concurrençaient la CBC, et *The Nature of Things* ne durait qu'une demi-heure. À mon éton-nement, cette émission contenait des entrevues de trois ou quatre minutes avec l'anthropologue Margaret Mead et le bio-logiste Paul Ehrlich. Aujourd'hui, *The Nature of Things with David Suzuki* s'étend sur une heure (bien que les messages publici-taires en accaparent jusqu'à 14 minutes), mais jamais nous ne montrerions une entrevue qui dure plus de 20 à 30 secondes. Ce sont les images, bien plus que les mots ou les idées, qui déterminent la teneur des émissions de nos jours, aux dépens de la réflexion et du contenu. Ce qui me trouble, c'est que moi-même j'ai trouvé que les entrevues de 1972 traînaient en lon-gueur et étaient ennuyeuses ; malgré mon désir d'obtenir une information plus touffue, elles m'ont paru trop lentes.

Quand j'ai entamé ma carrière à la télévision, je me suis

---

* « Cinquante-six canaux, mais rien à voir. » *(Ndlt)*

rendu compte de l'importance que les applications des idées et des techniques scientifiques revêtaient dans la vie quotidienne de chacun, et je croyais que mon rôle consistait à rendre ces applications intelligibles pour le grand public. En regardant mes émissions, me disais-je, le public obtiendrait l'information qui lui est nécessaire pour prendre des décisions éclairées sur une bonne gestion des sciences et des technologies. Je voulais rendre le public plus autonome, mais c'est le contraire qui s'est produit, à cause de la nature du média. Les téléspectateurs assidus de *The Nature of Things with David Suzuki* regardent l'émission avec la conviction que ce qu'on présente est important et vrai, et ils en viennent à anticiper que je leur dise quoi faire ou que j'agisse en leur nom. Si je téléphone au bureau d'un politicien ou même à celui du premier ministre, il est très probable qu'on me rappellera en moins d'une demi-heure, non pas parce que je suis quelqu'un d'important, mais parce qu'un politicien bien informé sait qu'un million et demi de personnes regardent régulièrement mes émissions. Ainsi, ces téléspectateurs ont confié aux producteurs de nos émissions et à moi une énorme responsabilité, celle de toujours faire les recherches nécessaires pour présenter des émissions impeccables.

À titre de dirigeant d'un grand laboratoire de recherche, j'étais constamment au centre de ses activités. Lorsque je ne menais pas moi-même une expérience, je participais à des discussions avec divers membres du labo, lisais de nouvelles publications, débattais de ce que nous ferions par la suite ou lisais des projets d'étudiants. Quel contraste avec la fabrication d'une émission de télé : participer à un tournage comporte des moments d'activité et de concentration intenses, ponctués de longues périodes d'attente, et l'animateur en est l'élément le moins important. Chaque membre de l'équipe de tournage a une tâche bien précise à accomplir, quoique nous mettions tous la main à la pâte quand il faut ranger, trimballer ou déballer l'équipement. La taille de l'équipe varie selon le montant des subventions que nous obtenons. Un tournage bien financé peut réunir un producteur, un scénariste-recherchiste, un caméraman, un assistant caméraman, un technicien de son, un éclairagiste et moi, l'animateur. L'animateur est la personne qui contribue le moins au tournage de l'émission, et pourtant j'en reçois tout le crédit de la part des téléspectateurs. Un producteur, après avoir conçu une émission et participé de près à la recherche, au tournage et au montage, est souvent vexé, à juste titre, lorsque l'émission est diffusée et que quelqu'un lui dit : « Eh ! L'émission de Suzuki était formidable hier soir. »

Au cours d'un tournage, ma principale préoccupation porte sur ce que je vais dire à la caméra ou sur les questions que je vais poser en entrevue pour obtenir la réponse que nous cherchons. Quand nous faisons une entrevue, nous savons en général où le sujet traité va s'insérer dans l'émission et ce que nous voulons que cette personne dise. Lorsque la personne interviewée est, disons, un porte-parole d'une entreprise chimique qui pollue une rivière locale, tout le monde sait que *The Nature of Things with David Suzuki* ne s'intéressera pas à toutes les bonnes choses que l'entreprise prétend faire, aux dires de son représentant en relations publiques. Le porte-parole tentera de s'en tenir à un message préparé, alors que je vais poser des questions et argumenter, en espérant qu'il baissera la garde, qu'il révélera quelque émotion ou qu'il déviera de son refrain enregistré. En même temps, le message de l'entreprise sera souvent si manifestement faux que, par rapport aux faits, il apparaîtra clairement comme une simple position de relations publiques. Une entrevue complète est donc une danse sophistiquée qui se fait à deux.

L'une de nos émissions spéciales de deux heures, intitulée *Voices in the Forest*, portait sur les méthodes d'exploitation forestière et a été produite par Jim Murray. Un des passages

Photo publicitaire de The Nature of Things with David Suzuki.

comprenait une entrevue avec des bûcherons qui travaillaient sur un site de MacMillan Bloedel, près d'Ucluelet, dans l'île de Vancouver. Les bûcherons avaient été informés de notre arrivée et l'entreprise leur avait accordé la permission de nous parler. Nous avons garé la voiture et préparé la caméra, puis quatre gaillards nous ont aperçus et ont arrêté leurs scies mécaniques pour venir nous voir. Ils ont commencé par me critiquer, blâmant les écologistes pour la perte de leurs emplois, tandis que je tentais de répliquer que c'étaient les progrès techniques, la machinerie lourde et les ordinateurs qui les poussaient au chômage. C'était du grand théâtre qui n'a pas mal tourné.

Pendant que nous terminions l'entrevue et que l'équipe remballait l'équipement, j'ai poursuivi la conversation avec les bûcherons. Je leur ai dit : « J'ai travaillé huit ans dans la construction. Encore aujourd'hui, la menuiserie est une grande joie pour moi et j'adore travailler le bois. Je n'ai rien contre l'exploitation forestière et je ne connais aucun écologiste qui souhaite la disparition de l'industrie forestière. Nous voulons simplement nous assurer que vos enfants et vos petits-enfants seront capables d'exploiter des forêts aussi riches que celles dans lesquelles vous travaillez maintenant. »

Un des bûcherons m'a répliqué sur-le-champ : « Il n'est pas question que mes enfants soient bûcherons. Il ne restera plus d'arbres pour eux. » J'étais stupéfait, et je regrettais que la caméra n'ait pas capté ce commentaire, qui illustrait clairement que nous ne parlions pas exactement de la même chose. Les bûcherons se préoccupaient de leur prochaine paye pour se nourrir et payer le loyer, tandis que je parlais de la viabilité à long terme des forêts. Ces bûcherons comprenaient clairement que l'exploitation forestière actuelle détruit les arbres sans les remplacer, mais ils étaient prisonniers de la nécessité de garder leurs emplois et les revenus qui en découlaient. Et il en est ainsi dans tant de domaines, qu'il s'agisse des pêcheries, de la pétrochimie, de l'agriculture industrielle ou de la foresterie : les problèmes sont envisagés soit dans la perspective à court terme des employés et des investisseurs, soit dans la perspective à long terme des écologistes.

L'une de mes entrevues les plus intéressantes a eu lieu avec Jack Munro, président de l'International Woodworkers Association (IWA), qui a déjà suggéré aux gens qui apercevaient une chouette tachetée de l'abattre, afin de préserver les emplois des membres de son syndicat. C'est un costaud un peu matamore qui s'est acharné furieusement contre les écologistes. Pour l'émission sur l'exploitation forestière, notre recherchiste a mené une pré-entrevue avec Munro et a obtenu son accord pour une entrevue. Je savais que cette entrevue serait animée, mais je n'étais pas très nerveux parce que je savais qu'il était brusque et vigoureux et que l'entrevue passerait donc merveilleusement à la télé. Nous sommes arrivés tôt aux bureaux du syndicat en vue de régler notre éclairage et la caméra, et nous étions fin prêts lorsque Munro est arrivé. Il a feint la surprise et, quand on lui a dit que David Suzuki était là pour l'interviewer, il a lancé d'une voix forte et bourrue : « Suzuki ! Je ne veux pas parler à ce trou du cul ! » Il savait pertinemment bien que j'étais là pour l'interviewer, et j'ai supposé qu'il faisait un numéro pour impressionner ses employés ou pour m'intimider. Enfin, je lui ai répliqué sur le même ton : « Écoutez, si vous n'êtes pas d'accord avec moi, voici votre chance. Asseyez-vous et parlez-en. » C'est ce qu'il fit.

Je savais que Jack brassait beaucoup d'air, et ça me convenait. Par contre, je respectais moins le fait qu'il plie devant ses employeurs, qui l'avaient persuadé que les écologistes étaient ses ennemis. Pourtant, de 1970 à 1990, pendant que le nombre d'emplois dans le secteur forestier avait chuté de plus du tiers, le volume du bois coupé en Colombie-Britannique avait doublé. Néanmoins, il estimait que les écologistes et la création de parcs étaient responsables des pertes d'emplois en foresterie. Il me resservait la position des employeurs selon laquelle, pour être concurrentiel à l'échelle mondiale, le secteur forestier devait utiliser plus de machinerie lourde pour supplanter les travailleurs et plus d'ordinateurs pour accroître la productivité et réduire le nombre d'emplois. Je n'ai jamais compris pourquoi l'IWA n'était pas l'allié des écologistes. Nous aurions dû travailler ensemble à préserver pour toujours les forêts et, par conséquent, les emplois des bûcherons.

Mon rôle principal, dans *The Nature of Things with David Suzuki,* consiste à prononcer à l'écran des « monologues » pour présenter ou conclure une émission ou pour servir de lien d'une partie à l'autre. J'écris ces textes en exposant mon point de vue sur la question, puis je travaille avec le producteur et le scénariste afin que ces textes cadrent avec l'émission telle qu'ils la voient. Parfois, quand l'émission est montée, un monologue se révèle inutile ou complètement sans objet et est alors éliminé, mais souvent il est utile et facilite le déroulement de l'émission.

Une fois que les monologues sont peaufinés et acceptés (par le producteur et par moi), je dois les mémoriser, ce que je fais par répétition constante, tout comme me l'avait enseigné mon père pour ma préparation aux joutes oratoires. Alors, que ce soit dans ma tête ou à voix haute, je répète une réplique ou une phrase jusqu'à ce que je puisse la dire sans hésitation, ni erreur, puis je passe à la phrase suivante et je répète la séquence en entier jusqu'à ce point. Si je cafouille ou que j'oublie quelque chose, je reprends du début jusqu'à ce que ce soit parfait, puis je passe à la prochaine section jusqu'à ce que je maîtrise tout le texte et que je puisse le répéter à maintes reprises sans erreur. Si le texte dure une minute ou moins, je peux généralement le mémoriser en quelques minutes, mais s'il est d'une minute et demie ou deux, il me faut de dix à quinze minutes pour le maîtriser. Quand je sais que je dois faire un monologue, je cesse de badiner avec l'équipe et je garde le silence, parce que je me concentre alors entièrement sur le texte. Malheureusement, comme j'ai l'air de ne rien faire, il arrive souvent qu'on vienne me voir pour me parler.

Mémoriser les textes est pour moi le travail le plus stressant, en télévision. J'ai toujours cru que Roy Bonisteel, l'animateur à la voix profonde et rocailleuse de *Man Alive*, remplissait parfaitement son rôle. En personne, il était pragmatique, impertinent et drôle, mais à l'écran il projetait un air sérieux qui convenait bien à une émission religieuse. Il m'a dit qu'il enregistrait ses textes à la caméra exactement comme il voulait les dire, puis qu'il écoutait l'enregistrement grâce à un petit appareil dissimulé sous ses cheveux. De cette façon, il pouvait s'entendre et simplement répéter ce qu'il avait dit, avec un décalage de quatre ou cinq mots sur l'enregistrement. Cela fonctionnait bien pour lui. J'ai toujours cru que, avec un télésouffleur, mon travail d'animateur à la télévision aurait été beaucoup plus facile. Mais Jim Murray tenait mordicus à ce que je mémorise mes textes, parce qu'il s'en rendait toujours compte lorsque je lisais un télésouffleur.

Quand je regardais des lecteurs de nouvelles et d'autres animateurs de télévision lire leurs textes naturellement et sans effort à l'aide d'un télésouffleur, j'étais certain de pouvoir le faire moi aussi en donnant cette impression de naturel et de spontanéité, comme tout vrai professionnel. Alors, un jour que j'étais censé enregistrer un monologue à Allan Gardens, à Toronto, j'ai prié Vishnu Mather, le producteur, de me trouver un télésouffleur. Il l'a fait, et j'ai ainsi pu enregistrer plusieurs textes. C'était le bonheur, car je pouvais désormais me détendre, blaguer avec l'équipe et me sentir plus humain pour faire changement, livrant mes textes sans faille à chaque prise de vues. Une fois les monologues enregistrés, Vishnu s'en est montré satisfait et nous les avons remis à Jim, qui tenait à visionner tous mes monologues afin de pouvoir choisir ceux qui convenaient le mieux à l'émission.

Jim était un extraordinaire producteur délégué qui veillait attentivement à tous les aspects des épisodes de *The Nature of Things with David Suzuki*. Lorsque des restrictions budgétaires ont frappé l'émission dans les années 1980 et 1990, plutôt que de rogner sur les coûts et de réduire la qualité des épisodes pour en garder le même nombre, Jim a préférer maintenir le même budget élevé pour chaque émission et réduire le nombre d'émissions produites. Il était extrêmement pointilleux, regardait les premiers montages, se prononçait sur chaque monologue, étudiait soigneusement les textes et vérifiait même la correction des couleurs au montage final. Les producteurs approchaient Jim avec beaucoup d'appréhension afin d'obtenir son approbation pour chaque phase de la production, car il était réputé pour mettre en pièces certaines émissions et exiger qu'elles soient complètement remontées ou même tournées de nouveau. Mais j'ai toujours cru que c'étaient son souci du détail et son exigence de qualité qui rendaient nos séries si durables et si fortes. Donc, bien que Vishnu ait acquiescé à ma demande d'utiliser un télésouffleur, il craignait que Jim ne s'aperçoive de ce que nous avions fait lorsqu'il regarderait les extraits. À notre immense soulagement, Jim a regardé les monologues et les a approuvés sans mot dire — il ne voyait pas que je lisais un texte à l'écran ! Enfin, me disais-je, les choses seront dorénavant tellement plus faciles.

Mais les colères de Jim étaient notoires. Vishnu était trop intimidé pour lui dire que nous l'avions trompé, et je ne voulais pas attirer des ennuis à Vishnu en le mouchardant. Si nous continuions à utiliser le télésouffleur, Jim finirait par remarquer les coûts de location sur nos comptes de frais. J'ai donc continué de mémoriser mes textes et d'en pâtir durant le tournage, parce que nous n'avions pas le courage de faire face à notre patron. Quand Jim a finalement atteint l'âge de la retraite obligatoire et que son remplaçant, Michael Allder, a été nommé, j'ai timidement demandé à ce dernier si nous pouvions commencer à utiliser un télésouffleur. À mon grand plaisir, Michael a répondu « Bien sûr ».

Je sais que, pour le téléspectateur, travailler à la télévision doit sembler passionnant et prestigieux. Mais il n'en est rien. Oh, il y a de bons moments, comme lorsqu'on est témoin de quelque chose de spectaculaire, comme un groupe d'éléphants de mer se prélassant sur un rivage ou des baleines produisant un rideau de bulles pour entourer et capturer des poissons. Ces moments sont exceptionnels, d'autant plus que très rares sont ceux qui auront la chance d'assister à un tel spectacle. Grâce à la télévision, j'ai aussi eu le grand privilège de rencontrer des gens extraordinaires, qu'il s'agisse de nombreux lauréats d'un prix Nobel et d'autres gens remarquables comme James Lovelock (qui est à l'origine de « l'hypothèse de Gaia » pour exprimer l'idée que la Terre est une entité vivante unique), la primatologue britannique Jane Goodall, le paléontologue kényen Richard Leakey et bien d'autres. Mais, la plupart du temps, sur les lieux de tournage, nous filmons des panoramas, des gros plans et les mêmes décors à maintes reprises, sous différents angles, pour qu'on puisse les rabouter et former une séquence que le téléspectateur distingue rarement en tant que collage de prises de vue.

Nous disposons habituellement d'une seule caméra pour un tournage, si bien que, pendant une entrevue, nous gardons la caméra orientée sur la personne interviewée. Quand tout est fini, la caméra est ensuite redirigée sur moi pour une « inversion » et je « pose de nouveau » toutes les questions.

C'est difficile de se rappeler exactement comment la question a été formulée la première fois. Je dois aussi faire des « signes de tête », lors desquels la caméra me filme hochant ou secouant la tête, souriant ou l'air perplexe, afin de fournir au monteur du matériel à rassembler pour donner l'illusion que deux caméras ont filmé le tout. Ces « plans de réaction » procurent aussi un « point de montage » dans une entrevue. Si nous avons une longue réponse qui doit être coupée à un certain point, puis reliée à une partie ultérieure, nous masquons la coupure en insérant un plan de réaction. Si nous tournons une scène sans enregistrer le son, on dit qu'elle est tournée « MOS », selon les paroles du célèbre cinéaste américain d'origine autrichienne Otto Preminger lorsqu'il criait : « Cette prise de vues est *mit out sound* », qui est alors devenu MOS.

Travailler à la télévision a été très satisfaisant et m'a procuré beaucoup de plaisir. J'ai aussi aimé les voyages qui s'en sont suivis, mais il y a également eu des inconvénients.

En 1993, Nancy Archibald s'est mise à travailler pour une émission spéciale de deux heures sur les barrages. Partenaire de Jim Murray, Nancy était devenue productrice déléguée de *The Nature of Things* lorsque Jim a été recruté pour prendre la barre de *The National Dream*, la superproduction tirée du livre de Pierre Berton que celui-ci a animée. Nancy a proposé de visiter les grands barrages du monde entier pour voir s'ils avaient rempli leur promesse initiale. La proposition de construire un barrage sur le fleuve sacré Narmada, en Inde, avait soulevé des protestations, et l'agitateur charismatique Medha Patkar avait passé des années à rallier les populations locales dont les terres seraient inondées après la construction de ce barrage. En 1985, la Banque mondiale avait consenti un prêt de 450 millions de dollars pour l'édification d'un barrage sur le Narmada, à Sardar Sarovar, mais, sous l'égide de Patkar, les protestations du public ont obligé la banque à mettre sur pied un comité d'enquête, en 1991, présidé par l'ancien directeur du Programme des Nations Unies pour le développement (PNUD), Bradford Morse, des États-Unis, qui s'est adjoint les services de l'avocat canadien Tom Berger.

Avocat ayant représenté les Nishga'a et consulté d'autres groupes d'Amérindiens dans le cadre de l'enquête sur l'oléoduc de la vallée du Mackenzie, Berger a longtemps œuvré auprès des Premières Nations du Canada. La commission Morse a parcouru l'Inde pour entendre les gens qui seraient les plus touchés par le barrage. À la fin, comme le rapport s'est résolument prononcé contre le financement du barrage, la Banque mondiale a retiré son soutien promis. À ce stade, ce barrage était devenu une question de fierté nationale et le gouvernement indien a décidé de le faire construire lui-même.

Quand Nancy a commencé à tourner, le barrage de la Narmada n'était pas encore terminé. Nous avons demandé au gouvernement indien la permission de filmer, mais il a refusé dès qu'il a su que nous traiterions des barrages. Nous avons alors décidé d'y aller et de filmer sans autorisation. Comme prévu, le pays est si vaste et si complexe qu'il n'était pas plausible que les hauts responsables du gouvernement en soient informés avant que nous ayons déjà terminé notre travail.

Nous y sommes allés en décembre. Bien que le temps ait été encore doux par rapport au Canada, c'était tout de même l'hiver, pendant lequel une énorme quantité de charbon est brûlée, même par ceux qui vivent dans la rue. L'air était incroyablement pollué. Pendant que nous circulions à bord d'un triporteur dans les rues de Bombay, tôt le matin, la poussière de charbon demeurait en suspension et tournoyait en gros nuages à notre passage. J'avais de la difficulté à respirer et je craignais beaucoup ce que la pollution faisait subir à nos poumons. À mon retour à la maison, une congestion pulmonaire m'a rendu très malade. Je ne parvenais pas à m'en débarrasser, et après avoir écarté la possibilité d'une infection virale, bactérienne ou parasitaire, les médecins m'ont affirmé que je souffrais d'asthme. Des tests subséquents ont révélé qu'il ne s'agissait pas d'asthme, mais je suis resté avec des poumons chroniquement faibles et j'éprouve des allergies qui se manifestent chaque fois que je visite une nouvelle ville ou qu'il y a un smog épais.

Un autre tournage difficile a eu lieu en 1999, lorsque Geoff Bowie a produit une émission sur la tragédie de la mer d'Aral, en Asie centrale. Bordée par l'Ouzbékistan, le Tadjikistan, le Kazakhstan et le Turkménistan, cette grande mer intérieure, il y a à peine quelques dizaines d'années, était encore une source abondante de poissons (esturgeons, saumons et plies), et les villages éparpillés sur ses rives attiraient beaucoup de touristes en été. La mer d'Aral était la quatrième mer intérieure en importance du monde, mais l'Union soviétique a alors décidé de faire des régions environnantes le centre mondial de la production de coton. Peu après, de vastes terres ont été consacrées à la culture du coton, qui est l'une des plus exigeantes sur le plan chimique. L'usage excessif de pesticides et d'engrais a pollué cette mer, et l'eau des deux principaux fleuves de la région, l'Amou-Daria et le Syr-Daria, a été puisée en si grandes quantités qu'ils ont été réduits à l'état de filet d'eau.

Après 1960, le niveau de la mer a commencé à baisser et la biodiversité en a été gravement atteinte. Avant 1960, plus de 70 espèces de mammifères et 319 espèces d'oiseaux y avaient été recensées, mais, à la fin du XXe siècle, il n'en restait plus que 32 et 160, respectivement. Ce qui était naguère des plages s'est transformé en larges bandes de sable toxique qui se répand au vent.

Aujourd'hui, la mer d'Aral n'est plus que la dixième mer intérieure en importance, la plupart de ses espèces de poissons ont disparu, et le rivage a reculé de plus de cent kilomètres. Les taux de mortalité infantile et maternelle autour de la mer d'Aral sont les plus élevés de toute l'ancienne Union soviétique. Les populations de la région présentent des taux élevés de maladies respiratoires comme la tuberculose et l'asthme, ainsi que de maladies du foie, des reins, du sang, de la thyroïde et du cœur. Et la pauvreté y est telle qu'elles sont sans espoir. C'est une sombre histoire qui nous enseigne à songer attentivement aux répercussions écologiques de nos projets.

Pour filmer la mer d'Aral, nous avons pris un vol vers Tachkent, puis nous avons roulé dans plusieurs localités, nous arrêtant à l'ancien rivage, où la plage de sable n'était plus qu'une concoction de toxines. Nous avons pris l'avion pour nous rendre au nouveau rivage, où j'hésitais à respirer à fond parce que je savais à quel point l'air était pollué. La nourriture et l'eau étaient contaminées. C'était déchirant de visiter les hôpitaux, dont le personnel médical était incapable d'aider les patients. J'ai trouvé tout le voyage très désagréable, parce que je savais que j'absorbais toutes ces toxines et que j'étais impatient de partir. Mais, contrairement aux cinquante millions de personnes vivant autour de la mer, j'avais la possibilité de m'en aller. L'histoire de la mer d'Aral et des habitants de son littoral est une fable de notre temps : c'est ce qui se produit lorsqu'on fait fi des conséquences de tout mégaprojet sur les écosystèmes environnants.

CHAPITRE 4

Des hauts et des bas

Mémoriser et dire des textes à la caméra est une chose, se déplacer et esquisser un mouvement tout en parlant en est une autre. Nombre d'autres facteurs rendent la chose encore plus difficile.

J'ai beaucoup d'admiration pour David Attenborough, le célèbre animateur britannique d'émissions d'histoire naturelle. Ses présentations ont nettement élevé la norme en la matière. Dans un cas, son équipe et lui avaient réussi à s'approcher suffisamment d'une bande de gorilles pour les inclure dans l'image tournée sans les effrayer. Attenborough chuchotait presque son texte, lorsqu'une femelle s'est glissée à ses côtés et s'est mise à l'examiner de près ! C'était un animal sauvage et rien n'aurait pu lui permettre de prévoir un tel geste, mais Attenborough a intégré cette intrusion improvisée dans son reportage et a continué à dire son texte sans bafouiller.

Pareillement, l'Australien Steve Irwin m'impressionne beaucoup par sa manière de prononcer ses textes dans *Crocodile Man*. Il travaille à proximité de serpents et de crocodiles sauvages et parvient à transmettre une information avec un enthousiasme débordant, tout en étant capable d'esquiver une attaque de serpent ou la gueule d'un crocodile sans perdre son sang-froid… ou un membre.

Nous avons déjà filmé un monologue pour *A Planet for the Taking*, qui se voulait une réflexion sur le mystère de nos liens avec les singes. Assis sur un tabouret, je traitais de l'histoire de notre évolution, pendant qu'un chimpanzé apprivoisé prenait place à côté de moi sur un autre tabouret. Dans la séquence d'ouverture, la caméra était d'abord fixée sur moi, puis elle devait élargir le plan au moment où je mentionnais nos plus proches parents, et ainsi révéler la présence de l'animal. Lorsque nous avons commencé à tourner et que je me suis mis à parler, le singe a fait irruption dans l'image et m'a chatouillé sous le menton. Il s'agissait là d'un élan de curiosité de sa part que nous n'aurions jamais pu répéter ou entraîner l'animal à exécuter, et c'était une surprise parfaite pour cette entrée en matière, mais je l'ai gâchée ! J'ai été tellement surpris de l'initiative du singe que j'ai commencé à bafouiller puis j'ai éclaté de rire. Dommage : je ne suis tout simplement pas un type calme et imperturbable comme Attenborough.

Nous tentions aussi de nous amuser pendant les monologues. Pendant le tournage d'un reportage à l'Université de Cambridge, en Angleterre, pour *Science Magazine*, je disais mon texte en conduisant à la perche un bateau à fond plat sur la rivière Cam, qui traverse le campus. À la fin, j'ai fait semblant que la perche était prise dans la vase et j'ai chaviré ! La première prise devait être la bonne, car je n'avais pas de vêtements de rechange. Mission accomplie.

Une autre fois, j'avais été embauché par une femme d'une énergie peu commune, Margie Rawlinson, pour faire la narration d'un film qu'elle avait commandé dans le cadre d'une campagne de financement d'un musée des sciences, à Regina.

Elle devait présenter le film à l'occasion d'un souper bénéfice en présence d'un invité d'honneur, Gerald Ford, l'ancien président des États-Unis. Durant sa présidence, Ford avait été filmé en train de trébucher, et on entendait souvent une blague selon laquelle il n'était pas capable de marcher et de parler en même temps. Je commence donc mon monologue, debout sur une planche à roulettes, en disant à peu près ceci : « Eh bien, je peux faire de la planche et parler en même temps », puis je roulais droit dans un lac, où je finissais mon monologue trempé aux os. Je trouvais l'idée hilarante, Margie aussi. Apparemment, Ford n'a pas apprécié.

Nous avons déjà fait une émission spéciale de deux heures sur les drogues pour *The Nature of Things*. C'était l'époque où George Bush père était président des États-Unis et livrait une guerre sans merci aux drogues et à leurs consommateurs. Vishnu Mathur était le producteur de cette émission et Amanda McConnell en était la recherchiste et la scénariste. Nous nous sommes rendus à Liverpool, où avait été mis en œuvre un très fructueux programme de prescription d'héroïne aux toxicomanes, destiné à protéger leur santé et à leur éviter de contracter le VIH. Nous sommes ensuite allés aux Pays-Bas où, avec l'autorisation de la police, des « cafés » vendaient de la marijuana et du hachisch.

J'ai fait un monologue assis au bar d'un café, accompagné, d'un côté, du propriétaire du café et, de l'autre, d'un client régulier. Selon le scénario prévu, on commencerait par un gros plan sur moi en train de parler, sans que personne d'autre n'apparaisse à l'image, puis, comme j'expliquais l'expérience néerlandaise, la caméra reculerait pour révéler la présence des deux hommes, l'un fumant un joint et le faisant passer devant moi pour le donner à l'autre, pendant que je terminais mon topo.

C'était un énorme joint, tenant plus du cigare que de la cigarette. À l'époque, nous commencions tout juste à utiliser la vidéo plutôt que la pellicule, et l'équipe n'y était pas encore habituée. Nous avons tourné plusieurs prises avec les deux types fumant ce pétard, quand John Crawford, le technicien de son, s'est aperçu qu'il n'avait pas appuyé sur le bon bouton de la caméra et que mon microphone n'avait rien enregistré de mon monologue. J'étais contrarié, car nous avions déjà beaucoup demandé à ces types. Mais, comme ils semblaient bien coopératifs, nous nous sommes remis à tourner.

Il fallait beaucoup de coordination pour que le joint passe au bon moment de mon monologue et que la caméra capte le tout, de sorte que Rudi Kovanic a tourné encore et encore pendant que le joint brûlant me passait sous le nez. Finalement, tout le monde a convenu que la prise était parfaite. Puis nous avons ensuite tourné une prise de « sécurité », réussie elle aussi, et le tout était terminé. Les membres de l'équipe devaient alors régler de nouveau l'éclairage pour le tournage d'une autre scène dans le café, mais, puisque mon travail était terminé, je leur ai dit que je me rendrais au camion et les attendrais là.

Puis je me suis mis à marcher. Et à marcher. Et à marcher. Il me semblait avoir marché des kilomètres, et pourtant le camion était encore loin. J'ai commencé à m'inquiéter sérieusement : j'avais mis tellement de temps à me rendre jusqu'ici, mais si je faisais demi-tour, retrouverais-je mon chemin ? Je me suis alors retourné et j'ai constaté que j'avais à peine avancé d'un demi-pâté de maisons. Il semble bien que le joint qui m'était passé sous le nez avait aussi fait son effet sur moi...

Les gens me demandent parfois s'il est dangereux de filmer pour The Nature of Things, en songeant alors habituellement aux animaux sauvages. C'est surtout le caméraman qui s'expose à un certain danger, alors que la lecture d'un monologue est assez peu risquée ; je ne me souviens que d'une ou deux occasions où je me suis inquiété à cause d'un animal.

Une de ces occasions s'est produite pendant que nous filmions des éléphants de mer. Ceux-ci tirent leur nom de l'incroyable trompe des mâles, qu'ils peuvent gonfler jusqu'à ce qu'elle atteigne un volume assez intimidant. Un mâle peut peser jusqu'à une tonne. Après avoir frôlé l'extinction au début du siècle dernier, les éléphants de mer ont fait un retour en force et on en dénombre maintenant quelques dizaines de milliers.

Nous avions organisé un monologue sur une île au large de Los Angeles, où ces animaux viennent se reproduire. Plusieurs gros mâles étaient couchés sur la plage, l'air inoffensif. Rudi a préparé une prise me permettant de dire mon texte pendant que les animaux étaient visibles derrière moi. J'ai lu mon texte, puis Rudi m'a dit : « C'était bon, David. Voudrais-tu reculer un peu maintenant, pour te rapprocher des animaux ? »

Il faut préciser ici que les caméramans sont entièrement absorbés par ce qu'ils voient dans leur viseur et semblent souvent tout à fait inconscients du danger ou du malaise que les autres peuvent ressentir. Mais je ne voyais pas d'inconvénient à reculer un peu. Comme nous avions déjà un bon monologue en boîte, nous pouvions donc maintenant tenter une prise plus impressionnante. Nous en avons tourné une autre, que Rudi a approuvée, puis il m'a fait reculer encore davantage. J'étais tout près des animaux, mais ils semblaient indifférents, alors j'ai continué à reculer. Nous avons tourné quatre ou cinq autres prises.

J'ai commencé à parler, puis je me suis rendu compte, à la manière dont Rudi ouvrait son œil libre et me fixait, que l'un des éléphants avait dû se réveiller. En fait, un immense mâle s'était levé la tête et le corps et me toisait. Comme je ne suis pas un Attenborough, j'ai bafouillé mon texte et je me suis enfui.

Lorsque nous avons filmé *The Sacred Balance*, une série de quatre émissions d'une heure, nous nous sommes d'abord rendus dans la partie orientale de l'Arctique, à Pond Inlet, dans l'île de Baffin. Ce fut un merveilleux moment : le soleil restait au-dessus de l'horizon 24 heures sur 24 et nous avons souvent tourné à 22 heures en pleine lumière naturelle. La glace fondait, et nous avons pu filmer des chasseurs qui tiraient sur un narval au bord de la banquise.

Un plan spectaculaire, tourné d'un hélicoptère, devait me montrer en train de marcher seul sur une immense étendue de glace. Notre matériel et notre équipe avaient donc dû être déplacés assez loin pour ne pas être visibles dans le plan. Neville Ottey, le caméraman, était perché dans un hélicoptère qui est resté au-dessus de moi pendant que je marchais un moment, puis l'appareil s'est élevé à la verticale et s'est éloigné jusqu'à ce que je ne devienne qu'un point sur la glace.

Avant que nous filmions la scène, nos guides inuits avaient insisté pour que je porte une arme à feu afin de me protéger des ours polaires, qui sont presque invisibles sur la glace et qui peuvent attaquer si rapidement que j'aurais été incapable d'obtenir de l'aide avant qu'il ne soit trop tard. Cette prise a été la seule fois où j'ai senti les poils de mon cou se hérisser, et tous mes sens étaient en alerte pendant que je marchais. Je ne saurais décrire la joie que j'ai éprouvée lorsque le caméraman a annoncé que la prise était bonne et que nous pouvions partir.

Les véritables risques survenaient surtout en milieu urbain. Ainsi, lors du tournage d'un film sur la magie et l'illusion, le producteur Daniel Zuckerbrot a eu une jolie idée : nous entamerions le monologue par un plan moyen pris en contre-plongée et me montrant sur le mât de liaison d'un avion, avec le vent dans les cheveux, le vacarme du moteur à hélice et le ciel en arrière-plan. Puis nous enchaînerions par un plan général de l'avion en l'air avec moi à l'extérieur, suivi d'un gros plan de mon visage pendant que je continue de parler à la caméra. Puis, je lâcherais prise et sortirais de l'image. Dans le plan suivant, nous révélerions que j'étais debout sur le mât de liaison d'un avion demeuré au sol, hélice en marche, et que j'avais simplement sauté à terre.

La séquence a été parfaitement montée et il semblait vraiment, jusqu'au dernier plan, que j'avais sauté d'un avion en vol. Mais, pour obtenir toute la séquence, j'ai réellement dû voler pendant que le caméraman me filmait à partir d'un autre avion. J'ai donc dû sortir sur le mât de liaison, parler à la caméra située dans l'autre avion et tenir bon jusqu'à ce que le caméraman achève l'enregistrement de la prise.

Pour faire ce plan, je ne pouvais pas être attaché à l'avion et il m'a donc fallu porter un parachute et être prêt à l'utiliser en cas de chute. On m'avait vite montré comment tirer sur la corde et ouvrir le parachute. Je n'avais jamais sauté d'un avion et je n'avais pas trouvé rassurant de devoir me contenter d'une simple directive du genre « Si jamais tu tombes, tire sur cette ficelle et ça devrait aller ». Néanmoins, je l'ai fait et, sans trop comprendre pourquoi, je n'ai éprouvé aucune crainte en sortant sur ce mât de liaison. En vérité, j'ai presque été tenté de sauter délibérément. J'avais d'ailleurs dit au caméraman de continuer à filmer si je tombais. Inutile de rater une telle occasion.

Je crois que le tournage urbain le plus dangereux s'est produit pour cette même émission sur les drogues. Vishnu avait décidé que nous devions faire une présentation à New York pour mieux dépeindre l'atmosphère d'un quartier où sévit la drogue. J'ai donc pris l'avion pour New York un samedi afin de rencontrer l'équipe ce soir-là. Nous nous sommes ensuite rendus au cœur de Harlem et avons garé le camion à l'angle des rues Martin Luther King et Malcolm X. C'est la seule fois où je me suis senti blanc, comme si ma peau brillait tel un phare.

Lorsque nous avons sorti la caméra et l'équipement, une bande de jeunes noirs se sont approchés et nous ont demandé :

« Qu'est-ce que vous filmez, les gars ? ». Vishnu était peut-être indifférent à l'attention que nous recevions, mais moi j'avais la trouille. Dès que nous leur avons dit que nous tournions un film sur la drogue, la réaction a été immédiate : « Tu veux dire que tu vas faire un autre film qui montre des crétins de nègres en train de se doper ! », a éclaté un jeune homme, tandis qu'un costaud a mis sa grosse main sur la lentille de la caméra et nous a dit : « Vous n'allez rien filmer ici ».

« Partons d'ici, Vishnu », ai-je murmuré, car lui semblait prêt à discuter avec le groupe. Filmer à cet endroit a été la chose la plus terriblement stupide que j'ai faite dans le cadre de mon travail, et je crois que nous avons été chanceux de nous en sortir indemnes. Maintenant, où croyez-vous donc que nous avons fini par tourner le monologue ? Dans une rue où tous les immeubles étaient condamnés parce qu'ils étaient occupés par des bandes de revendeurs de crack et d'héroïne ! J'ai dit mon texte sous un lampadaire, les édifices condamnés en arrière-plan, m'attendant à sentir une balle me traverser le dos à tout moment. Et dire que la CBC n'accorde même pas de prime de risque pour un tournage comme celui-là.

Dans bien des cas, le danger ne semble réel qu'en rétrospective. Au moment où nous filmons, nous sommes tellement absorbés par la « mise en boîte » de l'émission que tout danger semble minime. Pour *A Planet for the Taking*, nous avons filmé une séquence dans un kibboutz israélien situé près de la frontière de la Jordanie, à une époque où les hostilités israélo-arabes venaient d'éclater. Pendant le tournage, nous pouvions entendre des tirs et le vrombissement d'avions le long de la frontière, mais ce n'est qu'après avoir quitté Israël que j'ai commencé à réfléchir au danger auquel je m'étais ainsi exposé.

Un autre tournage a été très dangereux. Il s'agissait d'un reportage sur le forage pétrolier en mer, avant que le champ pétrolifère Hibernia, au large de Terre-Neuve, ne soit pleinement exploité. Nous avions revêtu une combinaison de survie et avons volé à bord d'un gros hélicoptère loin au large, jusqu'à une immense plate-forme de forage abritant des dizaines d'hommes. De là, un petit hélicoptère a pris dans une élingue notre équipement et nous a transportés deux à la fois, agrippés à l'extérieur du filet, pour nous déposer sur une barge où nous devions tourner le monologue, avec la plate-forme en arrière-plan.

Survolant la mer dans ma combinaison de survie, j'étais certain que j'arriverais à me retenir au filet, mais j'ai su plus tard que cette aventure avait terrifié Neville Ottey, le caméraman. J'ai été impressionné par son courage, parce qu'il a bien fait son travail en dépit de sa peur. Je ne me suis rendu compte du danger de toute cette opération que lorsqu'on nous a déposés sur la barge. Elle se soulevait de plusieurs mètres à chaque vague, de sorte qu'à un certain moment nous étions bien au-dessus de l'embarcation, puis soudainement, boum, nous y avions atterri. En fait, ce fut un monologue spectaculaire, avec la barge qui tanguait et qui laissait voir brièvement la plate-forme de forage derrière moi.

J'ai eu des tas de monologues inconfortables, pour lesquels j'ai dû, par exemple, me glisser dans une combinaison d'astronaute au centre de la NASA, à Houston, ou à l'intérieur d'un scaphandre pour des exploits en eau profonde. Mais deux tournages me sont particulièrement restés en mémoire pour leur caractère désagréable.

Tandis que nous réalisions un reportage sur l'hypothermie pour *Science Magazine*, le producteur John Bassett a décidé que l'océan serait le meilleur endroit pour tourner mon monologue. Mais nous étions en décembre et, s'il est vrai que le climat est plutôt doux à Vancouver, il neigeait tout de même cette journée-là. Je portais des vêtements de ville, sous lesquels j'avais revêtu un gilet et un pantalon court isothermiques. Je

En préparation d'un tournage sous-marin près de Halifax, en compagnie d'un scientifique de l'université Dalhousie.

faisais de la plongée en apnée depuis les années 1960 et je savais que, en Colombie-Britannique, l'hiver est la meilleure saison pour une telle activité parce que l'eau est claire et que la visibi-lité est excellente. Je savais donc très bien ce qu'on ressent quand la combinaison isothermique se remplit d'eau.

Cependant, pour ce tournage, je n'avais qu'une protection minimale pour le torse et pas de capuchon, de gants ni de bottes. Je n'étais pas prêt pour le choc lorsque j'ai sauté dans l'eau froide, et j'en ai eu littéralement le souffle coupé. Je pou-vais à peine prononcer mon texte d'une voix entrecoupée, cla-quant des dents et respirant par spasmes. Je ne me rappelle pas le nombre de prises que j'ai dû faire, mais après avoir rampé hors de l'eau, il m'a fallu des heures pour me réchauffer.

Le tournage le plus désagréable de tous a eu lieu dans le cadre de *The Sacred Balance*, lorsque nous avons filmé dans une mine d'or située tout près de Johannesburg, en Afrique du

Sud. Je trouvais déjà moche de descendre à trois kilomètres sous terre et je redoutais depuis des jour de souffrir de claustrophobie, car, déjà dans une foule compacte, je panique à l'idée d'être emporté. Que m'arriverait-il si loin sous terre, dans d'étroits tunnels sombres ? Je crois que c'est surtout la crainte d'être considéré comme une poule mouillée qui m'a permis de traverser ces deux jours de tournage. Mais la grande source d'inconfort n'a été ni le bruit, ni le confinement, ni l'obscurité, mais bien la chaleur. Le roc atteignait une température de 50 °C et l'air était presque aussi chaud. On nous avait conseillé de boire au moins un litre d'eau à l'heure, ce que j'ai fait sans jamais avoir à uriner, parce que l'eau exsudait simplement de notre peau.

Nous étions là pour un sujet fascinant. Jusqu'à très récemment, on croyait qu'il n'y avait pas de vie à plus de quelques centaines de mètres sous terre. Depuis des années, les puits de forage pétrolier se remplissaient constamment de contaminants microbiens, mais on estimait qu'ils provenaient de la surface. Toutefois, la présence persistante de ces contaminants a finalement poussé les scientifiques à tenter de déterminer s'il pouvait effectivement y avoir de la vie à de grandes profondeurs.

Nous avons suivi Tullis Onstott, de l'université Princeton (New Jersey), qui avait découvert des traces de vie dans des pierres loin sous la surface. Depuis, on a trouvé des bactéries à huit kilomètres de profondeur, et probablement davantage. Lorsque j'en ai parlé à Holly Dressel, scénariste, recherchiste et coauteur avec moi, elle m'a répondu : « J'ai toujours su que les pierres étaient en vie ». Tullis a en fait découvert des bactéries faisant partie de groupes d'organismes entièrement inconnus, qui ont peut-être été isolés il y a des centaines de millions d'années. Le métabolisme de ces bactéries est si lent qu'elles se divisent une seule fois tous les mille ans !

Nous allions donc filmer une séquence où j'aiderais Tullis à prélever des échantillons d'eau s'écoulant des rochers. Il allait ensuite m'expliquer ce qu'il faisait et ce qu'il avait trouvé. La chaleur était si accablante que la caméra avait été démontée la veille afin que les lentilles puissent se désembuer. Nous nous accroupissions devant la caméra et nous tournions quelques minutes, puis nous nous retirions tous 30 mètres plus loin dans le tunnel, où l'un des ventilateurs soufflait un peu d'air frais dans la mine. Nous nous rafraîchissions dans le souffle d'air, puis nous nous dépêchions de filmer encore quelques minutes, avant de revenir près du ventilateur.

Épuisé après environ une heure de ce manège, j'étais soulagé d'entendre que mon rôle était terminé et que je pouvais donc rester sous le ventilateur. Mais Tullis était la vedette de l'émission et devait rester jusqu'à la fin. Je voyais qu'il commençait à bafouiller son texte et j'ai averti le producteur de le garder à l'œil. Il s'est effectivement évanoui peu après à cause de la chaleur et a dû être ramené jusqu'au ventilateur. L'évanouissement d'un travailleur est un cauchemar pour les autres, parce qu'au moins deux d'entre eux doivent alors le transporter à l'air frais, et les sauveteurs eux-mêmes s'exposent alors à un coup de chaleur et à l'évanouissement. Tout ça était assez risqué, mais notre scientifique a survécu.

Parfois, je dois préparer plusieurs monologues durant un tournage. Je m'étais remarié en 1972 et mon épouse, Tara, était enceinte de notre deuxième enfant lorsque, en 1983, a débuté le tournage de *A Planet for the Taking*, le plus gros projet auquel j'avais alors été associé. Nous avions organisé un séjour de trois semaines à Vancouver, qui coïnciderait avec la naissance de l'enfant. La date prévue de la naissance est arrivée puis a passé, et je voyais s'achever le temps où je pouvais rester à la maison.

Nous avions trois équipes qui tournaient simultanément,

Photo publicitaire du prestidigitateur David Bens, pour une émission de The Nature of Things with David Suzuki *sur Martin Gardner, intitulée* « The Mathemagician ».

l'une en Inde, les deux autres en Europe, et on avait absolument besoin de moi pour les monologues parce qu'ils feraient tenir ensemble toute la série. Si je ne pouvais être présent au moment du tournage, il faudrait m'envoyer plus tard sur les lieux avec toute une équipe juste pour filmer les monologues, ce qui coûterait terriblement cher. Je recevais sans cesse des messages me demandant exactement quand et où j'arriverais en Inde, pour qu'on puisse venir me prendre. Finalement, le jour prévu de mon départ pour l'Inde est arrivé, et toujours pas de bébé. Sarika est née trois jours plus tard et je suis resté à Vancouver deux autres jours, si bien que je suis parti en Inde avec cinq jours de retard.

J'ai enregistré mes monologues en Inde à toute vitesse, puis je suis allé en Europe, en Égypte et en Israël avant de me rendre au Kenya, où Nancy Archibald filmait une séquence sur des babouins. Je n'avais alors pas vu Tara ni Sarika depuis plus de trois semaines. Tara avait obtenu la permission des médecins de partir avec Sarika et Severn, âgée de trois ans, pour venir à ma rencontre en Angleterre, où je devais enregistrer une scène au sujet d'Isaac Newton. Je devais donc quitter Nairobi à une date précise et j'étais particulièrement impatient d'arriver en Angleterre.

Trois jours avant mon arrivée prévue en Angleterre, j'ai rencontré l'équipe au Kenya. Nous avons filmé un certain nombre de monologues, puis, la veille de mon départ, nous devions tourner une série de monologues avec des babouins en arrière-plan. Shirley Strumm, la spécialiste des babouins qui nous conseillait, nous avait assuré que, après leur éveil, les babouins iraient à la recherche de nourriture pendant deux à trois heures et se reposeraient ensuite quelques heures en milieu de matinée, moment où nous pourrions filmer tous nos monologues. Si tout se passait bien, je pourrais m'en aller vers midi.

Nous avions suivi le groupe de babouins jusqu'à ce qu'ils

se couchent pour la nuit, de sorte que nous savions où ils se trouvaient. Le lendemain, nous nous sommes levés avant l'aube et sommes partis rejoindre les animaux pour pouvoir les suivre dès leur réveil. Ils nous toléraient à proximité d'eux tant que nous demeurions discrets et que nous ne les regardions pas dans les yeux. J'avais quatre longs monologues à réciter, ce qui voulait dire beaucoup de texte à mémoriser. Dès que nous avons été sur la piste, j'ai commencé à répéter mon texte ; je sentais monter la pression en moi à cause de la présence d'animaux sauvages imprévisibles et de mon envie de déguerpir et de sauter dans l'avion.

Comme Shirley l'avait prévu, les animaux se sont réveillés à l'aube et ont commencé à bouger tranquillement. Emballant tout notre équipement, nous les avons suivis quelques heures jusqu'à ce qu'ils semblent s'arrêter pour se reposer et digérer leur repas. Nancy a murmuré : « Vas-y, David, monologue numéro un. »

Rudi, le caméraman, m'a fait déplacer pour que les animaux soient bien disposés derrière moi, pendant que je répétais sans cesse le texte du monologue numéro un. Au moment où Rudi était prêt à filmer, les singes se levaient et changeaient de place. Nous devions alors nous dépêcher pour trouver l'endroit où ils s'étaient installés. « Bien, le numéro quatre cette fois-ci », disait Nancy, et Rudi et moi reprenions le processus.

Nous avons suivi les animaux toute la journée et n'avons pas réussi à terminer un seul monologue. « Je ne comprends pas, a protesté Shirley. Ils s'arrêtent toujours pour se reposer. » J'avais de plus en plus de difficulté à me concentrer pendant qu'on me poussait à filmer les monologues 1, puis 4, puis 3, puis 2. La journée n'en finissait pas, et je redoutais de rater mon vol : effectivement, c'est ce qui s'est produit. Le lendemain, les animaux se sont comportés exactement comme l'avait prévu Shirley, et j'ai pu partir.

Une autre prise de vues que j'ai faite a eu un effet absolument inattendu. C'était en fait pour une photo plutôt que pour un monologue. Dans les années 1970, cela nous inquiétait quand une émission de *The Nature of Things* attirait moins d'un million et demi de téléspectateurs. Mais l'apparition de la câblodistribution et de dizaines de nouvelles chaînes a fait graduellement baisser notre cote d'écoute, jusqu'à ce que notre moyenne, bien que très bonne pour une émission de la CBC, tombe sous la barre d'un million. Je répétais souvent, mi-figue mi-raisin, que notre cote d'écoute exploserait si nous faisions une émission sur le pénis, un excellent sujet d'émission scientifique, après tout. J'ai fait part de mon idée au nouveau producteur délégué, Michael Allder, qui s'est immédiatement montré intéressé. Il a ensuite lancé la production de cette émission, qui traiterait spécifiquement de l'obsession masculine pour la grosseur de l'organe ainsi que de quelques techniques utilisées pour lui donner plus de volume. L'émission allait s'intituler *Phallacies*...

Puisque Michael lui-même voulait que de nouvelles photos de moi soient prises pour faire la publicité de cette émission, il a préparé la séance de photos à sa maison de campagne, près de la baie Georgienne. En quittant les studios de la CBC pour nous y rendre, Helicia Glucksman, notre publicitaire, m'a remis quelques feuilles de vigne en me disant : « Si tu as le temps, j'aimerais bien que tu sois pris en photo en arborant ceci pour *Phallacies* ». Comme elle m'a dit ça d'un ton léger, je ne savais pas trop si je devais la prendre au sérieux.

Pour profiter du meilleur éclairage, nous avons commencé la séance de photos très tôt le lendemain matin, au lever du soleil. Le photographe était très bon et nous avons tôt fait de prendre toutes les photos que Michael voulait, de sorte que, pour m'amuser un peu, j'ai collé une feuille de vigne sur mon entrejambe et je me suis placé sur un banc pour prendre une pose. Il faisait assez froid cette journée-là et j'ai dû me couvrir les épaules, entre deux séries de photos, pour ne pas avoir la chair de poule. Comme ma feuille de vigne était très grande, les photos étaient assez pudiques, mais je peux dire que, même si la feuille de vigne était tombée, ça n'aurait pas changé grand-chose, puisqu'il faisait froid... Bien sûr, mes amis haidas qui ont vu la photo utilisée pour la publicité se sont amusés à me taquiner à propos de ma « petite feuille de vigne ».

Helicia est parvenue à placer la photo sur la couverture de l'horaire télé du *Toronto Star*, et j'ai été abasourdi par les réactions qu'elle a provoquées. Elle a été reprise par des dizaines de journaux au Canada et la plupart des auteurs des articles n'en revenaient pas que j'aie accepté de poser ainsi. Je n'ai reçu que quelques lettres et un seul appel téléphonique (provenant tous de femmes) manifestant du dégoût envers ma « photo obscène ». Toutes les autres personnes ayant réagi exprimaient surtout leur étonnement de voir qu'un homme âgé de soixante-quatre ans pouvait montrer une si bonne forme physique apparente. Quelques-uns ont même supposé qu'il s'agissait plutôt d'un montage photographique pour lequel ma tête aurait été superposée au corps d'un autre homme. Je peux simplement dire que, dans un tel cas, j'aurais choisi un corps beaucoup plus beau que le mien.

Je ne suis pas un culturiste et, à l'âge que j'avais, les niveaux de testostérone étaient nettement insuffisants pour permettre un accroissement de la masse musculaire, mais je n'avais tout de même jamais cessé de faire de l'exercice physique depuis que je m'étais marié à une femme beaucoup plus jeune que moi. Ma fille, en admiration devant la photo d'un homme montrant ses abdominaux, m'avait déjà lancé : « Papa, regarde-moi ces abdominaux ! » à quoi je lui avais répliqué : « Et moi ? ». Sarika a alors rétorqué : « Papa, tu n'as qu'UN abdominal ! » Sa réaction m'a incité à mettre au point un ensemble d'exercices pour tonifier le bas-ventre, avec succès, d'ailleurs. Je me félicite de ce que, même dans la soixantaine, mon corps ait si bien réagi à une activité physique soutenue.

Avec *Phallacies,* nous avions obtenu notre meilleure cote d'écoute depuis des années, mais j'en garde néanmoins un souvenir aigre-doux. Le personnel de ma fondation a travaillé fort pendant des années pour tous les reportages à caractère écologique que nous avons envoyés aux médias. Puis, un jour, je me déshabille pour une photo et on obtient une couverture médiatique ahurissante. Ce n'était pas juste.

CHAPITRE 5

Affaires de famille

La télévision m'accaparait de plus en plus lorsque Joane et moi nous sommes séparés, en 1964. À ce moment-là, nous avions deux enfants et un troisième allait naître sous peu ; nous n'avons divorcé que deux ans plus tard.

Troy est né en janvier 1962. Son nom vient du père de mon compagnon de chambre à l'université. En 1956, à la fin de ma deuxième année à Amherst, mon compagnon de chambre, Howie Bonnett, originaire d'Evanston, en Illinois, m'a invité à passer l'été avec lui, après m'avoir promis que j'obtiendrais un emploi beaucoup mieux rémunéré que celui que j'avais chez Suzuki Brothers Construction, à London. J'ai accepté son invitation et j'ai habité avec sa famille. Le père d'Howie s'appelait Troy. Je n'avais jamais connu personne de ce nom-là, dont j'aimais le côté ancien et masculin. Je me suis alors juré que, si jamais j'avais un fils, je le prénommerais Troy. L'emploi si bien rémunéré à Evanston ne s'est jamais concrétisé, mais je n'ai jamais oublié ce nom.

Comme bien des deuxièmes enfants, Troy a peut-être pâti

de sembler répéter ce que j'avais déjà vécu avec Tami. Étant l'aînée, celle-ci me captivait continuellement avec chacun de ses nouveaux comportements ou activités. Troy était un garçon, ce qui était fascinant, mais mon attention se reportait toujours vers Tamiko et les nouvelles choses qu'elle faisait chaque année. En grandissant, Troy a certainement souffert des attentes que ses enseignants avaient involontairement à son égard. « Alors, vas-tu être un scientifique comme ton père ? », lui demandaient-ils sans malice. Ou, parce que Tamiko était bonne élève, ils lui disaient parfois : « Ainsi, tu es le frère de Tami », insinuant qu'ils s'attendaient à ce qu'il réussisse aussi bien que sa sœur. Troy a réagi en ne faisant aucun effort pour émuler quiconque en matière scolaire.

Troy a grandi avec sa mère et ses deux sœurs, mais je crois qu'il a souffert de l'absence d'une figure masculine à la maison. Mon père a joué un rôle énorme dans sa vie et a tenté d'être un modèle pour lui, mais Troy avait besoin que je sois là pour le réconforter quand il se blessait, le féliciter de ses succès, lui imposer une certaine discipline, mais je n'étais tout simplement pas assez présent pour jouer pleinement ce rôle. Je suis très heureux que Troy et moi nous soyons rapprochés au fil des ans, mais je n'ai aucun doute que le poids de mon absence lui a été très lourd à porter.

Laura a été conçue avant que Joane et moi ayons décidé de nous séparer. Elle est née prématurément, le 4 juillet 1964, au même moment où j'ai été hospitalisé en isolement pendant un mois, après avoir contracté l'hépatite B en mangeant des huîtres contaminées. Laura a fait une jaunisse, ce qui est apparemment assez fréquent chez les bébés prématurés, et son traitement consistait à la mettre dans un incubateur sous une lumière d'une certaine longueur d'onde. Je ne sais pas si ce traitement en a été la cause, mais elle a ensuite éprouvé des problèmes à un œil « paresseux » ou « baladeur », qui ont peut-être résulté de sa naissance prématurée et que la chirurgie n'a jamais réussi à corriger tout à fait. C'était une enfant magnifique qui a toujours été assez autonome et heureuse de jouer seule.

Après avoir quitté l'hôpital, j'ai loué un logement près du domicile de ma famille afin de pouvoir voir les enfants chaque jour. Mais lorsque Michael Lerner, éminent généticien des populations de l'Université de la Californie à Berkeley, m'a invité à y donner un cours, j'ai accepté avec empressement. C'était une époque passionnante et j'étais ravi de vivre à Berkeley à la grande époque du « flower power » et de Haight-Ashbury. C'est durant mon séjour que la bataille autour de People's Park a éclaté, et j'ai pris part à des manifestations qui se sont terminées par des jets de gaz lacrymogènes, des tirs de chevrotine et des décès causés par la Garde nationale de la Californie, dépêchée sur les lieux par le gouverneur Ronald Reagan. J'étais consterné par la répression violente exercée contre la jeunesse américaine et j'ai alors compris que ma décision de retourner au Canada en 1962 avait été la bonne.

J'étais parti à Berkeley avec l'allure d'un ringard et je suis revenu avec des lunettes rondes, une moustache et une barbe clairsemées et des pantalons à pattes d'éléphant. J'avais changé, au grand déplaisir de mes collègues de l'UBC, surtout à cause de ce qui est devenu mon image de marque : des cheveux longs, presque aux épaules, retenus par un bandeau.

Mais l'UBC, comme Berkeley, était balayée par une ferveur contestataire et toute la révolution sexuelle. L'apparence physique semblait n'avoir plus d'importance, et je ne me dépréciais plus autant à cause de mes yeux bridés et de mes traits asiatiques. Dans la période pré-sida, soit avant les années 1980, on tentait toutes sortes d'expériences liées aux drogues et au sexe, et même si j'étais trop vieux jeu et trop peu sûr de moi pour essayer le LSD, beaucoup croyaient que j'étais un « adepte » des drogues psychédéliques et j'ai même entendu des rumeurs (tout à fait fausses) selon lesquelles je synthétisais de l'« acide » dans mon labo.

Mais j'étais un enfant des années 1950, encore imprégné de la nécessité de relations stables et du mariage. Après ma séparation d'avec Joane, j'ai eu deux relations très sérieuses : l'une a duré trois ans et l'autre, près de quatre ans. Les deux ont pris fin à cause de ma faible estime de moi-même et de mes attentes d'homme gâté. Je n'étais pas prêt à m'engager de nouveau dans une relation à long terme et j'étais surtout motivé par le désir de me faire un nom en tant que scientifique.

Le 10 décembre 1971, je devais prononcer une conférence à l'université Carleton, à Ottawa. Je suis entré dans la salle de conférence, située au sommet des tours Carleton, et j'ai alors constaté qu'elle était remplie par plusieurs centaines d'étudiants qui occupaient tous les sièges, les allées et le sol en face de la tribune. Quand j'ai commencé à parler, j'ai remarqué la présence d'une femme superbe assise à l'avant. Avec ses longs cheveux blonds, sa bouche pulpeuse et ses pommettes saillantes, elle ressemblait beaucoup à Rita Hayworth.

Après que j'ai terminé mon exposé et répondu aux questions, les gens ont commencé à quitter la salle, mais quelques enthousiastes se sont approchés de la tribune pour poursuivre le dialogue. La belle femme était du groupe. Je n'avais jamais acquis la confiance en moi nécessaire pour « draguer » ou même pour amorcer une conversation en ce sens. J'ai plutôt annoncé d'une voix forte, au moment de partir : « J'espère que vous viendrez tous à la petite fête ce soir », et je me suis éclipsé.

Je devais participer à un débat ce soir-là, mais je n'y ai pas vu la belle femme dans l'auditoire et j'ai donc cru que j'avais échoué. On m'a ensuite conduit à la petite fête en question, où s'étaient déjà réunis de nombreux étudiants, dont certains m'ont immédiatement entouré pour engager une conversation

Animateur de l'émission Suzuki on Science *(fin des années 1960).*

sérieuse. Environ une demi-heure plus tard, la belle femme est arrivée et je l'ai aperçue. J'ai échappé aux étudiants qui m'entouraient, je me suis planté devant elle et je lui ai demandé si elle voulait danser. Comme je m'éloignais vers la piste de danse, elle a regardé d'un air interrogateur la femme à côté d'elle, qui lui a dit : « Je crois que c'est toi qu'il invite à danser. » Elle m'a donc suivi, et le reste, comme on dit, est passé à l'histoire.

Cette femme sensationnelle était Tara Cullis, qui faisait une maîtrise en littérature comparée, à l'université Carleton. Elle avait vingt-deux ans et j'en avais trente-cinq. J'ai su plus tard qu'elle regardait fréquemment *Suzuki on Science* avec son copain et qu'elle était venue à ma conférence parce qu'elle s'ennuyait de sa Colombie-Britannique natale. Après m'avoir entendu, elle a cru pour la première fois de sa vie qu'elle pourrait épouser quelqu'un — moi.

Plus tard ce soir-là, mon bon ami Gordin Kaplan, du département de biologie de l'université d'Ottawa, m'a invité au restaurant Nate's pour un goûter, et j'ai emmené Tara avec moi. Gordin nous a ensuite conduits à l'appartement de Tara, où je l'ai déposée, et elle a promis de venir me voir lorsqu'elle irait chez elle à Noël. Quand je l'ai embrassée, nous savions qu'il y avait de la magie dans l'air. Lorsque je suis remonté dans la voiture, Gordin a commenté : « Elle ne disait pas grand-chose. » Eh bien, moi non plus : Tara et moi étions tous deux si éblouis que nous sommes presque restés muets durant le repas, mais nous avons gardé un très vif souvenir de Nate's.

Quelle chance qu'elle ait été originaire de la Colombie-Britannique. Son père, Harry, était directeur d'école et habitait Squamish, et dès que je suis revenu à Vancouver, j'ai demandé à ses parents de lui dire que j'avais téléphoné. Peu après, nous sommes sortis à Vancouver et nous savions tous deux que c'était sérieux.

La veille du nouvel an, nous avons fait l'ascension du mont Hollyburn, à North Vancouver, en compagnie d'un de mes étudiants, de sa petite amie et d'un autre couple, et avons passé la nuit dans une cabine. Celle-ci était enfouie sous la neige, mais nous avons dégagé l'entrée et allumé le poêle à bois ; la cabine s'est rapidement réchauffée et la table s'est couverte de nourriture et de boissons. Ce soir-là, dans nos sacs de couchage, j'ai demandé à Tara de m'épouser, ce qu'elle a fait le 10 décembre 1972, soit exactement un an après notre rencontre.

Mes enfants ont été ma plus grande source de fierté et de joie, mais que Tara ait accepté de m'épouser a été la plus grande réalisation de ma vie, et notre mariage demeure encore une merveilleuse aventure. Encore aujourd'hui, lorsque je rentre d'un long voyage, mon cœur bat la chamade à la pensée de retrouver Tara. Je n'avais jamais cru au coup de foudre — c'était en fait un coup de désir —, mais ce qui s'était passé a été puissant, incontestable et permanent.

J'avais peine à croire que quelqu'un de vingt-deux ans seulement pouvait être aussi mûr, prêt à un engagement permanent, et avoir tant à apporter à une relation. Tara a toujours eu des années d'avance sur son groupe d'âge à l'école. Comme elle avait terminé ses études secondaires à quinze ans, son père lui a fait faire sa 13e année afin qu'elle ait un an de plus avant d'entrer à l'université. C'était une étudiante brillante, qui a réussi le programme accéléré à West Vancouver, en plus d'avoir été une championne aux courses de haies et une athlète complète. Outre son éblouissante beauté, elle me donnait l'impression que j'étais un peu en retard lorsque la discussion portait sur la littérature et l'histoire.

Quand nous nous sommes rencontrés, j'ai dit à Tara que je prévoyais que ses parents pourraient nourrir des réticences à mon égard à cause de mes origines ethniques et de mon âge. À

Photo de mariage de Tara et moi, le 10 décembre 1972, avec papa et maman (à gauche) *et Freddy et Harry* (à droite).

mon grand étonnement — et j'en garde le plus grand respect pour eux — aucune de ces deux questions n'a eu d'importance à leurs yeux. Seul mon divorce en avait. Ils s'inquiétaient du fait que j'étais divorcé et que j'avais des enfants. Mais ils m'ont chaleureusement accueilli dans leur foyer et ont apporté un soutien inébranlable à tout ce que Tara et moi avons fait, en plus d'être d'excellents grands-parents. Je les aime et les respecte énormément.

Quand nous avons acheté la maison où nous vivons toujours, j'ai dû leur demander de l'aide pour le versement initial lié au prêt hypothécaire, puis j'ai indiqué que, lorsque Harry prendrait sa retraite, j'étais disposé à ajouter un autre étage à la maison afin qu'ils puissent venir habiter avec nous. Nous avons acheté la maison et ajouté un étage ultérieurement et ils ont emménagé dans leur propre logement en 1980 : cet arrangement nous a merveilleusement convenu à tous.

Harry aime bien discuter et lance souvent des débats en défendant une position à laquelle il ne croit parfois même pas, et pourtant je tombe constamment dans le panneau. Par conséquent, j'ai quelquefois été tellement en colère contre lui que nous finissions par hurler nos arguments respectifs, pendant que les femmes s'affairaient à nous calmer un peu. Toute relation humaine a ses hauts et ses bas — il y a des moments où je sais que Tara est furieuse contre moi et d'autres moments où mes enfants m'irritent —, mais c'est la nature même des relations humaines. Dans l'ensemble, vivre près de Harry et de Freddy a été une expérience formidable : ils peuvent voir Tara et gâter leurs petits-enfants quand bon leur semble, et Tara peut monter pour solliciter quelques conseils tout en prenant soin d'eux à mesure qu'ils avancent en âge. Je suis souvent loin de chez moi, mais je pars l'esprit tranquille parce que je sais que Harry, surtout, s'occupe de la maison et du jardin comme il le fait depuis le début.

Avant notre mariage, Tara m'a dit qu'elle garderait son nom de jeune fille, ce que j'ai accepté de tout cœur. Tara a gardé le nom de famille Cullis toute sa vie, car il faisait partie de son histoire personnelle et de son identité, et elle ne voulait pas s'en départir. Aujourd'hui, personne ne s'en formalise plus, mais, au début des années 1970, bon nombre considéraient une telle décision avec mépris. Par ailleurs, une des conséquences fâcheuses de cette ancienne pratique patriarcale se manifeste lorsqu'on veut retrouver une amie de l'école secondaire à l'aide de son nom et qu'on découvre qu'elle a disparu, ayant pris l'identité de M\ :superscript:`me` Harry Smith. À cette époque, nous avons découvert que, au Canada, il était illégal pour une femme mariée de garder son nom de jeune fille.

Nous n'avons pas fait de véritable voyage de noces parce que j'avais été invité à passer un mois en Union soviétique dans le cadre d'un programme d'échanges, à l'été de 1973. Nous avons donc décidé d'attendre quelques mois après le mariage et de faire un plus long voyage. Puisque Tara avait émigré d'Angleterre à l'âge de cinq ans et qu'une grande partie de sa famille s'y trouvait encore, nous irions d'abord passer un mois en Angleterre pour rendre visite sa famille. Puis nous souhaitions voyager en Europe pendant un autre mois avant de nous envoler pour l'Union soviétique, où un itinéraire avait été établi. Enfin, nous quitterions Moscou pour l'Inde, la Thaïlande et la Corée du Sud, avant de passer un mois au Japon. Nous retournerions ensuite à Vancouver en passant par Honolulu, bouclant ainsi un voyage de quatre mois autour du monde.

Tara n'avait jamais acquis la citoyenneté canadienne, mais, avant notre départ, elle devait se procurer un passeport et voulait voyager en tant que Canadienne. Elle a alors présenté une demande de passeport, en même temps que son frère, Pieter. Puisqu'ils vivaient ici depuis leur enfance, ils croyaient que ce ne serait qu'une formalité. Effectivement, la demande de Piet a vite été approuvée.

Tara s'est ensuite présentée et le commis a noté qu'elle portait le même nom que Piet. « Vous êtes son épouse ? », lui a-t-il demandé. « Non, c'est mon frère », a répliqué Tara. Le commis était perplexe : « Mais vous déclarez sur le formulaire que vous êtes mariée ». « Oui, mais je garde mon nom de jeune fille », lui a dit Tara. Le commis lui a alors dit que c'était illégal et que sa demande de passeport était donc refusée.

C'était un rude coup, et elle était furieuse à son retour à la maison. Il lui fallait un passeport pour m'accompagner en voyage et elle entendait partir avec un passeport canadien. Elle a découvert que, tant qu'une femme n'a pas adopté le nom de son mari, elle peut continuer à utiliser légalement son nom de jeune fille. Nous étions outrés par le refus de sa demande de passeport, alors j'ai téléphoné au *Vancouver Sun* et j'ai décrit la situation à un membre de la rédaction. Je croyais qu'il y avait là matière à rédiger un bon article, mais j'ai été stupéfait de la réponse du journaliste ayant écouté mon baratin : « Et alors, où est la nouvelle ? D'ailleurs, il se trouve que j'ai une femme qui adore utiliser mon nom. » J'ai raccroché. Curieusement, à peine quelques semaines plus tard, le *Vancouver Sun* a fait sa manchette avec un article sur une Américaine à qui l'on avait refusé d'émettre un passeport parce qu'elle ne voulait pas utiliser le nom de son mari. Si l'histoire se passe aux États-Unis, ça fait un bon article au Canada...

Finalement, Tara a trouvé quelqu'un au ministère des Affaires extérieures à Ottawa qui n'a pas rejeté sa demande du revers de la main. Sa demande était sans précédent, l'a-t-il informée, et elle pouvait venir à Ottawa pour la présenter en personne. « Vous aurez votre passeport, lui a-t-il promis, mais je ne peux pas garantir qu'il sera fait à votre nom de jeune fille. » On lui a fixé une date pour venir défendre sa cause, et elle a pris l'avion pour Ottawa, pleine d'appréhension, parce que nous ne savions pas comment les choses allaient tourner.

En fin de compte, on lui a remis un passeport à son nom de jeune fille, un précédent encore peu connu et qu'on tient pour acquis aujourd'hui. Nos filles ont adopté nos deux noms, Cullis-Suzuki, mais que se passera-t-il quand les enfants ayant un double nom de famille se fréquenteront et se marieront ? Quoi qu'il en soit, je suis bien fier que Tara ait tenu tête aux autorités.

La première année de notre mariage a été une période très heureuse de ma vie. Nous avons voyagé, appris à connaître nos faiblesses réciproques et découvert que notre relation s'approfondissait au-delà de tout ce que j'aurais pu imaginer lorsque nous nous sommes fiancés. J'ai donc été abasourdi lorsque Tara m'a dit que, si elle aimait beaucoup être avec moi, faire des voyages et rencontrer des gens, elle tenait néanmoins à poursuivre ses études au-delà de la maîtrise. Elle aurait pu prendre la voie facile et s'inscrire à un doctorat à l'UBC (où, en tant qu'épouse d'un professeur, elle aurait été exemptée des frais de scolarité), mais son champ d'étude était la littérature comparée et l'UBC n'offrait aucun programme dans ce domaine. Je l'ai encouragée à s'inscrire à des établissements offrant des programmes complets en littérature comparée, et elle été acceptée à l'Université du Wisconsin à Madison.

Nous étions des nouveaux mariés heureux, et l'idée d'être séparés pendant qu'elle étudiait ailleurs me perturbait. Je m'en suis ouvert à Shirley Macaulay, ma secrétaire : « Comment pourrai-je supporter d'être loin d'elle pendant deux ou trois ans ? » Elle m'a répondu : « Présentement, deux ans, ça semble très long, mais crois-moi, dans quelques années, ça te semblera avoir été très bref. » Et elle a eu raison. Tara est partie, et cette séparation a été très difficile. Mais j'ai été très occupé tout ce temps-là et elle s'est jetée à fond dans ses études.

Nous avions décidé de nous téléphoner chaque jour, quels qu'en seraient les coûts. Cet appel quotidien est devenu notre bouée de sauvetage, et nous maintenons cette habitude encore aujourd'hui lorsque nous sommes éloignés l'un de l'autre. Mon contrat avec la CBC stipule que, lorsque je tourne à l'extérieur du pays, je suis autorisé à appeler Tara une fois par jour. J'étais étonné du nombre de fois où j'ai pu arranger mon horaire de voyage de façon à passer par Madison. Je crois que nous n'avons jamais été plus d'un mois sans nous voir. Les périodes de séparation m'ont paru terriblement longues, mais elle a bientôt achevé sa scolarité, choisi un professeur avec qui travailler et songé à un sujet pour sa thèse.

J'ai trouvé sa thèse très intéressante. Le père et le frère de Tara avaient acquis une formation en science, et elle-même avait bien réussi en mathématiques et en science. S'étant penchée sur les littératures française, allemande et anglaise, elle a démontré que les grands penseurs du XIXe siècle ont écrit sur la science et ses répercussions sur la société (*Frankenstein*, de Mary Shelley, en constitue un excellent exemple), mais que les écrivains du XXe siècle, époque où la science et la technologie se sont logées au cœur de nos vies, ont semblé la négliger complètement.

Sa thèse, intitulée « Littérature de la rupture », recourait à la métaphore des deux hémisphères du cerveau pour montrer que les écrivains du XIXe siècle liaient la science et la littérature de la même façon que le corps calleux associe les deux parties du cerveau. Mais, au XXe siècle, on aurait dit que le corps calleux avait été coupé, comme on le fait pour les cas d'épilepsie grave, et qu'il en était résulté une situation analogue à ce que C. P. Snow a qualifié de « deux cultures ». C'était une analyse brillante, et nous étions enchantés lorsque Tara a reçu son doctorat en 1983, un accomplissement d'autant plus remarquable qu'elle avait donné naissance à deux enfants dans l'intervalle.

Les trois enfants que j'avais eus avec Joane étaient une grande priorité dans ma vie, mais Tara et moi tenions beaucoup à avoir des enfants ensemble. Toutefois, mes enfants étaient encore en bas âge, et Tara et moi, dans notre élan amoureux en 1972, ne voulions pas risquer une grossesse. Pour éviter de devoir compter sur la pilule anticonceptionnelle, Tara a choisi un stérilet, qui s'est avéré efficace.

Entre-temps, nous avons eu de nombreux bons moments avec mes enfants. À l'été de 1978, deux ans après l'élection de René Lévesque et du Parti québécois, Tara et moi avons décidé d'emmener Tamiko et Troy, alors adolescents, à Chicoutimi pendant six semaines pour une immersion totale en français. Nous étions atterrés de penser que la province pourrait quitter le Canada, et devenir bilingue nous a semblé être un modeste moyen de montrer aux Québécois à quel point nous tenions à eux.

Tara et moi étions deux des trois seuls adultes inscrits à ce cours d'immersion à Chicoutimi, cet été-là. Tous les autres étaient, comme Tami et Troy, des adolescents venus apprendre un peu de français et s'amuser. Nous étions tous logés chez différentes familles, Tara et moi ensemble, Tami et Troy avec les autres enfants. Nous avions choisi le bon endroit, parce qu'il était au cœur du pays séparatiste et que la plupart des gens ne parlaient pas anglais, ce qui nous obligeait donc à parler français. Nous avons habité dans trois villes successives, Baie-des-Ha ! Ha !, Saint-Félicien et Chicoutimi, où nous avons logé chez différentes familles.

C'était un programme intensif d'une durée de six semaines : les enseignants non seulement nous donnaient des cours le jour, mais ils nous accompagnaient pour diverses sorties et à la brasserie en soirée. Tara et moi tenions sérieusement à apprendre le français le mieux possible, même que, pour elle, l'apprentissage du français lui serait particulièrement utile dans son champ d'étude en littérature comparée. Nous avons décidé de tenter de parler français en tout temps, c'est-à-dire non seulement à l'école et pendant les sorties, mais aussi quand nous étions seuls le soir. Toutefois, même si Tara et moi étions presque encore des nouveaux mariés, nous avons vite constaté que le fait de se concentrer pour parler une langue étrangère refroidissait vraiment nos ardeurs. Nous avons donc décidé que le décret sur le « français seulement » ne serait plus en vigueur dès que nos pieds ne toucheraient plus le sol.

Dans notre groupe d'adolescents, nous sommes rapidement devenus « Dave » et « Tara » et étions traités à l'égal de tous les autres, jouant au volley-ball, allant à la brasserie et passant simplement du temps ensemble. Je revivais mes années d'école secondaire et je prenais grand plaisir à observer les amours naissantes, les fréquentations et les ruptures au sein du groupe. Parmi nous, quelques garçons étaient venus à Chicoutimi en voiture et, tout comme à l'école secondaire de mon époque, ils étaient les plus populaires à cause de leurs voitures.

Un soir, nous avions tous joué au volley-ball, après quoi nous sommes restés dehors parce que nous ne voulions pas rentrer si tôt. Lorsque l'un des jeunes garçons est arrivé avec sa voiture, trois ou quatre jeunes filles qui rigolaient — dont Tamiko — ont sauté sur le capot. Le jeune conducteur a fait vrombir le moteur à quelques reprises, a démarré très rapidement et a freiné brusquement une cinquantaine de mètres plus loin, faisant ainsi glisser les filles. Celles-ci sont remontées sur la voiture en riant, puis il a recommencé son petit manège. Tous les autres trouvaient ça amusant, mais moi j'étais horrifié. Soudain, je n'étais plus Dave, un gars de la bande. J'étais devenu David — PAPA.

Comme je faisais du jogging depuis des années et que j'étais en bonne forme physique, je me suis élancé derrière la voiture et j'ai fini par la rattraper, arrêtée à un feu rouge. J'ai ouvert la portière d'un coup sec, tiré le conducteur hors de son véhicule et l'ai plaqué contre le côté de la voiture. « Qu'est-ce que tu fais depuis tantôt ? », ai-je hurlé, tellement épouvanté que j'en avais presque perdu la voix.

J'ai jeté un coup d'œil dans l'auto et j'ai vu Tamiko me fixer d'un air horrifié : je devais avoir l'air à moitié fou et je savais qu'elle devait être humiliée de voir son père se comporter de la sorte. « Va-t'en dans ta chambre », lui ai-je crié, ne me souciant plus du tout de faire partie de la bande. Elle a détourné le regard et s'est éloignée à pied. Heureusement, je me suis suffisamment calmé pour me retenir de frapper le garçon. J'ai été heureux, le lendemain matin, de le voir se diriger

vers moi, s'excuser de son geste stupide et conclure en disant :
« Vous auriez dû me frapper, je le méritais. » Tamiko ne m'a
pas adressé la parole pendant des jours.

Six semaines, c'est long. Non seulement avons-nous appris
à parler assez bien le français, mais nous avons fini par former
une petite communauté, malgré notre différence d'âge. Et même
si nos jeunes enseignants séparatistes nous appelaient souvent
« Les maudits Anglais » ou « Vous, les Américains », nous le
prenions avec humour et nous nous sommes attachés à eux.

Alors, quand ils nous ont annoncé que nous présenterions
un « spectacle » à la fin de la période d'immersion, nous avons
pris la chose au sérieux. Tara et moi avons alors écrit une pièce
centrée sur deux personnages principaux, l'un parlant seulement l'anglais et l'autre seulement le français, tandis que tous
les autres personnages ne parlaient que le français. Je jouais une
sorte de docteur Frankenstein qui décide de tenter une expérience et de coudre ensemble les deux personnages principaux,
l'anglophone et le francophone, pour voir ce qui en adviendra.
Nous avons eu beaucoup de plaisir dans la scène où nous
avons procédé, derrière le rideau, à une simili-opération chirurgicale sur les personnages principaux « volontaires » pour
les montrer ensuite joints comme des siamois.

Au début, ils s'obstinaient et tiraient chacun de son côté,
puis ils s'engueulaient. Les cris se sont ensuite changés en
coups, et ils ont fini par dire au médecin que leur situation
était intolérable et qu'ils exigeaient d'être séparés. « Mais vous
avez plus de force ensemble que séparément, disais-je en français. Séparés, vous ne survivrez peut-être même pas. » Je sais, je
sais, c'était assez maladroit, mais nous voulions que nos hôtes
et nos enseignants sachent que nous tenions à un Canada qui
comprenait le Québec et que les anglophones aussi avaient leur
culture, leur esprit et leur dynamisme. À la fin, nous avons tous
chanté « Mon pays est une cathédrale » en anglais. Bien des

membres de l'auditoire ont avoué plus tard qu'ils ne savaient pas que les Canadiens anglais pouvaient manifester ce genre d'esprit.

Nous nous étions liés d'amitié avec Andrée et Louis-Edmond Gagné et leurs enfants, nos hôtes à Chicoutimi. Ils faisaient partie d'une espèce rare au Saguenay–Lac-Saint-Jean : celle des opposants déclarés à la séparation et très critiques à l'égard du Parti québécois. En 1979, les Gagné sont venus nous voir à Vancouver. Nous les avons emmenés à la pêche, puis à notre chalet à Sechelt, et nous leur avons montré le Canada anglais. Ils ne savaient que quelques mots d'anglais, et j'étais très fier de voir les Vancouvérois s'empresser de leur venir en aide. Vingt ans plus tard, quand *The Nature of Things* a fait une émission sur le bilinguisme, intitulée « You Must Have Been a Bilingual Baby », j'ai organisé une entrevue avec les Gagné à Chicoutimi. Ce fut de joyeuses retrouvailles après tant d'années, mais j'ai été stupéfait et déçu d'apprendre que toute la famille était devenue séparatiste à tout crin.

Durant leur visite à Vancouver, j'avais emmené les Gagné au cercle des professeurs de l'UBC. Nous prenions un verre au bar lorsque Tara est arrivée, manifestement contrariée. Je l'ai emmenée à l'écart dès que j'ai pu pour lui demander ce qui n'allait pas. Sa réponse m'a assommé : « David, je suis enceinte. »

Il semblait que nous avions déjà décidé d'avoir des enfants et que c'est simplement ainsi que ça s'est produit, mais je pense toujours à une Severn embryonnaire luttant contre ce stérilet, s'attachant à la paroi de l'utérus et s'accrochant à la vie. Il a fallu retirer le stérilet, mais le risque de fausse couche à ce stade précoce était très élevé et nous étions inquiets des pertes de sang ayant suivi son retrait. Mais Sev était bien accrochée et une magnifique fille est venue au monde huit mois plus tard.

J'avais essayé de consacrer le plus de temps possible à mes premiers enfants, mais le labo et la recherche avaient dominé ma vie, et les enfants avaient dû payer un prix pour mon obsession professionnelle : la fin de mon mariage avec Joane. J'avais résolu que cela ne se reproduirait pas. La recherche ne m'accaparait pas autant que lorsque j'étais plus jeune et plus ambitieux, mais j'étais désormais occupé tant par la télévision que par le militantisme écologiste.

La naissance de Severn a fait la grande joie de mes parents, qui étaient à la retraite. Toutes mes sœurs et leurs enfants vivaient dans l'Est, mais mes parents pourraient dorénavant accorder toute leur attention à ce nouveau bébé. Durant la grossesse de Tara, nous avions commencé à rénover notre maison afin que les parents de Tara puissent emménager au-dessus de nous. Comme Severn était leur premier petit-enfant, ils en étaient tout heureux eux aussi.

Tout comme je l'avais fait avec mes autres enfants, nous sommes allés faire du camping avec Sev encore bébé, puis mon père, un maniaque de la pêche, lui a montré à prendre du poisson en mer et dans quelques lacs environnants. Encore un nourrisson, elle nous a accompagnés à la marche annuelle pour la paix de Vancouver, ainsi qu'à diverses manifestations contre les coupes à blanc.

Nous sommes déménagés à Toronto à l'automne ayant suivi la naissance de Severn, afin que Tara puisse faire la navette à Boston pour donner son cours de rédaction à Harvard, pendant qu'une gouvernante et moi prenions soin de Sev et, plus tard, de Sarika. Les cinq années suivantes, nous avons passé l'automne à Toronto pour que Tara puisse donner son cours à la session d'automne et que je prépare la nouvelle saison de *The Nature of Things*. Nous retournions à Vancouver à Noël et y demeurions jusqu'à l'automne suivant.

Nous avons trouvé charmant de voir Severn, âgée de cinq

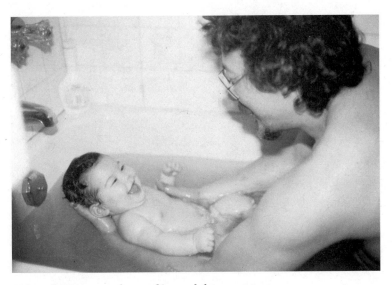

Le bain de Severn, une des grandes joies de la paternité.

ans, réunir un groupe d'enfants de notre quartier à Toronto et placer sur une voiturette des affiches ornées de slogans tels que « Sauvez la nature » et « Protégez les animaux ». Cet été-là, de retour à Vancouver, nous avons constaté que Sev avait pris dans la maison une pile de livres reliés, les avait étalés sur une table dehors et les avait mis en vente à vingt-cinq cents pièce pour recueillir des fonds destinés à la protection de la vallée Stein. Puisqu'il s'agissait d'une noble cause, nous ne pouvions pas la gronder simplement parce qu'elle ne comprenait pas la valeur des livres. J'espère que j'ai réussi à dissimuler ma contrariété.

Quand Severn est née, la plus jeune enfant de ma première famille, Laura, avait seize ans, si bien que l'arrivée de Sev m'a fait l'effet d'un nouveau départ. À la naissance de Sarika, trois ans et demi plus tard, Sev courait partout, parlait et nous amusait toujours par son ingéniosité. Sarika était un bébé calme — nous avons même pensé l'appeler Serena — et nous pouvions

Sarika dans un costume inuit que j'ai rapporté de l'Arctique.

donc la coucher et la laisser gazouiller joyeusement, pendant que Severn faisait des cabrioles et captait l'attention. Lorsque Sarika s'est mise à parler, nous l'appelions souvent « Mademoiselle moi aussi » à cause de son insistance à ne pas être oubliée. C'était parfois difficile de voir sa sœur attirer constamment les projecteurs sur elle. Sarika était très timide, mais elle était intrépide et ne reculait jamais devant la perspective d'une aventure familiale.

Entre-temps, à mesure que notre jeune famille grandissait, maman a commencé à manifester des signes de perte de mémoire. Elle plaçait souvent des choses — chèques, vêtements, lettres — au mauvais endroit et on ne les retrouvait que des semaines ou des mois plus tard, voire jamais. Papa et mes sœurs étaient convaincus qu'elle souffrait de la maladie d'Alzheimer, mais je n'étais pas d'accord puisque maman ne montrait aucun changement de caractère. Elle perdait toutefois certaines inhibitions et je m'amusais à la taquiner et à lui raconter des blagues salées pour la faire rigoler.

Au début des années 1980, cependant, il était évident que sa mémoire à court terme était désormais défaillante. Heureusement, elle n'est jamais devenue incontinente et reconnaissait toujours les membres de sa famille, bien que papa m'ait dit qu'elle le confondait parfois avec son frère à elle. Lorsque maman a perdu tout intérêt pour leurs finances, la couture et la cuisine, c'est papa qui a assumé ces tâches. Il ne s'est jamais plaint, mais je m'apercevais que la charge lui pesait de plus en plus. C'est pourquoi je l'ai prié de me laisser embaucher quelqu'un qui lui apporterait un peu d'aide, mais il a résisté : « Elle m'a consacré sa vie, disait-il, c'est mon tour de lui rendre la pareille. » Comme les besoins de maman s'accroissaient, j'ai pu voir à quel point il savait être patient, compatissant, attentionné et aimant, et je l'admirais beaucoup. Mais ce n'était pas facile. Un soir où je suis passé chez mes parents, j'ai trouvé maman au lit et papa qui pleurait de voir dans quel état était ma mère.

Le jour où Sarika est née, j'étais à l'hôpital avec Tara et Severn, lorsque papa est arrivé et m'a demandé avec inquiétude : « Maman est-elle ici ? » Elle n'y était pas. Mes parents étaient venus à l'hôpital pour voir Sarika, mais, en passant devant une chambre, papa avait aperçu une connaissance et était entré pour lui parler un peu, après avoir dit à maman de l'attendre à la porte. Mais quand il est ressorti quelques minutes plus tard, elle avait disparu. Nous nous sommes tout de suite mis à sa recherche, arpentant d'abord tous les couloirs de l'hôpital, puis les rues du quartier. La pauvre Tara, qui venait d'accoucher, se rongeait maintenant d'inquiétude pour sa belle-mère. Le frère de Tara, Pieter, s'est joint à nous pour parcourir les rues en voiture à la recherche de maman, mais en vain.

La nuit tombée, nous avons décidé d'attendre à la maison dans l'espoir que la police la retrouverait. Nous avons finalement reçu un appel à trois heures du matin, et papa et moi nous sommes rués au poste de police. À notre arrivée au poste, papa a sauté de la voiture et a grimpé l'escalier à toute vitesse, où maman l'attendait. Il pleurait à chaudes larmes lorsqu'il l'a prise dans ses bras. « Qu'est-ce que tu as à pleurer ? Allons-nous-en », a-t-elle dit, comme si rien ne s'était passé. Ses bas étaient complètement usés, et on l'avait vue dans le quartier de Marpole, à des kilomètres de l'hôpital, tentant de monter dans un minibus Volkswagen bleu pareil à celui de papa. Beaucoup plus tard, un chauffeur de taxi s'étant rendu compte qu'elle était désorientée et avait besoin d'aide l'avait recueillie dans une toute autre partie de la ville et l'avait conduite au poste de police.

Le 25 avril 1984, soit un mois après leur cinquantième anniversaire de mariage, papa et maman ont marché jusqu'à un restaurant près de chez eux, ont mangé ensemble puis sont allés au cinéma. En rentrant bras dessus bras dessous à la maison, maman a été foudroyée par une crise cardiaque et est tombée sur le trottoir. Quelqu'un a appelé les ambulanciers, qui sont arrivés en moins de dix minutes et l'ont ranimée. Ils ont bien fait leur travail, mais les dix minutes d'anoxie ont davantage endommagé le cerveau de maman, déjà ravagé par la démence.

J'étais à Toronto à l'époque. Je me suis précipité à la maison et j'ai pu demeurer auprès d'elle pendant la dernière semaine avant son décès, le 2 mai. Comme a dit papa : « Elle a eu une mort paisible » ; elle n'a pas souffert et elle est restée avec papa jusqu'à la fin. L'autopsie a finalement révélé la présence dans son cerveau des plaques caractéristiques de la maladie d'Alzheimer.

CHAPITRE 6

Une vision du monde radicalement différente

Le long de la côte ouest du Canada et au sud de l'Alaska se trouve un archipel que certains appellent les îles Galápagos du Canada. Durant la dernière glaciation, il y a quelque 10 000 ans, presque tout le Canada était enseveli sous une couche de glace d'une épaisseur de plus d'un kilomètre et demi. Il semble que la glace aurait encerclé mais pas recouvert complètement les îles, qui sont devenues des refuges pour les espèces alors capables d'échapper à la glace. À mesure que la glace se formait, les plantes et les animaux se sont déplacés vers le haut des montagnes, qui sont finalement devenues des îles dans une mer de glace et le lieu d'accueil des survivants. Aujourd'hui, bon nombre de leurs descendants ne se retrouvent nulle part ailleurs sur la planète. Il s'agit de Haida Gwaii, la terre du peuple Haida, à laquelle de plus récents arrivants ont donné le nom d'îles de la Reine-Charlotte.

Au début des années 1970, un groupe de citoyens, d'Amérindiens et d'écologistes de Haida Gwaii, scandalisé par les méthodes d'exploitation forestière utilisées dans les îles, a demandé au gouvernement de la Colombie-Britannique d'intervenir pour les protéger contre les ravages en cours. Symbole des régions en litige, Windy Bay constituait un bassin aux eaux cristallines recouvrant quelque cinq mille hectares de l'île Lyell, près de l'île South Moresby, dans la partie méridionale de l'archipel.

En 1974, un groupe de citoyens de Haida Gwaii a exigé que les parties des îles en danger soient protégées contre les coupes à blanc. Le gouvernement provincial a réagi en mettant sur pied le Comité de l'utilisation des terres et de l'environnement, composé de représentants des divers groupes d'intérêt concernés. En 1979, le comité a recommandé entre autres l'arrêt de l'exploitation forestière à Windy Bay, ce qu'a rejeté l'entreprise forestière, qui a continué d'exercer ses pressions sur le gouvernement en faveur du maintien de cette exploitation. Mais le premier ministre Bill Bennett ne pouvait faire fi des positions vigoureusement défendues par les écologistes ni de la sensibilisation accrue du public à ce sujet. C'est ainsi que, toujours en 1979, a été formé le Groupe de planification des ressources de South Moresby, présidé par Nick Gessler, un Américain expatrié qui dirigeait le musée des îles de la Reine-Charlotte. Ce groupe réunissait un vaste éventail d'écologistes, de représentants de l'entreprise forestière et d'autres groupes d'intérêt.

J'ai été mis au courant de cette controverse en 1982, lorsque j'ai reçu une note manuscrite du député fédéral du Nouveau Parti démocratique (NPD) représentant le comté de Skeena, dont fait partie Haida Gwaii. Dans son message, Jim Fulton, le jeune travailleur social qui avait défait la belle et charismatique ministre et députée sortante, Iona Campagnolo, disait : « Mon cher Suzuki, vous devriez faire une émission sur Windy Bay pour *The Nature of Things*. » À ce moment-là, je n'avais jamais entendu parler de cette lutte et je ne savais même par où se trouvait Windy Bay. Après m'être renseigné, j'ai compris qu'il s'agissait d'une question importante et j'ai donc suggéré à Jim Murray, producteur délégué de *The Nature of Things with David Suzuki*, de faire une émission à propos de la lutte menée pour Windy Bay. En fait, j'ai appris que Bristol Foster, un biologiste qui avait travaillé des années pour le gouvernement provincial avant de démissionner en guise de protestation, avait déjà communiqué avec Murray à ce sujet.

Jim a confié la production de l'émission à Nancy Archibald, puis le rédacteur, Allan Bailey, a effectué les recherches nécessaires sur la question, avant que Nancy et une équipe ne se rendent aux îles pour filmer. Je les ai suivis quelques jours plus tard pour faire quelques entrevues importantes et enregistrer des monologues dans différentes parties de l'archipel. Comme la location d'un hélicoptère pour se rendre aux sites appropriés était onéreuse, nous disposions donc de très peu de temps. Travaillant sans relâche avec Allan Bailey, j'ai écrit, récrit et mémorisé les textes pendant que l'hélicoptère nous emmenait à différents endroits. Revoyant ces textes aujourd'hui, je me réjouis de constater qu'ils sont encore tout aussi pertinents. Le reportage commençait ainsi :

> Les vastes forêts du Canada offrent bien davantage qu'une source de revenus potentiels : elles font partie de la mystique spirituelle du pays. Je suis à Windy Bay, dans les îles de la Reine-Charlotte, au large de la Colombie-Britannique, et cette forêt vierge a commencé à se former il y a plus de huit mille ans. Nombre de ces arbres étaient déjà à maturité bien avant que Christophe Colomb ne découvre l'Amérique. C'est ici que les Haidas chassaient et pêchaient et qu'ils se servaient de ces arbres pour construire leurs embarcations et leurs maisons longues. Ce sont ces arbres qui ont

inspiré Emily Carr pour certains de ses tableaux les plus envoûtants. Présente depuis des milliers d'années, cette forêt pourrait disparaître en quelques mois à cause de l'exploitation forestière. Ce soir, nous abordons une question vitale qui pourrait toucher tous les Canadiens et qui nous oblige à redéfinir notre conception du progrès.

J'ai poursuivi avec un monologue tourné sur les lieux d'une coupe à blanc, dans l'île Talunkwan, près de l'île Lyell, où l'exploitation allait bon train :

L'exploitation forestière n'a rien de subtil. Elle relève de l'emploi de la force brute pour défricher entièrement de vastes territoires. Nous sommes ici dans l'île Talunkwan, en face de Windy Bay. Il y a dix ans, elle était couverte d'arbres, à l'instar de l'île Lyell. Puis, ces arbres ont été coupés. Il faudra beaucoup de temps avant que la terre ne s'en remette. On entend souvent parler de « la récolte » des arbres, mais, dans des régions comme celle-ci, on ne peut pas cultiver une forêt comme s'il s'agissait de maïs ou de tomates. La couche arable se constitue en plusieurs milliers d'années et les populations d'arbres évoluent lentement sur de très longues périodes. Aujourd'hui, la mince couche de terre est exposée au ruissellement, et comme il pleut beaucoup ici… Personne ne peut dire de quoi auront l'air ces collines dans cent ans, mais vous pouvez être certains que les forêts ne ressembleront en rien à celles qui s'y trouvaient autrefois.

À la fin de l'émission, je concluais comme suit :

Les îles de la Reine-Charlotte se trouvent au large de la côte ouest, un endroit unique où nous pouvons avoir l'impression de nous retrouver à l'ère préhistorique, lorsque seules les lois naturelles prévalaient. Il a fallu des milliers d'années et d'innombrables graines et jeunes pousses avant que des arbres géants comme ceux de Windy Bay ne prennent racine et croissent. Nombre d'entre eux ont plus de six cents ans. Auparavant, deux hommes devaient travailler pendant des semaines pour en abattre un, tandis qu'aujourd'hui un homme seul peut le faire en quelques minutes. C'est ça, le progrès ? Les réserves naturelles sont davantage que de simples musées abritant des reliques du passé, elles offrent un rempart contre notre ignorance et constituent un minuscule coin de terre protégé grâce auquel nous pourrions apprendre à mieux utiliser nos puissantes techniques. Mais en fin de compte, notre sens de l'émerveillement, dans des endroits comme celui-ci, peut déclencher une prise de conscience et modifier notre perception du temps et de la place que nous occupons dans la nature des choses.

Des groupes d'intérêt comme les bûcherons et les dirigeants d'entreprises forestières m'ont souvent accusé d'être tendancieux dans mes reportages. Selon leur propre perspective, reposant sur une possibilité d'emplois et de profits immédiats, mes déclarations peuvent sembler biaisées, mais la nature et bien d'autres valeurs sont laissées de côté lorsqu'une telle perspective est privilégiée. Je crois que le parti pris généralisé des grands médias en vertu duquel la croissance économique est assimilée au progrès constitue un des plus graves problèmes auxquels nous faisons face aujourd'hui.

Pour cette émission, j'avais interviewé Tom McMillan, alors ministre fédéral de l'Environnement, Thom Henley, écologiste, Bill Dumont, de Western Forest Products Limited, Keith Moore, spécialiste en foresterie, Nick Gessler, Bristol Foster, Diane Brown, une Haida traditionaliste, Miles

Richardson, alors chef de la nation haida, et Guujaaw, jeune artiste sculpteur haida. D'une beauté sauvage, les cheveux longs lâchement tressés, des yeux de pince-sans-rire, Guujaaw a changé ma façon de voir le monde et m'a amené à adopter une pratique de l'écologisme radicalement différente.

Je savais que le chômage était très élevé à Skidegate et à Massett, les deux agglomérations haidas, que certains bûcherons étaient des Haidas et que les travailleurs forestiers non haidas y dépensaient souvent une partie de leurs revenus. Puisqu'une voie de développement économique était désespérément recherchée, on aurait pu penser que les Haidas accueilleraient à bras ouverts les entreprises forestières. Pourtant, Guujaaw avait été un meneur de l'opposition à l'exploitation forestière. Quand je l'ai interrogé à ce sujet, il m'a répondu ceci : « Notre peuple a déterminé que Windy Bay et d'autres régions doivent être laissés dans leur état naturel, afin que nous puissions conserver notre identité et la transmettre aux générations suivantes. Ce sont les forêts et les océans qui font de nous le peuple haida aujourd'hui. »

Windy Bay, les forêts et les océans étaient essentiels à l'identité des Haidas ? Voilà l'affirmation d'une relation avec « l'environnement » qui est fondamentalement différente de celle que la plupart d'entre nous estimons être la nôtre, un sentiment d'identité entre ce que nous sommes et l'endroit où nous vivons, une relation essentielle pour les générations futures, dont le bien-être relève, selon le peuple haida actuel, de sa propre responsabilité. Je me suis alors demandé s'il y avait beaucoup de dirigeants d'entreprises forestières, ou de toute autre entreprise d'ailleurs, qui accordaient une si grande importance aux générations futures dans leurs prévisions et leurs activités.

J'ai poursuivi l'entrevue : « Alors, si les arbres sont abattus... » Il a immédiatement enchaîné : « S'ils sont abattus,

En compagnie de Miles Richardson, Jim Fulton et Alfie Collinson, à Haida Gwaii.

nous connaîtrons probablement le même sort que tous les autres, j'imagine. »

« Le même sort que tous les autres » : voilà une expression à la fois très simple et très lourde de sens. Ce n'est que quelques jours plus tard, en regardant les épreuves de tournage, que j'ai saisi toute la portée des affirmations de Guujaaw. Depuis, Guujaaw a confirmé que mon interprétation de ses remarques avait été exacte : le peuple haida ne croit pas que le monde s'arrête à la surface de leur peau ou au bout de leurs doigts. Guujaaw m'a révélé une façon radicalement différente de voir le monde. Plus je réfléchissais aux paroles de Guujaaw, plus j'étais convaincu de leur véracité pour moi et pour nous tous.

Si nous observons quelqu'un grâce à un appareil qui montre les températures à l'aide de différentes couleurs, nous verrions un gradient de chaleur émanant de son corps et se dispersant dans son milieu. De la vapeur d'eau et d'infimes émissions électromagnétiques se dégagent aussi de tout corps qui échange de l'oxygène et du gaz carbonique avec des plantes terrestres et aquatiques. Chacun de nous est lié à son milieu, tout comme les Haidas comprennent bien que l'air, l'eau, les arbres, les poissons et les oiseaux de leur terre font d'eux ce qu'ils sont. Il suffit de parler quelques minutes avec des Haidas pour s'apercevoir que Haida Gwaii, les îles qu'ils considèrent comme leur patrie, non seulement incarnent leur histoire et leur culture, mais définissent leur nature même, ainsi que ce qui les rend différents et uniques.

Miles Richardson m'a déjà parlé d'une réunion tenue lors du quatrième congrès mondial sur la nature, au Colorado, où s'étaient réunis des délégués de 55 pays et des représentants autochtones du monde entier. Miles s'y trouvait en qualité d'expert en politique autochtone. Un soir, il s'est retrouvé avec d'autres représentants amérindiens, dont quelques aînés. Miles déplorait que les Haidas aient perdu une bonne partie de leurs cérémonies et de leurs traditions culturelles, de même que leur langue. Un aîné assis à côté de lui, que Miles croyait assoupi, a alors levé la tête pour lui dire : « Vous savez, ces cérémonies, ces chansons, ces traditions dont vous parlez, elles ne sont pas perdues. Elles sont là où vos ancêtres les ont trouvées. Elles sont dans les forêts, dans l'océan, dans les oiseaux, dans les quadrupèdes. Vous avez seulement oublié comment les écouter. J'ai une suggestion : avant d'aller plus loin [dans l'action politique], reculez d'un pas et rappelez-vous comment écouter. » Miles a été profondément ému par ces paroles, et il raconte qu'il n'a presque pas soufflé mot pendant les trois jours suivants.

Mes grands-parents, comme la plupart des nouveaux venus en Amérique du Nord au cours des cinq derniers siècles, sont arrivés ici avec une attitude très différente envers cette terre. Pour eux, ce pays leur était totalement étranger. Nombre des premiers immigrants n'ont survécu que grâce aux connaissances et à la générosité des Amérindiens. L'attrait de l'Amérique du Nord résidait peut-être dans l'espoir de se libérer de la tyrannie d'une Église ou d'un despote, les possibilités qu'offraient une région riche en ressources, des terres à cultiver, l'élevage, l'exploitation minière, etc. Mais la plupart de ces immigrants ont été incapables d'apprendre de ces Amérindiens ou de la flore et de la faune locales, par manque du respect nécessaire pour regarder et écouter. Ils ont plutôt tenté de « transformer » la terre en la rendant semblable à ce qu'ils connaissaient déjà, apportant leurs plantes et animaux domestiques, supprimant les forêts et les prairies indigènes, asséchant les marécages, redressant les fleuves ou y construisant des barrages, jetant leurs déchets partout. Puis, une fois établis, ils ont tenté d'éliminer les autochtones en les tuant ou en les forçant à abandonner leur langue, leur culture et leurs valeurs pour qu'ils deviennent des Canadiens.

L'émission de *The Nature of Things with David Suzuki* portant sur Windy Bay a été diffusée en 1982 auprès d'un vaste auditoire et a suscité un courrier plus volumineux que toute autre émission de la série depuis ses débuts en 1960. Après la diffusion, le Groupe de planification des ressources de South Moresby en a tiré la même conclusion que le comité qui l'avait précédé : il fallait empêcher l'exploitation forestière à Windy Bay, un joyau niché dans les îles brumeuses.

Le premier ministre Bill Bennett résistait encore à la recommandation du groupe à cause des énormes pressions qu'exerçaient les entreprises forestières. Il a alors fait ce que font souvent les politiciens en pareilles circonstances : il a temporisé et mis sur pied encore un autre groupe, le Comité consultatif sur les milieux sauvages, dirigé par l'avocat respecté Bryan Williams. Mais les luttes amorcées dans la province au sujet de l'exploitation forestière étaient si nombreuses que le comité a été prié d'examiner la situation dans seize régions en litige et de prendre des décisions sur chacune d'elles en trois mois ! Après des années de discussions et l'absence de toute décision à propos de Haida Gwaii, Bennett a fixé un délai ridiculement court pour trancher la question dans toutes ces régions. Les écologistes ont immédiatement fait remarquer que le délai était beaucoup trop court pour que la tâche soit accomplie sérieusement, d'autant plus que le comité était surtout composé de représentants des entreprises forestières.

À ce moment-là, j'étais pleinement engagé dans la lutte pour Windy Bay. J'ai alors fait une proposition au Comité consultatif sur les milieux sauvages, auquel siégeait Les Reed, spécialiste en économie forestière et titulaire d'une chaire de l'UBC financée par l'industrie forestière. Il s'était déjà vanté de ce que, contrairement à des gens comme moi, il n'avait pas le statut de professeur permanent. Je ne sais pas trop ce qu'il insinuait là, puisque la permanence est un privilège accordé aux universitaires pour qu'ils puissent se prononcer sur des questions relevant de leur compétence, sans crainte de représailles. Par contre, Reed dépendait entièrement de l'appui qu'il recevait de l'industrie forestière : un peu comme quelqu'un qui travaille pour l'industrie du tabac ou l'industrie nucléaire, il était trop lié aux grandes entreprises pour être un tant soit peu crédible.

À un certain moment au cours de mon allocution au comité, j'ai mentionné que je venais de traverser des régions boisées en France, pour un tournage, et que j'y avais réfléchi à la question des animaux morts sur la route. Reed m'a aussitôt interrompu pour lâcher : « Il y a beaucoup d'animaux morts sur les routes de la Colombie-Britannique aussi. » J'ai enchaîné en disant que je n'avais pas vu d'animaux morts sur la route en France, mais que j'avais vu de multiples plantations d'arbres analogues à celles que l'industrie forestière voulait substituer aux forêts anciennes. Sauf que, vu l'absence d'animaux morts sur la route, il semblait y avoir là très peu d'animaux sauvages, comparativement à ce qu'on trouve dans nos forêts, comme Reed l'avait indiqué. L'auditoire a bruyamment manifesté son approbation, mais Reed était plutôt en colère.

La région vraiment névralgique qu'a examinée le comité de Williams, c'était Windy Bay. En fin de compte, le comité a fini par recommander que 147 000 hectares de terre, y compris Windy Bay, soient transformés en parc. L'industrie forestière était furieuse, et Jack Webster, le populaire animateur de radio, a sauté sur la question pour attaquer les écologistes (on a su plus tard qu'il était actionnaire d'une des entreprises exploitant les forêts de la région). Au plus fort de la controverse, j'ai été invité à débattre de la question à l'émission de Webster. J'étais très nerveux, parce que je m'intéressais à cette controverse depuis peu de temps et que je n'en connaissais pas tous les détails, contrairement à ceux qui s'y étaient engagés depuis des années.

J'ai été assez étonné de voir, à mon arrivée au studio, que Jack avait lui-même très peur de moi ! Il se sentait sans doute aussi peu sûr de ses connaissances. Dès le début de l'émission, il s'est montré très poli et respectueux pour débattre de la question. Finalement, je lui ai dit : « Jack, il est déplorable que nous protégions si peu de terre. Connaissez-vous l'étendue des terres protégées sur la côte ? » D'une certaine façon, je rusais car, si j'avais entendu Thom Henley mentionner un très petit chiffre, je ne disposais pas des données exactes moi-même. Si Jack avait répondu : « Non, je ne sais pas. Combien en protégeons-nous ? », j'aurais certainement eu l'air idiot car j'aurais dû répondre : « Je ne le sais pas non plus, mais ce n'est pas beaucoup. » À mon grand soulagement, il s'est mis à bégayer, a fait une pause et a fini par dire : « Eh bien, je dois admettre que je l'ignore », puis il a changé de sujet en me posant une question facile sur autre chose. Il était aussi peu informé sur la question que je l'étais à ce moment-là.

Bennett subissait encore trop de pressions de l'industrie forestière et des bûcherons pour être en mesure d'accepter la recommandation de Williams. En dépit du fait que seulement une soixante d'emplois étaient susceptibles de disparaître si la région était transformée en parc, l'industrie tenait le reste de la province en otage et s'en prenait aux écologistes « rapaces » qui se souciaient davantage des arbres que des gens. J'ai entendu parler d'une assemblée tenue à Sandspit, la localité où habitaient la plupart des bûcherons de South Moresby. Le débat était animé, car ceux-ci revendiquaient le droit de gagner leur vie à Haida Gwaii, comme tout le monde. À ce moment-là, une aînée haida s'est levée et lui a demandé de dire combien de bûcherons étaient enterrés à Haida Gwaii. Après un long silence, la réponse est venue : « Aucun. » L'aînée a ajouté que son peuple vivait là depuis des milliers d'années et qu'on pouvait trouver leurs os partout dans les îles.

Enfin, en 1987, le premier ministre nouvellement élu, Bill Vander Zalm, a décidé d'inclure la terre en litige dans un parc qui serait conjointement géré par Parcs Canada et le peuple haida et qui porterait le nom de Parc national Gwaii Haanas et Site du patrimoine haida. Le parc s'étendrait sur quelque 1 500 kilomètres carrés, ce qui représentait 15 % de la superficie des îles de Haida Gwaii.

Vander Zalm a longtemps hésité avant de se prononcer, de sorte que les écologistes ont beaucoup oscillé entre l'exultation de la victoire et le désespoir de la défaite. Vander Zalm était en communication téléphonique directe avec le premier ministre Brian Mulroney lorsqu'ils ont discuté du montant du financement qu'allouerait le gouvernement fédéral. Je tournais alors en Russie, et il semblait que, chaque fois que j'appelais Tara, un résultat différent était imminent. J'écrivais une chronique hebdomadaire pour le *Globe and Mail* à l'époque et je devais recourir à tous les moyens imaginables pour envoyer mes articles des quatre coins de l'Union soviétique. J'étais en Sibérie en train de filmer au bord du lac Baïkal lorsque la décision a finalement été prise. Mais j'avais pris soin d'écrire deux chroniques : l'une où je félicitais les politiciens de la sagesse de leur décision, l'autre où je dénonçais la lâcheté de leur mauvais choix.

Frank Beban, le propriétaire de l'entreprise procédant à l'exploitation forestière, a ordonné à ses employés d'effectuer des coupes sans interruption dans l'île Lyell, d'abattre des arbres le plus rapidement possible et de les laisser au sol, et ce, jusqu'à la date prévue de l'arrêt définitif des coupes, en juillet. J'ai pris l'avion pour survoler l'île Lyell avec Tara, et elle avait les larmes aux yeux à la vue de tous les arbres couchés au sol, de cette destruction massive qui constituait un dernier pied de nez fait à tous les « conservationnistes ».

J'ai été invité au siège du gouvernement provincial, à Victoria, pour la signature de l'entente en vertu de laquelle serait créé le Parc national Gwaii Haanas. C'était un des rares moments où les écologistes ont pu célébrer une victoire et côtoyer les politiciens. Tara était déjà partie à Haida Gwaii, où un grand festin était en préparation à Skidegate pour célébrer le retour du *Lootaas* (Mangeur de vagues), l'embarcation de quinze mètres qui avait été construite pour Expo 86, à Vancouver, sous la supervision de Bill Reid, sculpteur haida. À Victoria, le premier ministre Bill Vander Zalm a ratifié l'entente avec le premier ministre Brian Mulroney. Par la suite, Elizabeth May, adjointe spéciale du ministre fédéral de l'Environnement, Tom MacMillan, a été autorisée à utiliser un avion gouvernemental pour aller à Haida Gwaii, et nous nous sommes envolés dans un état de quasi-euphorie.

Notre exaltation a brusquement pris fin lorsque nous sommes descendus de l'avion à Sandspit, la localité de Haida Gwaii, siège de l'exploitation forestière. Une foule de femmes étaient venues à notre rencontre, poussant contre la clôture et manifestant leur colère contre nous. La situation était intimidante et aucun de nous ne voulait l'aggraver en entrant dans l'aérogare. Nullement ébranlée, Elizabeth a alors aperçu un hélicoptère militaire Sikorsky stationné sur l'aire de trafic et, brandissant ses papiers d'identité du gouvernement, elle a réquisitionné l'appareil. Sans même entrer dans l'aérogare, nous sommes montés à bord de l'hélicoptère et avons laissé en quelques minutes la foule en colère derrière nous. Nous avons survolé un bras de mer et atterri à Skidegate, où les gens étaient en liesse.

On nous a menés dans la grande salle du village, où les tables étaient mises pour un festin. Un groupe de chefs héréditaires dans leurs plus beaux atours présidaient la fête à la table d'honneur. De nombreuses personnes, dont le ministre Mac-Millan, ont été honorées par des discours et des cadeaux. Les tables ployaient sous le poids des produits de la mer : saumon, flétan, rogue de hareng, crabe et eulakane, ainsi que pain bannock, tartes, gâteaux, confiture et plein d'autres choses. Le repas a été suivi de discours, de battements de tambour et de danses, y compris la difficile danse de l'aigle, dont les figures les plus admirées imposent au danseur de s'accroupir le plus bas possible tout en sautillant et tournoyant, effort qui m'essouffle en quelques secondes. Le lendemain, j'ai rencontré des enfants qui ont dit m'avoir vu danser : ils en rigolaient encore...

Alan Wilson, chef héréditaire haida, était un des officiers de la GRC présents pour contenir la manifestation à Windy Bay. Il était coincé dans une position intenable : il comprenait que la manifestation concernait la terre qui a fait des Haidas ce qu'ils sont, mais, en tant qu'officier de la GRC, il devait appliquer les lois de la société dominante. Parmi les trois aînés qui ont insisté pour bloquer la route au risque d'être arrêtés se trouvait sa propre tante, Ethel Jones. Alan s'est approché des aînés, le visage couvert de larmes, comme l'ont montré les images retransmises à la télévision. « Ça va aller, cher », l'a rassuré sa tante, lui prenant le bras pour se diriger vers l'hélicoptère qui allait l'emmener vers la prison.

Alan s'est levé au festin de Skidegate et a annoncé publiquement qu'il me donnait son tablier de danse, qui fait partie de son costume de chef. Décorée de rubans de cuivre, de boutons et de dessins de baleines et d'oiseaux, cette pièce d'un costume traditionnel a été la toute première du genre que j'ai reçue, et c'est un cadeau précieux. Chaque fois que je le porte, de merveilleux souvenirs me reviennent à l'esprit.

L'accord sur la Réserve de parc national et site du patrimoine Haida Gwaii Haanas a été signé en janvier 1993, après six années de négociation entre le Canada et la nation haida. L'accord reconnaît officiellement que les Haidas ont désigné ce secteur site du patrimoine haida en 1985.

Durant la même période, une autre lutte s'est déroulée, cette fois pour la protection de la vallée Stein, le dernier vaste (quelque 1 060 kilomètres carrés) bassin hydrographique non exploité du sud-ouest de la Colombie-Britannique, près de Vancouver. En 1984, j'ai reçu, en provenance de l'organisateur John McCandless, au nom du chef Ruby Dunstan, de la bande amérindienne de Lytton, et du chef Leonard Andrew, de la bande de Lillooett, une invitation à prendre la parole au premier festival (qui deviendrait annuel, espérait-on) de célébration et de protection de la vallée Stein. Les Premières Nations qui avaient parcouru cette vallée pendant des milliers d'années la considéraient comme un endroit à caractère spirituel. Malheureusement, j'avais déjà un engagement prévu à la date du festival et je n'ai pu m'y rendre, mais, l'année suivante, John m'a invité tôt pour que je puisse y assister.

John était un Américain qui avait quitté son pays durant la guerre du Vietnam, avait établi sa famille dans la vallée du Fraser, en Colombie-Britannique, et travaillait pour la bande amérindienne de Lytton. Comme c'était souvent le cas en Colombie-Britannique à l'époque, une entreprise forestière avait obtenu un permis pour exploiter la vallée Stein, sans la moindre consultation ni approbation des gens qui s'en servaient comme lieux de sépulture sacrés et source d'approvisionnement en petits fruits et en saumons, bien avant l'arrivée des Européens. L'écologisme prenait de l'ampleur dans la province, grâce à la lutte très médiatisée des Haidas contre les coupes à blanc.

John avait eu l'idée de faire connaître la vallée Stein par la tenue d'un festival qu'organiseraient les Amérindiens et qui mettrait en vedette des conférenciers et des musiciens. Ce premier rassemblement a attiré quelque 500 personnes, qui ont escaladé la montagne jusqu'au cours supérieur de la vallée pour entendre artistes et conférenciers. C'était le coup d'envoi formidable de ce qui allait devenir un incroyable succès.

Ce qui m'a impressionné, au fil des ans, c'est l'habileté avec laquelle John s'occupait de tous les détails nécessaires à la tenue d'un festival. Il s'est finalement attiré le soutien de centaines de bénévoles compétents issus des deux communautés organisatrices, mais il faut bien s'imaginer la logistique nécessaire pour mettre sur pied une célébration à laquelle assisteraient des centaines (et des dizaines de milliers par la suite) de personnes, dans une région très éloignée et sauvage de la Colombie-Britannique. Il fallait produire des affiches et de la publicité, trouver des places de stationnement pour des centaines de véhicules et défricher des sentiers pour les marcheurs. Constatant le succès du festival, des bûcherons sont venus abattre plusieurs gros arbres en travers des sentiers, ce qui a engendré la crainte d'incidents violents. Il fallait aménager des sites de camping et des

Sev, Guujaaw et Tara au festival de la vallée Stein.

installations pour cuisiner, prévoir la nourriture pour les invités d'honneur, les aînés et le personnel, installer des toilettes chimiques avant le festival et les retirer après, prévoir des premiers soins en cas de coups de soleil, de fractures, etc., monter une scène sonorisée pour les artistes, s'occuper des déchets, assurer le transport en hélicoptère des aînés et des personnalités qui ne pouvaient pas se rendre à pied, monter des tipis pour les invités spéciaux, recruter des gardiens de sécurité en cas d'affrontement avec des bûcherons et s'assurer les services d'équipes de nettoyage pendant et après le festival. Et, bien sûr, il fallait réunir des fonds. C'était semblable à l'organisation d'une importante bataille, mais, d'une manière ou d'une autre, avec l'aide et la direction des chefs Ruby Dunstan et Leonard Andrew, John y parvenait chaque année.

Lors du deuxième festival, Tara et moi avons été ravis d'avoir l'occasion de camper dans une partie de la province que nous n'avions jamais vue auparavant. Le site retenu se trouvait le long de la rivière Stein, dans un pré, où il y avait peut-être quelques centaines de personnes. En préparant mon exposé, je devais intégrer mes idées sur la protection de l'environnement au peu de choses que je savais au sujet des valeurs traditionnelles des Premières Nations.

Le premier soir, Tara, nos deux petites filles et moi avons été logés dans un grand tipi avec plusieurs autres personnes. Nous nous étions confortablement installés dans nos sacs de couchage et le sommeil nous gagnait, lorsqu'un groupe tout à côté du tipi s'est mis à jouer du tambour et à chanter. Pendant des heures ! Tara était hors d'elle au début des chants, mais nos filles ont tout de même dormi sans interruption. La nuit s'est beaucoup refroidie, les tambours et les chants se sont atténués, le vent soufflait du sable sous les bords de notre tipi, et nous nous sentions si loin de notre monde habituel que nous avons fini par adopter un tout autre état d'esprit : nous savions que c'était une expérience inédite dans nos vies.

Dans le tipi voisin se trouvaient Miles Richardson, le jeune président charismatique de la nation haida qui prenait part à sa propre lutte pour la terre, Patricia Kelly, sa petite amie Coast Salish, et Guujaaw, l'artiste haida qui a joué un rôle si important dans l'éveil de ma conscience et qui allait lui-même devenir président de la nation haida après avoir mené la lutte contre l'exploitation forestière à Haida Gwaii. Ils sont tous devenus des amis et des compagnons très chers au fil des ans.

Les choses ont changé pour nous. Les tambours ont résonné toute la nuit, pendant que nous passions de nos rêves aux chants à l'extérieur. Le principal joueur de tambour était un jeune homme qui se faisait appeler « Seeker » (chercheur), et, les jours suivants, Tara et moi avons vite découvert qu'il avait beaucoup à nous apprendre. Il nous a expliqué la raison pour laquelle cette vallée est importante pour lui et pour son peuple. « Les Blancs vont à l'église, mais moi je viens ici. Quand j'emmène mes enfants ici, tous mes problèmes disparaissent et je me sens en paix. C'est mon sanctuaire. » J'ai alors commencé à comprendre ce que signifie le mot « sacré ».

En raison de sa proximité relative de Vancouver, la vallée Stein est devenue un endroit de prédilection de ma famille pour la randonnée et la pêche. Lorsque Sarika a eu six ans, nous avons fait une randonnée le long de la rivière, à l'Action de grâce. Nous avons atteint le Devil's Staircase (l'escalier du diable), une escalade abrupte sur un promontoire rocheux qui a représenté une belle épreuve pour les enfants. Au moment où nous commencions à grimper, Sarika s'est couchée dans le sentier et a refusé d'avancer. J'ai pris son sac à dos et l'ai encouragée sur quelques centaines de mètres, après quoi elle s'est encore une fois arrêtée et a refusé tout net d'aller plus loin. J'ai fini par porter non seulement son sac, mais Sarika elle-même, jusqu'à ce que nous traversions ce promontoire. Elle n'a plus jamais refusé une épreuve de randonnée par la suite.

Grâce à la popularité croissante du festival, l'intérêt pour la vallée Stein s'est accentué. Les écologistes se sont ralliés à la cause. Colleen McCrory, de la société Valhalla, à New Denver (Colombie-Britannique), qui avait eu gain de cause afin que la région où papa et moi pêchions, lorsque nous étions dans les camps de guerre à Slocan, devienne le Parc provincial Valhalla, a participé aux festivals subséquents. Le Comité de protection de la nature de l'ouest du Canada, l'un des organismes écologistes de base les plus anciens et les plus efficaces de la Colombie-Britannique, avait ouvert la voie de cette lutte et continuait à produire des affiches et des articles faisant la promotion de Stein.

Des célébrités ont commencé à associer leur nom à la

Severn et Sarika observent un saumon kéta, épuisé après la période de la fraie.

cause. J'ai recruté le chanteur canadien Gordon Lightfoot, qui a pris l'avion pour Stein avec tout son groupe et a donné un concert gratuit. Plus tard, Gordon est devenu un très bon ami et a fait don d'une importante somme d'argent pour le remboursement des dettes du festival. Gordon m'avait demandé de mentionner à John McCandless le montant qu'il donnerait, et quand je l'ai fait, le soulagement se lisait sur le visage de John, et il avait les larmes aux yeux.

En 1987, j'ai trouvé le numéro de téléphone de John Denver et je l'ai appelé. Répondant lui-même, il m'a dit qu'il savait qui j'étais et qu'il acceptait mon invitation au festival de Stein. À l'instar de Lightfoot, il est venu à ses frais, aux commandes de son propre avion jusqu'à l'aéroport de Kamloops. Sa prestation dans le pré alpestre, très haut au-dessus de la vallée, a été le clou du spectacle pour les deux mille personnes qui avaient gravi la montagne.

John est devenu un ami et m'a invité à donner des causeries à Windstar, son centre de recherche et de réflexion situé près d'Aspen, au Colorado. Il avait beaucoup de talent et soutenait des groupes écologistes du monde entier ; pourtant, il était étonnamment peu sûr de lui, parce qu'il n'avait pas obtenu de grand succès sur disque depuis des années. Il nous a raconté fièrement que, à l'occasion d'une visite en Chine, il avait croisé un paysan qui, après s'être retourné sur son passage, s'était écrié : « John Denba ! Le loi du countly ! »

Des années plus tard, Tara et moi, de retour du lac Williams pour rentrer à Vancouver, sommes descendus au même motel de Lytton qui avait toujours été notre quartier général à Stein, surplombant le Fraser et le traversier qui menait au début du sentier de la vallée. Soudainement, la radio a annoncé qu'un avion piloté par John Denver s'était abîmé dans le Pacifique, au large de Monterrey, en Californie, et qu'il avait perdu la vie. Nous étions atterrés. Je suis content que, avant sa mort, John ait su que la vallée Stein avait été protégée par la création d'un parc provincial.

Tara travaillait à temps plein pour la campagne en faveur de Stein, à titre de coordonnatrice non rémunérée à Vancouver. Après avoir obtenu le numéro de téléphone à Hawaii de la célèbre chanteuse amérindienne Buffy Sainte-Marie, elle l'a appelée pour lui demander de chanter au festival de la vallée Stein. Buffy devait se rendre à Washington pour une audition, et elle a accepté de participer à condition que nous lui payions un billet aller-retour en classe affaires pour le trajet Honolulu-Vancouver-Washington. C'était très cher, mais c'était une grande vedette et nous avons accepté.

Cet été-là, elle est arrivée à Vancouver en avion, où on l'a logée à l'hôtel. Elle ne voulait pas conduire jusqu'à Stein, si bien que nous avons dû noliser un hélicoptère, à grands frais, réglés à l'avance, pour son vol du lendemain matin. Tara et moi étions déjà au festival lorsque nous avons appris que Buffy avait dormi tard et raté le vol d'hélicoptère du matin, et qu'elle insistait à présent pour qu'on lui trouve un autre vol l'après-midi même. Nous n'avions pas d'autre choix que de payer l'hélicoptère de nouveau.

Mais quand Buffy Sainte-Marie est arrivée au festival, elle a eu un effet électrisant sur les Amérindiens présents. J'ai immédiatement compris l'importance de compter sur une vedette à laquelle ces derniers pouvaient s'identifier. L'auditoire débordait d'enthousiasme, et il m'apparaissait évident que, malgré les difficultés qu'elle nous avait posées, cela en avait valu la peine. Buffy était une véritable professionnelle, sa voix unique projetait chaleur et charisme sur la scène lorsqu'elle disait au public captivé à quel point elle était heureuse d'être parmi eux. Par la suite, elle est montée à bord d'une voiture pour retourner à la piste d'envol et a disparu dans l'hélicoptère en direction de Vancouver, puis de Washington.

John Denver et sa femme, Cassandra, au festival de la vallée Stein en 1987.

En octobre 1987, le ministre des Forêts, Dave Parker, qui avait été chef forestier chargé de superviser les coupes à blanc de la Nass, la vallée sacrée des Nisga'a, a donné le feu vert à l'exploitation forestière de la vallée Stein, qu'il justifiait en disant qu'il s'agissait de « seulement » 9 000 hectares sur les 105 000 du bassin hydrographique, sauf que ce serait le cœur de la vallée qui allait être arraché. Cependant, tout le soutien obtenu pour protéger la vallée a donné de bons résultats : grâce aux festivals, la vallée Stein était désormais très bien connue, et l'appui à la protection était tel qu'il n'était plus possible d'y envoyer des bûcherons.

En 1988, 3 500 personnes ont assisté au festival de Stein. L'année suivante, 16 000 personnes sont venues au festival, qui a eu lieu sur les terrains de rodéo, près du mont Currie, et qui a accueilli, entre autres, Bruce Cockburn, Gordon Lightfoot, Colin James, Valdy, Blue Rodeo et Spirit of the West. Le festival avait acquis une si grande importance qu'il était devenu rentable, et j'étais certain que l'ampleur de la foule ferait en sorte que la vallée ne serait plus jamais exploitée. Dans un des nombreux moments émouvants, Woody Morrison, un Haida, est monté sur scène et nous a raconté qu'il avait servi dans l'armée américaine au Vietnam, mais que, même dans les régions les plus touchées par les bombardements, il n'avait jamais vu de terre aussi dévastée que celle coupée à blanc qu'on voyait derrière lui. À un autre moment, Norman Jewison, le célèbre cinéaste canadien œuvrant à Hollywood, a annoncé que Cher et lui verseraient 5 000 $ à la cause.

Ce fut le dernier festival de Stein auquel j'ai assisté, parce que, comme dans le cas de Windy Bay, j'étais certain que l'appui du public avait atteint un niveau tel qu'aucun politicien n'oserait jamais autoriser l'exploitation forestière de la vallée, ce qui avait été dès le départ la raison d'être du festival. En 1995, le premier ministre Mike Harcourt a tenu une cérémonie avec les chefs Ruby Dunstan et Leonard Andrew pour faire de tout le bassin hydrographique le Parc du patrimoine Nlaka'pamux, cogéré par le clan des Lyttons et B. C. Parks. Aujourd'hui, chaque fois que je retourne faire de la randonnée dans la vallée, je me réjouis à la pensée que l'écosystème sera encore vigoureux bien après notre disparition.

Tant à Haida Gwaii que dans la vallée Stein, la lutte a été menée par les Premières Nations. C'était une lutte pour la terre, pour satisfaire non pas des besoins superficiels liés à l'argent, à l'emploi ou au pouvoir, mais bien le besoin le plus fondamental de tous : demeurer ce qu'ils sont. Par le passé et encore aujourd'hui, les écologistes ont souvent fait appel aux communautés des Premières Nations afin qu'elles appuient leurs revendications pour la protection des forêts, des cours d'eau et de la faune, sans égard aux besoins spirituels et culturels plus larges de ces communautés. En partageant leurs terres pour qu'elles soient transformées en parcs protégés, les Haidas et les Lyttons ont obtenu une reconnaissance tacite du fait que ces régions font partie de leur territoire, mais qu'elles doivent être protégées pour tous et pour toujours. C'est un don généreux.

CHAPITRE 7

Aventures en Amazonie

Quand j'étais petit garçon, je subtilisais les revues de papa qui présentaient souvent de véritables aventures dans des endroits exotiques. Celles qui me faisaient battre le cœur à tout rompre décrivaient l'Amazonie, un endroit que je désirais ardemment visiter.

J'aimais lire sur les Amérindiens qui portaient des coiffes à plumes et se peignaient le corps de motifs se mêlant à la lumière tachetée sous la cime des arbres, quand ils chassaient le gibier avec des sarbacanes et des flèches trempées dans des poisons mortels. Dans les années 1940, de nombreuses parties de la planète n'avaient pas encore été parcourues par des explorateurs venus du monde industrialisé, et la forêt tropicale amazonienne était encore un vaste et mystérieux écosystème où sévissaient, selon ces revues, d'effroyables maladies et parasites. Les fleuves grouillaient de piranhas et d'anacondas géants, pendant que les jaguars et des armées de fourmis mortelles se tapissaient dans la forêt. Par ailleurs, il était aussi question du spectacle qu'offraient les perroquets colorés, les papillons éblouissants et, par-dessus tout, les coléoptères. J'étais tombé amoureux fou des insectes, mais les coléoptères surtout me fascinaient.

En 1988, à cinquante-deux ans, j'ai eu la chance de réaliser mes rêves d'enfant. En août, l'équipe de *The Nature of Things with David Suzuki* s'est envolée pour le Brésil afin de commencer le tournage d'une émission spéciale sur l'écosystème de la forêt tropicale. Un mois plus tard, c'est avec fébrilité que j'ai pris l'avion pour Porto Velho, capitale de l'État du Rondônia, afin d'aller rejoindre l'équipe. Mais mon premier coup d'œil à la forêt légendaire n'a pas été dénué d'amertume : nous étions là pour témoigner de sa destruction.

Pendant des années, on avait fait miroiter aux pauvres habitant des villes du Brésil que des possibilités s'offraient à eux en Amazonie : « Une terre inhabitée pour les sans-terre ». Ils avaient afflué dans des villages éloignés en pleine forêt tropicale, abattant des arbres pour en faire du charbon de bois destiné à des usines et défrichant la terre pour la cultiver, mais n'obtenant que de maigres récoltes pendant un an ou deux. Puis, les paysans étaient obligés de quitter leurs lots déboisés pour s'installer ailleurs, traînant leur pauvreté et leur malaria, et recommençaient à défricher afin de cultiver une nouvelle terre un an ou deux.

Quand j'ai rejoint l'équipe au Rondônia, elle n'avait pas encore été en mesure de survoler la région pour prendre des photos, parce que la fumée se dégageant des parcelles de forêt en flammes était tellement dense que tout vol d'avion était dangereux. J'étais content d'être là, aussi déprimante que fût la scène, mais l'équipe était totalement démoralisée par ce qu'elle avait filmé : la pauvreté, la malnutrition, la malaria et des enfants si maigres que l'équipe a fini par leur donner de l'argent pour qu'ils se procurent des médicaments et de quoi manger.

La terre rouge qui, tout récemment encore, était recouverte d'une forêt ancienne était désormais exposée dans des champs qui ne donnaient qu'une très faible récolte de légumes, insuffisante pour les besoins des grandes familles qui la cultivaient. D'immenses arbres avaient été coupés sans égard à leur rôle écologique ou aux organismes qu'ils abritaient (E. O. Wilson, de Harvard, a déjà écrit qu'il avait trouvé plus de genres de fourmis sur un seul arbre en Amazonie que ce qu'on peut trouver dans tout le Royaume-Uni).

La coupe d'arbres énormes, qu'on fait ensuite brûler dans des fours étanches pour produire du charbon de bois, est une des activités les plus destructrices en Amazonie. Nous avons filmé des dizaines de dômes dans lesquels le bois se consumait lentement pour se transformer en un combustible léger à haute teneur énergétique, qu'on emballait ensuite dans des sacs. Des arbres majestueux étaient réduits en petits morceaux de charbon de bois, pile après pile. C'était affligeant. J'estimais qu'il s'agissait là d'un holocauste écologique, d'un crime contre les générations futures, qui ne connaîtraient jamais toute la beauté de ce magnifique écosystème.

Nous avons filmé des scènes de brûlage ininterrompues, où des arbres, des champs, des forêts entières disparaissaient en fumée. À un moment donné, nous voulions parvenir à un endroit où la forêt brûlait et nous avons dû emprunter un chemin étroit, qui aboutissait à un étang. Rudi Kovanic et son équipe ont déballé l'équipement autour de l'étang pour filmer le feu qui faisait rage de l'autre côté. Puisqu'il restait beaucoup de temps avant que je ne prononce mon monologue à l'écran, j'ai sorti ma canne à pêche et j'ai lancé ma ligne vers des billots dans l'eau. Au cours des tournages dans lesquels nous filmions des paysages plutôt que des entrevues avec des scientifiques, je n'avais souvent à faire qu'un ou deux monologues par jour et j'avais donc beaucoup de temps libre. C'est pourquoi, chaque fois que nous tombions sur un cours d'eau, je sortais ma canne et mon moulinet pour voir ce que je pourrais prendre. Cette fois-ci, témoin de la destruction causée par le feu, je ne m'attendais pas à prendre quoi que ce soit, mais au moins j'avais quelque chose à faire.

J'ai senti mordre à mon premier lancer et j'ai alors vu un beau tucunare, un genre d'achigan vert arborant une tache caractéristique sur la queue, se jeter sur l'hameçon et sauter hors de l'eau. Les tucunares sont des prédateurs agressifs qui attaquent vivement un leurre et se débattent ensuite vigoureusement. C'est également l'un des poissons d'eau douce à la chair la plus exquise que j'aie goûtée. Lorsque l'équipe est retournée au véhicule, j'ai pu lui promettre un succulent repas de poisson frais. Mais j'étais également certain qu'il n'y aurait plus de tucunare à cet endroit dans un an ou deux, même s'il y avait encore de l'eau, parce que la couverture végétale et le cycle de l'eau avaient été complètement perturbés par la destruction en cours. C'est avec des sentiments partagés que j'ai offert le repas de poisson à l'équipe : j'aime pêcher et manger du poisson frais, mais je venais de procéder à la « pêche finale ».

Terry Zazulac, assistant-caméraman, aimait le poisson. Un soir, assis dans une cabine pour la nuit, près de l'Amazone, nous avons décidé de nous rendre au fleuve et d'essayer de pêcher. Comme la nuit tombe soudainement et assez tôt — vers 18 heures — près de l'équateur, nous n'avons bientôt pu compter que sur la lumière blafarde du crépuscule. Le débit du fleuve était plutôt fort et nos leurres étaient trop légers pour s'enfoncer suffisamment sous la surface et attirer le poisson. Je n'avais pas pu voir où mon leurre était tombé et le bruit des remous dans le fleuve m'avait empêché de l'entendre plonger dans l'eau. J'ai commencé à ramener ma ligne, mais je me suis alors rendu compte qu'elle ne sortait pas de l'eau vers moi et qu'elle semblait plutôt flotter en l'air. Je l'ai tirée plus vite, croyant que j'avais accroché une branche, puis j'ai senti un coup. En touchant le bout de ma canne, j'ai senti quelque chose de duveteux. C'était une chauve-souris ! Elle avait dû sauter sur mon leurre et y rester accrochée. Dans ma jeunesse, en 1957, j'avais déjà attrapé une chauve-souris de la même manière en pêchant le soir, lors d'une excursion de canot dans le parc provincial Algonquin.

J'ai repensé aux livres enchanteurs que sont *Animal Treasure* (New York, Viking Press, 1937) et *Caribbean Treasure* (New York, Viking Press, 1939), des récits d'expéditions dans des endroits exotiques qu'a écrits Ivan Terence Sanderson, alors directeur du zoo de St. Louis, et à mes rêvasseries où je m'imaginais faire moi-même de telles expéditions plus tard. D'après Sanderson, lorsque ces aventuriers tiraient de petits plombs en l'air, des chauves-souris parvenaient à les attraper en vol mais étaient assommées par l'impact et tombaient au sol. Sanderson n'avait plus qu'à les ramasser pour sa collection. Je venais d'en faire autant avec un leurre de pêche.

Au cours des années que j'ai passées à faire de la télévision, j'ai appris que filmer dans un pays étranger est parfois très difficile. Personne n'aime accueillir dans son pays une équipe qui entend le dépeindre d'une manière défavorable. Les gens veulent donc connaître le but de notre présence, ce que nous voulons montrer, qui nous allons interviewer et ainsi de suite. Souvent, il faut se faufiler avec doigté pour venir à bout de la bureaucratie gouvernementale, de la paperasse, des demandes de pots-de-vin et de l'achat de devises au marché noir. Nous devons généralement nous débrouiller dans une langue étrangère pour prendre les dispositions nécessaires concernant les vols, l'hébergement, la location de voitures, le transport des bagages, etc. Si l'équipe rassemble l'animateur, le producteur, le recherchiste-scénariste, le caméraman et son adjoint, le technicien de son et l'éclairagiste, en plus de quarante lourdes valises (dont des coffres de métal), il faut alors compter sur une personne expérimentée et habile pour tout organiser sur place.

Au Brésil, ce travail a été effectué par Juneia Mallus, un des êtres les plus opiniâtres que j'aie jamais rencontrés. Elle a eu de fréquentes prises de bec avec les membres de l'équipe, mais elle a fait un travail impeccable. Lorsque nous lui avons dit que nous tenions à filmer un autochtone qui saurait bien montrer l'importance de la forêt et nous faire connaître sa communauté, Juneia savait à qui s'adresser : un homme extraordinaire avec qui elle avait déjà travaillé, Paiakan, un Kaiapo.

Nous devions rencontrer Paiakan dans le village kaiapo de Gorotire, qui longtemps n'a pu être atteint que par des sentiers, mais était désormais accessible par une route. Toutefois, le terme de « route » doit ici être compris au sens large. L'Amazonie est une forêt tropicale humide et, pendant que nous nous y rendions dans notre gros camion, la pluie a transformé la route en une entaille rouge et visqueuse traversant la forêt. Ce qui n'était censé être qu'un jour de route s'est transformé en un jour et une nuit éprouvants à progresser laborieusement, à glisser et à déraper. John Crawford, notre technicien de son de longue date, s'est acquitté de la tâche héroïque de conduire durant tout ce temps.

Je me rappelle m'être extirpé de l'arrière du camion, dans l'obscurité totale, et de m'être craintivement traîné à quatre pattes sur le tronc d'un des deux arbres qui faisaient office de pont au-dessus d'une gorge profonde. John a réussi à faire passer le camion sur ces deux troncs étroits, sans glisser vers une mort certaine, en bas. Aussi horrible que fût la route, elle ouvrait néanmoins la voie à l'afflux des produits « civilisés » — pain blanc, bonbons, bière, alcool, tabac — qui polluent la communauté dont nous nous approchions.

Dégoûté de ce que la route avait apporté à ce village, Paia-

Paiakan.

kan s'était retiré plus loin dans la forêt pour fonder un nouveau village où son peuple pourrait maintenir son mode de vie
traditionnel. Après une longue recherche, Paiakan avait trouvé
l'endroit parfait sur un petit promontoire surplombant une
rivière où foisonnaient les poissons. Il lui a donné le nom
d'Aucre, apparemment d'après le son qu'émet un certain poisson lorsqu'il est pris. Quelque deux cents personnes avaient
décidé de suivre Paiakan et de s'établir à Aucre. Mais il devait
nous rencontrer à Gorotire.

C'était en début de soirée et nous nous détendions dans
une hutte du village lorsque Paiakan est arrivé. Il était costaud,
de taille moyenne, avec des cheveux noirs de jais comme le
Prince Vaillant. Il s'est montré réservé au moment de notre

rencontre — pas suspicieux, mais curieux. Qui étions-nous et que voulions-nous ? C'est le travail d'interprète de Juneia qui rendait possible notre conversation en portugais, langue que Paiakan avait apprise à l'adolescence et qu'il parlait maintenant couramment. Juneia l'a présenté à chacun de nous, mais quand il m'a regardé et qu'il a entendu mon nom, David, un grand sourire a illuminé son visage. Peut-être manifestait-il du respect parce que j'étais l'animateur de l'émission ? J'ai su plus tard qu'il y avait une raison plus personnelle.

Ayant vécu dans une mission catholique pendant son adolescence, Paiakan s'était lié d'amitié avec un médecin brésilien d'origine japonaise, dénommé David, ou Davi en portugais. Ce médecin avait tout fait pour aider les Kaiapos et est devenu un ami fidèle. Paiakan nous a alors dit que la rencontre d'un deuxième Japonais du même nom que son premier mentor et ami semblait de bon augure et représentait davantage qu'une coïncidence. David le Brésilien avait témoigné d'une grande affection pour les Kaiapos et, grâce à lui, Paiakan me faisait confiance. J'ai toujours éprouvé de la gratitude pour David le médecin, qui a tant facilité ma rencontre avec Paiakan.

Juneia nous a raconté l'histoire de Paiakan, qui était remarquable. Son père, Chikiri, était un chef kaiapo, et, jusqu'à l'âge de quatorze ans, Paiakan avait mené une vie tout à fait traditionnelle, comme l'avaient fait ses ancêtres durant des milliers d'années, vivant de chasse et de cueillette selon le savoir traditionnel acquis et transmis pendant de nombreuses générations.

Mais même l'immensité de la forêt amazonienne n'a pas suffi à protéger les Kaiapos des empiètements des « brancos » (les Blancs). Les Kaiapos sentaient les feux et s'apercevaient que la pollution causée par les mines d'or se répandait dans certaines des grandes rivières. Paiakan a compris qu'il devait en connaître davantage au sujet des usurpateurs. À dix-sept ans, il s'est rendu dans la mission catholique, où il a appris le portugais et les rudiments de la culture brésilienne. Après avoir appris à écrire, il a rapidement rédigé un livre sur son milieu de vie, la forêt. Paiakan aurait pu s'installer en ville et devenir un Amérindien urbanisé, mais il ne désirait absolument pas s'assimiler. Il voulait seulement en apprendre suffisamment pour mieux protéger le mode de vie traditionnel, puis il est retourné dans son village.

Peu de temps après, en 1985, les Kaiapos ont appris qu'une mine d'or géante avait été ouverte sur leur territoire. J'ai entendu maintes versions de ce qui s'est passé ensuite, mais la plupart racontent l'histoire suivante. Paiakan s'est mis en route à la tête d'un groupe de guerriers pour savoir ce qui se passait. Le groupe a marché pendant des jours et est finalement arrivé dans une immense clairière, où étaient logés des milliers de mineurs. D'abord intimidés, les guerriers ont attendu la nuit. Ils ont décidé qu'un groupe prendrait le contrôle de la piste d'atterrissage, où étaient garés plusieurs petits avions, tandis qu'un autre s'emparerait de la tour de garde, qui abritait des hommes armés de mitraillettes.

Le signal silencieux a été donné. À l'attaque ! La plupart des gardes dormaient profondément, confiants de n'avoir rien à craindre au fin fond de l'Amazonie. La bataille a été de courte durée. Surpris, désorientés, aux prises avec des dizaines d'Amérindiens arborant leurs peintures de guerre, les gardes se sont rendus. Les Kaiapos ont allumé les projecteurs et ont couru le long des baraquements en frappant sur les murs et en ordonnant aux travailleurs de se rassembler. Une fois les hommes réunis, les Kaiapos ont fait feu dans les airs avec les mitraillettes des gardes et les ont enjoint de quitter le territoire kaiapo sur-le-champ. J'ai peine à imaginer le désarroi qu'ont ressenti ces mineurs ce soir-là en fuyant dans la forêt sombre.

Le lendemain, des mineurs sont revenus pour tenter de reprendre le camp, mais ils ont été repoussés par les Kaiapos, qui ont ensuite tenu le camp pendant des mois. Le gouvernement brésilien était impuissant, puisque la piste d'atterrissage, qui constituait le seul accès au camp, était aux mains des Kaiapos. Paiakan a été invité à Brasilia pour négocier avec le gouvernement. Finalement, il a conclu un accord. Le gouvernement voulait à tout prix récupérer les avions, mais il refusait de fermer la mine d'or.

C'était un gisement minier alluvionnaire : le sol sablonneux devait donc être pulvérisé au moyen de tuyaux à pression et filtré dans des tamis, puis on ajoutait du mercure pour en extraire l'or. C'est un processus écologiquement dommageable qui pollue les rivières avec du mercure toxique. Puisque la rivière était déjà polluée, les Kaiapos ont décidé d'autoriser la poursuite de l'exploitation minière, à condition qu'ils reçoivent une redevance de cinq pour cent sur tout l'or trouvé, que les guerriers kaiapos patrouillent le camp, qu'ils aient un droit de regard sur tous les biens circulant dans le camp et qu'il n'y ait ni femmes, ni armes à feu, ni alcool sur les lieux.

Plus tard, nous avons filmé l'emplacement de la mine, et il était assez remarquable de voir que le site était patrouillé par des guerriers vêtus seulement de shorts et simplement armés d'arcs et de flèches. J'y ai rencontré un aîné dont les cheveux étaient encore noirs comme le jais. J'avais cinquante-deux ans et les miens commençaient à grisonner, mais il m'apparaissait évident qu'il était beaucoup plus âgé que moi. Il m'a demandé mon âge, à quoi j'ai répondu par une question : « Quel âge me donnez-vous ? » Sa réponse fut : « Soixante-dix ? »

Paiakan avait remporté une victoire étonnante. Il était devenu le chef reconnu de la communauté, de sorte que, lorsqu'il a décidé de partir pour Aucre, beaucoup l'ont suivi. Paiakan avait remarqué que, lorsqu'il négociait avec des représentants gouvernementaux ou des mineurs, ceux-ci lui faisaient certaines affirmations en privé mais tenaient un autre discours

Un guerrier kaiapo patrouille la mine d'or.

devant la presse ou le public. Irrité par un tel comportement, il a alors acheté une caméra vidéo pour filmer toutes ses rencontres avec les autorités. Je trouvais bizarre que cet Amérindien traditionaliste s'embarrasse d'une caméra vidéo, mais je me suis vite rendu compte que c'était son meilleur moyen de se protéger contre la langue fourchue des Blancs.

En janvier 1987, Darrell Posey, Américain professeur à l'Université d'Oxford et sommité en anthropologie culturelle ayant vécu des années avec les Kaiapos, a invité Paiakan et son cousin Kube-i à assister à un conférence tenue en Floride. C'est à cette conférence, au cours de leur premier séjour en pays étranger, que Paiakan et Kube-i ont entendu parler de Plano 2010, le grand projet du Brésil visant la construction de plusieurs dizaines de grands barrages dans la forêt amazonienne, dont plusieurs sur le fleuve Xingu. Au coût de 10,6 milliards de dollars américains, ces barrages auraient pour effet d'inonder 7,6 millions d'hectares de forêt, dont 85 pour cent en territoire amérindien. La découverte fortuite, par Paiakan, des intentions du Brésil concernant son territoire n'est pas sans rappeler l'expérience qu'ont vécue les Premières Nations au Canada.

Après la conférence en Floride, Posey a emmené les deux Kaiapos à Washington, où ils ont rencontré des politiciens américains pour leur décrire la nouvelle menace planant sur leurs terres, espérant obtenir conseils et appui. Comme la Banque mondiale songeait à consentir un prêt de 500 millions de dollars au Brésil pour la construction des barrages, Posey a emmené les deux Kaiapos au siège social de la Banque pour discuter des répercussions du premier barrage, à Altamira, sur le peuple kaiapo. Les médias aimaient les deux Amérindiens exotiques et ont beaucoup traité de leur présence.

Naturellement, le gouvernement brésilien était furieux et, à leur retour au Brésil, Paiakan et Kube-i ont été arrêtés pour avoir « critiqué la politique amérindienne du Brésil » et « terni l'image du pays à l'étranger ». Le prétexte invoqué pour leur arrestation résidait dans une loi brésilienne qui interdit aux étrangers de se mêler des questions concernant le Brésil. Ces deux autochtones, dont les ancêtres avaient habité les forêts bien avant que n'existe le Brésil, étaient donc arrêtés en tant qu'étrangers !

Paiakan et Kube-i ont été cités à comparaître à l'automne de 1988, à Belém. Entre-temps, Paiakan a élaboré un plan pour lutter contre la construction des barrages. Il a décidé que les tribus amérindiennes vivant dans la région qui serait inondée devaient être informées et incitées à s'y opposer. Mais comment faire ? Elles habitaient une des régions les plus isolées du Brésil, et maintes tribus étaient hostiles à leurs voisins.

Comble de l'ironie, les Brésiliens avaient commis un grave faux pas en choisissant un cri de guerre kaiapo, « Kararao », pour désigner le premier barrage, ce qui a dû galvaniser l'opposition. Paiakan voulait disposer d'un bateau à moteur pour remonter le fleuve afin d'entrer en contact avec les autochtones concernés et de les unir dans la lutte contre les barrages. Il voulait les convaincre de sortir de la forêt et de se rendre en autobus au site même du barrage proposé près d'Altamira, où ils construiraient un village traditionnel en vue du premier rassemblement des peuples autochtones de l'Amazonie. Il avait imaginé un événement qui attirerait les médias du monde entier et mettrait dans l'embarras le gouvernement brésilien. C'était une brillante stratégie, digne des coups les plus astucieux de Greenpeace. C'est ce qu'il avait déjà tramé lorsque je l'ai rencontré à Gorotire.

Ce soir-là, pendant que nous échangions des réflexions par l'intermédiaire de Juneia, Paiakan me jaugeait.

L'équipe de tournage devait s'envoler pour Aucre dans quelques jours, mais Paiakan voulait y retourner avec sa femme, Irekran, avant le reste de l'équipe. Le vol additionnel allait coûter quelques centaines de dollars. Nancy Archibald, la productrice de *The Nature of Things with David Suzuki*, qui s'inquiétait des coûts surnuméraires que nous accumulions déjà, a refusé d'acquitter ces dépenses supplémentaires. Comme je voyais bien que Paiakan et Irekran étaient pressés de partir, j'ai donc offert de régler la note et j'ai demandé si je pouvais les accompagner. Nancy ayant accepté, la réunion a pris fin.

Le lendemain, après que nous avons eu filmé des danses mises en scène par les femmes à Gorotire, Paiakan, Irekran et moi sommes partis pour Aucre. Quand l'avion a décollé, j'ai eu un moment de panique en me rendant compte que j'allais passer les prochains jours dans un village où seul Paiakan parlait une langue autre que le kaiapo, soit le portugais, que je ne comprenais même pas. Paiakan savait dire une seule phrase en anglais : « Let's go, Dave » (allons-y, Dave). Que ferais-je s'il m'arrivait quelque chose, puisque je ne pourrais alors communiquer avec qui que ce soit ? Je serais au milieu d'une immense nature sauvage, sans aucune possibilité de communiquer avec le monde extérieur.

Mon moment de panique s'est toutefois vite dissipé lorsque je me suis laissé emporter par le merveilleux de l'aventure, comprenant que mon rêve d'enfant devenait réalité.

Après une heure de vol au-dessus de forêts vierges s'étendant à perte de vue, une clairière est apparue. J'ai vu un cercle de huttes près d'un cours d'eau, le Rio Zinho (« petite rivière »). Notre piste d'atterrissage se limitait à une étroite voie dégagée. Nous avons sautillé sur le chaume jusqu'à l'arrêt de l'avion, qui a immédiatement été entouré par ce qui semblait être le village en entier.

Les femmes étaient nues, à l'exception de colliers et de bracelets perlés, et avaient le corps peint de motifs noirs et le visage rendu écarlate par des teintures végétales. Elles s'étaient épilé les sourcils et avaient rasé en triangle une partie de leur tête allant du front au sommet du crâne. Beaucoup d'hommes, au corps peint également, portaient des sandales, des shorts et des coiffes de plumes aux couleurs vives. Les enfants nus étaient peints et arboraient de grands trous dans les lobes d'oreilles, destinés à recevoir des bouchons de bois. Personne ne portait de labret (un disque de bois inséré dans la lèvre inférieure), mais nombre d'hommes adultes avaient un trou sous la lèvre inférieure, d'où s'écoulait la salive. Les femmes poussaient des cris plaintifs aigus, les yeux larmoyants et le nez coulant, pour montrer aux arrivants à quel point ils leur avaient manqué. C'était étonnant de voir des gens si semblables à ceux que j'avais vus dans les magazines de papa. Ils avaient nourri mes rêves d'enfant, sauf que ceux-ci étaient réels.

J'étais l'objet d'un grand intérêt, surtout de la part des enfants, qui n'avaient pas d'inhibitions. Ils se bousculaient, se poussaient les uns les autres et se cognaient contre moi, voulant occuper le premier rang de l'action : me regarder. Les adolescents ont spontanément ramassé l'équipement et nous avons marché sous un soleil de plomb jusqu'à la hutte de Paiakan. Sombre à l'intérieur, la hutte était faite de murs de bâtons joints avec de la boue et recouverte d'un toit de chaume. Une demi-cloison séparait la hutte, avec les hamacs d'un côté et la place pour les repas de l'autre, où nous nous sommes assis.

Paiakan voyait que j'étais en sueur. Les priorités d'abord : nous avons emprunté un sentier sur une centaine de mètres, jusqu'à un escarpement abrupt au-dessus de la rivière. Des femmes étaient assises sur la rive, à l'ombre, et accrochaient des boules de pâte à des crochets qu'elles lançaient à l'eau pour attraper des poissons ressemblant à des tautogues noirs, appelés « piau ». Les enfants plongeaient dans le même bassin, d'autres trempaient des pots de métal dans un bassin collecteur, où de l'eau claire ruisselait de la rive. Les jeunes filles et les femmes plongeaient dans le bassin puis, joignant les mains, chantaient et frappaient l'eau avec rythme.

C'était tout à fait idyllique à mes yeux de Nord-Américain. L'eau était chaude, mais elle procurait néanmoins un merveilleux soulagement dans cette chaleur humide. Je m'inquiétais de la présence de piranhas, puis j'ai appris le lendemain qu'on en prenait dans ce même bassin. Les histoires terrifiantes de piranhas attaquant et mangeant des chevaux ou dévorant un homme en quelques minutes se sont révélées être des anecdotes inventées pour les revues d'aventure que j'adorais dans mon enfance. J'avais aussi entendu parler du candiru, un minuscule poisson-chat parasite qui détecte l'urée s'écoulant des poissons et pénètre à leur insu dans les pores anaux. J'avais même entendu dire que le candiru pouvait repérer l'urine d'origine humaine et s'insinuer dans l'urètre. Ce poisson-chat a des épines pointues sur ses nageoires pectorales et dorsales, et on dit que la douleur causée par les épines d'un candiru est insupportable. Cependant, je suis parvenu à oublier tout ça et à profiter pleinement du moment.

Une fois mon hamac accroché dans la hutte de Paiakan, je me suis promené autour du village, jetant un coup d'œil dans les entrées et saluant les gens étendus dans leur hamac ou s'acquittant de tâches quotidiennes. Sur certains toits de chaume étaient perchés des perroquets captifs qui, je le soupçonnais, étaient la source des plumes des coiffes. Dans le centre de la clairière se trouvait un abri sans murs, où les hommes se rassemblaient pour causer, fumer, tisser les harnais dans lesquels les femmes portaient les bébés et créer les ornements en plumes. Leurs pipes étaient des objets rudimentaires taillés dans le bois, dont le tuyau droit aboutissait à un fourneau plus large où le tabac était placé. La fumée devait pénétrer directement dans les

Une femme kaiapo se prépare à danser à Gorotire.

poumons du fumeur, et j'étais bien content d'avoir cessé de fumer depuis longtemps...

La forêt entourait le village. Dans le sous-bois croissaient des plantes utiles comme le bananier, l'ananas et le manioc. L'agroforesterie désigne toute intervention humaine volontaire pour modifier la forêt, une pratique qui dure depuis des milliers d'années. Quand les Européens sont arrivés en Afrique, en Asie et dans les Amériques, ils ont trouvé ce qu'ils croyaient être des forêts vierges. Mais il s'avère plutôt que ces forêts apparemment naturelles avaient déjà été modifiées. Des villages avaient été construits au pourtour de ces forêts sauvages. À la longue, des plantes et des arbres ont été prélevés dans les régions sauvages, rapportés aux villages et transplantés dans les alentours pour être utilisés au besoin. Il pouvait y avoir des centaines d'espèces autour des villages, et c'est pourquoi les Européens ont cru qu'une telle diversité reflétait la nature sauvage. Des animaux venaient aussi aux alentours et on les chassait pour se nourrir. Mais les villageois savaient bien que la forêt sauvage était la véritable source de leur nourriture.

Je suis retourné à la hutte de Paiakan au moment où le soleil approchait de l'horizon. À l'intérieur, Irekran faisait cuire du riz et des haricots dans des casseroles de métal sur le feu, sur les braises duquel se trouvait une tortue morte déposée sur le dos. Irekran a servi du riz et des haricots dans une assiette d'étain, pendant que Paiakan a saisi une patte de la tortue, l'a arrachée et me l'a offerte. Manifestement, il s'agissait là de la meilleure partie, car tout le monde me regardait et attendait impatiemment que j'exprime ma gratitude pour un tel honneur. J'ai souri et hoché la tête, espérant qu'ils voient à quel point j'étais heureux! J'avais déjà mangé de la tortue, lorsque papa en avait attrapé une et que nous l'avions tuée et mangée. À mon souvenir, la chair était très foncée et... bon, c'était de la viande et ce n'était pas si mal.

Aujourd'hui, en pleine Amazonie, j'avais faim et toute viande semblait acceptable. Le seul problème, c'est que cette patte était encore saignante, à peine cuite. Je suis Japonais et je mange du poisson cru tout le temps, mais je ne pouvais pas m'empêcher de songer aux parasites susceptibles de se retrouver dans une tortue de la forêt tropicale. Mais j'étais surtout perturbé par l'apparence de la peau, couverte de crêtes et de rides qui avaient l'air tellement... vivantes. Et, je ne sais pas trop pourquoi, les griffes me dérangeaient vraiment.

Néanmoins, j'ai pris la patte par ses griffes et pris une bouchée dans l'autre extrémité. Pas mal. J'avais vraiment faim, et, avec le riz et les haricots, c'était bien bon, mais dès que j'ai eu terminé cette patte, une deuxième a été déposée dans mon assiette : un véritable honneur. Je l'ai attaquée avec presque autant d'appétit, puis une troisième est apparue lorsque j'ai eu fini la deuxième. C'était assez : j'ai mangé trois pattes et refusé poliment la dernière.

Ce soir-là, dans mon hamac, j'écoutais le chant ininterrompu des insectes et le coassement des grenouilles provenant de la forêt environnante, les ronflements et respirations tranquilles de la famille de Paiakan autour de moi. Je me sentais si loin de tout ce que je connais. C'était la réalisation de rêves vieux de quarante ans.

Il faisait encore chaud quand nous nous sommes couchés dans les hamacs, alors j'ai étendu le mince sac de couchage que j'avais apporté et me suis couché dessus. J'ai fini par m'endormir, mais je me suis réveillé tout surpris de frissonner. La nuit avait beaucoup rafraîchi et j'étais bien content de pouvoir me glisser dans le sac de couchage.

Le lendemain matin, au moyen de signes et de gestes appris en jouant aux charades, j'ai fini par trouver la fosse d'aisances. C'était un trou étroit, à ciel ouvert, au-dessus duquel on s'accroupissait, partiellement caché derrière une paroi tissée. Si jamais vous vous retrouvez dans une situation semblable, ne regardez pas au fond du trou : vous pourriez trouver assez saisissante l'image du tas de vers grouillants qui s'y trouvent.

Ce matin-là, nous avons mangé du riz, des haricots et un poisson que quelqu'un avait apporté. Ici, dans une région de l'Amazonie aussi reculée, la présence du contact avec le monde extérieur était évidente : shorts, tee-shirts, sandales, casseroles, couteaux et hameçons. La hutte de Paiakan contenait des vestiges de ses voyages, comme des jouets de plastique et sa caméra vidéo. Quand même, il aurait été difficile de trouver un mode de vie plus autonome. Un membre fracturé, une coupure infectée ou une maladie devaient être traités à l'aide des connaissances traditionnelles et du savoir médical disponible dans le village. Sans réfrigération, il fallait trouver de la nourriture chaque jour, mais c'était là une activité agréable, et les aliments étaient toujours frais et exempts de produits chimiques.

Il était frustrant d'être si isolé par la barrière de la langue. Les signes et les sourires n'expriment qu'une information très limitée. J'aime les charades comme jeu, mais pas comme mode de vie. Je ne pouvais même pas poser de questions importantes comme « Comment va la pêche ? » ou « Y a-t-il des jaguars ? ». C'est pourquoi je me suis réjoui d'entendre un avion au loin. Faisant maintenant partie du comité d'accueil, j'ai détalé avec les autres villageois vers la piste d'atterrissage pour y accueillir l'équipe.

Après l'arrivée de la bande de la CBC, j'ai dû écrire et mémoriser quelques monologues, pendant que Juneia a demandé aux femmes kaiapos de préparer une petite danse dans la clairière. C'était tout un spectacle de voir ces femmes, nues et peintes de la tête aux pieds, chanter et danser à l'unisson. À un moment donné, j'ai regardé Paiakan et je me suis rendu compte qu'il les dirigeait par des signes de la main.

Nous avons ensuite enregistré une entrevue avec Paiakan pour qu'il explique pourquoi il avait déménagé sa communauté ici et ce que représentait la forêt pour lui, pendant que Juneia nous traduisait ce qu'il disait en portugais. Il était éloquent, et le tournage a été très intéressant.

Puis, Paiakan s'est assis avec Juneia pour me parler de ses projets de lutte contre les barrages. Il m'a demandé de l'aider à réunir les fonds nécessaires pour emmener des membres de la tribu à Altamira et construire un village traditionnel sur le site du barrage. Je n'avais d'autre choix que de promettre de faire tout mon possible. Mais si je devais réunir des fonds, une importante question se poserait rapidement : serait-il disposé à venir au Canada ? Sa présence y aurait un effet extraordinaire. *Si* : il allait venir.

Peu après, nous avons quitté le village, une mer de verdure s'étendant à perte de vue des deux côtés de l'avion. Je me suis promis de revenir pour rester plus longtemps. Au bout d'une heure, nous avons aperçu des volutes de fumée, des clairières et des huttes, puis nous avons atterri près de Redenção, la bourgade la plus proche, à 13 jours de canot d'où nous étions.

Dès que j'ai pu, j'ai appelé Tara. Elle m'a dit que j'avais la gorge nouée lorsque je parlais des dangers qui guettaient la forêt. « Il faut que tu fasses quelque chose ! », lui ai-je dit. Quand elle m'a demandé d'être plus précis, je lui ai parlé des Kaiapos et de leur chef charismatique, j'ai évoqué le plan de Paiakan, les fonds nécessaires à cette fin et sa promesse de venir au Canada pour contribuer au financement et sensibiliser les gens à ces questions.

Pendant que je poursuivais mon travail durant les cinq autres semaines de tournage, Tara est passée à l'action au Canada et a organisé des événements à Toronto et à Ottawa. En 1988, l'Amazonie était devenue un sujet brûlant d'actualité. La question de l'ampleur de sa destruction était sur toutes les lèvres. Avec un peu de chance, la visite de Paiakan allait alimenter l'intérêt de la presse et du public.

Les gens ont vite prêté main-forte. À Toronto, Monte Hummel et le Fonds mondial pour la nature ont offert leur appui à une collecte de fonds, et Elizabeth May, qui était désormais associée au Sierra Club et avait d'abord été connue pour sa lutte contre les coupes à blanc au Cap-Breton, a promis d'en faire autant à Ottawa. Rapidement, de grands projets ont pris forme.

La forêt tropicale amazonienne est immense. Bien que l'écosystème ait subi les assauts de chercheurs d'or, de bûcherons, de paysans et de grands éleveurs, la majeure partie en est demeurée intacte. Cependant, comme les routes se multiplient, il se peut très bien que l'intégrité de la forêt soit à ce point altérée qu'elle ne pourra plus maintenir sa biodiversité.

Pour notre tournage, nous avons visité d'immenses mines de charbon ayant creusé d'énormes trous dans la forêt. Nous nous sommes rendus au barrage de Balbina, à l'origine de l'inondation de deux mille kilomètres carrés de forêt, de la quasi-disparition de deux tribus et de la mort par noyade d'innombrables animaux et plantes ; pourtant, les sédiments s'y sont accumulés si rapidement qu'il a dû être abandonné. Une route aménagée dans la forêt constitue la pire menace, parce qu'elle ouvre la voie à un afflux de démunis sans terre qui souhaitent pouvoir y gagner leur vie et qui sont prêts à détruire la forêt à cette fin. Nous avons interviewé des représentants de la Banque mondiale et de la Banque interaméricaine de développement, qui ont approuvé la construction de routes pour susciter un développement économique dans les régions éloignées du Brésil.

J'ai quitté le Brésil pour rentrer au Canada, mais notre équipe y est restée pour interviewer Chico Mendes, le charismatique « seringueiro » (saigneur d'hévéa) qui avait galvanisé

Des filles kaiapo à Aucre, parées pour une fête.

ses compagnons de travail dans la lutte pour la protection de la forêt. Deux semaines après notre entrevue, il a été assassiné. Dans les années 1980, plus d'un millier d'activistes, y compris Mendes, des Amérindiens et nombre de prêtres catholiques, ont été assassinés en toute impunité au Brésil. Mais le meurtre de Chico Mendes a produit l'effet contraire de celui que recherchaient ses assassins. Sa mort en a fait un martyr, un symbole de la corruption sous-tendant la destruction de l'Amazonie.

Le 14 octobre 1988, Paiakan et Kube-i devaient subir leur procès pour leur visite à Washington. Je me suis rendu à Belém pour assister au procès. Le palais de justice de Belém était encerclé de jeunes soldats armés de carabines, de pistolets, de boucliers, de vestes pare-balles et de bâtons. Des autobus sont arrivés, dont sont descendus des centaines de guerriers kaiapos arborant plumes et teintures, portant des bâtons, des massues, des arcs et des flèches. Ils se sont placés en rangées de six et se sont avancés vers le palais, frappant leurs bâtons en cadence et marchant à l'unisson au rythme de leurs incantations et grognements. Rendus à la hauteur des soldats, ils se sont placés devant eux. Chaque guerrier kaiapo faisait face à un soldat, le fixant dans les yeux d'un air menaçant. Les soldats soutenaient leur regard, mais si j'avais été l'un d'eux, j'aurais eu la trouille.

Paiakan et Kube-i ont prononcé des discours en kaiapo à l'extérieur du palais de justice, à l'intention des guerriers assis devant eux. Une vieille femme kaiapo s'est mise à haranguer les guerriers. Darrell Posey a pu traduire une partie de ce qu'elle a dit : « Je vous appelle à prendre les armes, à tuer les Blancs, à les massacrer ! Je suis venue ici pour vous parler, pour faire appel à vous au nom de vos mères et pères, de nous tous les aînés. Je fais appel à vous ! Je vous lance mes paroles au visage. Suis-je venue ici en vain ? Vous restez assis là pendant que les

Blancs nous écrasent. » Les hommes étaient assis, la tête penchée. La même femme âgée s'est ensuite tournée vers les soldats encerclant le palais de justice et leur a dit : « Je suis ici pour vous dire ma colère ! Je suis furieuse contre vous ! Vous êtes là à tracer des cartes de nos terres pour les voler. Mais je vous le dis, nous allons vous battre à plate couture pour défendre nos terres ! » Les femmes kaiapos sont vraiment féroces.

Paiakan et Kube-i ont ensuite gravi les marches pour entrer au palais de justice, mais on leur en a interdit l'accès parce qu'ils étaient « à demi nus ». Le juge a décrété qu'ils devaient s'habiller pour marquer leur respect de la loi brésilienne. Lorsque Kube-i a rétorqué qu'ils étaient vêtus d'un costume traditionnel approprié, qui établissait leur autorité, le juge a répondu qu'ils devaient se conformer aux règles brésiliennes et qu'ils devraient s'efforcer de devenir brésiliens. Darrell Posey m'a alors murmuré : « Ce serait un génocide. »

Comme le juge est demeuré inébranlable, Paiakan a simplement dit aux guerriers qu'ils partaient. Il a ajouté que, si les autorités gouvernementales voulaient les traduire en justice, elles devraient venir les chercher à Aucre. Les guerriers kaiapos ont jeté à terre leurs baguettes de tambour, sont montés à bord des autobus et ont quitté les lieux, sans aucune intervention des soldats. J'ai ramassé deux bâtons, que j'ai conservés précieusement comme souvenirs de cet incident.

Mais aucun représentant du gouvernement n'a osé se rendre dans le village kaiapo, sans doute conscient de sa vulnérabilité totale dans un tel cas. La cause a finalement été abandonnée en raison de l'absurdité des accusations initiales.

CHAPITRE 8

À la défense de la forêt de Paiakan

En février 1989, nous avons envoyé des billets d'avion à Paiakan pour qu'il puisse venir en Amérique du Nord. Après une courte halte à Chicago, où il a été l'invité de Terry Turner, spécialiste en anthropologie physique de l'université, Paiakan s'est rendu à Toronto pour notre concert-bénéfice en vue de la manifestation prévue ultérieurement à Altamira. Notre traductrice, Barbara Zimmerman, était une jeune herpétologiste canadienne qui travaillait en Amazonie.

Tara avait eu une idée audacieuse : pourquoi ne pas inviter les grandes entreprises multinationales qui faisaient des affaires en Amazonie à assister à une réception précédant le concert, afin de rencontrer Paiakan en personne et, par la même occasion, de faire don de mille dollars ? Nous demanderions ainsi aux entreprises qui détruisaient la forêt tropicale de donner de l'argent à quelqu'un qui luttait pour la protéger. Nous avons dressé une liste de 18 entreprises, d'American Express à la Banque du Japon, et j'ai téléphoné aux directeurs torontois de ces entreprises pour leur lancer l'invitation.

La réception à Toronto a pris la forme d'un gala. Le Club Elmwood a gracieusement prêté ses locaux élégants et offert d'excellents mets thaïlandais. La CBC a filmé l'arrivée des hôtes — Paiakan, Margaret Atwood, Gordon Lightfoot et moi — et celle des invités. Dix-sept des 18 entreprises ont envoyé un représentant muni d'un chèque. En une heure, nous avons recueilli 16 500 $! C'était une belle somme dans les années 1980. La seule qui ait refusé a été la Banque du Japon. J'avais téléphoné au président, je m'étais identifié et lui avais dit : « Je sais que vous avez des intérêts au Brésil et j'ai pensé que vous aimeriez rencontrer un chef amérindien de l'Amazonie. » Après une longue pause, il a répondu : « Nous avons des intérêts au Brésil, mais aucun intérêt pour les Amérindiens. »

Le clou de cette soirée a été le concert donné à la cathédrale St. Paul, rue Bloor. Des dizaines de bénévoles avaient posé des affiches pour annoncer l'événement. Quand nous sommes arrivés à l'église, j'ai été stupéfait de voir une file s'allonger autour du pâté de maisons. Plus de trois mille personnes se sont entassées dans l'église, et l'atmosphère était électrisante. Plusieurs vedettes avaient accepté de participer : Margaret Atwood a lu un poème, Gordon Lightfoot et un excellent groupe, The Nylons, ont chanté *a capella.* Le Fonds mondial pour la nature a eu la riche idée de vendre des certificats aux « Gardiens de la forêt tropicale », à 20 $ l'unité.

Des joueurs de tambour ojibwés ont chanté, puis Gladys Kidd, une aînée ojibwée, s'est adressée à la foule tout en fixant son regard directement sur Paiakan : « Le terrible événement qui se produit est ce que nous appelons le viol de la Terre. Cela nous est arrivé ici également. Nous faisons de notre mieux. Je tiens à vous dire que je ressens vivement ce qui vous arrive. Les animaux peuvent vivre sans nous, mais nous ne pouvons pas vivre sans eux. Donnez-vous de la force les uns aux autres, à nos frères kaiapos, dans vos prières ce soir. Aujourd'hui, vous voyez venir le changement qui leur permettra à eux aussi d'avoir le cœur en paix à l'égard de ce qui leur arrive maintenant. Ils pourront l'empêcher s'ils se tiennent les coudes. *Meegwetch.* »

Paiakan est monté sur scène vêtu d'une chemise et d'un pantalon, mais son visage était peint et il portait une coiffe de plumes aux couleurs vives. Il était splendide. Le silence s'est fait dans la cathédrale lorsqu'il a parlé de son foyer, la forêt, qui fait vivre son peuple depuis si longtemps, de la menace que représentait le barrage et de la nécessité de lui apporter notre aide. Ce fut une soirée extraordinaire et, en fin de compte, nous avions recueilli plus de 50 000 $.

Le lendemain, nous sommes allés à Ottawa pour un autre gala. Elizabeth May a prononcé un excellent discours et Gordon Lightfoot a de nouveau chanté. Cette fois, il a promis à Paiakan qu'il viendrait chanter pour lui en Amazonie. À Ottawa, nous étions aussi en mesure d'exercer des pressions sur le gouvernement. Le Canada avait le droit de vote au sein de la Banque mondiale, et nous voulions que notre délégué, le ministre des Finances Michael Wilson, vote contre les prêts de la Banque mondiale destinés à des projets destructeurs comme le barrage.

Lors d'une conférence de presse tenue avec Paiakan, un journaliste a demandé : « Pourquoi portez-vous des plumes et vous peignez-vous le corps ? » Paiakan a répliqué posément : « Pourquoi portez-vous une cravate ? » Il savait ce qu'il faisait. Le *Globe and Mail*, l'*Ottawa Citizen* et le *Toronto Star* ont tous mis des photos couleur en une. Michael Wilson a compris le message : il a dit plus tard qu'il avait reçu plus de courrier et d'appels à propos de l'Amazonie et des prêts de la Banque mondiale que pour toute autre question dont il a eu à s'occuper. Le public avait magnifiquement bien répondu.

Lorsque Paiakan est rentré chez lui, après seulement quelques jours au Canada, nous avions recueilli 70 000 $. Les cyniques peuvent croire qu'un tel appui a simplement résulté de l'attrait exercé par la présence d'un Amérindien de l'Amazonie ou du désir d'apaiser notre sentiment de culpabilité concernant ce que nous avions fait aux Premières Nations. Si c'est le cas, cela ne me dérange pas le moindrement. Mais je crois aussi que de songer à la grande forêt tropicale grouillante d'animaux et de gens étonnants a soulevé notre enthousiasme et nous a incités à prendre part à sa protection.

The Nature of Things a diffusé une émission spéciale de deux heures à ce sujet, intitulée « Amazonas — La route menant à la fin de la forêt », qui a attiré un énorme auditoire. Le public se préoccupait de plus en plus de la question. La bataille décisive contre le barrage d'Altamira était imminente, et Tara s'est attaquée à la difficile tâche d'organiser notre voyage jusqu'à Altamira, petite ville isolée située au fond de la vallée du Xingu, en Amazonie. Le séjour de Paiakan avait suscité un énorme intérêt pour cette bataille, et nombreux sont ceux qui nous ont téléphoné pour savoir si nous y allions et s'ils pouvaient nous accompagner. Tara a rapidement dû s'occuper des préparatifs du voyage, c'est-à-dire l'hébergement, les médicaments antipaludiques, les vaccins, des listes de vêtements et de choses à emporter — une tâche monumentale — et ce pour quarante personnes ! Une de ses priorités consistait à apprendre le portugais pour assurer le bon déroulement du voyage.

Nous serions accompagnés par presque tout le gratin du mouvement écologiste canadien, dont Elizabeth May, du Sierra Club, Peggy Dover, du Fonds mondial pour la nature, Paul Watson, de la Sea Shepherd Conservation Society, Jeff Gibbs, de l'Environmental Youth Alliance, Peggy Hallward, d'Enquête énergétique, Gordon Lightfoot (qui tenait sa promesse), Guujaaw, de Haida Gwaii, et Simon Dick, un Kwagiulth de Kingcome Inlet.

Le groupe de la Colombie-Britannique s'est envolé pour Toronto, où nous avons rejoint les gens de l'Est. À l'aéroport, nous avons aussi rencontré Rosie Mosquito, une Ojibwée-Crie du nord de l'Ontario, puis, lorsque nous avons changé d'avion à Miami, nous avons eu le plaisir de voir se joindre à nous Phil Awashish, le Cri québécois qui était devenu un héros après avoir découvert et dénoncé le projet d'Hydro-Québec visant à inonder le territoire des Cris.

Nous avons atterri en pleine nuit à Manaus, la ville amazonienne qui avait prospéré durant le boom du caoutchouc, au début du siècle dernier. Nous avons pris des taxis jusqu'à notre modeste hôtel au centre-ville, où nous avions réservé des chambres pour deux. Nous étions tous épuisés, mais Gordon Lightfoot m'a vraiment impressionné. Voilà une grande vedette qui prenait son propre avion pour aller donner ses concerts. Je suis certain qu'il avait l'habitude de se rendre à l'aéroport en limousine et d'être complètement pris en charge. Mais ici, c'était un membre du groupe comme les autres. Un jeune homme lui a dit : « Gord, tu partages la chambre d'un tel, voici ta valise et ta clé », et il a monté sa valise sans dire un mot.

Le lendemain matin, Tara avait organisé une visite du centre de recherche où Tom Lovejoy, dans le cadre d'un projet, avait étudié l'effet d'une région forestière sur le maintien de la biodiversité. Le projet en question portait le nom de *Projet de fragments forestiers*, fruit d'une collaboration entre The Smithsonian Institution, de Washington, et l'Institut de recherche brésilien sur l'Amazone. Lovejoy avait dressé l'inventaire des espèces végétales et animales présentes dans des lots de forêt intacte d'un hectare, de dix hectares, de cent hectares, de mille hectares et de dix mille hectares, entourés de terre défrichée, puis en a suivi l'évolution au fil du temps. Il a observé qu'il existait une corrélation directe entre la taille et la biodiversité — plus la zone était petite, moins il y avait d'espèces qui survivaient — et que le taux de perte était inversement proportionnel à la taille — plus le lot était petit, plus la perte d'espèces était rapide. Ses études ont démontré que la préservation de très vastes lots de régions sauvages est indispensable au maintien de la biodiversité.

Nous avions prévu de visiter les lieux du labo et d'y passer la nuit. Tara avait nolisé un camion pour parcourir les 80 kilomètres en forêt jusqu'à la piste menant au camp. Lorsque nous sommes entrés dans la grande forêt amazonienne, les répercussions de la présence de la route étaient manifestes : cette route formait une entaille de boue rouge séchée que les animaux, y compris les oiseaux, hésitaient à traverser parce qu'ils y seraient alors exposés et vulnérables. Tout comme les clôtures, les routes peuvent constituer des obstacles au mouvement de la faune. Et il fallait traverser péniblement les ruisseaux. À un certain moment, il s'est mis à pleuvoir — un véritable orage tropical — et le camion s'est bientôt mis à déraper en montant et en descendant les côtes, comme dans un manège de parc d'amusement. Finalement, il a fallu abandonner le camion et marcher. La pluie était si intense qu'elle traversait carrément le parapluie de Tara, au grand amusement de tous.

Nous sommes enfin parvenus au camp. Notre espoir de mettre nos vêtements dans une sécheuse s'est rapidement évanoui : il n'y avait qu'une dalle de béton recouverte d'un toit de chaume et des hamacs suspendus en dessous. Heureusement, une bâche couvrait une petite cuisine, où on nous a servi des *caipirinhas* (délicieuse boisson brésilienne à base d'alcool de canne à sucre) et un magnifique repas de riz et de tambaki, un gros poisson qui se nourrit de noix tombant des arbres. J'ai emprunté un sentier avec ma canne à pêche et j'ai pris quelques petits poissons, que j'ai relâchés.

Après le souper, Simon et Guujaaw ont pris un bac à vaisselle en plastique et ont remercié le cuisinier en entonnant quelques joyeuses chansons rythmées de la côte de la Colombie-Britannique. Plusieurs chercheurs du centre se sont joints à nous, dont Barb Zimmerman, notre traductrice de Toronto et une spécialiste des amphibiens et des reptiles, qui avait proposé ce voyage au centre. Elle a emmené quelques-uns d'entre nous pour aller observer des grenouilles, en fin de soirée. L'obscurité était totale et nous devions partager de petites lampes de poche, ce qui ne nous empêchait pas de glisser et de tomber parfois sur le sentier.

Barb était vraiment impressionnante : elle trouvait les grenouilles les plus minuscules sur des troncs d'arbre et sous des feuilles. Mais si on l'interrogeait au sujet d'un oiseau qui s'envolait en criant à notre passage ou d'une plante épiphyte poussant sur un arbre, elle répondait : « Je ne saurais vous le dire, je suis herpétologiste », conséquence inévitable de la spécialisation en science. Mais à Aucre, chaque fois que j'interrogeais Paiakan à propos d'un insecte, d'un poisson ou d'une plante, il me donnait toujours son nom et me racontais une histoire à son sujet.

De Manaus, nous avons pris l'avion pour Belém. En route, nous avons aperçu un journal affichant la photo de Paiakan couché sur un lit d'hôpital ! Le rassemblement prévu à Altamira avait-il été le théâtre d'actes de violence ? Tara s'est emparée du journal et y a lu qu'il avait subi une appendicectomie, mais qu'il avait toujours la ferme intention d'assister à la manifestation.

Notre vol pour Altamira devait décoller à quatre heures du matin. Ce que nous ne savions pas, c'est que la compagnie aérienne avait procédé à un grand nombre de surréservations en raison de la foule de journalistes désireux de se rendre à la manifestation sans précédent à Altamira. Nous avions tous des réservations, mais lorsque notre groupe de 40 est arrivé à l'aéroport plus de trois heures avant le départ, on nous a alors informés qu'il ne restait plus que trois places disponibles et que l'avion décollerait dès qu'il serait plein, soit deux heures avant l'heure prévue. C'est là que j'ai appris que crier sa colère ne mène à rien au Brésil. Les préposés au comptoir disparaissent pour vous laisser fulminer seuls. J'étais découragé : malgré toute notre planification, nous restions coincés en Amazonie. Et seule Tara parlait le portugais.

Nous avons décidé que Rosie Mosquito, Gordon Lightfoot et moi prendrions les trois places restantes et que Tara tenterait de noliser un avion pour les autres. En décollant, j'étais certain de ne pas revoir Tara avant notre retour au Canada. Après m'être inscrit à l'hôtel et avoir défait mes bagages, je suis descendu à la réception, pour apercevoir Tara et le reste de la bande en train de s'inscrire ! Après notre départ, à deux heures du matin, Tara avait trouvé un endroit où noliser des avions, affrété deux petits appareils pour transporter 37 personnes et recueilli l'argent auprès de nos compagnons, si bien qu'ils étaient tous arrivés à Altamira tout de suite après nous. Son don pour les langues l'avait vraiment bien servie.

À notre arrivée à Altamira, tout le monde ne parlait que de Paiakan et de son appendicectomie pratiquée d'urgence seulement quelques jours auparavant. J'étais persuadé que, sans lui, la manifestation ne connaîtrait pas le succès. À notre soulagement, il était présent à l'ouverture, pâle et faible, mais toujours nettement le leader. Il portait une coiffe remarquable, faite de plumes rouge foncé et bleues, et donnait ses directives. C'était un grand événement, réunissant quelque six cents Kaiapos, des représentants d'une quarantaine d'autres tribus, des centaines de Brésiliens (des cadres d'Eletronorte, l'entreprise d'électricité souhaitant construire le barrage, et des représentants de la Fondation nationale des Amérindiens, une organisation gouvernementale

En compagnie de Gordon Lightfoot, en route pour le centre de recherche de Manaus.

brésilienne), des écologistes et des journalistes provenant du monde entier. Par ailleurs, des centaines de soldats armés étaient postés le long des murs à l'intérieur de l'édifice.

Les médias se bousculaient. Tout était si exotique que les photographes et les caméramans ne pouvaient rien manquer : ils n'avaient qu'à prendre des images. Chaque tribu d'Indiens arborait ses propres motifs de peinture corporelle et ses coiffes faites de plumes, de feuilles et d'herbe. L'assemblée s'est déroulée dans un grand édifice dont le sol en terre battue était recouvert de feuilles de palmier. Les soldats en armes demeuraient le long des murs, tandis que les diverses tribus étaient assises par terre, devant une grande table d'honneur élevée sur la tribune. Après être entrées l'une après l'autre en scandant des chants rythmiques à faire sauter le plafond, les tribus ont occupé les trois quarts de la pièce, autour de la table, alors que les spectateurs, nous y compris, et la presse ont pris place dans l'espace restant entre les Indiens et les soldats.

Dans la grande salle, les représentants du gouvernement et d'Eletronorte ont présenté et justifié leurs projets pour Plano 2010 et les barrages du mieux qu'ils ont pu, mais ils ont dû faire face aux autochtones en colère et à leurs partisans brésiliens (syndicats, seringueiros et organisations de défense des droits de la personne). Il s'est alors produit un incident dramatique que personne de l'assistance n'oubliera : pendant le discours d'un représentant d'Eletronorte, une aînée kaiapo s'est levée soudainement, a brandi une machette et s'est mise à haranguer les guerriers kaiapos. J'ai su plus tard qu'elle avait demandé si ces hommes étaient des combattants et, dans l'affirmative, pourquoi les guerriers kaiapos ne tuaient-ils pas ces gens qui les opprimaient ?

Même si je ne comprenais pas un mot de ce qu'elle disait, il était évident qu'elle était en colère et qu'elle tentait de pousser la foule à agir. La tension était à son comble ; nous, les spectateurs, comprenions très bien que nous serions pris entre deux feux si une échauffourée ou des coups de feu éclataient. Pour mieux illustrer ses propos, la femme s'est rendue à la table d'honneur, a levé sa machette devant le représentant d'Eletronorte et lui a frappé la joue du plat de sa machette. Un cri a surgi lorsque les soldats ont saisi leurs armes.

Le représentant d'Eletronorte n'a pas bronché. À ce moment critique, je me suis tourné vers Tara et, du regard, lui ai fait signe de se jeter par terre ; si la violence éclatait, nous n'aurions pas le temps de sortir. Paiakan a alors fait preuve de son leadership habituel : il s'est levé lentement, ses armes dans les mains, s'est mis à parler doucement et posément, a calmé la foule enflammée et a apaisé la tension en disant que le geste dramatique de la femme n'avait pas un caractère agressif mais plutôt théâtral.

Pour réduire au minimum les contacts avec les non-autochtones et amoindrir les risques que les Indiens contractent une maladie, un village traditionnel a été construit dans la forêt, à l'extérieur de la ville. Un soir, Paiakan a invité les Canadiens à visiter le village. Ce fut fabuleux. On nous a servi des mets traditionnels cuits sur le feu, puis Guujaaw et Simon ont fait sensation quand ils sont apparus dans leurs plus beaux atours pour danser, jouer du tambour et chanter.

Je me souviens très bien de Pombo, un chef qui s'est lancé dans l'action politique au Parlement brésilien mais qui est décédé quelques années plus tard. Il arborait une coiffe semblable à un bonnet de bain de femme recouvert de plumes, qu'il a donnée à Simon lors de notre départ. Raoni, le chef avec qui Sting s'est lié d'amitié et qui portait un labret impressionnant dans la lèvre inférieure, était assis près du feu à côté de Paiakan.

À un moment donné, Simon a sorti un arc et une flèche et a étonné tout le monde lorsqu'il l'a tendu ; brandir un arc ainsi a été perçu comme un geste agressif. Lorsqu'il a tiré la flèche, j'ai pensé à tous les gens du village qui risquaient d'être transpercés par une flèche perdue. Clac ! Elle s'est plantée dans une branche. Tous ont grogné leur appréciation, tandis que je poussais un soupir de soulagement.

Simon et Guujaaw, deux des plus extraordinaires chanteurs et danseurs traditionnels des Premières Nations, portaient des masques sculptés et se sont produits devant les chefs et les guerriers amazoniens, qui étaient captivés. Guujaaw s'était peint le visage de bandes noires et avait revêtu une grande fourrure d'animal. Plus il chantait et jouait du tambour, plus la sueur coulait sur son visage et son corps. Plus tard, j'ai vu Simon debout dans l'ombre, les larmes coulant sur ses joues : il m'a dit que cette rencontre exceptionnelle l'avait profondément touché et avait transformé sa vie.

Sting était présent par solidarité avec Raoni. Tout ce brouhaha était sans précédent à Altamira. Sting, un homme sympathique, demeurait au même hôtel miteux que notre groupe. Des jeunes filles l'attendaient dehors, et quand elles ont aperçu Jeff Gibbs, un grand jeune homme dégingandé de Vancouver, elles se sont mises à hurler « Stingee ! Stingee ! » et l'ont entouré pour obtenir son autographe. Jeff, le sourire aux lèvres, a joyeusement acquiescé pour Sting.

L'événement était une réussite sensationnelle pour Paiakan. Il pleuvait, le dernier jour de l'assemblée, mais dès que les tribus sont sorties de l'édifice pour danser et chanter, la pluie a cessé et un arc-en-ciel est apparu. Même le journaliste le plus blasé a dû y voir un signe de bon augure. Les hommes ont célébré leur joie en exécutant une danse spéciale pour favoriser la récolte du maïs.

Des reportages sur l'assemblée ont été diffusés dans le monde entier, et, grâce aux pressions exercées par de nombreux pays, y compris le Canada, la Banque mondiale a retiré son

Une des tribus présentes à la manifestation d'Altamira.

appui à Plano 2010, signant ainsi l'arrêt de mort de ce projet. Même si l'Amazonie et le territoire des Kaiapos étaient encore en danger sur de nombreux fronts, une menace avait tout de même été écartée. Après l'assemblée, Paiakan a retiré sa coiffe, que sa mère lui avait faite, et me l'a donnée. C'est un de mes biens les plus précieux.

En raison de l'important rôle qu'il a joué et du succès remporté par la manifestation, Paiakan avait reçu des menaces de mort chaque jour, à Altamira. Nous savions qu'au Brésil des dirigeants syndicaux, des autochtones, des militants religieux et des défenseurs des droits civiques avaient été assassinés en toute impunité. À Altamira, Tara et moi avons rencontré, tard le soir, quelques Brésiliens dignes de confiance qui se préoccupaient des risques que courait Paiakan. La situation me paraissait irréelle : les menaces de mort étaient sérieuses et nous étions là à discuter calmement de la meilleure façon de prévenir le meurtre de Paiakan.

Conférence de presse à Altamira. Au centre, Sting, à ses pieds, Paiakan, et derrière, en costume traditionnel, Simon Dick.

Je m'émerveillais du courage des Brésiliens présents, qui mettaient certainement leur propre vie en danger en appuyant Paiakan, tandis que ce dernier ne montrait aucun signe de peur ni la moindre intention de reculer. Tant et aussi longtemps qu'il demeurait à Aucre, il serait en sécurité, parce que la seule façon de s'y rendre consistait à atterrir en avion sur une mince piste très solidement gardée par les guerriers kaiapos. Mais, à Aucre, il était également isolé. Nous avons alors évoqué la possibilité de créer un fonds qui permettrait à Paiakan, lorsqu'il aurait à se rendre à Brasilia ou à l'étranger, de se déplacer en avion.

En fin de compte, il a été convenu que Paiakan devait sortir du pays pour que la tension s'apaise. Nous lui avons alors demandé où il aimerait aller. « Au Canada, pour rester avec toi et Tara », a-t-il répondu.

Paiakan, Tara et moi, au moment de notre départ, à l'aéroport d'Altamira.

La coiffe traditionnelle que Paiakan m'a offerte à Altamira.

Quelques jours après notre retour à Vancouver, en mars 1989, Paiakan nous y a rejoint avec Irekran, son épouse, et leurs trois filles, Oe, Tania et le bébé Majal. Leur peinture corporelle avait pâli, mais les filles arboraient encore un triangle de cheveux rasés, qui commençaient à peine à repousser. Les soirées étant encore froides, nous avions apporté à l'aéroport de Vancouver des vêtements recueillis chez des amis, mais Paiakan a refusé de laisser sa famille porter des vêtements usagés. Tara et moi avions aménagé pour nos invités un appartement dans le sous-sol de notre maison, mais lorsque Paiakan a su que les draps n'étaient pas neufs, il m'a dit qu'ils ne dormiraient pas dans les lits que nous leur avions préparés, car nos maladies constituaient un véritable danger pour eux. L'achat de draps et de vêtements neufs était donc devenu notre priorité.

Nous avions allumé un feu dans le foyer, et, quand la famille a été installée, nous sommes descendus les visiter. Nous avons alors constaté que les petites filles avaient pris des braises dans l'âtre et les avaient déposées sur le plancher de bois pour jouer. Nous avons dû leur expliquer qu'un plancher de bois est différent d'un plancher en terre battue. Lorsque mon beau-père, Harry, est sorti le lendemain matin pour faire sa marche habituelle, il a vu que la porte de la cuisine en bas était grande ouverte, qu'un des éléments de la cuisinière était rouge vif, que la télé fonctionnait et que toutes les lumières étaient allumées, mais qu'apparemment tous dormaient.

Irekran et les filles ne parlaient que le kaiapo, de sorte que nous ne pouvions communiquer que par l'intermédiaire de Tara et de Paiakan, en portugais. Les filles de Paiakan et les nôtres s'entendaient à merveille, chacune apprenant des tas de mots et de chansons dans la langue de l'autre. J'ai gardé un souvenir très vif d'Oe et de Tania en train de pédaler à toute vitesse en tricycle sur le trottoir, pendant que Sev et Sarika s'amusaient à essayer de les rattraper. J'avais construit pour nos filles une cabane haut perchée dans le cornouiller de notre cour, au grand plaisir d'Oe et Tania qui y ont joué pendant des heures. Elles ont bien aimé apprendre à se vêtir ; une fois, nous avons trouvé Sari, Oe et Tania coiffées de diadèmes et assises dans la douche en train de rigoler. Sarika a emmené Oe et Tania à l'école pour donner la meilleure leçon de choses qu'elle n'aurait jamais pu imaginer.

Toute la famille adorait aller voir les épaulards à l'aquarium de Vancouver : elle s'y est rendue à six reprises pour admirer ces animaux magnifiques par les grandes baies vitrées de leur bassin. Les goûts et les aversions de nos visiteurs étaient parfois imprévisibles. Ainsi, nous les avons emmenés au sommet du mont Hollyburn, près de Vancouver, et, pendant qu'Irekran et les filles se sont amusées à glisser en toboggan et à jouer dans la neige pour la première fois de leur vie, Paiakan est demeuré dans la voiture à fumer des cigarettes.

Les filles aimaient la mer et y ont pataugé sans hésiter (en mars !), mais Paiakan et sa femme s'assoyaient toujours dos à la mer, ce qui me laissait bien perplexe. Puis un jour, en voiture, alors que nous longions une rivière, nos cinq invités se sont précipités sur les vitres de l'auto, parlant tous à la fois et montrant du doigt tout ce qu'ils voyaient autour de la rivière.

Nous avons embauché des interprètes et emmené la famille visiter différentes Premières Nations chaque fois que c'était possible. Tofino, dans l'île de Vancouver, où les Nuu-chah-nulths tenaient une assemblée, a été notre première destination. En survolant l'île dans un petit avion, j'ai montré à Paiakan l'étendue des coupes à blanc pour lui faire comprendre que nous aussi luttions pour la préservation de nos forêts. Je me suis graduellement rendu compte que lui et Ire-kran ne m'écoutaient pas, mais qu'ils regardaient plutôt droit devant eux et étaient manifestement mal à l'aise. En Amazonie,

Oe (à gauche), *Tania* (à droite) *et Sarika jouent à se déguiser.*

certains pilotes volent tout près du sommet des arbres. S'il se produit un bris mécanique loin de toute clairière, l'avion peut se poser d'urgence sur les arbres. Paiakan avait survécu trois fois à un tel atterrissage. Mais, au-dessus de l'île de Vancouver, nous volions à haute altitude pour éviter les montagnes, dont quelques-unes s'élèvent à plus de 2 000 mètres. Quand ils regardaient en bas, ils voyaient un tas de neige et de rochers, c'est-à-dire une surface pas très accueillante. Après notre atterrissage, Paiakan a déclaré : « Un chef ne vole pas dans un petit avion », ce qui était faux, mais je ne tenais pas à en discuter. Nous avons dû faire un long trajet en autobus et prendre le traversier pour rentrer à Vancouver.

À Tofino, Paiakan a été traité comme un membre de la

famille par les Nuu-chah-nulths. Lorsqu'il parlait, par l'intermédiaire de l'interprète, de la lutte menée pour protéger ses territoires, on aurait pu entendre une mouche voler. Loin d'être riches, ces gens-là ont pourtant recueilli des milliers de dollars pour aider leur frère de l'Amazonie. Un vieil homme a fouillé dans une de ses poches et en a extirpé un billet de cent dollars plié en petit carré, qui avait sûrement été soigneusement mis de côté depuis longtemps. « Il en a vraiment besoin » : c'est tout ce qu'il a dit en le lançant dans un pot. Les Amérindiens du Canada comprenaient bien que les Kaiapos traversaient les mêmes épreuves que leurs propres familles avaient subies, et ils se sont immédiatement sentis solidaires d'eux.

À notre chalet de l'île Quadra, je leur ai montré à dénicher des palourdes. Irekran et Paiakan aimaient beaucoup en chercher, comme si c'était un jeu, mais quand ils m'ont vu en ouvrir une et la manger crue, ils ont été absolument dégoûtés et ont perdu tout intérêt pour la cueillette de palourdes. Ils ne voulaient manger que ce qui leur était familier : du poulet, des poissons d'eau douce à chair blanche, des haricots, de la farinha, du riz et du pain, qu'ils aimaient grillé. Ils ont apprécié le flétan que nous leur avons servi, car son goût et sa texture ressemblaient suffisamment à ceux des poissons d'eau douce à chair blanche qu'ils connaissaient.

Mais quand nous avons pris un petit flétan au cours d'une excursion de pêche avec un groupe de chefs des Premières Nations, Paiakan a été épouvanté. Il n'avait jamais vu de poisson plat, avec les deux yeux sur le dessus de la tête, et il le trouvait monstrueux, laid et repoussant. Lorsque je lui ai dit que c'était ce qu'il avait mangé, il n'a plus jamais touché à du flétan. Au début, lui et sa famille ne mangeaient pas de saumon non plus, qu'ils trouvaient trop rouge.

Paiakan nous surprenait souvent. En nous rendant à Port

Hardy, au bout de l'île de Vancouver, nous avons aperçu une énorme colonne de fumée. À mesure que nous approchions, nous avons pu voir qu'une partie de la forêt avait été coupée à blanc et que les déchets de coupe avaient été regroupés en énormes tas auxquels on avait mis le feu. Devant la scène, Paiakan a simplement dit : « Tout comme au Brésil. » Une autre fois, après avoir survolé de grandes régions de coupe à blanc couvertes de neige qui avaient l'air d'un damier du haut des airs, Paiakan m'a demandé : « Les Brésiliens détruisent la forêt parce qu'ils sont pauvres et ne sont pas instruits. Pour quelle raison les Canadiens font-ils la même chose ? » Peu après son arrivée chez nous, j'ai emmené Paiakan au centre de Vancouver, croyant qu'il serait impressionné par la propreté des rues, les édifices imposants et les magasins regorgeant de biens. Sa réaction a été inattendue : « Quand on pense que tout ça vient de la Terre, combien de temps est-ce que ça pourra durer ainsi ? »

Nous avons emmené Paiakan à Alert Bay, patrie des Kwagiulths. À bord du traversier reliant Port McNeill, sur l'île de Vancouver, et Alert Bay, sur l'île Cormorant, plusieurs jeunes enfants kwagiulths sont venus voir Paiakan et nous demander timidement qui il était et d'où il venait. Ils voyaient bien que c'était un Indien, mais qu'il ne ressemblait pas du tout à ceux qu'ils connaissaient. Les garçons étaient des jeunes à l'allure contemporaine, portant jeans, espadrilles et casquette à l'envers, et Paiakan ne s'en est pas du tout occupé. Il semblait comprendre que ces jeunes gens ressemblaient à ce que les Kaiapos pourraient devenir, et cela ne lui plaisait pas.

Lorsque nous avons accosté à Alert Bay, des danseurs kwagiulths en costume d'apparat sont venus à notre rencontre, accompagnés de notre amie Vera Newman. Nous avons été fêtés dans la grande maison commune et de nouveau comblés de cadeaux en argent. Quand je vais à Alert Bay aujourd'hui, plus de quinze ans après cette visite, les gens me parlent encore de Paiakan. Nous sommes ensuite allés à Haida Gwaii, où Paiakan a pris place dans le canot de l'artiste Bill Reid, le *Lootaas*, qui avait fait le voyage de Vancouver à Haida Gwaii lors de la lutte menée pour sauver South Moresby. Partout où nous allions, Paiakan a laissé une impression inoubliable par la fougue et la clarté de ses propos pour assurer la protection de sa forêt natale.

Environ trois semaines après que la famille de Paiakan s'est installée chez nous, Irekran, jeune femme impérieuse à l'aspect austère, nous a appelés pour nous dire quelque chose. Paiakan traduisait : « Nos enfants devraient être à Aucre pour étudier. Il fait froid ici. Ma famille me manque. Vous nous aviez promis un avion. Où est-il ? » Tara et moi étions interloqués. Un avion ? Mais où avait-elle entendu ça ? Après avoir réfléchi un peu, nous nous sommes rappelés que, à Altamira, au moment de discuter des moyens de réagir aux menaces de mort, il avait été proposé d'établir un fonds que Paiakan pourrait utiliser s'il devait prendre l'avion pour quitter son village. Irekran avait dû comprendre qu'il s'agissait d'une promesse d'acheter un avion. Il devait lui sembler que nous sortions simplement de l'argent chaque fois que nous voulions obtenir quelque chose. Demander un avion devait donc lui sembler raisonnable.

Il se trouvait justement que je devais aller en Angleterre la semaine suivante. Là-bas, j'ai appelé Anita Roddick, fondatrice de la chaîne Body Shop, qui était venue à l'assemblée d'Altamira et avait rencontré Paiakan, qui l'avait impressionnée. Je lui ai fait part de la demande d'Irekran, en lui expliquant qu'un avion non seulement permettrait à Paiakan de disposer d'un moyen de transport et d'agir en bénéficiant de la sécurité de son village, mais aussi qu'il servirait à bien d'autres fins. Il pourrait être utilisé pour la surveillance du vaste territoire des Kaiapos et le transport des malades et des aînés en cas de nécessité. Anita sortait d'une réunion avec ses franchisés associés, auxquels elle avait parlé de Paiakan et de son combat, et les délégués avaient versé une contribution tirée de leurs propres bénéfices. Anita nous a donc remis un chèque de 100 000 dollars américains !

Vers la fin du séjour de nos invités, le Western Canada Wilderness Committee a fait imprimer des milliers d'exemplaires d'un article consacré à Paiakan et aux enjeux liés à l'Amazonie. Nous nous sommes joints à eux et à Environmental Youth Alliance pour tenir, avec beaucoup de succès, des réunions dans des auditoriums d'école secondaire. Nous avons tous prononcé des discours enthousiastes et, à la fin, le chef haida Guujaaw a joué du tambour et chanté, puis il a invité Oe, Tania, Severn et Sarika à l'accompagner. Ces merveilleuses activités ont contribué à réunir des fonds pour aider Paiakan à poursuivre son travail.

Après six semaines passées avec nous, Paiakan et sa famille ont estimé qu'ils pouvaient rentrer chez eux en toute sécurité. Ils avaient recueilli des milliers de dollars et établi des liens avec des « parents » autochtones sur toute la côte ouest du Canada, et ils s'en retourneraient avec la promesse qu'ils disposeraient bientôt d'un avion.

Quand nous sommes arrivés à l'aéroport, il semblait que nous avions passé toute la vie ensemble, et, à mon étonnement, Irekran s'est mise à pleurer à chaudes larmes. Dans leur société, j'avais été témoin d'un type de lamentations rituelles lorsque Paiakan avait été accueilli à son retour à la maison et que nous avions assisté à des funérailles, mais c'était différent cette fois-ci. J'avais l'impression qu'elle était véritablement triste de nous quitter. Nous nous sommes bientôt tous mis à pleurer.

« Venez nous rendre visite », a supplié Paiakan, ce qui serait effectivement une fabuleuse aventure. Nous les avons remerciés et leur avons promis d'y aller bientôt.

Entre-temps, au Canada, Tara a découvert un catalogue complet d'avions d'occasion du monde entier et a conclu qu'un Cessna semblait être le meilleur choix. Elle a aussi trouvé un pilote, du nom d'Al « Jet » Johnson, qui avait travaillé des dizaines d'années pour American Airlines, habitait Vancouver et était un ami intime de Paul Watson, fondateur de Sea Shepherd Conservation Society, qui était venu à Altamira.

Tara a communiqué avec Al, qui a offert d'aller examiner un avion que nous avions repéré à Galveston, au Texas. Il a estimé que l'avion, un Cessna Utility 206, était en bon état et que, à 50 000 $, cela nous laisserait assez d'argent pour mettre au point un bon programme d'entretien. Il nous a recommandé de l'acheter et d'enlever les sièges pour que des réservoirs d'essence supplémentaires puissent y être installés, après quoi il l'emmènerait lui-même au Brésil. Al est un vrai héros. En pleine saison des ouragans, il a traversé étape par étape la mer des Antilles et longé la côte nord de l'Amérique du Sud, nous racontant par téléphone ses aventures, à partir des hôtels bon marché où il s'arrêtait en Guyana et au Suriname. Après avoir obtenu les autorisations nécessaires des autorités brésiliennes, il l'a piloté quelques mois pour Paiakan et les autres habitants du village, puis est rentré au Canada.

CHAPITRE 9

Un recul dans le temps

Tara et moi avons décidé d'aller à Aucre l'été suivant. Nous croyions que l'invitation de Paiakan était sincère, et les enfants avaient déjà acquis une bonne expérience de la nature et avaient hâte d'y aller. Mais j'étais aussi inquiet. Après tout, Sarika n'avait que sept ans et Severn dix ans : que ferions-nous s'il leur arrivait quelque chose ? Nous serions si loin de tout secours. Je savais que Tara était aussi préoccupée que moi, mais elle n'en montrait rien et allait de l'avant avec enthousiasme avec les préparatifs pour régler les milliers de détails en vue du voyage. Miles Richardson, notre ami haida, a décidé de nous accompagner, avec sa charmante compagne, Patricia Kelly, de Chilliwack, dans la vallée du Fraser, à l'est de Vancouver.

Après les manifestations d'Altamira, le gouvernement brésilien se méfiait des fauteurs de troubles qui pourraient communiquer avec les autochtones et les inciter à la révolte. Nous avons alors entendu dire qu'il aurait adopté un règlement stipulant que quiconque désirait visiter un village indien devait d'abord obtenir une autorisation en ce sens. Nous savions que nous ne l'obtiendrions jamais, alors nous avons décidé d'y aller sans cette autorisation. Nous nous sommes envolés pour Redenção, petite ville frontalière où nous devions trouver l'avion que nous avions acheté et un pilote pour le conduire.

Le pilote que nous avons trouvé a décollé, a traversé le fleuve, a mystérieusement atterri sur une route, a descendu de l'avion et est parti. Le mystère a été élucidé lorsqu'il est réapparu avec sa petite amie, sauf qu'il y avait désormais une personne de plus que la capacité maximale de l'appareil, si bien que l'un de nous devait rester sur place. Miles s'est galamment offert de rester à Redenção, et bien que le pilote ait promis de venir le chercher le lendemain, j'estime que ce fut une décision très courageuse de sa part. Je ne parlais pas un mot de portugais lorsque je suis venu à Aucre, mais j'étais au moins accompagné de mon ami Paiakan. Miles ne connaissait personne ici et il a dû communiquer par signes avec les quelques Indiens qui s'y trouvaient. Il s'est rendu au village, a trouvé un endroit où passer la nuit et a mangé. Le lendemain, il était au point de rendez-vous avec le pilote à l'heure convenue.

Après avoir laissé Miles, nous avons survolé un océan de végétation pendant presque une heure, avant que n'apparaissent une ouverture dans la forêt et le cercle de huttes que j'avais visitées moins d'un an auparavant. Nous étions l'objet de la grande curiosité des Kaiapos, surtout nos deux filles. Deux jeunes garçons ont porté nos bagages et on nous a dirigés vers une hutte vide, où l'on nous a dit de suspendre nos hamacs. Lorsqu'il est devenu évident que nous ne savions absolument pas comment accrocher un hamac, les villageois ont éclaté de rire. Ce fut la première des nombreuses occasions de rire que notre ignorance a procurées aux villageois.

Comme toutes les autres huttes, celle qui allait être notre demeure pendant deux semaines était faite de piquets enduits de boue séchée et recouverte d'un toit de chaume. Comme le plancher était en terre battue, tout a rapidement été couvert d'une couche de poussière rouge. Les enfants, pour la plupart entièrement nus à l'exception de colliers autour du cou, des poignets et des chevilles, nous entouraient et surveillaient nos moindres gestes pendant que nous défaisions nos valises.

On nous a bientôt invités à la hutte de Paiakan, qui était adjacente, et servi un repas de poisson, de haricots et de riz. Sev et Sarika étaient bien heureuses de retrouver leurs amies Oe et Tania, qui les ont ensuite emmenées voir la rivière tout près. Nous avons passé des heures dans ce bassin pour nous rafraîchir pendant le jour et n'avons jamais senti le moindre piranha. Selon Paiakan, les piranhas ne sont dangereux que lorsque le niveau de la rivière baisse ; en plus, ils sont délicieux.

Nous nous sommes endormis ce soir-là rafraîchis par nos baignades, bien nourris et impatients de retrouver Miles, qui nous a rejoints le lendemain matin. Nous avions apporté des moustiquaires pour envelopper les hamacs, ainsi que des sacs de couchage légers pour nous protéger de la fraîcheur du petit matin. Après quelques jours à nous empêtrer dans les moustiquaires, nous les avons laissés tomber, puisqu'il n'y avait pas beaucoup de moustiques et que Paiakan nous a assurés que c'étaient les fermiers et les mineurs des villes qui étaient porteurs de la malaria.

Chaque matin, au réveil, on découvrait une rangée de visages qui nous fixaient. Les enfants (et parfois des adultes) s'adossaient aux murs de notre hutte et nous regardaient ; j'imagine que nous étions un peu comme leurs dessins animés du matin. Tous nos biens étaient sur le sol ou dans des sacs ouverts et rien n'a jamais été subtilisé, même si beaucoup de nos articles étaient convoités. Nous avons fait des heureux en donnant un grand nombre de ces articles au moment de notre départ, qui auraient été trop lourds pour l'avion.

Nous devions trouver de la nourriture fraîche chaque jour, ce qui constituait une expérience formidable pour nous puisque nous passions presque tout notre temps à pêcher. Le premier jour, Paiakan n'a emmené que Miles et moi pour une excursion de pêche dans la pirogue. Mais les femmes de notre groupe étaient très mécontentes de cette exclusion et ont exigé de pouvoir nous accompagner. Elles l'ont fait par la suite, mais aucune femme du village ne s'est jointe à nous.

Les Kaiapos se gaussaient de ma canne à pêche télescopique, de mon minuscule moulinet Seiko et de ma ligne à deux kilos de tension, parce que mon attirail de pêche était trop léger pour les poissons que je pourrais prendre dans cette rivière. Je me disais que j'allais leur montrer qu'ils avaient tort ; après tout, un bon pêcheur est censé être capable de ramener de gros poissons en les épuisant. À notre première excursion, j'ai assemblé la canne, accroché une cuiller et lancé ma ligne dans les eaux sombres. Ç'a mordu tout de suite, mais la ligne a cassé. Elle était trop tendue, alors je l'ai ajustée, j'ai accroché une autre cuiller et j'ai lancé : même résultat. Les Kaiapos ricanaient doucement, et quand la même chose s'est produite une troisième fois, ils ont éclaté de rire. Heureusement qu'ils ne savaient pas comment dire « je te l'avais bien dit » en anglais. Voilà pour la technologie « civilisée », bien que je doive préciser qu'eux-mêmes se servaient de lignes de nylon et d'hameçons de métal.

Puis, lorsque j'ai finalement fait mordre un tucunare, ce poisson extrêmement combatif a cassé ma canne en deux ! Je n'allais pas le laisser filer ainsi et j'ai alors commencé à remonter ma ligne à la main… vlan ! Une flèche s'est plantée juste derrière les branchies du poisson. J'étais tellement occupé à ramener ma prise que je ne m'étais pas rendu compte que Paiakan avait sorti son arc et tiré. Pour ma part, j'estimais avoir pris ce poisson… disons que je l'avais accroché.

Chaque fois que nous allions en excursion, Paiakan emmenait Caro, un garçon âgé d'environ six ans qui lui passait ses outils, descendait du canot pour le tirer sur la rive ou le suivait dans la forêt pour trouver des appâts. Manifestement, son apprentissage n'aurait pu être entre de meilleures mains.

La rivière, le rio Zinho, était une merveille, se réduisant à un étroit canal aux flots rapides, s'élargissant ensuite en de grands bassins creux ou se faisant moins profonde et plus agitée, chaque partie contenant différentes espèces de poissons. Un jour, nous avons descendu la rivière jusqu'à une partie large et peu profonde, où des rochers affleuraient. Paiakan a débarqué avec son arc et des flèches très longues. Il a sauté prudemment de rocher en rocher, gardant le regard fixé sur l'eau claire, et a rapidement décoché une flèche. Ayant frappé quelque chose, celle-ci a continué à bouger jusqu'à ce que Paiakan parvienne enfin à retirer de l'eau un immense poisson semblable à un serpent. C'était une anguille électrique, capable d'envoyer une décharge susceptible de tuer un jeune enfant.

Paiakan l'a frappée à maintes reprises, puis, s'assurant qu'elle ne toucherait personne, l'a soigneusement étendue au fond du canot. Je ne sais pas combien de temps il faut pour que le courant électrique dans l'animal mort se dissipe, mais j'ai pu voir que Paiakan ne l'a pas touché avant un bon moment. L'anguille devait mesurer près de deux mètres de longueur et dix centimètres de diamètre, et, comme j'ai pu le constater quand Paiakan l'a coupée, sa chair était d'un blanc laiteux. Il semble que ce soit un mets très recherché, mais nous n'en avons jamais mangé, car elle était réservée aux aînés du village.

Au cours d'une excursion en amont, nous sommes arrivés à un bassin profond et large qui devait avoir une centaine de mètres de longueur et au moins trois mètres de profondeur. Nous n'en voyions même pas le fond. Paiakan a mené le canot dans des roseaux près de la rive et a sauté à l'eau avec Caro.

Paiakan (à droite) *soulève une anguille électrique, tandis que Mokuka en assomme une autre. Me voilà* (à gauche) *en compagnie de Caro.*

Après quelques minutes passées à donner des coups dans l'eau, ils sont sortis avec une rangée de poissons, de quelque 15 centimètres chacun, qui allaient servir d'appâts. Ils ont attaché des lignes robustes d'environ cinq mètres de long, dotées d'un large hameçon, autour de bouts de bois qui feraient office de flotteurs. Nous avons poussé le canot, Paiakan a accroché un petit poisson à chaque ligne et a jeté les flotteurs à l'eau, puis nous avons continué à remonter la rivière.

Des heures plus tard, sur le chemin du retour, nous avons traversé le même bassin et noté que plusieurs flotteurs étaient agités en tous sens. De magnifiques poissons-chats étaient accrochés aux lignes. Et ils étaient délicieux.

Une de nos excursions les plus longues a duré une journée

complète à descendre la rivière. Nous accostions pour manger, puis nous nous laissions emporter par le courant. Le canot de Paiakan était équipé d'un petit moteur, mais comme nous n'avions qu'un petit contenant d'essence, je m'inquiétais un peu du retour. À un moment donné, surpris par un orage tropical, nous avons accosté pour nous mettre à l'abri, pendant que Paiakan est allé couper des feuilles aussi grosses que celles d'un bananier pour les placer au-dessus de nos têtes comme des parapluies, en attendant que cesse la pluie.

Pour souper, nous avons allumé un feu, puis Paiakan a coupé en morceaux un gros tucunare que nous avions pris précédemment et les a placés sur une grande feuille. Il a pressé un citron sur le poisson, a ajouté du sel et a enveloppé le poisson dans la feuille, qu'il a placée dans le feu. Une demi-heure plus tard, il a retiré la feuille et l'a ouverte pour nous offrir un repas fumant qui s'est révélé être un pur délice. J'ai dit à Paiakan que, dans mon pays, les gens travailleraient pendant des années afin d'épargner suffisamment d'argent pour passer deux semaines à faire ce que Paiakan et les siens font chaque jour. Il semblait amusé, mais aussi un peu perplexe.

Sur le chemin de retour, comme je m'y attendais, l'essence est devenue une source de préoccupation. Près de l'équateur, la nuit tombe tôt et très rapidement, et nous ne disposions que de quelques lampes de poche aux piles incertaines. Pendant que nous remontions le courant, la lumière de ces lampes de poche se reflétait dans des yeux près des rives — des yeux de crocodiles! Il y en avait partout. Heureusement, cette espèce est assez pacifique envers les êtres humains. Miles éprouve une aversion pour les serpents, et nous avions entendu parler d'anacondas géants tapis dans les rivières. Lorsqu'il fallait sortir du canot dans des passages de la rivière peu profonds et rocailleux pour pousser l'embarcation, je me faisais un peu de souci pour Miles, mais il ne s'est jamais plaint.

Nous avons alterné entre pousser le canot et utiliser le moteur jusqu'à ce qu'il n'y ait plus d'essence, après quoi nous avons pagayé. Paiakan nous inquiétait sans cesse en regardant fixement devant lui et en disant en portugais : « Qu'est-il advenu du village ? » Il n'y avait ni lumière ni âme qui vive pour nous accueillir lorsque, après un coude dans la rivière, nous avons reconnu notre bassin de baignade. Ce fut une merveilleuse aventure, mais j'étais bien content d'être de retour dans notre hutte, devenue notre foyer.

Une autre fois, nous avons longtemps descendu la rivière jusqu'à des hauts-fonds sablonneux. Nous avons laissé le canot sur la rive et Paiakan nous a montré comment reconnaître les endroits où les tortues pondent leurs œufs. Pour les filles, c'était comme une chasse aux œufs de Pâques : elles cherchaient partout sur le sable les signes indiquant la présence des œufs et creusaient profondément pour dénicher les trésors cachés. « Ne les prenez pas tous, nous a-t-on dit, il faut toujours en laisser quelques-uns. »

Soudain, Paiakan a levé les yeux et s'est aperçu que les filles s'étaient passablement éloignées. Il m'a pris par le bras, visiblement inquiet, et m'a dit de rappeler les filles immédiatement : « *Tem onça !* » Nous étions au pays des jaguars. C'était la première fois que je le voyais exprimer de la peur. Sans les alarmer, nous avons demandé aux filles de revenir. Nous avons trouvé les œufs pâteux et peu appétissants, mais il s'agit bien sûr d'une question de goût. Pour leur part, les Kaiapos adorent les œufs de tortue.

Au cours d'une autre excursion sur la rivière, Paiakan et l'un des jeunes hommes, qui se tenaient debout à l'avant du canot pendant que nous pagayions, ont lancé très habilement un filet circulaire dans l'eau. Des poids avaient été placés sur le pourtour du filet, de sorte que, lancé adéquatement, il se déployait en formant un cercle parfait et piégeait les poissons sous lui en s'enfonçant dans l'eau. La corde attachée au centre du filet amenait les poids à se rapprocher les uns des autres lorsque le filet était tiré, et les poissons y restaient emprisonnés. J'ai essayé plusieurs fois d'imiter la technique du lancer des Kaiapos, mais j'ai échoué lamentablement. Tout l'apprentissage que j'avais mis tellement de temps à acquérir était absolument inutile ici.

Un jour que nous voulions aller marcher en forêt, le frère d'Irekran, Diego, et un de ses amis ont été désignés pour nous accompagner. En suivant un sentier, nous avons été frappés par le grand nombre d'arbres portant des fruits ou des noix. Diego nous montrait des plantes comestibles partout. À mesure que nous avancions dans la forêt, nous avons pu constater que les corps peints de nos guides se distinguaient de moins en moins des jeux d'ombre et de lumière et devenaient presque invisibles à nos yeux inexercés.

Nous nous amusions à manger des bananes et des mangues, à nous balancer au bout des lianes au-dessus des ruisseaux ou à couper des parties de certaines plantes pour en boire l'eau qui s'écoulait de l'entaille. Mais nous étions particulièrement vulnérables. Nos guides apparaissaient et disparaissaient, et s'ils nous avaient quittés pour une raison quelconque, nous n'aurions certainement pas pu rentrer au village par nos propres moyens. Je me suis parfois demandé si Tara et moi n'avions pas été imprudents de placer nos enfants dans des situations aussi précaires. Mais nous n'avons pas été abandonnés, et nous revenions peu après en territoire familier pour déambuler dans les petites clairières où on cultivait des plantes et faisait rôtir la farinha.

Avant de déterminer le moment de notre séjour à Aucre, nous avions demandé à Darrell Posey de nous informer sur la tenue possible d'un festival ou d'une célébration. « Vous pouvez y aller n'importe quand, avait-il répondu. Il y a des célébrations tout le temps. » Effectivement, nous y étions depuis

Oe et Tania, avec leur tante, en préparation d'une fête à Aucre.

six jours seulement lorsque est apparu un groupe de femmes au corps peint d'une couleur très foncée et ne portant qu'une écharpe analogue à celle dans laquelle elles transportent leurs bébés. Pendant une heure environ, elles ont dansé ensemble devant les huttes. Nous avons appris que c'était là le début de trois jours de célébration en l'honneur des femmes.

Le lendemain, les femmes avaient revêtu un costume beaucoup plus élaboré, avec perles et coiffes de plumes, et elles ont chanté et dansé plus longtemps. Le troisième jour, elles avaient des tenues tout à fait remarquables, ornées de plumes tissées dans une couronne de bois qui s'élevait au-dessus de leur tête. Soigneusement peintes, les femmes ont commencé à danser au crépuscule et ont continué jusque tard en soirée. On nous a ensuite fait savoir, par des gestes pas très subtils, qu'il était temps pour nous de déguerpir, ce que nous avons fait. Nous nous estimions privilégiés d'avoir pu assister à ce rituel étonnant.

Environ une semaine après notre arrivée à Aucre, Sarika a demandé à Tara de lui enlever une écharde sous le pied. Après avoir examiné son pied, Tara m'a appelé : un petit volcan faisait éruption sur la peau de Sarika. Tara a stérilisé une aiguille, nettoyé la surface autour de « l'écharde » et percé une ouverture pour la déloger. Elle a enlevé l'écharde, a bien nettoyé la plaie et apposé un bandage, et Sarika est repartie joyeusement. Tara a ensuite examiné ce qu'elle venait d'extraire : un petit ver gras ! Il s'agissait d'un parasite qui, apparemment, infecte les mammifères à une certaine période de l'année. Le parasite pond ses œufs sur le sol et, au passage des animaux, il s'attache à leur peau et s'y enfouit. J'ai entendu parler plus tard d'un caméraman allemand qui en avait retiré plus de 70 de ses jambes.

Précédemment, je m'étais frappé l'orteil contre un objet pointu sortant d'un mur. Comme nous craignions beaucoup toute infection consécutive à une coupure, j'ai appliqué du

Sarika nous montre l'endroit où le parasite est entré dans son pied.

désinfectant sur mon orteil avant de l'entourer d'un pansement bien serré. Ce soir-là, l'orteil est devenu douloureux, puis, le lendemain soir, il s'est mis à élancer avec chaque battement de cœur. « Merde, me suis-je dit, il doit être infecté. » Le lendemain matin, j'ai retiré le bandage et les élancements ont cessé peu après : le pansement était trop serré. La coupure guérissait bien, mais, à côté, sous mon ongle d'orteil, j'ai aperçu trois vers ! Tara les a délogés pour moi et j'ai laissé tomber les sandales.

Deux jours après notre arrivée à Aucre, une femme est tombée d'un toit et s'est fait une entaille profonde sur une machette. Nous avons alors appris qu'il y avait un poste émetteur au village pour les cas d'urgence, et des appels désespérés ont été lancés pour qu'un avion vienne la prendre. Le lende-main, l'avion est arrivé et l'a emmenée à Redenção où, avons-nous su plus tard, elle a été victime d'une infection et en est décédée. Dans une communauté de deux cents personnes, un accident aussi grave ne peut qu'être bouleversant pour tous.

Environ cinq jours après notre arrivée, j'ai été réveillé tôt un matin par des gémissements se faisant entendre partout autour de nous. J'ai réveillé Tara, pensant qu'un malheur s'était produit, peut-être même un décès. Nous nous sommes levés et avons regardé les gens se précipiter vers une hutte, dans laquelle une femme hurlait et se frappait avec des casseroles, des machettes et tout ce qui lui tombait sous la main. D'autres femmes la retenaient et gémissaient de concert avec elle. Il s'est avéré qu'un homme âgé était mort subitement de la tubercu-lose. Le lendemain, nous avons fait preuve de la plus grande discrétion possible pendant que le corps a été amené dans la forêt, où, conformément à la coutume, semble-t-il, on l'a laissé sur une plate-forme, comme offrande à la nature. Je ne sais pas exactement comment on a réconforté sa femme, mais elle a retrouvé son calme et les lieux ont été « purifiés » par un homme célibataire qui a fait les cent pas pendant des heures avec un balai, pour chasser les esprits.

Deux tragédies en une semaine constituent une dure épreuve pour une petite communauté. Nous étions dans le vil-lage depuis un certain temps lorsque, une nuit, j'ai été réveillé par des tirs et des cris. On aurait dit que des gens avaient bu et tiraient sans raison. Nous n'avions pourtant vu ni alcool ni armes à feu durant tout notre séjour. Tara et moi nous sommes levés et avons alors aperçu Paiakan à l'entrée de la hutte, demeurant là comme s'il montait la garde. « Que se passe-t-il ? », lui avons-nous demandé. D'un air très sombre, il a pointé la pleine lune. « La lune est malade, a-t-il dit, et mon peuple est effrayé. Il blâme les *brancos* [les Blancs]. »

Je ne savais pas s'il voulait dire que nous étions tenus responsables de l'enchaînement des deux tragédies de la semaine et de la maladie actuelle de la lune, ou si c'étaient les Brésiliens en général qui étaient blâmés pour ces catastrophes. Nous avons regardé la lune, qui avait pris une étrange teinte de brun orangé tacheté. « Est-ce une éclipse ? », se demandait Paiakan. Nous ne pouvions le dire, mais elle avait vraiment l'air bizarre.

« Les gens font des incantations pour que la lune guérisse », a expliqué Paiakan.

« Sommes-nous en danger ? », a demandé Tara.

Je m'attendais à ce qu'il nous rassure, mais il a plutôt répondu : « *Não sei* (Je ne sais pas). » J'étais maintenant inquiet.

« Crois-tu que les gens vont se calmer ? », a insisté Tara.

La réponse est tombée de nouveau, glaçante : « *Não sei.* » Patricia, Miles, Severn, Sarika et moi pouvions affirmer « Nous ne sommes pas des Blancs ! », mais Tara a avoué qu'elle ne s'était jamais sentie aussi blanche de sa vie que dans cette hutte.

Quelles étaient donc les probabilités de se retrouver au cœur de l'Amazonie au moment même d'une éclipse de lune ? Une heure plus tard, Tara a jeté un coup d'œil dehors et a aperçu une lune blanche immaculée, à l'exception d'une partie encore cachée sur un côté. Pour les Kaiapos, un événement aussi extraordinaire qu'une éclipse est chargé de sens : il indique que l'ordre régissant leur monde a été perturbé et doit être rétabli d'une manière ou d'une autre. Ces « signes » — les deux décès et l'éclipse — représentaient-ils leur châtiment pour avoir omis de faire quelque chose, ou annonçaient-ils un phénomène extraordinaire imminent ? Dans une vision du monde où tout est interrelié, de tels événements ne peuvent être considérés comme dépourvus de sens.

Les pensées se bousculaient dans ma tête. Les Kaiapos sont réputés pour leur férocité. En 1990, deux groupes de guerriers kaiapos ont attaqué des colonies illégalement implantées sur leur territoire et ont affirmé avoir tué trente paysans ; c'est Raoni, l'ami de Sting qui porte un labret de la taille d'une assiette, qui avait mené l'un de ces groupes au Parc national de Xingu. À Gorotire, j'avais rencontré une infirmière brésilienne qui adorait les Kaiapos. Elle avait vécu vingt ans dans un de leurs villages lorsque s'est répandue une rumeur selon laquelle des Blancs avaient attaqué un Kaiapo à Redenção. Les villageois étaient tellement furieux qu'ils ont voulu s'en prendre à l'infirmière, qui a dû s'enfermer dans sa hutte. Elle riait en me racontant l'incident, mais elle m'avait bien averti : si une crise éclate, vous avez beau avoir été bien accueilli, vous n'êtes pas un Kaiapo.

J'ai une curieuse caractéristique. Dans une situation à forte charge émotive, je deviens somnolent. Il semble que ce soit un mécanisme de défense, servant peut-être à prévenir une anxiété aiguë. Quoi qu'il en soit, je croyais qu'il n'y avait pas grand-chose à faire, sauf attendre et espérer que le calme reviendrait le lendemain matin. En général, je suis enclin à me tracasser, mais cette fois-là j'ai regagné mon hamac et je me suis rendormi. Tara est restée étendue à entendre les balles siffler le long de nos minces murs de boue. Elle était particulièrement furieuse contre moi. Mais nous avons survécu.

Le jour s'est levé. Les filles se sont réveillées, sans savoir ce qui s'était passé. Nous sommes sortis prudemment, un peu inquiets de ce qui arriverait. En apparence, la vie avait repris son cours normal : certains cuisinaient, d'autres pêchaient, d'autres encore nageaient. Était-ce notre imagination ou les gens étaient-ils plus réservés à notre endroit ? Difficile à dire. Toujours est-il que notre séjour idyllique à Aucre avait brutalement pris fin. Nous avions prévu passer quelques jours encore, mais le plaisir d'être là-bas s'était un peu dissipé, en raison de notre ignorance et de notre crainte.

Lorsque Paiakan nous a annoncé que l'avion venait le prendre avec sa femme et leurs enfants, nous avons décidé de partir aussi. Nous avions vécu une expérience unique dans une vie : un voyage de plusieurs milliers d'années dans le passé, un retour au mode de vie que l'espèce humaine a connu pendant la quasi-totalité de son existence. Nous avions tendu la main et noué des amitiés par-dessus ce hiatus temporel, mais l'éclipse nous avait remis sous les yeux la grande différence entre les deux perceptions du monde qui se trouvaient en présence.

Nous devions alléger nos bagages pour l'avion et avons donc donné nos chandails, lampes de poche, articles de pêche, couteaux, bref tout ce qui pourrait leur être utile. Un jeune homme qui s'était tenu à mes côtés durant nos excursions de pêche m'a timidement donné un collier de plumes qu'il avait fabriqué. Lorsque nous sommes partis, je ne savais pas trop si les Kaiapos pleuraient parce qu'ils voyaient Paiakan et Irekran partir ou parce qu'ils nous aimaient bien aussi et nous adressaient ainsi leurs vœux de bonheur.

Severn et Sarika ne voulaient pas partir. Elles avaient vécu une expérience merveilleuse et voulaient rester jusqu'à la fin du séjour prévu. Mais nous nous sommes envolés une fois de plus, quittant Aucre et survolant l'immense couverture végétale.

Après quarante minutes, nous sommes passés au-dessus d'une incroyable entaille rouge dans la forêt : c'était une mine d'or alluvionnaire, et la destruction des environs de la rivière était inimaginable. L'eau avait l'apparence d'une crème mousseuse. Peu après, nous avons aperçu de la fumée, d'abord de petites volutes ici et là, puis de larges colonnes qui cachaient le soleil : la forêt, foyer des Kaiapos, était en feu. Sev est alors devenue très agitée en se rendant compte que la forêt de ses amis allait disparaître en fumée.

Nous avons passé la nuit dans un motel de Redenção. À Aucre, l'argent ne valait rien. Là, la vie reposait sur les habiletés et les connaissances de ses habitants ; la forêt et les rivières offraient des ressources abondantes et généreuses. Soudain, nous étions projetés dans un monde où seul l'argent comptait. Après la hutte de boue, les enfants kaiapos partout, la baignade et la pêche, même cette petite ville semblait bruyante, polluée et inhospitalière. Après de tristes adieux à Paiakan et sa famille — qui sait si nous nous reverrions jamais ? — nous avons pris l'avion pour Cuiabá en vue d'une brève visite au Pantanal, des terres marécageuses réputées pour leurs oiseaux et leurs crocodiles.

En partant de Redenção, Sarika s'est plainte d'une douleur à l'œil. Il était rouge et injecté de sang, et après quelques minutes un mucus épais et laiteux a commencé à s'en écouler. C'était terrifiant de voir à quelle vitesse cette infection se développait. À notre arrivée à São Paolo, en route pour Cuiabá, sa paupière était tellement enflée que l'œil était complètement bouché. Nous nous sommes précipités dans une pharmacie de l'aéroport, où le pharmacien l'a examinée. Je croyais qu'il sursauterait et s'exclamerait « Oh mon Dieu ! » ou dirait autre chose d'aussi dramatique, mais il a simplement affirmé que c'était un problème fréquent et nous a calmement remis un tube de médicament. J'étais sceptique, mais nous avons fait pénétrer le médicament dans son œil, qui s'est mis à désenfler à peine quelques minutes plus tard. Après quelques heures, il n'y avait plus aucune trace d'infection.

Pendant que nous observions attentivement si l'œil de Sarika désenflait bien comme prévu, Miles a commencé à se moquer de moi au sujet des parasites que j'avais extraits de mon pied. Combien en avais-je eu ? Pourquoi avais-je mis des sandales ? Il me ridiculisait parce que je n'avais pas été assez prudent à ce sujet. « Dois-je comprendre que tu n'en as eu aucun ? Tu n'as aucune irritation de la peau ? », ai-je demandé.

« Bien sûr que non… », a-t-il commencé à répliquer, s'interrompant toutefois au milieu de sa phrase. Il s'est affalé sur un divan, a retiré chaussures et bas et a alors aperçu un petit volcan familier entre ses orteils. « Enlève-le ! Enlève-le ! », gémissait-il. Je me suis permis de rire un peu de ce brave guerrier haida.

Paiakan est devenu un héros connu dans le monde pour sa lutte destinée à protéger son milieu de vie. Il a été honoré et fêté en Europe et aux États-Unis. En 1990, Paiakan a été inscrit sur la liste des 500 personnalités écologistes établie par le Programme des Nations Unies pour l'environnement et, avec Jimmy Carter, l'ancien président des États-Unis, il a reçu un prix de la Society for a Better World. Je suis allé à New York pour le féliciter et participer à la cérémonie de remise de ce prix.

Comme le Sommet de la Terre prévu à Rio de Janeiro approchait, en juin 1992, nous nous sommes préparés à retourner au Brésil. La renommée de Paiakan s'était accentuée et, même s'il perturbait les plans de ceux qui voulaient développer l'Amazonie, il était censé jouer un rôle primordial au Sommet de Rio. La rumeur courait que le Dalaï-Lama avait proposé de partager la scène avec lui.

À Rio, nous nous sommes installés dans un appartement sur le Condado, juste au nord d'Ipanema. La veille du Sommet, en allant faire des courses, Tara a vu la photo de Paiakan sur la couverture d'un magazine national, surmontée du titre « *O Savagem* » (Le sauvage). Paiakan était accusé d'avoir fait monter en voiture Leticia Ferreira, âgée de dix-sept ans, en route pour un pique-nique près de Redenção, et de l'avoir brutalement attaquée et violée, avec l'aide d'Irekran et en présence de leurs enfants. Les accusations sensationnelles, qualifiées de « faits » et décrites en termes crus dans le magazine, avaient été portées par l'oncle de la jeune femme, maire de Redenção, qui avait mené une virulente campagne anti-amérindienne. Paiakan et sa famille s'étaient retirés à Aucre pour assurer leur sécurité.

Toute l'affaire était parfaitement nauséabonde, mais, comme moyen pour discréditer Paiakan, elle a atteint ses fins. Aux réunions des organisations non gouvernementales tenues à l'hôtel Gloria durant le Sommet, Paul Watson et moi étions affligés de voir que, l'un après l'autre, les porte-parole des groupes écologistes prenaient leurs distances par rapport à Paiakan.

En 1994, Paiakan a été acquitté *in abstentia*, faute de preuves. Mais des années plus tard, les mêmes accusations ont de nouveau été portées. J'ai prié l'avocat brésilien Frank Melli, fidèle partisan de Paiakan, de vérifier si, treize ans plus tard, Paiakan pouvait être blanchi de toute accusation. Il avait été condamné à un silence beaucoup plus total que si, comme Chico Mendes, on en avait fait un martyr en l'assassinant. Entre-temps, nous avons constitué une fiducie qui permettra aux enfants de Paiakan, selon sa volonté, d'aller à l'université afin qu'ils puissent s'instruire et travailler pour leur peuple.

Lorsque nous avions rendu visite à Paiakan en 1989, il s'était mis à songer au fait que, au Canada, nous payons nos chercheurs et nos experts pour enseigner à l'université et transmettre leur savoir aux jeunes gens. « Nos aînés sont nos professeurs », disait-il. Il a ajouté qu'il aimerait bien pouvoir compter sur une université kaiapo où les aînés enseigneraient aux jeunes l'art de vivre en forêt. Il voulait montrer que la forêt pouvait être très utile si on la laissait tranquille. Il aurait aimé, par exemple, mettre sur pied un centre de recherche dans une région vierge, où des scientifiques du monde entier pourraient séjourner moyennant une contribution financière ; ils embaucheraient des cuisiniers et des assistants kaiapos et échangeraient leurs connaissances avec les Kaiapos.

Nous trouvions que c'était une bonne idée et, avec l'aide de Barbara Zimmerman, la jeune herpétologiste torontoise qui avait travaillé en Amazonie pendant des années et nous avait tous invités au centre de recherche de Manaus, nous avons commencé à travailler pour la concrétiser. Pour réunir les fonds nécessaires, nous avons organisé de petits tours guidés à Aucre et à son nouveau centre de recherche situé à vingt-cinq kilomètres en amont, à compter de 1990. Les personnes qui le désiraient avaient la possibilité de s'immerger dans une communauté indienne traditionnelle au sein de la forêt tropicale amazonienne. Barb est une femme et une scientifique exceptionnelle, la seule personne que nous croyions capable de mener à terme ce projet de centre de recherche dans un endroit aussi isolé. Elle s'occupait de la partie brésilienne des séjours et Tara mettait au point les arrangements complexes au Canada.

Grâce aux revenus tirés de ces tours guidés, le premier centre de recherche scientifique du sud-est du bassin amazonien a vu le jour. Nous avons ensuite transmis la gestion de ce centre à la fondation David Suzuki nouvellement mise sur pied. Mais cette gestion obligeait Tara à lui consacrer beaucoup de temps et d'énergie, et lorsque Conservation International, organisme écologiste américain bien établi qui œuvre pour la protection de la nature, nous a offert de s'en charger, nous avons accepté avec plaisir.

En 2001, Severn a reçu une bourse de recherche de l'université Yale, où elle en était à sa troisième année, pour étudier une espèce d'arbre de la forêt amazonienne au centre de recherche que sa mère et moi avions contribué à mettre sur pied, et qui portait désormais le nom de Projeto Pinkaiti. Grâce au financement de Conservation International et à la supervision de Barbara Zimmerman, le centre prospérait et accueillait sur une base régulière des scientifiques et des étudiants d'Europe et d'Amérique du Nord.

Quand j'ai entendu ce que racontait Sev sur son retour en Amazonie, j'ai décidé de retourner à Aucre pour voir Paiakan,

Severn et Iremao, le fils de Paiakan, au centre de recherche Pinkaiti.

pendant que nous étions au Brésil pour filmer *The Sacred Balance*, en 2003. Paiakan avait pris du poids, et le village aussi avait changé depuis ma dernière visite. Pour une raison inexpliquée, les toits des huttes n'étaient plus en chaume mais en métal, on avait construit un dispensaire au sol de béton à partir duquel un Brésilien distribuait des médicaments, un téléviseur alimenté à l'énergie solaire, allumé quelques heures le soir, diffusait des parties de football pendant mon séjour, et on avait construit une hutte pour ceux qui faisaient la navette entre le village et le centre de recherche situé en amont. À Aucre, j'étais réveillé par le son des outils métalliques utilisés pour écaler les noix du Brésil dont l'huile sert à la fabrication de cosmétiques pour Body Shop. L'avion que nous avions fait livrer en 1989 reliait toujours les villages kaiapos.

Le cuisinier du camp à Aucre était un Brésilien qui éprouvait une affection sincère pour les Kaiapos et qui avait été adopté par eux comme un Kaiapo, ce qui constitue un honneur et une marque de confiance incomparables. Pour être adopté, il avait dû jeûner toute une journée, se faire raser les cheveux et consacrer une journée entière à des danses et à des séances de peinture rituelles.

Autre changement important : les filles de Paiakan s'instruisaient loin du village, à Redenção. Paiakan a accepté que quelques acajous soient abattus pour obtenir l'argent qu'il lui fallait pour faire vivre ses filles en ville. Juneia Mallus en a été très déçue, mais Barb Zimmerman croit qu'une telle coupe sélective d'acajous a une incidence écologique relativement bénigne. Paiakan espère encore rallier davantage de partisans à l'extérieur de son pays pour assurer la protection de l'Amazonie, mais le temps fait son œuvre et il est coincé dans son village, marginalisé, oublié des médias.

Durant mon séjour, Paiakan et moi sommes allés pêcher de nouveau. Contrairement à notre visite en été 1989, celle-ci a eu lieu juste après la saison des pluies, si bien que l'eau de la rivière était assez haute et que celle-ci débordait sur les rives et dans la forêt. En partant, Paiakan a mené le bateau droit sur un buisson surplombant la rivière et s'est mis à cueillir des fruits orangés de la taille d'une noix et à les déposer au fond du bateau. Après en avoir amassé une bonne pile, il a reculé et, en commençant à descendre la rivière, m'a dit d'appâter avec les fruits. Le connaissant moins bien, j'aurais pu croire qu'il se payait la tête d'un *gringo*, mais j'ai docilement enfoncé un hameçon dans la chair du fruit.

« Lance ta ligne maintenant », m'a enjoint Paiakan, ce que j'ai fait sans trop de conviction. Je ne pouvais simplement pas croire qu'on pouvait pêcher avec un fruit. Et si quelqu'un me voyait ? Paiakan a coupé le moteur, appâté une ligne dormante

Paiakan et moi, arborant fièrement le travail de sa femme, Irekran.

avec un autre fruit et l'a lancée vers les arbres sur la rive. Il a
tout de suite remonté un énorme poisson plat argenté. Je me
suis alors mis à lancer avec plus d'enthousiasme et j'ai accroché
un poisson sur-le-champ, qui a cassé ma ligne. Paiakan a pris
trois poissons ; quant à moi, j'en ai accroché plusieurs mais je
les ai tous perdus. Nous avons dérivé jusqu'à un endroit où se
trouvaient de grands rochers et des bassins. Paiakan a alors
sauté à l'eau et lancé un filet à main, retirant ensuite plusieurs
spécimens de la même espèce après chaque lancer. Finalement,
nous avons pris dix beaux poissons, et je ne pouvais qu'admirer l'habileté et le savoir de Paiakan. Je n'ai attrapé aucun poisson cette journée-là.

Déjà, mon court séjour s'achevait, et je me suis préparé à
partir. Irekran a offert de me peindre le corps, ce que j'avais
toujours espéré, sauf que je savais que je devais tourner dans
quelques jours. « Pas mon visage », lui ai-je dit un peu à regret.
J'aurais adoré être peint comme Severn l'avait été, mais cela
aurait aussi attiré les regards sur moi partout où je devais passer par la suite, y compris dans les aéroports, et cette perspective me déplaisait. Elle m'a donc couvert de longues rayures
verticales de teinture noire allant jusqu'au menton. Quand je
lui ai demandé si la peinture durerait longtemps, elle a
répondu : « Environ dix jours. » Faux. Elle a duré un mois et
suscité bien des réactions dans mon gymnase, au Canada.

Le jour de mon départ d'Aucre, j'ai été réveillé par un tin-
tamarre, et j'ai su que c'était le pharmacien qui vaporisait
un insecticide autour du village, parce que la malaria avait fait
son apparition dans les environs. Il semble impossible d'échapper aux forces du changement, même au plus profond de
l'Amazonie.

CHAPITRE 10

L'Australie

Quand j'étais petit garçon, l'Australie, terre des fameux ornithorynques, était un des endroits magiques que je rêvais de visiter. L'ornithorynque était le type d'animal qui stimulait l'imagination d'un passionné de la nature comme moi, et je voulais absolument en voir un dans son milieu naturel. Avec son bec plat et large comme celui d'un canard, son corps poilu, ses pattes palmées pour nager et son éperon venimeux sur les pattes de derrière du mâle, l'ornithorynque est un mammifère ovipare qui allaite ses petits à l'aide de glandes sudoripares modifiées sécrétant du lait sur ses poils que les petits peuvent ensuite lécher. En Amérique du Nord, les zoos gardent des kangourous ou même des koalas, mais jamais un ornithorynque.

Dans les années 1960, à mes débuts à l'Université de la Colombie-Britannique, j'ai rencontré Jim Peacock, un jeune Australien brillant qui effectuait des travaux inédits sur la réplication des chromosomes chez les végétaux et qui avait reçu une bourse d'études post-doctorales de l'Université de l'Oregon. Nous nous croisions parfois à l'occasion de certaines conférences et nous nous sommes liés d'amitié. À mon insu, il avait donné mon nom pour un poste à l'Université de Sydney. J'ai donc été assez surpris lorsque j'ai reçu une demande m'invitant à poser ma candidature à un poste en génétique. Comme je trouvais flatteur de recevoir une telle demande dès le début de ma carrière, j'ai envoyé mon très bref curriculum vitae, dans l'espoir que je serais au moins invité à donner une conférence.

Mais on m'a plutôt offert le poste tout de suite. Je savais que cette université bénéficiait des travaux d'un éminent spécialiste des chromosomes, Spencer Smith-White, ce qui la rendait encore plus intéressante pour moi. Mais j'allais bientôt divorcer et je ne pouvais simplement pas m'imaginer être si loin de mes enfants. J'ai donc refusé ce poste, sans même tenter de soutirer une augmentation de salaire de mon directeur de département en l'informant de l'offre reçue... Depuis, je me suis souvent demandé quelle tournure aurait prise ma vie si j'avais accepté ce poste.

En 1988, je suis enfin allé en Australie et j'en suis immédiatement tombé amoureux. Le mouvement écologiste avait atteint un sommet en dynamisme et en appui public partout dans le monde, et l'Australie venait de mettre sur pied la Commission pour l'avenir, organisme gouvernemental chargé d'examiner le rôle de la science dans la société australienne et pour l'avenir du pays. C'était une bonne idée, semblable à celle qui avait donné naissance au Conseil des sciences du Canada, que Brian Mulroney a aboli durant son deuxième mandat, en 1993.

Phil Noyce, un jeune et dynamique professeur de science (et non le cinéaste australien homonyme), avait été recruté par la Commission pour l'avenir en raison de l'intérêt qu'il portait à la vulgarisation scientifique. Il avait incité la Commission à m'inviter à donner une série de conférences en 1988. Devenu un ami proche, il m'a persuadé de l'importance d'agir tout de suite pour lutter contre les changements climatiques. Je savais que l'activité humaine affectait le climat sur la Terre, mais je croyais que ce ne serait un véritable problème que dans un avenir lointain et qu'il y avait d'autres enjeux plus pressants. Phil n'était pas d'accord, et les faits accumulés depuis ont montré à quel point il avait vu juste. Il a connu une mort tragique et prématurée, en jouant au tennis, à cause d'une malformation cardiaque congénitale qui n'avait pas été diagnostiquée.

J'étais ravi de recevoir l'invitation et j'ai immédiatement accepté. Enfin, j'allais en Australie! Qu'allais-je voir là-bas? À cause de l'horrible discrimination subie par les peuples aborigènes australiens et de l'infâme politique gouvernementale (préconisant « une Australie blanche ») qui restreignait l'immigration pour y maintenir la domination des Blancs, je m'attendais à devoir chercher longtemps pour voir une personne de couleur. En outre, le sexisme du pays était bien connu, ce qui explique peut-être qu'une des féministes les plus influentes de l'époque, Germaine Greer, était australienne. Je m'étais bien préparé à devoir supporter diverses manifestations de discrimination, de sexisme et d'homophobie. Je croyais aussi que je verrais des kangourous et d'autres marsupiaux gambader dans les champs et les rues.

Quelle ignorance! À l'instar des Américains qui débarquent à Toronto et y voient une immense ville moderne dépourvue des igloos attendus, j'ai atterri à Melbourne et découvert une grande ville évoluée présentant une grande diversité. Je ne m'attendais certainement pas à trouver des quartiers chinois animés à Melbourne et à Sydney, ainsi qu'une foule de restaurants thaïlandais, vietnamiens et japonais. À mon grand étonnement, j'ai découvert des villes multiculturelles raffinées et très diversifiées sur le plan ethnique. Il n'y avait pas de kangourous dans les villes, bien sûr, mais j'en ai vu en milieu naturel, et j'ai appris qu'ils se rassemblent sur les terres agricoles et y broutent sans crainte. Tant dans les villes que dans la brousse (les vastes régions intérieures peu peuplées), il y avait une profusion étonnante d'oiseaux aux formes et aux couleurs les plus variées, comme les cacatoès, les perruches et les perroquets. Même les oiseaux « nuisibles » comme les pies sont magnifiques. Et je ne suis pas fou des oiseaux.

Lors d'une de mes premières visites en Australie, Phil m'a emmené à l'île Phillip, au sud de Melbourne, où des manchots pygmées (*Eudyptula minor*) vivent encore dans des tunnels creusés sur les rivages au-dessus de la plage et où on peut les écouter roucouler dans leurs nids et les regarder se dandiner jusqu'à l'eau le matin, hésiter, puis plonger tous ensemble vers le large. Le soir, ils regagnent leurs nids en se dandinant à côté des touristes sans leur porter la moindre attention. C'est un spectacle impressionnant qui m'a rappelé la façon dont les animaux habitant les îles Galápagos ne voient pas en nous des prédateurs mortels et ne s'occupent tout simplement pas de nous.

Nous avons vécu une expérience semblable en 2003, dans l'île Kangaroo, au large de la côte sud de l'Australie. Nous y avons vu un échidné qui, avec l'ornithorynque, est le seul autre membre du très petit groupe de mammifères ovipares que sont les monotrèmes. Doté d'un bec plus pointu et de seulement deux pattes, l'échidné porte une couche d'épais aiguillons protecteurs et se nourrit de larves. Dès que nous en avons aperçu un, nous sommes sortis de notre véhicule, mais l'animal n'a absolument pas réagi à notre présence et a continué à creuser le sol au bord de la route. Je venais de faire une autre rencontre étonnante.

J'ai demandé à Phil si je pouvais enfin voir un ornithorynque, et mon vœu a été exaucé au zoo de Melbourne. On m'a emmené derrière les aires publiques pour me faire voir le bassin complexe qui avait été construit pour les animaux. J'ai ainsi pu les observer aussi longtemps que j'ai voulu et je les ai même vus se faire servir leur nourriture préférée, un genre d'écrevisse appelé yabbie. Un rêve d'enfance venait de se réaliser et ce fut l'un des grands moments de ma vie.

La Commission pour l'avenir était déterminée à tirer le maximum de ma présence, et Phil avait donc établi un horaire chargé rempli d'événements médiatiques et de plusieurs discours officiels. J'étais en territoire inconnu tout autant que mon auditoire, car personne n'avait jamais entendu parler de moi ou de mes idées. Je pouvais donc traiter à mon gré de tous mes sujets favoris et me montrer aussi opiniâtre qu'il me plaisait. Je trouvais bien agréable de voir que les gens étaient si réceptifs à mes propos. On peut le comprendre : l'Australie est un pays dont le climat et les écosystèmes uniques favorisent les activités extérieures, que ce soit la natation, le camping ou simplement un repas au barbecue arrosé de quelques bières. L'eau y est un enjeu très réel pour tous. Je soupçonne les Australiens d'avoir été assez surpris d'entendre un Japonais (moi) dénigrer les Japonais pour leur destruction des ressources mondiales que sont les arbres et les poissons. Quelles qu'en aient été les raisons, j'ai fait l'objet d'une grande attention médiatique partout où Phil avait organisé des entrevues et des conférences de presse.

Le réseau ABC (Australian Broadcasting Corporation) est aussi important pour les Australiens que la CBC l'est pour les Canadiens. Mais, contrairement aux Canadiens, les Australiens soutiennent et défendent avec force le réseau public. Après quelques compressions budgétaires relativement modestes décidées par l'ABC à la fin des années 1990, plus de 10 000 personnes ont manifesté à Sydney pour protester contre la diminution de ses ressources financières. Par contre, lorsque le gouvernement fédéral canadien a imposé des compressions

Le quokkas, un marsupial, à l'île de Rottnest, près de Perth, en Australie occidentale.

budgétaires draconiennes à la CBC, seules quelques centaines de personnes se sont rassemblées à Toronto pour appuyer le diffuseur.

En Australie, j'ai donné des entrevues de fond à plusieurs émissions locales et nationales de l'ABC, y compris la plus importante de toutes, *Science Show*, qui est diffusée à la radio et animée par Robyn Williams. Robyn est un expatrié de Grande-Bretagne dont la grande compétence en matière de communication scientifique en a fait une figure bien connue et admirée du grand public, une sorte d'équivalent australien de Carl Sagan. J'ai fini par très bien connaître Robyn, car nos chemins se sont souvent croisés en Australie et en Amérique du

Nord. Il a été le seul animateur de *Science Show* depuis le début de l'émission, au printemps de 1974, et son émission a été pour moi une occasion rêvée de parler à fond de mes idées.

Vers la fin de mon premier séjour, je n'avais pas eu le temps de sortir de Melbourne et de Sydney et je n'avais donc encore rien vu de la célèbre faune du continent australien. Néanmoins, j'étais tombé amoureux du pays et de ses habitants. De retour chez moi, il me semblait que tout ce que je voyais évoquait un souvenir de l'Australie. « Tu sais, à Sydney… », disais-je souvent. Un jour, Tara m'a jeté un regard soupçonneux en me demandant si j'avais une petite amie là-bas.

Par suite de cette visite, plusieurs groupes m'ont invité à y retourner pour donner des conférences, et j'étais déterminé à y emmener Tara. J'ai également été approché par Patrick Gallagher, directeur d'Allen & Unwin Publishers, une entreprise australienne qui avait d'abord été la filiale d'une maison d'édition anglaise puis qui était devenue indépendante en 1990. Nous sommes devenus de bons amis et j'ai pu établir une relation privilégiée avec son entreprise. Lorsque j'ai dit à Patrick que je voulais appuyer des groupes de défense des aborigènes et des groupes écologistes australiens en leur versant une part de mes redevances issues de la vente de mes livres en Australie, il a aussitôt offert de verser lui-même à ce fonds cinq pour cent des bénéfices de l'entreprise provenant de la vente de mes livres.

J'ai peu après organisé ma deuxième visite en Australie, cette fois pour faire une tournée de plusieurs villes afin de parler de mes livres intitulés *Metamorphosis* (ma première autobiographie) et *Inventing the Future* (un recueil de chroniques que j'avais écrites pour des journaux). En 1989, Tara m'a accompagné pour voir elle-même ce qui m'avait tant impressionné dans ce pays. Nous nous sommes rendus à Melbourne, à Sydney et à Canberra, suscitant beaucoup l'intérêt des médias. Mes livres ont vu leurs ventes monter en flèche et ont été consacrés *best-sellers*.

L'Australie est un endroit très exotique, et pourtant les gens nous semblent tout à fait familiers et parlent l'anglais, de sorte qu'il est facile de se déplacer et de converser. Les Australiens et les Canadiens partagent un passé colonial et des liens avec la Grande-Bretagne et sont tout aussi fiers les uns que les autres de ne pas être américains. On trouve en Australie un grand nombre de jeunes Canadiens qui travaillent comme ouvriers agricoles ou comme serveurs de restaurant, de même qu'on peut entendre l'accent australien partout sur les pentes de ski à Whistler et à Banff. Les Australiens comme les Canadiens ont l'impression (erronée) de former une faible population occupant un vaste territoire. En réalité, une grande partie du Canada est couverte de neige, de glace ou de roches, et c'est pourquoi la plupart des Canadiens vivent le long de la frontière avec les États-Unis. De même, une bonne proportion de l'Australie est désertique, si bien que la majorité de la population se retrouve dans cinq grandes villes côtières. Mais la nature sauvage et l'arrière-pays forment une part essentielle de ce que les habitants des deux pays considèrent comme leur patrimoine et leur culture.

J'ai déjà entendu Marshall McLuhan dire qu'une des différences entre les Américains et les Canadiens réside dans le fait que les Américains vont rapidement inviter de nouvelles connaissances à venir chez eux, tandis que les Canadiens vont leur donner rendez-vous au bar ou au restaurant, réservant le foyer à la famille et aux amis. Je ne sais pas à quel point cette généralisation est juste, mais je crois certainement que les Canadiens sont nettement moins extravertis et moins ouverts que les Américains. J'ai souvent été étonné, à une première rencontre avec un Américain, d'être invité à demeurer chez lui

Sarika et Severn, avec la troupe de danse de David Hudson, au Queensland.

après rien de plus qu'une brève conversation. C'est une qualité que j'admire et apprécie.

Au Canada, par contre, nous prenons beaucoup plus de temps avant d'offrir une telle hospitalité, mais, lorsque nous le faisons, le geste semble plus sincère et plus authentique. Les Australiens sont beaucoup plus ouverts et beaucoup plus sociables que les Canadiens, mais sans manifester l'attitude de supériorité sous-jacente propre à de nombreux Américains. Et l'anglais que parlent les Australiens est original et très intéressant, qu'il s'agisse de la contraction de certains mots ou des néologismes employés.

Lors de cette visite avec Tara, en 1989, Phil Noyce et son épouse, Georgina Tsolidas, nous ont accompagnés jusqu'à la Grande Barrière de corail. Nous avons pris l'avion pour Cairns, la ville la plus septentrionale de la côte est du Queensland. De là, nous avons fait une heure d'autobus vers le nord pour nous rendre à la petite ville tranquille de Port Douglas, où a été tourné quelques années plus tard le merveilleux film australien *Travelling North*. Port Douglas était un petit village comptant quelques boutiques et un port, où était amarré le *Quicksilver*, un grand catamaran à coque double. Il se rend chaque jour à la Grande Barrière de corail et s'amarre à un flotteur permanent situé à l'extérieur de la barrière, d'où les touristes vont faire de la plongée sous-marine ou de la plongée en apnée ou encore descendent simplement jusqu'à l'aire d'observation sous le flotteur.

Notre première excursion a été paradisiaque. Nous n'avions jamais vu une telle diversité de formes et de couleurs, dont des dizaines d'espèces de corail, d'immenses bancs de corail pourpre aux branches en panaches et d'énormes dômes de corail en forme de cerveau humain. Il y avait aussi des myes géantes aux lèvres vertes, roses et violettes menaçant de se refermer sur les plongeurs insouciants, comme on le voit dans les films d'horreur, et d'innombrables poissons comme les énormes mérous, les perroquets de mer, les poissons-globes et les minuscules poissons-clowns orangés qui se cachent dans les tentacules protecteurs du corail mou. La Grande Barrière de corail est véritablement une des merveilles du monde naturel.

En revenant de notre excursion magique sur le *Quicksilver*, nous avons remarqué un site d'excavation tout près de la plage Four Mile, où un panneau indiquait qu'un immeuble résidentiel allait bientôt être érigé et qu'une suite y était encore disponible. Phil, Georgie, Tara et moi l'avons achetée. Tara et moi en avons abondamment profité depuis, et il est clair pour nous que cet investissement a fait de l'Australie notre deuxième patrie. Pendant les huit ans que j'ai vécu aux États-Unis, l'idée d'y demeurer en permanence ne m'avait jamais traversé l'esprit. Mais là, à Port Douglas, après avoir passé une journée de rêve à la Grande Barrière de corail et marché sur le sable magnifique de la plage Four Mile par un temps idéal, nous avons sérieuse-ment songé à déménager en Australie. Nous n'avons jamais regretté d'être restés au Canada, mais nous nous estimons pri-vilégiés de pouvoir retourner en Australie à notre gré.

Tara et moi nous étions épris de Port Douglas parce que nous avions quelque peu eu l'impression de retourner dans le passé, à une époque où tout était plus lent. Mais lorsque nous y sommes retournés quelques années plus tard, la ville avait été « découverte » et avait connu une énorme expansion qui a fait surgir un hôtel de luxe financé par des Japonais. Par la suite, le *Quicksilver* a été vendu à une entreprise japonaise, des restau-rants haut de gamme attirent aujourd'hui davantage de tou-ristes et l'ambiance générale de l'endroit a changé. Mais l'inva-sion japonaise et le développement accéléré ne sont que les plus récentes sources de changement dans la région.

De décembre à mars, le temps chaud et humide incite les résidants et les touristes à passer beaucoup de temps dans l'eau. Mais on ne peut pas nager à la plage Four Mile, à cause de la menace mortelle des « aiguillons », c'est-à-dire des méduses venimeuses dont certaines peuvent paralyser et même tuer un adulte. Les photos de victimes portant des « brûlures » de méduses sont assez saisissantes, car on y voit souvent des plaies ouvertes et de grandes plaques de peau rouge et enflée. La seule baignade permise dans l'océan en été se fait donc dans les grands filets protecteurs étendus dans l'eau. Ce n'est pas comme ça que j'imaginais la baignade en mer.

Les méduses ne constituaient pas un danger dans le passé parce que les tortues qui s'en nourrissent étaient très abon-dantes. Mais ces tortues ont été « récoltées » pour leur chair et leur carapace, et leur nombre a tellement diminué qu'elles ne pouvaient plus se reproduire adéquatement et ont fini par disparaître. Les méduses et les filets protecteurs font mainte-nant partie du paysage durant la saison chaude, mais ce n'était certainement pas inévitable. On peut simplement espérer que le vif désir des touristes de voir des tortues se traduira par la réintroduction et la protection de cette espèce.

À deux heures de route de Port Douglas se trouve Daintree, une merveilleuse forêt tropicale humide facilement accessible et agréable à explorer. Pourtant, tout autour, des terrains sont défrichés et mis en vente à des fins de construction immobilière. Chaque fois que j'ai visité Daintree, j'ai été renversé par l'immensité de notre ignorance et de l'arrogance avec laquelle nous traitons la nature. Il y a quelques années, des biologistes ont « vaporisé » la cime des arbres à Daintree avec des pesticides, tout comme Terry Erwin, du Smithsonian Institution, l'avait fait en Amazonie péruvienne, et, comme Erwin, ils ont découvert des milliers d'espèces d'insectes qui n'avaient encore jamais été vus par les êtres humains. On estime que des dizaines de milliers d'espèces sont encore inconnues dans cette forêt.

Il faut se rappeler, lorsqu'un organisme (plante, animal ou microorganisme) est recueilli, qu'il peut être « classé », c'est-à-dire que son identité taxinomique est établie, et qu'il peut être nommé s'il était inconnu jusqu'alors. Lorsqu'un nom est attribué à une nouvelle espèce, cela ne signifie pas que nous sachions quoi que ce soit au sujet de son abondance, de sa répartition, de ses besoins en matière d'habitat ou de ses interactions avec les autres espèces, ou même que nous disposions de données biologiques fondamentales telles que son alimentation, sa reproduction ou son développement jusqu'à l'âge adulte. Il est donc ahurissant de penser que, même si nous ignorons presque tout de la plupart des besoins des espèces et de leurs interactions avec les écosystèmes, nous n'hésitons pas à détruire ces écosystèmes pour en tirer quelques « ressources » que nous jugeons utiles. Nous devrions garder en mémoire l'histoire de la poule aux œufs d'or et nous rendre compte que des écosystèmes complets comme les forêts de l'Amazone et de Daintree sont comme de telles poules : elles nous donnerons des œufs d'or que tant et aussi longtemps qu'elles continueront à prospérer.

Avant ma troisième visite en Australie, j'ai reçu un message m'informant qu'un certain Peter Garrett, chanteur du groupe australien Midnight Oil, avait proposé d'organiser un événement avec moi à Sydney à ma prochaine visite. J'ai immédiatement écrit à Patrick Gallagher pour lui demander de me dire qui était ce type et s'il était sérieux. Patrick m'a répondu que c'était une célébrité et que Midnight Oil était un groupe très populaire, mais il semblait hésitant à l'idée que je participe à un événement avec un groupe rock. Sa réticence m'a amené à m'imaginer en train de prononcer un discours sérieux devant un auditoire hurlant et en état second, impatient d'entendre son groupe rock préféré. J'ai donc dit à Patrick de remercier Peter, mais de refuser son offre. Patrick a semblé soulagé.

Grave erreur. J'ai appris peu après que Peter et son groupe n'étaient pas simplement populaires en Australie, mais que c'étaient des superstars ! Et ils étaient sur le point de conquérir l'Amérique du Nord et l'Europe.

Peter était bien plus qu'un chanteur, il était aussi président de l'Australian Conservation Foundation, l'un des groupes écologistes les plus importants du pays. Il avait également tenté, sans succès, de se faire élire au Sénat australien en 1984 sous la bannière du Parti du désarmement nucléaire, un prédécesseur des Verts. Je trouvais donc ses admirateurs tout à fait sympathiques. Lorsque j'ai entendu pour la première fois leur grande chanson *Beds Are Burning*, exhortant les Australiens à bien comprendre le fait que la terre appartient aux aborigènes, j'ai été stupéfait.

Cette chanson m'a impressionné aussi fortement que l'avait

fait une autre en 1988. À l'époque, j'avais d'abord reçu un appel d'un dénommé Bernie Finkelstein, à Toronto. « Qui êtes-vous ? », lui ai-je demandé. « Je suis l'impresario de Bruce Cockburn, m'a-t-il répondu, et Bruce aimerait que vous écoutiez une chanson qu'il vient d'enregistrer. » Voilà une demande plutôt inusitée, mais je savais qui était Bruce Cockburn, et le bureau de Bernie était assez près de la CBC pour que je puisse rapidement y aller. À mon arrivée, Bernie a fait jouer une toute nouvelle chanson de Cockburn, *If a Tree Falls.* J'ai pleuré en l'écoutant. Elle était très évocatrice, et plus tard, en regardant la vidéo, j'ai compris que ce serait un énorme succès. Lorsque Paiakan a séjourné chez nous, il a adoré la vidéo de cette chanson de Bruce, même s'il ne comprenait pas les paroles.

Peter Garrett est impressionnant à regarder. Mince et chauve, il mesure plus de deux mètres. Quand il chante, il ressemble à un épouvantail, à une grande marionnette manipulée par quelqu'un loin au-dessus de lui, bras et jambes battant l'air. Je l'ai vu sur scène la première fois à Anaheim, en Californie, et l'accueil délirant du public m'a montré à quel point Patrick et moi avions eu tort, mais Peter et moi étions déjà devenus de bons amis.

Lorsque Peter est venu au Canada, au moment où s'est accentuée de nouveau la longue lutte concernant l'exploitation de la forêt humide du détroit de Clayoquot, sur la côte ouest de l'île de Vancouver, Midnight Oil a offert de donner un spectacle à cet endroit. J'étais ravi d'avoir l'occasion de présenter le groupe et ce fut un merveilleux concert, entaché seulement par la malveillance de bûcherons qui sont venus harceler les manifestants et menacer le groupe à la fin du spectacle. Par la suite, plus de neuf cents personnes ont été arrêtées avant que les Nuu-chah-nulths, et le gouvernement de la Colombie-Britannique ne signent finalement un accord relatif à la gestion des ressources.

En raison de la réaction enthousiaste des Australiens à mon message pour la protection de l'environnement, un certain nombre de personnes m'ont prié de mettre sur pied une fondation David Suzuki en Australie qui serait analogue à celle qui existait déjà au Canada, mais j'ai refusé, parce que je ne voulais pas former une organisation multinationale. Si notre approche est utile et peut être reproduite en Australie, je préfère que ce soit le fait d'un groupe autonome australien qui se fonde sur les mêmes principes.

Au cours d'une de mes premières visites en Australie, on m'avait dit que Paul Couchman, animateur d'une émission intitulée *The Couchman Show*, avait exprimé son intention de m'y inviter. La publicitaire de Allen & Unwin, Monica Joyce, qui estimait que l'émission avait souvent un caractère polémique, m'a alors suggéré de parler un peu à Couchman avant de prendre une décision. Je l'ai appelé pour lui dire que j'aimais bien le dialogue, mais pas les diatribes incendiaires. « Oh non, m'a-t-il assuré, notre émission n'est pas de ce genre-là. Nous tenons à ce que chacun présente sa position en vue d'une discussion ouverte. » J'ai donc accepté l'invitation.

Mais Couchman n'avait pas été honnête avec moi. L'auditoire était surtout composé de gens d'affaires et d'économistes, avec quelques écologistes disséminés parmi eux, et la formule était entièrement axée sur la polémique. Puisque Couchman lui-même m'avait rassuré, j'étais parfaitement détendu. Partageant la tribune avec un économiste éminent, j'ai expliqué que, à mon avis, les économistes faisaient fausse route en refusant de placer la nature au cœur de leur réflexion et de leurs travaux (les économistes qualifient la nature d'« externalité »). Je l'ai probablement dit à cette occasion avec plus de vigueur que je ne le fais ici.

Eh bien, l'économiste s'est lancé dans une attaque contre la position que je venais d'exposer, avec l'appui de Couchman.

Constatant que l'auditoire applaudissait chaleureusement l'économiste, je me suis finalement rendu compte que j'étais tombé dans un piège. Quelques écologistes dans l'auditoire ont bien tenté de me défendre, mais nous étions trop peu nombreux pour pouvoir résister à l'assaut mené contre nous.

En fin de compte, l'économiste m'a lancé que je ne savais pas de quoi je parlais et que l'air et l'eau étaient plus propres aujourd'hui que jamais auparavant. Là, j'ai explosé : « Si c'est ce que vous croyez, vous êtes un imbécile ! » Je n'aurais pas dû être aussi impoli, mais j'avais été attaqué sans relâche et son affirmation révélait toute son ignorance crasse. L'émission terminée, je me suis précipité vers Couchman pour lui dire : « Vous m'avez menti. » Mais il n'en avait cure : son émission avait donné un bon spectacle.

Un an plus tard, j'ai rencontré le cinéaste australien Paul Cox chez lui, et la première chose qu'il m'a dite est qu'il m'avait vu au *Couchman Show* et qu'il avait été furieux d'entendre les sornettes proférées par l'économiste invité à cette émission. Il n'a pas cessé de se confondre en excuses au nom des Australiens. Ma colère à ce sujet s'était dissipée depuis longtemps, mais j'ai été content de voir que des auditeurs avaient appuyé ma position.

C'est également à l'occasion d'une de mes premières visites qu'on m'a demandé de rencontrer Bob Brown, du Parti vert de la Tasmanie. À titre de sénateur élu faisant partie du gouvernement fédéral, il a joué un rôle indispensable dans la sensibilisation des citoyens aux questions écologiques et aux droits de la personne. Nous nous sommes rencontrés à Melbourne, et comme nous longions le fleuve Yarra au crépuscule, Bob s'est tu soudain, a fixé son regard sur la rive et a désigné quelque chose. C'était un ornithorynque. J'ai ainsi vu mon premier ornithorynque sauvage dans un endroit pour le moins inattendu, mais j'étais ravi de voir qu'il y avait encore de la place pour les animaux même en plein milieu d'une grande ville.

Bob voulait savoir si le lac Pedder, un lac glaciaire aux eaux cristallines situé dans le sud-ouest de la Tasmanie, qui avait été inondé dans les années 1970 à des fins de production d'énergie hydro-électrique, pouvait être rétabli à son état initial. Était-ce faisable ? La Tasmanie avait-elle besoin de l'énergie tirée du lac inondé, et les composantes originales de cet écosystème pourraient-elles se rétablir après la démolition du barrage ayant été aménagé dans cette partie de la Tasmanie qui avait été inscrite au Patrimoine mondial de l'humanité ? Comme il avait besoin d'argent pour mener à bien son étude, je lui en ai offert suffisamment pour que le travail puisse être effectué. La fondation David Suzuki avait été mise sur pied peu de temps auparavant et je me réjouissais de pouvoir appuyer un projet international en notre nom.

L'étude menée a montré que l'énergie fournie par le barrage à l'origine de l'inondation du lac Pedder ne comblait qu'une petite partie des besoins de l'État et que l'élimination de ce barrage n'aurait aucune incidence économique négative. Elle indiquait également qu'un nombre assez élevé d'espèces végétales et animales avaient survécu dans les alentours du lac pour que l'écosystème original puisse se rétablir, à condition que l'écoulement des eaux retrouve en permanence son débit naturel. L'étude a ensuite été rendue publique, mais, comme pour bien d'autres choses en Tasmanie, la démolition d'un barrage passait pour une mesure rétrograde aux yeux des autorités politiques, et l'idée a été rejetée sans plus de réflexion.

Une de nos visites les plus mémorables en Australie a eu lieu en 1991, alors que mon père s'était remis du décès de ma mère et avait retrouvé un peu de sa joie de vivre. Papa adorait nos enfants, et nous l'avons alors invité à se joindre à nous pour un voyage en Australie. Il était ravi de venir et, en raison de sa curiosité sincère et de ses talents de conteur, il a captivé tous ceux qu'il a rencontrés aux antipodes. Papa était absolument enchanté par tous ces arbres, ces fleurs, ces oiseaux et ces gens : c'était là pour lui un tout nouveau monde qui comblait un peu son insatiable appétit de nouvelles expériences et connaissances.

Avec Georgina et Phil, nous nous sommes rendus à Port Douglas, où Tara a acheté une veste de sauvetage gonflable pour papa, et nous avons emmené la famille à la Grande Barrière de corail, sur le *Quicksilver*. L'arthrite de papa avait commencé à déformer les articulations de ses membres et de ses doigts et à lui donner un peu l'air d'un gnome, mais ça ne l'a pas empêché de monter sur le flotteur. Nous l'avons équipé d'un masque, de palmes et d'un tuba assortis à sa veste de sauvetage, puis il a sauté à l'eau, main dans la main avec Sarika. Voilà donc papa, à quatre-vingt-un ans, se tenant à Sarika, huit ans, et nageant vers une de ces colonnes de corail qui s'élèvent jusqu'à la surface. Je les ai regardés nager et je pouvais les entendre s'exclamer dans leurs tubas : « Regarde ça ! » « Là-bas ! » « Grand-papa, grand-papa, qu'est-ce que c'est ? » C'est là un des souvenirs les plus heureux de ma vie.

Depuis ces premières visites, Tara et moi avons fait plusieurs voyages ensemble en Australie et nous avons pu observer les nombreux changements survenus. Au cours de la vingtaine d'années écoulées depuis notre première visite, la Grande Barrière de corail a été altérée par le tourisme, la pêche et l'accumulation des effluents issus des villes, des villages et des terres agricoles, qui finissent par s'infiltrer dans les récifs.

Plus récemment, des changements climatiques ont entraîné la décoloration du corail sur d'immenses superficies. Le corail est davantage qu'un organisme. Les cœlentérés, apparentés à la méduse, s'entourent d'une coquille rigide qu'ils fabriquent eux-mêmes et qui est faite d'une matière carbonée que nous appelons corail. Les cœlentérés abritent dans cette coquille une autre espèce, une plante qui leur fournit de l'énergie par pho-tosynthèse en échange de la nourriture que capturent les ani-maux. Il s'agit là d'un exemple classique de symbiose, un parte-nariat dont les deux espèces tirent parti l'une de l'autre. La plante donne aussi une couleur aux cœlentérés, et c'est pour-quoi la Grande Barrière de corail offre une telle profusion de couleurs, allant du violet au rose et au vert. Cette plante est extrêmement sensible à la chaleur, si bien qu'une hausse d'un ou deux degrés seulement peut causer sa mort et entraîner le phénomène de « blanchiment » ou de décoloration. Les ani-maux peuvent survivre une saison sans leurs partenaires, mais ils vont ensuite mourir s'ils ne redeviennent pas colonisés par les plantes.

On croit que des phénomènes provoqués par El Niño, sans précédent en ce qui concerne la chaleur produite, leur durée et l'intervalle réduit entre deux manifestations, seraient à l'origine d'une décoloration prononcée à l'échelle mondiale. El Niño modifie les températures normales dans le sud de l'océan Pacifique, entre l'Amérique du Sud et l'Australie. Les récifs de corail sont des oasis favorisant une très grande abon-dance de formes de vie, et, comme dans le cas des forêts tropi-cales humides, l'altération de leur intégrité constitue une menace catastrophique pour les écosystèmes marins du monde entier.

En 2003, quand Tara et moi sommes de nouveau allés à la Grande Barrière de corail, des changements visibles avaient affecté tant la vitalité que l'abondance des organismes présents. Du corail mort jonchait le fond, et tant la quantité que la variété des poissons étaient nettement moindres (il ne s'agit pas là d'une observation ayant été scientifiquement confirmée — elle est subjective et anecdotique —, mais je crois que l'en-jeu est trop important pour la négliger). Et pourtant, quand nous sommes montés à bord du bateau, les guides débordaient d'enthousiasme et vantaient sans retenue les merveilles du récif et de toutes ses composantes. Bien sûr, un tel enthousiasme fait partie de leur travail : après tout, nous avions déboursé une forte somme pour l'excursion. Mais j'ai tout de même eu l'impression que leur dynamisme n'était pas feint et qu'ils étaient sincères dans leurs propos.

Même dans ce court intervalle écoulé depuis notre première visite de l'endroit, en 1989, la dégradation était visible à nos yeux. Comme les guides n'y travaillaient que depuis quelques années seulement, ils ne disposaient pas de la même base de comparaison que nous. Pour les touristes, le corail et les poissons demeurent éblouissants par leur profusion et leurs couleurs, mais je suis certain qu'un habitué qui connaît les récifs depuis des décennies s'aperçoit qu'ils ne sont plus du tout dans le même état qu'auparavant.

Nous avons fait la même observation lors de notre séjour dans la plaine du Serengueti, en Tanzanie. Le fait de voir autant de mammifères nous a émerveillés, et nous nous réjouissions de penser qu'il existe encore des régions aussi sauvages dotées d'une faune si abondante. Mais notre impression initiale a certainement changé lorsque nous avons parlé à des gens qui y avaient vécu toute leur vie et qui se souvenaient des plaines florissantes d'antan. Les citadins comme nous vivent dans un environnement tellement dégradé pour la faune que presque tout autre endroit leur paraît plus diversifié et plus naturel. C'est seulement lorsqu'on apprend ce qu'était l'état des milieux naturels il y a quelques décennies ou quelques siècles qu'on se rend compte de l'ampleur des menaces qui pèsent sur l'abondance de la nature.

Au cours de cette même visite, en 2003, on m'a demandé pour la deuxième fois de devenir président honoraire du Youth Conservation Corps (YCC), un programme pour les jeunes décrocheurs incapables de se trouver un emploi. Le programme leur fournissait une allocation pour qu'ils consacrent six mois par année à accomplir des tâches telles que la remise en état d'un terrain, le nettoyage des sols et des cours d'eau, la plantation d'espèces indigènes, le recensement des espèces végétales et animales et l'acquisition d'une formation en vue d'emplois dans le domaine de la protection de la nature. J'avais rencontré Mike Rann lorsqu'il était ministre des Affaires aborigènes dans le gouvernement travailliste de l'État d'Australie méridionale durant les années 1990, et nous nous étions immédiatement bien entendus. On m'avait alors demandé d'accepter la présidence honoraire du YCC, mais, après la défaite du Parti travailliste aux élections de 1993, le programme a été abrogé. Mike a ramené son parti au pouvoir en 2001 puis, à titre de premier ministre de l'État, il a remis sur pied Youth Conservation Corps et m'a demandé d'en devenir le président d'honneur. J'étais ravi de son offre, et Tara et moi avons ensuite assisté à une activité du YCC, à Adelaïde.

Une fois de plus, nous avons été émus de constater le dévouement et l'enthousiasme des jeunes du YCC. Une jeune fille, munie d'anneaux qui pendaient de chaque partie de son visage et de son corps, s'est exclamée au sujet de son inventaire des oiseaux : « J'en ai vu 25 espèces ici même dans ce champ. » Un jeune homme arborant des tatouages au visage, aux bras et aux jambes ainsi qu'une touffe de cheveux qui explosait de sa tête ne cessait d'exprimer sa joie d'être dans la nature et d'être payé pour ça. On nous a emmenés voir une vaste superficie de terre dégradée dont tous les arbres avaient été coupés depuis longtemps, qui avait subi le surpâturage des moutons et qui était envahie d'herbes et de broussailles. « Ce sera la forêt Suzuki, en l'honneur de notre président », a annoncé John Hill, ministre de l'Environnement. Les jeunes du YCC vont planter des arbres indigènes sur cette terre, de sorte que, dans une vingtaine d'années, s'y épanouira peut-être de nouveau une jeune forêt qui portera le nom de ce type canadien qui aimait bien venir en Australie.

Ayers Rock, un des sites australiens les plus connus dans le monde, porte maintenant son nom aborigène, Uluru, et est un endroit extraordinaire. C'est un désert plat où sévit une chaleur d'enfer et d'où surgit une immense masse rocheuse qui change de couleur à mesure que la journée avance. Une aborigène a proposé à Tara et moi de nous accompagner à Uluru. Comme lorsque j'avais filmé le peuple san dans le désert de Kalahari, je n'y ai d'abord vu que des broussailles et du sable. Et comme l'avaient fait les Sans, cette femme m'a montré qu'il y avait de la nourriture en abondance. En Australie, on parle de « bouffe de buisson », et cette aborigène nous a démontré sa vaste connaissance des lieux en nous faisant voir de minuscules fruits comestibles, diverses plantes nutritives et médicinales et des abris d'insectes et de scorpions.

L'une des facettes terrifiantes de la mondialisation et de l'économie contemporaines, c'est qu'on n'accorde aucune valeur à un tel savoir dans un monde industrialisé. Ce qui a exigé des milliers d'années d'observation attentive, d'expérimentation et de réflexion se perd sur toute la planète en quelques générations et ne pourra jamais être récupéré. Ce savoir est beaucoup plus profond que la science actuelle, parce qu'il a été mis à l'épreuve au fil du temps et a assuré la survie de ceux qui le possédaient.

Au cours d'une tournée de promotion d'un de mes livres qui m'a mené à Brisbane, dans les années 1990, un aborigène m'a proposé une promenade dans la brousse. J'ai accepté avec grand plaisir et nous avons roulé jusqu'à un parc situé non loin. Je portais des shorts et des sandales. En arrivant au sentier, j'ai regardé le sol couvert de feuilles qui l'entourait et j'ai

Exécution d'une danse traditionnelle par des aborigènes dans l'Arnhemland pour le film The Sacred Balance.

alors aperçu des sangsues qui émergeaient de la terre et n'attendaient qu'une victime facile comme moi. Heureusement, j'ai pu les éviter pendant que nous cherchions de grosses larves blanches de coléoptères, très prisées des aborigènes et mangées vivantes ou cuites. J'étais déterminé à en manger une vivante, mais je dois avouer que je n'ai pas été terriblement déçu par le fait que les seules larves que nous avons trouvées n'étaient « pas de la bonne sorte ».

Après une de mes conférences à Adelaïde, un homme qui avait l'air d'un Blanc s'est approché de moi et s'est présenté : Lewis O'Brien, un aîné kaurna. Il était très content que j'aie parlé de mon livre écrit avec Peter Knudtson, *La Sagesse des anciens*, publié en 1992, qui traitait des liens entre le savoir des aborigènes et les connaissances scientifiques. Je lui ai parlé de mon respect pour le savoir traditionnel et de la façon dont les Premières Nations au Canada m'avaient fait comprendre l'importance du lien qui nous unit à la Terre.

D'un geste simple, il a dit : « Je veux vous donner un nom, Karnemeyu, qui signifie "montagne sacrée". » Recevoir un nom est le plus grand hommage qu'on puisse me rendre, beaucoup plus grand que l'attribution d'un diplôme honorifique par une université. Ce qui m'étonne, c'est que trois des noms que j'ai reçus des peuples autochtones signifient « montagne ». Simon Lucas, un Nuu-chah-nulth d'Ahousat, dans l'île de Vancouver, m'a donné mon tout premier nom, Nuchi, « montagne », et la tribu des Gens-du-Sang, près de Lethbridge, en Alberta, m'a donné le nom de Natooeestuk, qui veut dire « montagne sacrée ».

Je feuilletais des livres pour enfants dans une librairie en Australie lorsque je suis tombé sur un livre écrit par Percy Trezise, un Blanc, et illustré par Dick Roughsey, un artiste aborigène. Cette collaboration entre un Blanc et un aborigène m'intriguait. J'ai vu que Percy vivait à Cairns, alors je l'ai appelé lorsque Tara et moi y sommes allés par la suite. Il nous a invités chez lui et était bien heureux de nous parler de sa vie.

Né en 1923, il avait grandi en croyant que les aborigènes étaient des êtres primitifs, presque des sous-hommes. C'est cette mentalité qui prédominait durant sa jeunesse. Adulte, il a rencontré Dick Roughsey, un aborigène, et il s'est vite rendu compte que Dick était un artiste très talentueux. Plus il passait du temps en sa compagnie, plus il prenait conscience des horribles conséquences de la discrimination, et il s'est alors appliqué à montrer au monde que les aborigènes n'étaient ni primitifs, ni dénués d'intelligence.

Pilote professionnel, Percy a commencé à explorer la partie septentrionale du Queensland et à repérer des peintures rupestres sur tout le territoire de l'État. Ces terres ne sont pas vides, mais bien remplies de traces visibles de leur occupation ininterrompue par leurs habitants originaux pendant des milliers d'années. Jusqu'à sa mort, en 2005, Percy avait largement contribué à documenter et à protéger l'art rupestre et la culture des aborigènes.

L'un de nos plus grands regrets a été de ne pouvoir faire le voyage que Percy avait organisé pour nous. Son fils est pilote, et Percy avait organisé une rencontre avec lui pour qu'il nous emmène dans une région isolée où Percy avait documenté et cartographié des centaines de peintures rupestres aborigènes. Nous étions attachés à nos sièges dans l'avion, lorsqu'on nous a annoncé que les conditions météorologiques étaient trop mauvaises pour voler.

Byron Bay est un paradis des hippies situé sur la côte est de l'Australie. J'ai été accueilli à l'aéroport par un avocat qui m'avait offert bénévolement ses services pour la promotion de mon livre. En route vers la ville, j'ai mentionné distraitement que j'avais entendu dire qu'il y avait beaucoup de hippies et de marijuana à Byron Bay. Il a immédiatement sorti un joint de sa poche et m'a offert une bouffée. J'ai refusé, bien sûr, mais il m'a alors semblé que Byron Bay était un endroit que j'aimerais bien. Mon exposé a été fort bien reçu, et nous avons vendu un tas de livres sur place. Avant mon départ, l'homme qui m'avait pris à l'aéroport m'a remis une enveloppe, que j'ai fourrée dans ma poche et que j'ai ensuite enfouie dans ma valise.

Le lendemain, j'ai eu le temps d'aller nager un peu dans la superbe baie qui donne son nom à l'endroit. L'eau était merveilleusement claire et j'ai passé presque tout mon temps à me laisser flotter simplement parmi de grands bancs de sardines. Il y avait des tortues, des phoques et d'innombrables poissons. À un certain moment, j'ai senti une brûlure sur ma joue et, après m'être essuyé frénétiquement, j'ai trouvé un tentacule presque invisible d'une physalie, une sorte de méduse. J'ai hérité d'une ligne rouge en travers du visage, soit un bien léger désagrément pour une baignade sublime.

J'avais oublié l'enveloppe que m'avait donnée l'avocat rencontré la veille et je me suis envolé pour Sydney, où je devais changer d'avion pour aller à Perth. En débarquant sur la piste d'atterrissage, j'ai vu un panneau informant les passagers de la présence de chiens servant à la détection de substances illégales. Je me suis souvenu de l'enveloppe et, dès que je suis entré dans l'aéroport, je me suis précipité aux toilettes pour hommes et je l'ai jetée dans une poubelle. Je suis sorti en sifflant pour tomber directement sur un chien ! Il s'est approché de mon sac et s'est mis à le renifler sans relâche. La policière qui le tenait en laisse m'a reconnu et, tirant sur la laisse, s'est excusée ainsi : « Je ne comprends pas pourquoi il est si excité. »

« Peut-être parce que j'ai mis des mangues là-dedans ce matin », ai-je suggéré. « C'est sûrement pour ça », a dit la policière avant d'éloigner brusquement le chien. Le pauvre animal faisait simplement son travail, mais chaque fois que je vais en Australie, je m'informe toujours des mangues auprès de mes hôtes...

Après être allé en Australie au moins deux fois par année depuis près de vingt ans, j'en suis venu à la considérer comme ma terre d'adoption. C'est un continent aux contrastes extrêmes. Tout touriste peut être impressionné par ses villes modernes et illuminées, mais la majeure partie du pays est presque inhabitée par les Blancs. L'Australie est un continent insulaire où une hausse du niveau de la mer consécutive au réchauffement de la planète aura d'énormes répercussions. Le climat, qui est déjà tropical et sous-tropical, se réchauffera de plus en plus ; pourtant, le gouvernement fédéral refuse obstinément de prendre des mesures importantes en vue de réduire les émissions de gaz à effet de serre dans le pays. Les Canadiens envient l'Australie pour son ensoleillement, mais le gouvernement australien n'exploite pas cette énergie gratuite et propre, qui pourrait faire de l'Australie un chef de file en technologie solaire, comme l'Allemagne et le Danemark le sont en matière d'énergie éolienne.

L'Australie est un grand exportateur de blé et de riz, deux cultures qui ne sont pas originaires du continent et qui exigent l'utilisation de grandes quantités d'eau, dont la disponibilité est pourtant très restreinte. La flore et la faune de l'Australie apportent à ce pays une biodiversité tout à fait unique, mais les espèces exotiques introduites volontairement ou non continuent de ravager les populations locales.

L'histoire de l'Australie au cours des deux derniers siècles témoigne d'une tentative délibérée d'éliminer les aborigènes par la force ou par l'assimilation, et le climat de racisme qui y a régné a causé d'énormes problèmes aux survivants. Mais, vers la fin du XX⁰ siècle, l'écrasante majorité des Australiens ont voulu rendre justice aux aborigènes et souhaité une réconciliation avec eux, et je crois qu'on y apprécie de plus en plus leur savoir et leur art.

Les îles, même aussi grandes que l'Australie, imposent des frontières naturelles et la reconnaissance de certaines limites. Étant liés ensemble par les contraintes de l'eau, de la terre et de la biodiversité, les Australiens ont la possibilité de relever les grands défis de notre époque en tant que pays unifié. Contrairement aux Canadiens, qui se comparent sans cesse à leurs voisins du sud, les Australiens n'ont pas à surmonter une telle barrière psychologique. Le XXI⁰ siècle donne véritablement la chance aux Australiens de réaliser les promesses qu'offre leur terre d'avenir.

CHAPITRE 11

Naissance de la fondation David Suzuki

D'après ce que j'en sais depuis qu'il m'a happé à la fin des années 1960, le mouvement écologiste a œuvré pour l'obtention d'un air, d'une eau, d'une terre et d'une énergie propres, d'un monde riche en diversité dans lequel la vie s'épanouit en abondance, de collectivités viables et d'un mode de vie en équilibre avec le reste de la biosphère. Mais, pour atteindre ces objectifs, nous avons souvent dû tenter de faire cesser des activités destructrices.

Il semblait donc paradoxal que nous luttions constamment contre quelque chose : contre les essais nucléaires souterrains en Alaska, contre le forage de pétrole dans le tumultueux détroit d'Hecate, entre Haida Gwaii et la Colombie-Britannique continentale, contre de nouveaux barrages hydroélectriques au site C du fleuve Peace, dans le nord de cette province, contre les coupes à blanc, contre la pollution issue des usines de pâte et papier. Comme l'a déjà écrit le directeur générale d'une entreprise forestière, les écologistes semblaient être « contre tout ».

En tant qu'universitaire détenant un poste permanent à l'Université de la Colombie-Britannique et comptant sur un financement adéquat et sur un groupe d'étudiants formidable, j'avais mené une vie très agréable. J'avais une grande liberté d'action, pas d'horaire trop rigide ni de patron surveillant mes moindres faits et gestes. Tant et aussi longtemps que je donnais mes cours, que j'exécutais mes tâches administratives et que je dirigeais bien mes étudiants, je pouvais prendre plaisir à m'adonner à toutes mes activités, même si je devais pour cela passer les sept jours de la semaine, souvent jusqu'à une ou deux heures du matin, au laboratoire. La liberté qu'offrait la vie universitaire m'avait permis de m'engager tant pour la défense des droits civiques que pour la protection de l'environnement, et j'ai commencé à me mêler de questions controversées.

Dans les années 1970, comme animateur de *Science Magazine* à la télévision et de *Quirks and Quarks* à la radio, j'étais bien placé pour explorer diverses questions, surtout celles liées à l'appartenance ethnique et à l'incidence de la génétique moderne et des percées technologiques sur les soins médicaux. Je me suis exprimé sur ces questions, j'ai soutenu le mouvement pacifiste et je me suis opposé à la prolifération des armes nucléaires et à la guerre du Vietnam. En Colombie-Britannique, il était impossible d'éviter de s'engager dans les luttes écologistes menées contre la pollution, les coupes à blanc et l'exploitation minière.

Comme activiste, j'agissais d'une façon plutôt improvisée, m'engageant pour une cause lorsqu'on me le demandait ou que je voyais quelque chose qui suscitait mon intérêt. Je pouvais me rendre utile en signant des pétitions, en écrivant des lettres d'appui, en prononçant des discours pour une campagne de financement ou en soulevant des questions à l'intention du public. Mais j'agissais un peu à l'improviste : j'offrais mon aide lorsque l'occasion se présentait et j'agissais à titre individuel.

Être connu pouvait aussi être dangereux. En pleine lutte contre les coupes à blanc, on a tiré une balle dans la fenêtre de notre maison, on est entré par effraction deux fois dans mon bureau pour accéder à mon ordinateur et, une fois à Haida Gwaii, pendant que je courais sur la route hors du village de Sandspit, un camion s'est dirigé vers moi et m'a forcé à me jeter dans le fossé. Tara et moi nous sentions souvent terriblement vulnérables et seuls, et nous nous inquiétions au sujet de la sécurité de nos enfants.

Lors de ma quatrième et dernière année (1978-79) comme animateur de *Quirks and Quarks*, Anita Gordon était devenue productrice de l'émission et a poursuivi ce travail lorsque Jay Ingram m'a remplacé. En 1988, au moment où les préoccupations écologiques faisaient la manchette, Anita m'a demandé d'animer une série radiophonique sur le sujet. J'ai accepté et nous avons ensuite reçu le feu vert pour faire cinq émissions diffusées dans le cadre d'une série intitulée *It's a Matter of Survival*. Assistant à des conférences en Amérique du Nord, en Amérique du Sud, en Europe et en Asie, j'ai interviewé plus de cent cinquante scientifiques et experts issus de nombreux pays et œuvrant dans divers domaines, à propos des différents problèmes écologiques et de ce que nous réserve l'avenir dans cinquante ans si les tendances actuelles se maintiennent. La plupart de ces entrevues ont été menées durant une période intensive de quelque quatre mois, et je voyais soudain on ne peut plus clairement que les systèmes de maintien de la vie sur la planète se faisaient détruire à grande échelle et à un rythme horrifiant.

Cette nouvelle perspective m'a insufflé un sentiment d'urgence qui n'a fait que s'accroître depuis. La série radiophonique a révélé l'ampleur des problèmes, tout en lançant un message positif selon lequel une action immédiate nous permettrait d'éviter le sort qui nous attendait. La série a provoqué une réaction incroyable. Nous avons reçu plus de seize mille lettres, qui se terminaient presque toutes par les mots « Qu'est-ce que je peux faire ? ».

Jusque-là, ma réponse habituelle à cette interrogation avait été : « Je ne suis qu'un messager informant les gens au sujet de la crise en cours. J'ai bien peur de ne pas connaître toutes les solutions. » Mais cette fois, Tara m'a dit : « David, nous parlons de ces problèmes depuis des années. La réaction du public indique que nous avons sensibilisé beaucoup de gens, mais ils se sentent impuissants parce qu'ils ne savent pas quoi faire. Il faut aller au-delà du simple énoncé des problèmes et commencer à parler des solutions. »

Je n'aimais pas devoir assumer cette responsabilité, mais je voyais bien qu'elle avait raison. C'est une chose d'entendre une nouvelle alarmante, mais c'en est une tout autre de rechercher les experts, les organisations et les publications qui pourraient offrir des réponses. En sonnant l'alarme, je devais donc aussi fournir quelque chose qui aiderait les gens à passer à l'action si telle était leur motivation.

Cette vérité s'est insinuée en moi à la suite d'un autre événement. Noam Chomsky, le célèbre linguiste du Massachusetts Institute of Technology et l'un des plus sévères critiques de la politique étrangère américaine, a donné une conférence devant une salle comble au théâtre Queen Elizabeth, à Vancouver. Je présidais la soirée et, comme l'auditoire, j'ai été captivé par son analyse et ses idées. Mais, durant la période de questions, il a refusé de recommander une ligne de conduite à suivre, des organisations à consulter ou même des livres à lire, disant que chacun devait faire sa propre recherche et décider lui-même quoi faire. Il m'a aidé à me rendre compte que Tara avait raison : en informant les gens de la gravité de la situation, j'avais la responsabilité de suggérer des réponses possibles.

De même, nombre de nos amis s'inquiétaient de la dégradation de nos écosystèmes et avaient commencé à nous exhorter à prendre une initiative, peut-être même fonder une nouvelle organisation. Avec leur aide, Tara et moi avons dressé une liste d'une vingtaine de « penseurs » préoccupés par les questions écologiques qui possédaient diverses compétences et avançaient des points de vue variés, puis nous les avons invités à une fin de semaine de réflexion pour déterminer si nous avions besoin de mettre sur pied un nouveau groupe axé sur des propositions de solutions. Une douzaine de personnes ont pu se libérer et, en novembre 1989, nous accorder trois jours de leur précieux temps.

Nous nous sommes réunis dans le cadre enchanteur de l'île Pender, l'une des îles Gulf situées dans le détroit de Georgia, entre l'île de Vancouver et le continent. Le chalet se trouvait près de l'océan, et il y avait un verger et des sentiers où nous pouvions nous promener en discutant. Tara et moi étions plutôt novices quant à l'organisation d'un tel rassemblement. Nous n'avions ni animateur, ni ordre du jour, et nous partions seulement de questions et d'un sentiment d'urgence. Heureusement, l'écrivain Stan Persky, réputé pour ses analyses incisives et ses compétences dans la tenue d'assemblées, en a assumé la présidence.

J'ai parlé de la source de réflexion et de motivation qu'avait représenté pour moi la série *It's A Matter of Survival*, ainsi que de la forte réaction du public qu'elle avait suscitée. Puis j'ai posé deux questions : « Est-il nécessaire de mettre sur pied une autre organisation écologiste ayant un important rôle à jouer ? Dans l'affirmative, quelle serait précisément sa raison d'être et en quoi se distinguerait-elle des autres groupes ? »

Les participants parlaient franchement et sans retenue, ce qui a donné lieu à des séances vigoureuses et productives. Nous avons convenu que la plupart des organisations alors existantes étaient apparues à la suite d'une crise, que ce soit pour s'opposer à un projet d'épandage d'herbicide dans une cour d'école, pour empêcher une usine de polluer l'eau ou pour protéger une forêt précieuse contre une coupe à blanc imminente. Mais chaque crise ne constitue qu'un symptôme ou une manifestation d'une cause sous-jacente plus profonde. Même si chaque crise pouvait être résolue, nous demeurerions tout aussi loin d'un équilibre à long terme avec notre environnement tant que nous ne nous attaquerions pas à cette cause. Il fallait compter sur une organisation qui mette l'accent sur les causes profondes, afin que les mesures prises apportent un changement réel.

Nous avons convenu que ce devrait être une organisation à caractère scientifique. Nous ne voulions pas mener des travaux de recherche inédits ou octroyer des bourses de recherche, mais nous utiliserions les meilleures données scientifiques disponibles et embaucherions des scientifiques pour la rédaction ou la révision des articles que nous voulions produire. En outre, nous voulions mettre l'accent sur la communication : nous voulions apprendre la meilleure façon de transmettre au public cette information de pointe. Une bonne communication serait aussi importante que le contenu scientifique lui-même de nos articles. C'est ce que j'ai toujours cru, et c'est pourquoi, en tant que scientifique, j'ai choisi de faire de la télévision.

Lors de cette rencontre dans l'île Pender, nous avons également décidé de n'accepter ni subvention ni soutien gouvernemental, décision qui a eu d'énormes répercussions. Un tel soutien peut finir par représenter une grande partie du budget d'une organisation. Mais les priorités gouvernementales changent régulièrement, et les organisations se font souvent dire qu'elles pourraient obtenir plus de subventions si elles modifiaient leurs objectifs ; rapidement et à l'insu de tous, c'est la promesse d'un financement continu qui finit par déterminer les activités de l'organisation. Nous avons aussi décidé que, si des entreprises nous offraient une aide financière, elles devraient faire preuve d'un engagement véritable en faveur d'un environnement durable avant que nous songions à accepter une telle aide.

Dans les premières années de l'organisation, la décision de refuser tout soutien de l'État nous a compliqué la vie. Nous aurions pu avoir plusieurs employés rémunérés par le Centre de main-d'œuvre du Canada (le système fédéral d'assurance-emploi du temps) et obtenir des subventions pour lancer l'organisation, mais nous avons choisi d'utiliser les seuls fonds que Tara et moi y injections. Nous nous en sommes tenus à cette décision, et elle nous a donné la liberté de nous exprimer sans craindre de perdre notre financement.

Le groupe de l'île Pender a ensuite décidé de donner à l'organisation le nom de fondation David Suzuki. Je m'y suis opposé, car cela semblait prétentieux et je n'avais pas entrepris cette démarche dans le but de léguer mon nom à la postérité. Ce serait aussi une énorme responsabilité de m'assurer qu'une organisation portant mon nom représente toujours bien les valeurs auxquelles je croyais et que d'autres partageaient et ont exprimées à notre fin de semaine de réflexion.

Des arguments contraires ont été invoqués en deux volets. Premièrement, ma notoriété au Canada s'était érigée sur de nombreuses années de travail en science et dans les médias, où je me suis exprimé franchement ; si bien que mon nom révélerait immédiatement au public ce que représenterait la fondation. Si on lui donnait le nom de Groupe Pender, par exemple, il faudrait tout expliquer à nouveau. Deuxièmement, il serait sans doute possible de faire de la réputation que m'avait value mon travail un tremplin pour la nouvelle organisation. Les téléspectateurs et les lecteurs qui appréciaient mon travail pourraient envoyer une contribution financière à la nouvelle initiative. Le débat sur cette question a duré des mois, mais j'ai fini par acquiescer.

Miles Richardson, alors président de la nation haida, a été l'un des trois premiers membres du conseil d'administration, avec Tara et moi. L'appui important des autochtones a été depuis le départ un pilier de la fondation. La chef Sophie Pierre, remarquable administratrice du Conseil tribal des Ktunaxa Kinbasket, était venue à notre fin de semaine avec son petit garçon. Norma Cassi, jeune membre au franc-parler de la nation gwich'in, d'Old Crow, au Yukon, s'était aussi jointe à nous. Plusieurs autres personnes clés avaient travaillé des années auprès des Premières Nations.

Au terme de la fin de semaine, le groupe de réflexion de l'île Pender avait créé une nouvelle organisation. Il s'agissait maintenant de la mettre à l'œuvre. Mais, évidemment, après l'enthousiasme de la première fin de semaine, tous sont retournés à leur travail respectif. Après tout, il s'agissait de scientifiques, d'avocats, de professeurs et d'auteurs qui étaient déjà tous débordés de travail. Huit mois plus tard, rien n'avait bougé.

Tara a alors décidé de s'y mettre. Elle a rencontré un comptable réputé pour ce genre de travail et a retenu les services d'un avocat qui, en septembre 1990, avait établi un statut juridique d'organisation caritative. Peu après, elle a trouvé un local pour nos bureaux, qui ont officiellement ouvert leurs portes le 1er janvier 1991. La fondation David Suzuki était désormais visible.

Les bureaux, situés au-dessus d'un garage, n'étaient pas très onéreux, mais les vapeurs d'essence et de peinture s'infiltrant par le plancher devaient représenter un grave danger pour la santé. Le toit coulait, les poubelles attiraient les souris et tout ce que nous avions dans nos bureaux — un ramassis hétéroclite de meubles et de tablettes — avait été emprunté ou donné. C'était à partir de cet endroit qui ne payait pas de mine que nous allions conquérir le monde. C'était un lieu où le groupe fondateur pouvait se réunir et où des bénévoles pouvaient venir travailler, ce qu'ils ont fait dès le premier jour. Nous nous félicitions de voir à quel point les gens étaient prêts à passer des heures et des jours à nous aider, mais il fallait d'abord déterminer quoi faire.

L'une de nos premières mesures organisationnelles s'est avérée tout à fait inopérante, et c'était ma faute. À notre assemblée de fondation, nous avions décidé de créer une organisation bicéphale : un institut, qui exécuterait nos projets, et une fondation, qui aurait un statut caritatif et réunirait des fonds pour l'institut. Chacun aurait son propre conseil d'administration. J'avais voulu affranchir l'institut de l'obligation de réunir des fonds, afin qu'il puisse se concentrer exclusivement sur son travail, et je croyais que mon rôle optimal consistait à amasser des fonds pour en assurer le fonctionnement. Le problème, c'est que le conseil d'administration de l'institut voulait rapidement aller de l'avant et a alors manifesté son mécontentement parce que nous n'avions pas les fonds nécessaires, compte tenu du fait que, durant les premiers mois, l'argent provenait uniquement de Tara et de moi. Ce n'est pas que j'étais pingre, mais les fonds manquaient pour étayer les projets que nous voulions mettre en œuvre. Je devais m'occuper d'aider la fondation à trouver de l'argent.

Heureusement, on m'a offert de recueillir des fonds pour l'organisme de bienfaisance de mon choix si je participais à une croisière allant de Vancouver à l'Alaska. Je devais donner des conférences et les passagers allaient payer une somme additionnelle de cent vingt-cinq dollars, donnant droit à un crédit d'impôt, pour y assister. Quelque cent quarante personnes se sont inscrites, et Tara et moi avons prononcé des discours et fait la promotion de notre nouvelle organisation, tout en discutant d'environnement. À bord du navire se trouvaient des bars, des restaurants, des piscines et un cinéma présentant les plus récents films. Âgée de huit ans, Sarika était encore très timide, et j'ai donc été étonné, à notre arrivée à bord, de la voir détaler avec sa sœur et disparaître pendant des heures. Elle est enfin revenue, à bout de souffle et tout excitée, avec des tablettes de chocolat plein les mains. « Papa, papa, s'est-elle exclamée, il y a des magasins avec des bonbons et tout est gratuit. Il faut seulement signer et donner le numéro de cabine. »

Le voyage fut très agréable, car nous avons rencontré des gens enthousiastes et soucieux de l'environnement, dont un bon nombre avec lesquels nous avons maintenu des liens d'amitié. Nous avons réussi à recueillir dix-huit mille dollars, ce qui était alors une forte somme. Mais il en fallait davantage et nous devions utiliser cette somme pour rallier nos partisans.

Au fil des ans, des milliers de gens avaient écrit à *The Nature of Things with David Suzuki*. Beaucoup voulaient obtenir la transcription des narrations, les enregistrements magnétoscopiques ou les noms des experts interviewés, et les employés s'occupaient de ces demandes. Mais beaucoup de lettres m'étaient personnellement adressées et leurs auteurs me posaient diverses questions. J'ai toujours cru que, si quelqu'un prenait le temps d'écrire une lettre, il méritait de recevoir une réponse. Je gribouillais généralement quelques mots sur une carte, mais souvent j'écrivais des lettres plus longues, toujours à la main.

Toutes ces personnes auxquelles j'ai répondu et les seize mille qui avaient réagi par écrit à *It's A Matter of Survival* constituaient un formidable groupe dont nous pouvions solliciter l'appui. Nous avons alors rencontré Harvey McKinnon, qui avait longtemps travaillé auprès d'organisations caritatives comme Oxfam, et, avec son aide, nous avons rédigé une lettre rappelant aux gens qu'ils m'avaient déjà écrit et leur demandant de nous aider à trouver des solutions pour enrayer la dégradation écologique de la planète.

L'argent que nous avions recueilli lors de la croisière en Alaska a financé ce premier envoi postal. Avec l'aide de nombreux bénévoles, Tara a pu envoyer vingt-cinq mille lettres en novembre 1990. Quel apprentissage ! Puis, juste avant Noël, les chèques et l'argent comptant se sont mis à arriver, d'abord au compte-gouttes, puis ont afflué à pleins sacs postaux. Harvey nous a dit qu'il avait rarement vu une réponse aussi forte.

Tara était à la fois excitée et consternée. Payer de nos poches était assez simple, mais recevoir des dons impose une responsabilité énorme. N'ayant aucune expérience en gestion de dons de bienfaisance, elle craignait beaucoup la complexité d'une telle tâche. Nous étions aussi très conscients que les gens avaient versé une contribution avec la conviction que nous l'utiliserions adéquatement pour nous acquitter de notre mandat.

Quelques mois après avoir donné quarante ou cinquante dollars, les gens nous ont écrit pour savoir ce que nous avions accompli avec leur argent. Nos besoins immédiats consistaient à acquérir des ordinateurs et un logiciel pour la gestion des dons reçus et à embaucher des employés pour tenir une comptabilité exacte. Nous devions également élargir notre base d'appui en investissant une part des fonds dans des envois postaux plus considérables. Mais nos premiers partisans souhaitaient naturellement que leur argent finance directement des projets liés à la protection de l'environnement. Nous devions trouver une solution novatrice qui donnerait des résultats rapides tout en consolidant l'organisation.

Tara et moi avions déjà investi notre argent pour soutenir Barbara Zimmerman, qui travaillait au Brésil avec Paiakan et les Kaiapos d'Aucre à la mise sur pied d'un centre de recherche dans le bassin de la rivière Xingu, qui se jette dans l'Amazone. Comme ce projet contribuait à protéger une vaste région sauvage, nous avons donc décidé qu'il relèverait dorénavant de la fondation.

On m'avait aussi présenté les Aïnus du Japon, peuple autochtone qui avait préservé sa culture tout au long des mille cinq cents ans d'occupation japonaise. Ce peuple était sur le point de perdre sa langue et son dernier fleuve sacré, le Saragawa. On voulait construire sur le fleuve un barrage qui produirait de l'énergie destinée au développement industriel de l'île septentrionale d'Hokkaïdo. Beaucoup croyaient que le barrage n'était pas nécessaire et qu'il menacerait la survie du saumon, une espèce totémique pour les Aïnus.

On m'a ainsi demandé de sensibiliser la communauté internationale à cette nouvelle menace pour la culture des Aïnus. Tara et moi avons alors parrainé la visite à Vancouver de jeunes enfants aïnus et de Shigeru Kayano, un aîné sexagénaire, qui était la plus jeune personne parlant encore la langue aïnue. À un certain moment, l'interprète japonaise a éclaté en sanglots en écoutant Kayano décrire le traitement qu'il avait subi aux mains des Japonais durant son enfance. La salle était comble et l'auditoire était ému aux larmes.

Forts de notre expérience avec Paiakan et de la manifestation fructueuse qui avait été organisée contre la construction du barrage prévue à Altamira, nous avons suggéré de tenir une manifestation au site du barrage sur le Saragawa et d'y inviter des peuples autochtones d'autres pays. Cette idée a été acceptée avec enthousiasme, et nous avons fini par recueillir des fonds pour y envoyer des délégations provenant de plusieurs communautés des Premières Nations en Colombie-Britannique : Alert Bay, Bella Bella et Haida Gwaii. Ce projet a également été confié à la fondation.

J'avais bien hâte de participer à la manifestation et j'ai donc été terriblement déçu de constater que la date choisie coïncidait avec celle du Congrès international de génétique devant avoir lieu à Édimbourg, en Écosse. Comme j'avais accepté d'assumer la vice-présidence du congrès et d'y prononcer une

Vêtu d'une couverture des Premières Nations de la Colombie-Britannique, je suis honoré par le peuple aïnu de l'île Hokkaïdo.

conférence, j'ai manqué le rassemblement d'Hokkaïdo. Ce fut un spectacle grandiose, aux dires de tous, lorsque les représentants des Premières Nations du Canada ont dansé et chanté sur le site du barrage. L'événement a obtenu une énorme couverture médiatique. Malheureusement, il n'a pas réussi à émouvoir le gouvernement japonais, et le barrage a quand même été construit quelques années plus tard.

La première année, nous avons participé à d'autres projets à peu ou pas de frais pour la fondation. Lorsque des écologistes et des autochtones de l'ouest de la Colombie ont demandé de l'aide pour protéger la forêt tropicale Choco, Tara et moi avons remonté en pirogue le fleuve Bora Bora, avec une équipe de l'Office national du film, pour rendre visite aux gens qui y vivent dans des maisons sur pilotis et produire une émission à ce sujet qui serait largement diffusée. De cette façon, nous avons démontré à nos partisans que la fondation s'était activement engagée dans d'importants projets, ce qui nous permettait de gagner du temps jusqu'à ce que le conseil d'administration puisse lancer un calendrier d'activités mûrement réfléchi.

Tara avait fait un travail héroïque pour lancer l'organisation, tout en devant assimiler les règlements régissant les œuvres caritatives, la gestion des relations entre administrateurs et employés, la production de bulletins, les techniques de collecte de fonds et les moyens de régler les questions en matière de personnel. Elle avait laissé tomber un prestigieux poste d'enseignement à Harvard pour devenir bénévole à temps plein pour la fondation, mais cela l'accaparait énormément. Tant à la maison que durant ses temps libres, elle avait du travail à faire, ce qui lui imposait une énorme responsabilité. Je me déplaçais encore un peu partout pour filmer *The Nature of Things with David Suzuki*, je donnais des conférences ici et là et je réunissais des fonds pour financer les projets de notre fondation. Pour sa part, Tara était aux prises avec la gestion quotidienne de la fondation. Elle travaillait de longues heures, souvent sept jours sur sept, et rentrait à la maison épuisée et préoccupée par toutes sortes de soucis.

Plusieurs fois, dans ces deux premières années, je lui ai dit : « Tara, lâchons tout. Tu as tout fait, mais ça exige trop de travail. Je ne peux pas faire ma part, et tu te ruines la santé. » Mais elle a persévéré, et j'ai pour elle la plus grande admiration et la plus vive reconnaissance. La fondation était devenue son bébé, et elle allait en assurer la croissance et l'efficacité.

Nous avons fini par amasser assez d'argent pour embaucher des employés. Les membres du conseil d'administration se sont retroussé les manches. Bientôt, nous avons pu surmonter les obstacles et embaucher un directeur général pour asseoir l'orientation de la fondation et mettre en œuvre les projets lancés par le conseil d'administration.

Nous avons reçu un certain nombre d'offres de services et les avons réduites à une courte liste, dont faisait partie Jim Fulton, le député fédéral qui m'avait mis au courant de la lutte contre les coupes à blanc près de Windy Bay, à Haida Gwaii. Ancien agent de probation, Jim s'était présenté comme candidat du Nouveau Parti démocratique dans le comté de Skeena et, à la grande surprise des analystes politiques, y avait défait Iona Campagnolo, alors ministre libérale.

Skeena englobe tout le nord-ouest de la Colombie-Britannique, soit une région aussi vaste que la France. Il est très difficile d'imaginer comment un politicien peut travailler à Ottawa et servir en même temps un comté aussi immense et situé à cinq mille kilomètres. Jim m'a dit qu'il a manqué tous les anniversaires de ses enfants lorsqu'il était député. C'est un personnage plus grand que nature. Il mesure plus de 1,85 mètre, est très costaud et présente un abdomen qui pourrait absorber toute attaque frontale. Avec sa moustache et ses cheveux blancs, il me rappelle un de ces gorilles mâles à dos argenté, qui, comme lui, imposent le respect par leur seule présence physique.

Jim a aussi un petit côté espiègle, et il s'est permis des tours pendables aussi bien dans son rôle de politicien que dans celui de directeur général de notre fondation. Il a sans doute réalisé son coup le plus célèbre comme député après que, dans une tentative d'enrayer la propagation d'un virus infectant le saumon rouge, le ministère fédéral des Pêches et des Océans eut placé une barrière sur la rivière Babine, qui se déverse dans le Skeena, pour empêcher les saumons d'atteindre leurs frayères. Jim en a été informé et s'est rendu sur place, où il a pu voir les poissons se frapper sans cesse contre la barrière en tentant vainement de remonter la rivière. Il a alors attrapé une grosse femelle, qui allait mourir sans avoir pu mener à terme son cycle biologique, et l'a apportée à Ottawa.

Là-bas, arborant son large pantalon, il a mis le poisson dans un sac de plastique, l'a dissimulé dans la jambe de son vêtement et a gagné sa place à la Chambre des communes. Il s'est ensuite levé durant la période de questions pour interroger le ministre des Pêches et des Océans au sujet des saumons rouges de la rivière Babine, sachant bien qu'Erik Nielsen éviterait de répondre à sa question. Pendant que Nielsen bafouillait, Jim a soudain tiré le saumon de son pantalon, éclaboussant au passage sa collègue du NPD, Margaret Mitchell, qui n'a pu s'empêcher de crier et d'alarmer les autres députés. Jim a ensuite traversé la Chambre et a flanqué le poisson sur le bureau du premier ministre Mulroney.

C'était la cohue : certains croyaient même que Jim avait brandi une arme. Dans le brouhaha, Jim a quitté la Chambre et s'est adressé aux journalistes à l'extérieur. C'était un coup sensationnel qui, selon Jim, a poussé Nielsen à agir et à laisser le passage libre aux saumons de la rivière Babine. Mais il a aussi mené à l'adoption de la « clause Fulton », qui interdit à tout parlementaire d'apporter en Chambre quelque objet que ce soit qui puisse servir d'arme. Jim dit qu'il est fier du fait que, à la fin du cycle quadriennal suivant, la remontée de la Babine par les saumons rouges avait été l'une des plus fructueuses depuis longtemps.

Jim était un politicien sérieux qui a bien servi ses électeurs, comme le montre le pourcentage de votes sans cesse croissant qu'il a obtenus dans quatre élections. Mais ce fut à propos de difficiles questions d'envergure nationale — dans des débats qui ont duré des années — que Jim a vraiment pu démontrer sa force et sa vision du Canada.

En 1981, il a mené avec succès, au nom du NPD, le débat constitutionnel tenu à la Chambre des communes afin d'assurer

Jim Fulton, ancien membre du Parlement devenu directeur des opérations de la fondation David Suzuki.

la reconnaissance et l'affirmation des droits des autochtones. Au cours des douze années suivantes, Jim a dirigé au Parlement la bataille constitutionnelle pour les Nisga'a, et ceux-ci bénéficient aujourd'hui du premier traité de l'ère moderne au Canada.

Jim a transporté à la Chambre la lutte pour sauver South Moresby, que les Haidas appellent Gwaii Haanas. C'est sa proposition qui a été adoptée à l'unanimité au Parlement et qui a entraîné le versement de cent quarante millions de dollars pour « conclure l'affaire ».

Pendant cinq ans, Jim a combattu la décision du premier ministre Trudeau de permettre à Amax Corporation de jeter cent millions de tonnes de déchets toxiques dans les zones de pêche canadiennes du Pacifique. Jim a eu gain de cause, le déversement a cessé et la Chambre a conclu que l'autorisation donnée à l'entreprise avait constitué un abus de pouvoir. C'était là un bel exemple de ténacité et de courage.

Durant la guerre du Golfe, Jim a levé le voile sur la production et les essais illégaux de gaz neurotoxiques réalisés par le Canada au Centre de recherche pour la défense de Suffield, en Alberta. Et, bien avant Kyoto, le travail que Jim a effectué, en collaboration avec Paul Martin et David MacDonald, sur les changements climatiques a débouché sur la rédaction d'un rapport multipartite ayant préconisé, pour 2005, une réduction de vingt pour cent des émissions de gaz à effet de serre observées en 1990.

Lorsque Jim a décidé de mettre un terme à sa carrière politique après quinze ans d'action, son départ a été vivement déploré par les chroniqueurs et ses collègues des deux côtés de la Chambre.

J'étais à la fois incrédule et ravi lorsque Jim m'a proposé d'occuper le poste de directeur général de notre fondation. Nous n'avions pas beaucoup de résultats concrets en tant qu'organisation et nous devions relever le vaste défi consistant à réunir des fonds pour nos projets. J'ai cru que Jim ne faisait que s'informer un peu partout des possibilités de travail, mais il a insisté pour obtenir le poste. C'était flatteur de voir qu'il songeait sérieusement à nous, mais je lui ai lancé à la blague que l'affaire serait dans le sac s'il changeait de sexe, car j'avais déjà décidé d'embaucher une femme et j'avais dit à notre conseil d'administration que je favorisais une candidature féminine.

Mais, durant nos délibérations, il est apparu évident que le passé de Jim en tant qu'écologiste engagé, son expérience de politicien, la haute estime qu'avaient pour lui les communautés des Premières Nations, sa personnalité irrésistible et son énergie débordante en faisaient le meilleur candidat. Notre décision finale a été unanime et nous nous sommes vivement réjouis lorsque Jim a accepté notre offre. Nous ne pouvions lui verser qu'une fraction de la rémunération qu'il aurait pu exiger ailleurs, mais, quand je m'en suis excusé, il a répondu qu'il allait de toute façon toucher sa pension de député du Parlement fédéral et que, par ailleurs, « on s'engage toujours pour la vie dans ce genre de lutte ».

Au moment où nous l'avons embauché, nous avions déjà commencé à obtenir l'appui financier nécessaire pour emménager dans de nouveaux bureaux situés au cœur du quartier Kitsilano de Vancouver, qu'avaient adopté les hippies dans les années 1960 et 1970. C'était un emplacement idéal, et l'édifice, construit et détenu par l'homme d'affaires Harold Kalke, était chauffé et climatisé au moyen d'un système géothermique.

Dans les années 1960 et 1970, lorsque je dirigeais un programme de recherche appliquée en génétique à l'UBC, les gens du labo travaillaient et s'amusaient ensemble, telle une famille de substitution. À mon entrée dans nos bureaux de la fondation, j'ai ressenti une joie semblable. Ici étaient rassemblés des gens touchant un salaire raisonnable et sachant qu'ils œuvraient en faveur d'un monde meilleur.

Jim s'est attelé à la tâche avec vigueur et a rapidement mis des projets en marche comme si nous avions déjà les fonds nécessaires. Je reste marqué par mes premières années de pauvreté, mais Jim était confiant que nous recueillerions les fonds nécessaires. Et il a eu raison. Mais, au début, j'étais très nerveux en voyant toutes les dépenses effectuées. Nous formions une minuscule organisation toute nouvelle et nourrissions de grands projets ; moins d'un an après avoir ouvert nos portes, nous avions déjà une liste de projets dans dix domaines que nous tenions à couvrir.

Si nous voulions bien communiquer avec le grand public, nous devions savoir ce qui motive les gens à changer leur comportement. Après tout, nous allions affronter des entreprises qui œuvraient dans les domaines de l'automobile, des combustibles fossiles, de la foresterie et de la pharmacologie et qui dépensaient des milliards de dollars en publicité et en relations publiques. Nous avons donc parrainé un congrès en mai 1995 et y avons invité des gens ayant étudié et favorisé les changements sociaux à partager leurs idées à ce sujet. Le compte rendu des débats a été publié sous le titre de *Tools for Change* (« Des outils de changement »), un document qui a beaucoup influencé notre travail par la suite.

Ces jours-ci, nous sommes bombardés de reportages et de manchettes dans les médias clamant que l'économie est plus importante que tout et devrait déterminer nos comportements, nos priorités et nos sacrifices. Je n'ai jamais été d'accord avec une telle affirmation : nous savons que nous sommes des êtres biologiques et que, sans air, sans eau, sans sol et sans énergie propre, nous ne pouvons pas mener une vie saine et productive. Nous avons donc demandé à John Robinson, directeur de l'institut de recherche sur le développement durable de l'UBC, d'écrire *Living Within Our Means* (« Vivre selon nos moyens »), qui met en relief les besoins fondamentaux des êtres humains et l'importance vitale de la notion de durabilité.

Notre premier projet a porté sur les pêches et a servi de modèle à nos travaux ultérieurs. Le saumon est un animal emblématique des autochtones vivant sur les côtes de l'Atlantique et du Pacifique en Amérique du Nord. Si la morue du nord a attiré les Européens sur les rives de Terre-Neuve pendant cinq cents ans, les cinq espèces de saumon du Pacifique — rouge, rose, kéta, quinnat (ou royal) et coho — sont au cœur des cultures côtières des Premières Nations du Canada, leur ayant procuré nourriture biologique et spirituelle.

Dans les milliers de cours d'eau de la côte ouest de l'Amérique du Nord, le retour des saumons — beaucoup plus nombreux que les bisons et les pigeons voyageurs du passé et que les caribous et les gnous d'aujourd'hui — à leurs eaux natales est un des plus grands spectacles de la nature. Mais les saumons avaient disparu de centaines de rivières, tandis que leur remontée dans de nombreuses autres se faisait de plus en plus rare. L'expansion urbaine, l'agriculture, l'exploitation forestière, la pollution, les barrages et la pêche avaient fortement décimé les populations abondantes qui s'étendaient autrefois de la Californie à l'Alaska, mais qui n'étaient désormais nombreuses qu'en Colombie-Britannique et en Alaska. De même, la pêche aux filets dérivants dans les grands fonds détruisait des habitats essentiels à la biodiversité marine, la capture de rogues destinés au marché japonais décimait les populations de harengs qui forment la nourriture de base d'un grand nombre d'espèces, y compris le saumon, et l'élevage du saumon était qualifiée de solution de rechange à la pêche de ce poisson.

Nous avons demandé à un groupe d'experts éminents de se

réunir pour discuter de la nature du problème, de ses principales causes et des solutions possibles. Nous avons ensuite sollicité une analyse plus détaillée du problème, et Carl Walters, spécialiste des pêches de réputation internationale œuvrant à l'Université de la Colombie-Britannique, a accepté notre invitation à procéder à une évaluation scientifique de l'état du saumon du Pacifique. Carl a mis les capacités d'analyse des outils informatiques au service de l'écologie et de la gestion des pêcheries, et il était réputé pour son approche déterminée et sa volonté inébranlable d'énoncer les faits sans artifice. Son rapport a été attentivement passé en revue par des scientifiques et des pêcheurs avant d'être publié, pour mieux en assurer l'exactitude et la crédibilité.

Le rapport, intitulé *Fish on the Line* (jeu de mots signifiant à la fois « poissons au bout de la ligne » et « poissons en cause »), concluait que la migration des saumons était en crise sur la côte de la Colombie-Britannique. Il imputait la responsabilité de ce problème au ministère des Pêches et des Océans, aux autochtones et à ceux qui pratiquent la pêche commerciale ou récréative — autrement dit, à tous ceux qui sont concernés par l'avenir des poissons.

Bien sûr, tout ce beau monde n'a pas apprécié de se voir coiffé du bonnet d'âne. Chacun de ces groupes savait que les poissons étaient en danger, mais aucun n'était prêt à abandonner sa part du butin. Le rapport a été amèrement critiqué et les médias se sont plu à donner la parole aux critiques en colère. La fondation David Suzuki a fortement contribué à faire savoir que la migration des saumons était en crise et qu'il était urgent d'adopter une nouvelle politique de gestion en la matière. Que devions-nous faire exactement ?

Dans notre étude suivante, Lynn Pinkerton, aujourd'hui professeur à l'université Simon Fraser de Burnaby, et Marty Weinstein, professeur adjoint au Centre de pêcherie de l'UBC, qui travaillent tous deux depuis longtemps auprès des communautés des Premières Nations, ont établi les caractéristiques communes aux pêcheries durables dans le monde entier. Dans tous les cas, la ressource était gérée par l'ensemble des pêcheurs locaux, qui étaient responsables non seulement du maintien des stocks, mais aussi de leur état. En outre, les méthodes de pêche utilisées s'appuyaient sur le savoir et l'expérience des pêcheurs eux-mêmes. Ces résultats ont été publiés dans un rapport intitulé *Fisheries That Work* (« Des pêches efficaces »).

Le Canada tente de gérer ses pêcheries du Pacifique et de l'Atlantique à partir de la lointaine ville d'Ottawa, en Ontario, et il se fie à des experts gouvernementaux qui ne sont pas libres d'énoncer les faits scientifiques en public ni de faire des recommandations fondées sur ces faits. Les scientifiques du gouvernement subissent plutôt d'intenses pressions politiques pour donner de l'information et des conseils qui appuient la politique du gouvernement du moment. Les observations et les conseils de ceux qui tirent leur gagne-pain des ressources des océans, des fleuves et des lacs sont marginalisés ou laissés de côté. Une telle approche a eu des effets catastrophiques sur la côte est du Canada — la pêche à la morue, par exemple, s'est effondrée —, et pourtant le ministère des Pêches et des Océans n'a tenu aucun compte du savoir des pêcheurs locaux.

Fisheries That Work a été un rapport positif qui a donné beaucoup d'exemples de ce qui fonctionne bien ailleurs et de réponses à des questions non résolues. Il a été bien accueilli par l'ensemble des pêcheurs locaux, mais presque complètement passé sous silence par les médias. Les crises et les affrontements font de bons articles, mais les bonnes nouvelles sont jugées ennuyeuses.

Nullement découragés, nous avons fondé un groupe formé d'autochtones, de pêcheurs commerciaux, de guides touristiques et d'écologistes dans le village d'Ucluelet, dans l'île de

Vancouver, pour mettre en œuvre la gestion communautaire des pêcheries locales. On ne sait pas encore si la gestion locale des espèces de saumons qui migrent sur de longues distances est viable lorsque ces poissons sont interceptés dans l'océan. Nos études sur les pêcheries offraient un bon modèle pour d'autres projets : faire l'analyse, chercher des solutions et appliquer les leçons tirées.

Depuis lors, la fondation a financé de nombreux projets de pêcheries, dont le travail original qu'a réalisé Tom Reimchen, biologiste de l'Université de Victoria, sur l'association biologique entre le saumon et la forêt humide, l'enquête publique sur le saumon parrainée par le gouvernement provincial et menée dans toute la province par l'éminent juge Stuart Leggatt, un rapport sur la politique du ministère des Pêches et des Océans autorisant la capture de harengs pendant la fraie seulement pour en prélever les œufs, ainsi qu'une remise en cause de l'élevage de saumons.

L'élevage de saumons sur la côte ouest de la Colombie-Britannique s'est répandu comme un cancer. Aujourd'hui, la production de saumons dans des cages en filet est nettement supérieure à la capture de saumons sauvages. Mais une telle tendance n'est pas sans causer de nombreux problèmes, et la fondation a joué un rôle actif pour les faire connaître.

Pour bien des gens, l'élevage de saumons semble être l'équivalent marin de l'élevage agricole : il suffit d'utiliser les courants marins pour faire circuler l'eau à travers les filets où sont confinés de grands nombres de poissons dont la croissance est accélérée par une alimentation régulière. Une telle pratique se fonde sur la conviction des êtres humains selon laquelle ils peuvent faire mieux que la nature en allongeant la durée de vie des poissons, en les faisant croître davantage et en les rendant présents à longueur d'année sur les marchés. Mais comme nous pouvons l'observer dans le cas du bœuf, de la volaille et du porc, la multiplication des parcs d'engraissement engendre d'énormes problèmes concernant les maladies, les traitements infligés aux animaux et l'élimination des déchets.

Mais l'élevage de saumons est une mauvaise idée dès le départ. Ainsi, contrairement aux bœufs, aux moutons et aux porcs, les poissons sont carnivores. Puisque nous n'élevons pas de lions ni de loups pour leur viande, pourquoi élevons-nous des saumons ? Les anchois, les harengs et les sardines, que les gens mangent en Amérique du Sud, font l'objet d'une surpêche pour la fabrication des granules qui nourrissent les saumons. De plus, d'énormes quantités d'excréments s'accumulent sous les cages en filets, des maladies et des parasites comme le pou du saumon se répandent et contaminent les poissons sauvages, et de nombreux saumons de l'Atlantique — aussi élevés dans les piscicultures de la côte ouest — s'échappent périodiquement dans le Pacifique. Les otaries, les loutres, les aigles, les phoques et d'autres prédateurs attirés par la concentration des poissons dans les cages en filets sont tués légalement par les salmoniculteurs pour protéger leur « élevage ». Et les poissons d'élevage sont contaminés par des produits chimiques s'accumulant dans la chaîne alimentaire, par des antibiotiques et par les teintures utilisées pour colorer la chair.

L'aquaculture, comme l'agriculture, doit faire partie de la production alimentaire de l'humanité pour les générations futures, mais elle ne sera viable que si elle est pratiquée conformément aux principes qui assureront un bien-être écologique, social et personnel durable. Les questions de santé, d'environnement et d'équité à l'échelle mondiale sont mal abordées par les adeptes de l'élevage de saumons, et les chefs cuisiniers ainsi que les simples citoyens de la Colombie-Britannique s'en rendent compte et font maintenant preuve de plus de discernement dans leurs achats.

La santé écologique aussi peut être rétablie à une échelle locale. Les saumons sont au cœur d'un de nos projets les plus satisfaisants : restaurer la migration des saumons dans Musqueam Creek, à Vancouver. En 1900, la région qui englobe maintenant la ville comptait plus de cinquante rivières, ruisseaux et criques qui abritaient tous leurs propres races de saumons génétiquement distinctes des autres. Certains de ces cours d'eau comptaient parfois moins de cent géniteurs qui revenaient frayer, tandis que d'autres en accueillaient des centaines de milliers, mais, ensemble, ils offraient un habitat à des millions de spécimens. L'empiètement humain depuis un siècle s'est traduit par l'assèchement de criques, le détournement du cours de ruisseaux et la pollution de rives dénudées de toute végétation, à mesure que les besoins humains ont supplanté ceux des poissons. À la fin du XXᵉ siècle, un seul ruisseau à Vancouver était encore le théâtre de la migration de saumons sauvages : Musqueam Creek.

Le ruisseau traverse la réserve de Musqueam, du côté ouest de Vancouver, foyer de la Première Nation des Musqueams, mais seulement une dizaine de saumons revenaient pour y frayer. Dans une région aujourd'hui densément peuplée et abritant de nombreuses écuries, Musqueam Creek subissait les dommages causés par les chevaux qui la traversent, les enfants qui y jouaient et le ruissellement des égouts pluviaux et des égouts domestiques qui y déversaient illégalement leurs eaux usées.

En 1996, les Musqueams ont approché la fondation David Suzuki pour qu'elle les aide à nettoyer la crique. Willard Sparrow, petit-fils du célèbre chef Edward Sparrow fils, était fort inquiet : d'une certaine façon, la survie de cette petite migration de saumons semblait symboliser le sort de son peuple. Leurs anciennes coutumes et le saumon dont ils dépendent pouvaient-ils être conservés dans un milieu de plus en plus urbanisé ?

Nicholas Scapiletti, qui travaillait pour la fondation à l'époque, s'est tout de suite lié d'amitié avec Willard et tous deux ont entamé une campagne de financement en vue d'assurer le nettoyage et la protection de « la dernière crique à saumons de Vancouver » et d'en informer les résidants du quartier. Le projet de remise en état du bassin de Musqueam a été lancé pour inciter les jeunes Musqueams à protéger la crique, à en consolider les rives, à aménager des murets pour ralentir le débit, à planter des arbres sur ses rives, à poser des panneaux d'information et à distribuer des dépliants à ce sujet. Willard a sensibilisé son peuple à l'importance symbolique de la crique et l'a amené à donner son appui à un petit groupe de personnes chargées de protéger le ruisseau. Un jour, Willard marchait dans le ruisseau pour en examiner l'état lorsque, à son grand plaisir, une femme à cheval s'est approchée et l'a apostrophé ainsi : « Hé ! Les Musqueams essaient de protéger ce ruisseau pour que les saumons y reviennent, alors déguerpis ! » Les voisins s'en étaient appropriés et veillaient farouchement au maintien de ce petit ruisseau en bon état.

À force de voir Willard et Nic préparer des célébrations pour le cours d'eau, inviter des biologistes à parler de la biodiversité et de la circulation des nutriments, organiser des journées de plantation d'arbres et tenir des barbecues de saumon pour célébrer la place des poissons dans notre vie, la ville et les organismes de financement ont fini par se laisser gagner à la cause du nettoyage de Musqueam Creek. Non seulement Willard et Nic ont obtenu des ressources financières pour le projet, mais la Ville a également appuyé la construction d'un nouveau type de route dans la région, afin que l'eau puisse s'écouler de nouveau dans le sol du bassin plutôt que d'être rejetée vers des égouts pluviaux qui aboutissent dans l'océan. L'équipe a même apporté des saumons morts provenant d'autres cours d'eau et les a placés sur les rives de la crique pour que ces nutriments retournent dans le sol, comme la nature s'en chargeait avant l'avènement du « progrès ».

Musqueam Creek est en voie de retrouver son ancien état naturel : le nombre des saumons revenus frayer a dépassé la cinquantaine en 2004. La nature est extraordinairement généreuse lorsqu'on lui donne un coup de main.

Tara a été nommée présidente de la fondation, mais elle n'a pas été rémunérée pour les longues heures de travail qu'elle a consacrées à sa mise sur pied. À mesure que les projets voyaient le jour et que les employés produisaient des documents, je recevais de plus en plus de félicitations simplement parce que la fondation porte mon nom, mais, en réalité — comme pour mes émissions de télévision —, ce que produit la fondation résulte surtout du travail acharné d'une équipe dévouée. Les bénévoles comme Tara et moi ont joué un rôle crucial dans le bon travail de la fondation. J'ai été émerveillé par le dévouement constant et les efforts déployés par les bénévoles, non seulement pour nous, mais aussi pour tant d'autres causes importantes. Ils font partie du liant qui assure le maintien de l'édifice social.

À mesure que la fondation s'est attaquée à des questions et à des projets nouveaux, nous avons appris à mieux faire passer notre message. Notre objectif était d'investir la moitié des ressources financières de la fondation dans les communications, puisque l'information et la sensibilisation du public forment une partie essentielle de notre mandat : offrir des solutions. David Hocking, qui avait acquis une longue expérience de travail chez Petro-Canada, s'est joint à nous pour diriger l'équipe des communications.

Pouvoir compter sur l'appui d'employés fiables signifiait aussi que Tara et moi n'étions plus débordés par toutes les tâches à accomplir. Si j'allais prononcer un discours devant un

Tara donnant un discours à titre de présidente de la fondation David Suzuki.

groupe d'intérêt ou rencontrer un chef politique, le personnel me préparait souvent des notes pleines de renseignements judicieux, qui rendaient mon travail beaucoup plus efficace.

Il est évident que les anciens modes de confrontation, de protestation et de manifestation, si efficaces dans les années 1960 à 1980, n'exercent plus le même effet sur un public blasé par la multiplication des événements marqués par la violence, la terreur et le sexe. Nous avons besoin de nouveaux types d'alliances et de partenariats et de façons inédites d'informer les gens.

À la naissance de la fondation, nous étions imprégnés du sentiment d'urgence qui découlait de la décision du Worldwatch Institute de faire des années 1990 la « Décennie du changement ». Cette décennie est maintenant derrière nous. Le monde n'a pas changé d'orientation, mais la fondation a gagné une certaine maturité. Nous occupons une place dans les médias, nous exerçons une influence sur les milieux politique et industriel et nous avons acquis de la crédibilité aux yeux du public.

CHAPITRE 12

La fondation David Suzuki en marche

D ans ses premières années, la fondation David Suzuki devait attirer un grand nombre de membres, sans quoi il ne pourrait mener à bien ses projets. Il fallait apprendre à transmettre son message.

Nous avons acquis de l'expérience dans l'organisation de conférences de presse et dans la rédaction de communiqués, d'articles, d'opinions et d'autres documents. Puis, le jour est venu où le groupe des communications, dirigé par David Hocking, a créé un site Web. J'ai mis du temps à reconnaître le rôle que pouvait jouer Internet pour répandre notre notoriété, et j'étais nerveux à l'idée d'y allouer des fonds. J'apprécie aujourd'hui d'avoir osé faire cet investissement.

Jim Hoggan, président de la plus importante boîte de communications et de relations publiques de l'Ouest canadien, trouvait notre travail intéressant et utile. Il a offert bénévolement son expertise. Il a apporté à notre fondation une grande intégrité — il conseille à ses clients de ne jamais mentir délibérément et de ne jamais dissimuler les faits. Jim nous a aidés à élaborer une stratégie de communication, et depuis qu'il s'est joint à notre conseil d'administration, il a consacré d'innombrables heures à la promotion de nos projets.

Comme la fondation se complexifiait et était de mieux en mieux outillée, nous nous sentions prêts à relever des défis de taille. De tous les problèmes environnementaux qui planent sur nous aujourd'hui, le changement climatique est le pire.

Cité par le Comité permanent de l'environnement et du développement durable comme une menace que seule une guerre nucléaire totale supplanterait, le réchauffement de la planète ressemble néanmoins à une catastrophe au ralenti dont on ne sentira pas les effets avant des générations. Il est donc difficile d'alerter le public à ce sujet.

Les relations politiques de Jim Fulton ont servi quand il a persuadé Gerry Scott, vieux stratège du NPD provincial, de se joindre à la fondation pour entreprendre la campagne sur les changements climatiques. Le défi consistait à éduquer le public pour qu'il comprenne la nature des changements climatiques, admette les preuves scientifiques de leurs causes ainsi que les solutions préconisées. On a créé la plupart des organismes subventionnaires dans le domaine environnemental pour financer des travaux sur des problèmes plus immédiats, comme la pollution toxique, la déforestation ou les développements destructeurs. Bien que les répercussions du réchauffement de la planète soient immenses, il a été extrêmement difficile de trouver du financement. Je désespérais de trouver la somme d'argent qu'il nous faudrait pour changer les choses.

Stephen Bronfman, de Montréal, s'est joint au conseil d'administration à nos débuts. Il était convaincu de l'importance de la question des changements climatiques et s'est engagé à soutenir financièrement le groupe de Gerry plusieurs années durant, devenant du coup le plus important donateur en ce qui a trait à cette question au Canada. Assuré d'un solide soutien, Gerry a réuni un petit groupe de personnes expérimentées et dévouées afin d'inscrire la question dans le débat public. Malgré sa petite taille, ce groupe a réalisé une remarquable série d'études et d'activités.

Gerry a invité Ray Anderson, chef de la direction d'Interface, la plus grande entreprise de revêtement de sol au monde, à se joindre à notre campagne afin d'expliquer aux industriels qu'ils pouvaient à la fois réduire leurs émissions nocives et gagner plus d'argent. Ray a relevé le défi et fait maintenant partie du conseil d'administration de la fondation.

Le groupe a commandé une série d'articles, dont « A Glimpse of Canada's Future », « The Role of Government », « Taking Charge : Personal Initiatives », « Keeping Canada Competitive » et « Canadian Solutions ». Mais le plus brillant était de loin « Power Shift », une étude du spécialiste de l'énergie Ralph Torrie, démontrant que, avec la technologie déjà disponible, le Canada pouvait réduire ses émissions de gaz à effet de serre de cinquante pour cent en trente ans.

Nous avons fait venir le Dr Joseph J. Romm à Toronto et à Ottawa pour qu'il parle de son livre paru en 1999, *Cool Companies*, qui citait des dizaines d'entreprises nord-américaines ayant déjà réduit leurs émissions de plus de cinquante pour cent tout en demeurant très rentables. Depuis, la fondation des frères Rockefeller a commencé à documenter l'évolution des entreprises, des villes, des régions, des provinces et des États qui réduisent sensiblement leurs émissions de gaz nocifs, tout en économisant des dizaines de millions de dollars.

Quand *The Nature of Things with David Suzuki* a diffusé un film de Jim Hamm montrant, exemples à l'appui, qu'il était possible de gagner de l'argent tout en réduisant les émissions de gaz à effet de serre, la fondation David Suzuki a mis sur pied une série d'activités à Toronto, à Calgary et à Vancouver,

Un moment de détente avec Gerry Scott, alors directeur des travaux sur les change-
ments climatiques pour la fondation David Suzuki.

comportant des discours, des projections du film avant sa diffusion, et des expositions présentant des technologies qui per-
mettent d'économiser l'énergie, comme des éoliennes et des
voitures hybrides, alors inconnues. Nous savions que nous
devions montrer qu'il y avait des solutions de rechange à nos
habitudes polluantes, lesquelles sont au cœur du changement
climatique, puisque ni le gouvernement ni les gens d'affaires
n'en prenaient l'initiative.

Il était ardu d'attirer l'attention des médias jusqu'à ce que
Catherine Fitzpatrick, employée de la FDS, ait l'idée d'examiner les incidences médicales de l'utilisation de combustibles
fossiles. Elle s'est concentrée sur les effets immédiats de la pollution de l'air — non pas sur la propagation de nouvelles mala-

dies dans un monde plus chaud ou sur la famine attribuable à la sécheresse et aux mauvaises récoltes, mais bien sur les effets physiques immédiats, au jour le jour, de la pollution de l'air sur les gens. Si nous ne pouvions attirer l'attention des gens sur la gravité de la menace que constituent les changements climatiques, nous pouvions le faire sur les coûts de l'utilisation de combustibles fossiles qui incombent à chacun de nous.

Cette stratégie a fonctionné. À l'aide des données du gouvernement, les médecins et les scientifiques que Catherine avait approchés ont produit une étude, intitulée « Taking Our Breath Away ». Elle constatait que la pollution de l'air, causée surtout par les combustibles fossiles, tuait prématurément seize mille Canadiens par année. Un écrasement d'avion qui tue tous les passagers est une grande tragédie, mais imaginez un gros avion s'écrasant au Canada chaque semaine, et vous aurez une idée de l'ampleur de ces morts évitables, attribuables aux combustibles fossiles.

Et chaque décès n'est que la pointe d'un immense iceberg. Pour chaque mort, il y a beaucoup d'autres graves problèmes pulmonaires qui nécessitent une hospitalisation, voire une intervention chirurgicale. Pour chaque hospitalisation, il y a de nombreuses journées d'école ou de travail qui sont perdues, puis bien d'autres encore où la productivité est réduite en raison de problèmes comme la bronchite et l'asthme dont l'évolution est lente.

Le rapport « Taking Our Breath Away » a été le premier de la fondation qu'on traduisit en français, sous le titre « À couper le souffle ». Les médecins reconnaissaient l'importance de ce rapport, car les francophones aussi bien que les anglophones avaient appuyé notre appel à la réduction de la pollution de l'air. Les associations médicales fédérales et provinciales avaient aussi entériné notre projet de réduire les émissions de gaz à effet de serre pour des raisons de santé.

L'une des premières personnes à signer notre protocole a été le Dr David Swann, agent de santé publique en chef de l'Alberta. J'ai été stupéfait quand il a été renvoyé pour avoir épousé notre cause. Nous sommes au Canada, et pourtant voilà que l'Alberta se comportait comme une petite dictature, punissant un de ses fonctionnaires pour avoir osé dévier de la ligne de pensée du gouvernement. Le Dr Swann s'est battu et a fini par réintégrer son poste, mais peu après il a abandonné la fonction publique de la province. Prendre position sur les changements climatiques en Alberta demandait du courage.

Gerry a commandé des articles conjointement avec d'autres organisations qui étudiaient l'effet des changements climatiques sur nos parcs nationaux. Jay Malcolm, professeur de foresterie à l'Université de Toronto, a conclu que les changements climatiques rompraient l'équilibre des espèces dans ces parcs que nous chérissons tant : certaines espèces pourraient s'adapter à des températures plus élevées, tandis que d'autres devraient se déplacer pour trouver les conditions nécessaires pour survivre.

Une étude de 2004 de la FDS, « Confronting Climate Change in the Great Lakes Region », examinait les incidences hydrologiques des changements climatiques sur les lacs Supérieur, Michigan, Érié, Huron et Ontario, qui constituent le plus grand réservoir d'eau douce sur Terre. Le rapport concluait que leurs effets seraient catastrophiques.

The Nature of Things with David Suzuki a fait une série d'émissions sur le réchauffement de la planète, dont une émission spéciale de deux heures. Les sondages montraient que les Canadiens se préoccupaient de plus en plus des changements climatiques, et j'aime à croire que la fondation David Suzuki et *The Nature of Things* ont joué un rôle important dans l'accroissement de cette sensibilisation.

Les preuves des changements climatiques sont aujourd'hui

accablantes, et rien ne m'a plus convaincu que l'article vedette du modéré *National Geographic* de septembre 2004. Dans un encart à volets, on trouve un registre des concentrations de dioxyde de carbone de l'atmosphère depuis quatre cent mille ans. Reconstituées à partir de carottes glacières prélevées en Antarctique, ces concentrations forment une courbe qui, vers 1990, s'élève au-dessus du niveau le plus élevé jamais enregistré. La courbe grimpe ensuite à la verticale.

Mais les observations que chacun de nous peut faire, bien qu'anecdotiques et statistiquement non significatives, sont aussi probantes. Quand Tara et moi avons campé au-dessus du cercle polaire arctique en juin 2005, nous avons vu et entendu les preuves de la fonte des glaciers, du dégel du pergélisol et de l'arrivée récente d'espèces végétales et animales. Les habitants de l'Arctique parlent du réchauffement de la planète comme d'un fait bien établi qui a changé leur habitat et menace déjà leur mode de vie.

Pourtant, malgré le consensus écrasant qui existe parmi les climatologues et les conclusions de la plus importante analyse de l'histoire de la documentation scientifique, en 2005, les médias continuent de traiter le réchauffement comme une controverse, comme si on pouvait encore en douter. Ils laissent beaucoup plus de place que nécessaire au petit nombre de « sceptiques » qui nient l'existence du phénomène. C'est tragique.

Si elle reconnaît que le danger est réel, la société peut chercher des solutions. Réduire les émissions de gaz à effet de serre nous permettra de gagner du temps afin de passer à des sources d'énergie non polluantes et de profiter des avantages évidents que nous procurent un environnement plus propre, une meilleure santé et la conservation de précieux combustibles fossiles non renouvelables. Si, par un quelconque miracle, la crise se résorbait, ces combustibles fossiles non renouvelables seraient encore là, nos domiciles et nos entreprises seraient plus efficaces et notre environnement, plus propre. Nous profiterons tous de l'endiguement du changement climatique, alors que ne rien faire rendra les mesures de redressement beaucoup plus difficiles, plus coûteuses et, peut-être, trop tardives.

Après le Sommet de la Terre à Rio, en 1992, on a mis sur pied un comité de négociation intergouvernemental pour établir un cadre dans lequel serait évaluée la convention sur le climat. Depuis 1995, la Conférence des parties de la Convention-cadre des Nations Unies sur les changements climatiques (CCNUCC) permet qu'une rencontre ait lieu chaque année, dans un pays différent. À ces rencontres, on a peaufiné les dispositions du protocole, évalué le progrès et actualisé l'information scientifique. La première CCNUCC en Amérique du Nord a eu lieu à Montréal, de la fin du mois de novembre au début du mois de décembre 2005.

Des milliers de délégués, d'ONG et de journalistes y assistaient, et la fondation était un important participant. Outre dix employés, huit membres du conseil d'administration ont pris part aux assemblées, à différents titres. Les employés ont travaillé avec diligence pour faire connaître notre position : le processus de Kyoto doit se poursuivre, et on doit réduire les émissions des pays industrialisés de vingt-cinq pour cent en 2020, et de quatre-vingts pour cent en 2050, si nous voulons réduire les conséquences de l'accumulation des gaz à effet de serre. J'étais content de voir qu'il n'y avait plus de débat sur l'existence des changements climatiques ni sur la nécessité de réduire ou non nos émissions. La grande question était de quantifier la réduction et la planifier.

À titre de membre du conseil d'administration, Stephen Bronfman a convié à un petit déjeuner des gens d'affaires préoccupés des changements climatiques. Plus de quatre cents personnes sont venus écouter un autre membre du conseil d'administration, Ray Anderson. En tant qu'homme d'affaires prospère, Ray s'adressait à un auditoire formé de ses pairs, et son message, « Vous pouvez réussir en faisant les bons gestes », touchait une corde sensible.

Peu après son élection, George W. Bush a indiqué qu'il ne ratifierait pas Kyoto et qu'il voulait faire fi du processus en entier. Au moment de la conférence de Montréal, suffisamment de pays avaient ratifié le protocole pour en faire une loi internationale. L'importante délégation américaine à Montréal n'avait pas de statut officiel mais travaillait activement à faire échec au protocole de Kyoto et à rallier d'autres pays à son projet de rechercher de nouvelles technologies plus propres qui amoindriraient le besoin de réduire l'utilisation de combustibles fossiles. À titre de représentant du pays le plus puissant sur Terre, le groupe américain avait beaucoup d'influence, mais le pays est aussi le plus grand émetteur de gaz à effet de serre et, par conséquent, a une lourde responsabilité, comme l'a dit le premier ministre Paul Martin dans son discours inaugural. À la fin, malgré la pression des Américains, le reste du monde s'est uni pour appuyer le processus de Kyoto et poursuivre la route vers des réductions beaucoup plus substantielles. C'était un couronnement pour les délégués, et rétrospectivement, ce sera sans doute un moment décisif.

Nous étions nombreux à la fondation à avoir fait nos premières armes dans des batailles sur l'avenir des forêts de la Colombie-Britannique. De Moresby-Sud à Clayoquot Sound et de la vallée Stein au parc Khutzeymateen, l'une après l'autre, les forêts des régions vierges étaient désormais menacées, soulevant un tollé général. Il semblait donc naturel à la fondation de s'engager pour la défense des milieux forestiers.

Nous appuyant sur notre travail sur les pêcheries, nous

nous sommes questionnés sur la position économique de la province à l'égard de la foresterie aujourd'hui. Même si le nombre d'emplois et la contribution relative des recettes fiscales de la foresterie étaient en chute constante, les médias continuaient de déclarer partout que la foresterie contribuait à la moitié des recettes fiscales de la Colombie-Britannique. Les Drs Richard Schwindt et Terry Heaps, économistes de l'université Simon Fraser, ont accepté de mener une analyse portant sur l'industrie forestière. Nous l'avons publiée en 1996, sous le titre « Chopping Up the Money Tree ». Ils montraient que l'économie de la province était beaucoup plus diversifiée qu'il y a cinquante ans, et que la Colombie-Britannique ne tirait que cinq pour cent de ses revenus de la forêt.

Le discours voulant que les environnementalistes nuisent à l'économie et menacent l'emploi ne reflétait donc pas la réalité. Les emplois diminuaient en foresterie, mais le volume de bois coupé augmentait toujours. Le forestier en chef de la province savait pertinemment que les coupes excédaient grandement la capacité de renouvellement de la forêt. Des machines énormes remplaçaient les hommes et travaillaient inlassablement avec une efficacité redoutable, à l'aide d'ordinateurs. Pis encore, malgré la législation interdisant l'exportation de bois rond brut, on en expédiait de plus en plus vers d'autres pays, où on créait des emplois spécialisés pour traiter ce bois. Chaque rondin brut exporté représentait une perte d'emplois et de potentiel économique pour la Colombie-Britannique. La fondation a effectué une analyse montrant que l'État de Washington créait deux fois et demi plus d'emplois que n'en créait la Colombie-Britannique par arbre, et la Californie, cinq fois plus.

J'étais perturbé par le fait que les Canadiens, dont le bois est parmi le meilleur du monde, achetaient des produits finis de la Scandinavie. Je ne crois pas que nous soyons si arriérés que nous ne puissions créer nos propres produits en bois. Nous devrions faire une utilisation beaucoup plus prudente de nos précieuses matières brutes et nous assurer que chaque arbre coupé crée le maximum d'emplois.

Jim Fulton a recruté la doyenne de la faculté des arts de l'UBC, l'éminente professeure Pat Marshak, pour qu'elle fasse une analyse exhaustive de la foresterie en Colombie-Britannique. Elle a fini par écrire un livre avec Scott Aycock et Deborah Herbert, en 1999, *Falldown : Forest Policy in British Columbia*, largement considéré comme le document qui fait autorité en la matière. Elle concluait qu'une réduction du volume de bois coupé était nécessaire, parce que les volumes actuels n'étaient pas viables. Elle recommandait qu'on diversifie l'utilisation du bois en vue de créer davantage d'emplois par mètre cube.

Pourrait-on créer un code de foresterie écologique qui permettrait les coupes tout en maintenant l'intégrité de la forêt ? En 1990, un employé de la fondation, Ronnie Drever, a écrit un rapport, « A Cut Above », qui présentait les neuf principes de base de ce qui est devenu depuis la gestion écosystémique (GES). Bien que les parcs et les autres zones protégées, si elles sont suffisamment vastes et interreliées, puissent quelque peu contribuer à protéger la biodiversité qui soutient notre économie, l'avenir est sombre, à moins que l'on n'exploite prudemment et durablement les terres hors des parcs au moyen de la GES.

Même avant « A Cut Above », nous savions qu'il était possible de procéder à des coupes importantes de manière durable. Un forestier de l'île de Vancouver, Merv Wilkinson, a effectué des coupes prudentes sur sa propriété dès les années 1950. Il a ainsi coupé une quantité de bois équivalent à toute sa forêt, mais il se retrouve maintenant avec plus de pieds-planche de bois poussant sur sa propriété que lorsqu'il a

Merv Wilkinson, figure légendaire du Canada, fait une petite démonstration d'exploitation forestière durable, dans sa ferme de Wildwood.

commencé. En Oregon, une entreprise familiale du nom de Collins Pines vit de la foresterie depuis cent cinquante ans, et aujourd'hui, a un chiffre d'affaires annuel de quelque deux cent cinquante millions de dollars. Pourtant, ses forêts sont considérées comme les plus vierges de l'État. Des milliers d'employés gagnent leur vie à même ces forêts, et l'entreprise demeure concurrentielle sur la scène mondiale, même si toutes les coupes sont effectuées sélectivement, contrairement aux coupes à blanc.

Mais les entreprises forestières dont les actions sont cotées en bourse sont mues par le besoin de maximiser le rendement des investisseurs. Il y a peu d'incitation à pratiquer une foresterie durable quand, pour ce faire, il faudrait restreindre le volume des arbres coupés par année de deux ou trois pour cent, soit l'accroissement annuel naturel de la taille. Couper une forêt entière à blanc et investir l'argent rapporte le double ou le triple de l'intérêt ; investir l'argent de la foresterie à Bornéo ou en Papouasie-Nouvelle-Guinée produirait peut-être dix fois le rendement. Parfois on investit l'argent ailleurs, comme dans les poissons, et quand il n'y a plus de poissons, dans la biotechnologie ou les ordinateurs. L'argent pousse plus vite que les arbres.

La pression que subissent les entreprises forestières en vue de réduire leurs coupes les pousse à ne couper que les espèces les plus en demande et à ignorer le reste. C'est un problème mondial. En Amazonie, on a coupé l'acajou dans la majeure partie de la vaste forêt. Aujourd'hui, en Colombie-Britannique, il est évident que les entreprises coupent le cèdre à un rythme insoutenable. Le cèdre occupe une place si importante dans la culture des Premières Nations côtières que la FDS a commandé deux études, « Sacred Cedar », en 1998, et « A Vanishing Heritage », en 2004. Ces études montraient à quel point il ne restait que peu de cèdres pour la fabrication des totems, des canots, des masques et des maisons longues traditionnelles.

Nous avons aussi publié un rapport sur les arbres modifiés culturellement (AMC), que les cultures des Premières Nations de la côte de la Colombie-Britannique utilisent depuis des millénaires. On trouve des canots partiellement sculptés à même des billots pourrissant sur le sol, et des cèdres sont encore debout qui affichent de longues cicatrices, indiquant qu'on a dépouillé l'arbre de son écorce pour faire des vêtements ; certains arbres montrent qu'on a prélevé des planches sans que cela les tue. Les AMC sont de précieux artéfacts qui témoignent de l'occupation des Premières Nations et de leur utilisation du territoire bien avant l'arrivée des Européens.

Outre le rapport intitulé « The Cultural and Archeological Significance of Culturally Modified Trees », nous avons instauré un programme de formation archéologique qui a incité des dizaines de représentants de différents villages à devenir des techniciens des AMC. On a ainsi créé des emplois pour les communautés des Premières Nations, car les entreprises forestières, tenues d'inventorier et de protéger ces artéfacts, embauchaient le personnel ainsi formé pour identifier les AMC sur les terres que le gouvernement leur avait cédées pour la coupe.

Nous voulions que les résultats de nos rapports touchent un plus vaste auditoire. En 1994, la fondation a contacté Greystone Books, filiale de Douglas & McIntyre, l'éditeur très respecté de la Colombie-Britannique. La FDS et Greystone allaient coéditer des livres destinés au grand public. Bien que le profit ne fût pas l'objectif premier de la fondation, nous espérions que l'opération serait rentable. En 2005, nous avions publié vingt titres sur une grande variété de sujets. Ce fut beaucoup de travail, mais j'ai été très satisfait d'avoir écrit ou coécrit dix d'entre eux.

Comme la fondation grandissait, il me semblait qu'il nous

fallait un livre différent, une sorte de traité philosophique qui définirait la perspective, les hypothèses et les valeurs qui soustendent nos activités. En commençant à l'écrire, j'ai été obligé d'approfondir ma réflexion sur les enjeux réels de notre travail. *L'Équilibre sacré, redécouvrir sa place dans la nature* a été pour moi l'occasion de faire une mise au point. À mon étonnement et à mon ravissement, le livre a été un best-seller au Canada et en Australie, et continue de se vendre fort bien. Comme avec les autres livres, j'ai cédé mes droits d'auteur. Ce livre à lui seul a jusqu'ici rapporté à la fondation près de deux cent mille dollars.

La pierre angulaire de la fondation David Suzuki est sa relation avec les individus et les communautés des Premières Nations, qui est demeurée solide au fil des ans. Nous avons vite compris que les Premières Nations de la côte de ce qui est maintenant la Colombie-Britannique occupent le territoire depuis des millénaires et que les traditions qui sont nées de leur rapport avec le territoire font de ces communautés de meilleurs gardiens que le gouvernement et les entreprises. Nous savions aussi que, puisque aucun traité n'avait été signé, les Premières Nations côtières devaient avoir la souveraineté du territoire.

Miles Richardson, un des fondateurs de la FDS, est un homme très politisé. Il a été président de la nation haida pendant douze ans avant d'être nommé commissaire en chef des traités de la Colombie-Britannique en vue de faire progresser les discussions autour des traités entre le Canada, la Colombie-Britannique et les Premières Nations. Miles est un grand homme, au propre comme au figuré, doté d'une intelligence formidable, d'un énorme appétit de vivre et d'une volonté de faire face aux problèmes les plus ardus. Il aime nous rappeler que nous sommes des êtres humains dotés de particularités, de petites manies, de faiblesses et de beauté. Plus que tout autre, il m'a appris à savourer pleinement l'instant présent et à prendre plaisir à ce que je fais.

Quand, en 1998, l'occasion s'est présentée à la FDS de travailler sur les enjeux qui touchent la côte du Pacifique, Miles nous a enjoints de songer à établir des relations avec les communautés des Premières Nations de sorte que nous puissions collaborer avec eux et trouver des façons de protéger les forêts et les poissons, tout en leur offrant le moyen de pourvoir à leurs besoins. Lorsque le taux de chômage des communautés des Premières Nations dépasse les cinquante pour cent, même ceux qui nous ont enseigné tout ce que nous savons à propos de dame nature doivent accepter de sacrifier une partie des richesses naturelles qui les entourent. Ayant coupé tous les arbres facilement accessibles au sud et autour de Prince Rupert, les entreprises d'exploitation forestière convoitaient désormais les riches forêts des communautés éloignées, de la côte centrale et nord, et de Haida Gwaii.

À l'hiver de 1997-1998, Jim Fulton a demandé à Tara de se joindre au personnel. Il savait qu'elle était la seule personne qui pouvait agir en tant que « diplomate » de la fondation et établir des rapports avec les onze communautés isolées de la forêt pluviale tempérée de la côte centrale et nord, et de Haida Gwaii. Le territoire de ces communautés représentait un quart de toute l'ancienne forêt pluviale tempérée qui restait au monde. Il croyait que la manière la plus juste et la plus intelligente de protéger la forêt et les poissons était de collaborer avec les Premières Nations pour faire reconnaître leur souveraineté sur le territoire. Tara et moi n'avions pas la clairvoyance de Jim et de Miles, et nous ne comprenions pas très bien comment les nations s'uniraient, mais Tara a courageusement fait taire ses doutes et a commencé à se rendre seule dans chaque communauté pour rencontrer les chefs, les aînés et les familles des villages.

Bien avant ces premières incursions, Tara, ainsi que toute ma famille, avait déjà établi des liens étroits avec deux de ces villages, Skidegate et Bella Bella, de même qu'avec Alert Bay et d'autres au sud. Nous avions été adoptés par deux familles et nous nous sentions depuis longtemps dans l'obligation de contribuer à leur bien-être.

Dans de nombreuses communautés des Premières Nations, on a créé un schisme entre les chefs traditionnels, qui héritent de leur poste, et les chefs et les conseils de bande élus en vertu des règles imposées par le ministère canadien des Affaires indiennes. Nous savions que les chefs traditionnels nous appuieraient, alors que les conseils élus n'avaient d'autre choix que d'accorder la priorité à la création d'emplois et au développement. Mais nous ne voulions pas exacerber les divisions des communautés, alors nous avons décidé de passer par la grande porte — les conseils élus — dans l'espoir de rencontrer les chefs tradition-nels et les aînés plus tard, avec la bénédiction du conseil. Nous voulions des rapports ouverts et francs avec chaque commu-nauté. Dans leur lutte pour la protection de certaines régions, les environnementalistes avaient, par le passé, obtenu le soutien de membres de bande qui agissaient à titre individuel, mais, quand les batailles prenaient fin, les autochtones étaient parfois seuls face aux dettes et au ressentiment que laissait le conflit. Plusieurs conseils de bande étaient naturellement soupçonneux.

Tara a visité ces villages éloignés pour expliquer les visées de la fondation David Suzuki et explorer les possibilités de partenariat dans les domaines d'intérêt commun. Nous n'avons pas caché que notre préoccupation était la conserva-tion des anciennes forêts, mais nous reconnaissions aussi la souveraineté qu'y exerçaient les Premières Nations et nous étions disposés à travailler avec eux pour obtenir la reconnais-sance de leurs droits. Nous espérions que notre science, nos activités-bénéfice et nos relations leur seraient utiles.

En général, on accueillait Tara et on la traitait avec respect mais, parfois, les conseils la critiquaient vigoureusement. Une fois, alors qu'elle revenait d'un voyage et que je lui posais des questions, elle s'est mise à pleurer en évoquant la solitude de ses voyages, les pressions et l'humiliation ressentie. Un membre d'un conseil de bande l'avait sermonnée : « Greenpeace et vous tous, maudits environnementalistes… » Bien des gens des Premières Nations étaient tout naturellement méfiants, ayant vu une succession de gens bien-pensants comme nous les abandonner trop souvent avec des promesses non tenues.

Nombre de communautés dans la forêt pluviale de la partie centrale de la côte et de la côte nord de la Colombie-Britannique sont extrêmement isolées, certaines ne sont accessibles que par bateau ou hydravion. Elles souffrent souvent de chômage chronique élevé, et sont donc vulnérables. Ainsi, pour un petit centre médical et la promesse d'une poignée d'emplois, une communauté peut devoir signer des ententes qui permettront à une entreprise de raser ses forêts en quelques années. L'une des pratiques les plus pernicieuses qu'a observées Tara, à la fin des années 1990, était ce que le gouvernement et les entreprises appellent la « consultation ». Obligées par les tribunaux de consulter les Premières Nations, les entreprises envoient dans une communauté un porte-parole qui convie ou rencontre par hasard quelques personnes et bavarde avec elles de leurs familles, de leur santé et des potins locaux. On appelle cela de la consultation.

La visite des villages nous oblige à réexaminer les notions de richesse et de pauvreté. Une fois, j'ai visité un village isolé de quelque deux cents habitants. Quand mon hydravion a amerri, des dizaines de personnes sont venues à ma rencontre sur le quai. Ce soir-là, les gens ont préparé un énorme festin en mon honneur. Les tables croulaient sous les plats chargés de saumon, de crabe, de flétan, de rogue de hareng, de bannock, de viande d'orignal, d'eulakane, de beignets de palourdes, d'algues séchées et de desserts. Après le dîner, le chef du conseil de bande a entamé les discours en disant que la bande était pauvre et avait besoin d'argent pour les nécessités de la vie ; c'est pourquoi ils avaient permis l'exploitation forestière de leur territoire.

Quand mon tour est venu de parler, j'ai indiqué que j'habitais un quartier cossu de Vancouver, où il y avait sans doute trois fois plus de gens dans un pâté de maisons qu'il n'y en avait dans tout le village, mais qu'après vingt-cinq ans, je connaissais moins de vingt de mes voisins par leur nom. Il y a un parc près de chez moi où je ne laisse pas mes enfants jouer seules. Notre résidence et notre voiture ont été cambriolées plusieurs fois. Même avec des milliers de dollars, je n'aurais jamais pu produire un banquet comme celui qu'ils m'avaient préparé. Je leur ai dit qu'ils possédaient les richesses que nous avions perdues — la communauté, la terre et les ressources.

Néanmoins, les Canadiens n'ont nullement le droit de dire aux Premières Nations qu'elles devraient rester dans un genre d'état muséal romancé, figé dans le temps. Ce sont des gens du XXIᵉ siècle, qui veulent des bateaux et des moteurs, des ordinateurs et des billets d'avion. Peuvent-ils protéger leurs valeurs traditionnelles et leur environnement tout en trouvant des façons de créer des revenus durables pour payer les choses dont ils ont besoin, d'une manière qui leur soit acceptable ? Les décisions leur appartiennent.

Même si la conservation était un problème sérieux pour tous les villages, l'emploi — le développement économique des collectivités (DEC) — était la priorité. Nous avons accepté ce défi et avons décidé de nous convertir en organisme de DEC. Nous avons ouvert un bureau à Prince Rupert, puis nous avons embauché Tim MacArthur et Sandy Storm pour le diriger.

Après avoir cherché longuement un modèle de DEC, nous avons entendu parler d'un programme, la Recherche active participative (RAP), qui pouvait selon nous intéresser les Premières Nations de la côte. Depuis plus d'un demi-siècle, des peuples aussi divers que les Inuits de l'Arctique et les Lapons de Russie ont utilisé avec succès ce programme.

La RAP est fondée sur une philosophie ascendante dans laquelle les connaissances, l'expertise, les traditions et les compétences qui se trouvent au sein de la communauté forment la base de son développement économique. L'une des premières étapes du processus RAP est la création d'ateliers pour déterminer ce que les gens perçoivent comme les forces de leur communauté ainsi que l'avenir qu'ils conçoivent pour elle dans dix ou vingt ans. Ensuite, on ébauche les projets et on définit les priorités. Puis, une table de correspondances traditionnelle sert à déterminer comment créer de nouveaux emplois d'après les anciens. L'approche de la RAP préconise l'identification d'un emploi ici, puis d'un autre là, jusqu'à ce que, collectivement, ces emplois atteignent un nombre significatif et contribuent à maintenir la richesse au sein de la communauté. Un travailleur formé à la RAP est envoyé vivre jusqu'à trois ans dans la communauté qui cherche une stratégie de développement économique. La personne en vient à connaître les gens, à bien cerner leurs compétences, leurs habiletés et leurs besoins, et travaille ensuite avec eux à trouver des débouchés et des solutions, jusqu'à ce que sa présence ne soit plus nécessaire.

Michael Robinson, conservateur actuel du musée Glenbow de Calgary, en Alberta, avait une grande expérience de la RAP et nous a conseillés à l'occasion d'une série d'ateliers. Tara a commencé à discuter du processus de la RAP avec les chefs et les aînés, emmenant d'autres conseillers avec elle dans les villages. Elle a mis sur pied une équipe composée uniquement de femmes qui comprenait, outre elle-même, l'économiste et ancienne dirigeante de la bourse de Vancouver Ros Kunin, l'avocate et maintenant juge Jane Woodward, l'experte de la RAP Joan Ryan et un membre des Premières Nations du Yukon ayant une expérience politique, Lula Johns. Les gens ont donné à l'équipe le surnom affectueux de Spice Girls.

Comme Tara faisait de fréquentes visites dans les communautés, nous avons fini par connaître les priorités de chaque village. Nemiah, village du côté est des montagnes côtières, était l'une des premières communautés où nous avons envoyé un travailleur de la RAP. Le territoire du peuple Xeni Gwet'in (Nemiah) dans l'aride plateau Chilcotin incluait le cours supérieur de certaines des migrations de saumon rouge les plus riches de la côte. Nemiah se trouve à quelque quatre heures par des chemins de terre de Williams Lake.

Plusieurs personnes ont postulé l'emploi de la RAP. La bande a choisi Roberta Martell, une femme volubile, énergique et robuste, qui avait la force d'accomplir tout ce que nous et la communauté espérions, et plus. Une de ses premières recommandations a été d'établir une laverie de propriété collective à Nemiah. Elle a créé un jardin communautaire pour fournir des légumes frais et organisé la construction de deux maisons en paille moins coûteuses, plus écoénergétiques et de meilleure qualité que les maisons construites pour la communauté en vertu des allocations pour le logement du gouvernement. Elle a reconnu le potentiel économique du tourisme équestre dans cette communauté où l'équitation était une tradition.

La plus grande réalisation de Roberta a été de former trois jeunes femmes qui avaient l'énergie, la vision et les relations pour poursuivre le processus de développement économique après son départ. On a tourné un film sur le projet des Nemiah, et il a été diffusé à l'échelle internationale.

Quand Jim Fulton a affecté Tara à un poste de diplomate, il a souligné la nécessité pour les Premières Nations de la côte de s'unir dans la reconnaissance de leurs valeurs et objectifs communs. Les poissons et les forêts de la Colombie-Britannique ne survivraient pas autrement. Tara et moi savions qu'une telle initiative devait venir des Premières Nations elles-mêmes et, pendant que Tara travaillait au développement économique des collectivités, nous avons attendu que l'idée fasse son chemin. Tara savait que les limites de nos ressources ne nous permettaient pas de créer des emplois à l'échelle nécessaire ; nous espérions que la puissante unité des communautés de la côte ferait le poids au moment de négocier avec le gouvernement.

En Colombie-Britannique, la plupart des Premières Nations sont représentées dans ce qu'on appelle le Sommet des Premières Nations de la Colombie-Britannique, dont les représentants se rencontrent régulièrement à Vancouver pour discuter de questions d'intérêt mutuel. À l'automne de 1999, nous avons profité d'une assemblée du Sommet pour inviter les gens des communautés visitées par Tara à nous rencontrer et à se rencontrer les uns les autres pour discuter de foresterie. Presque tous ont accepté notre invitation.

À l'assemblée, Art Sterritt de la nation gitga'at de Hartley Bay et Gerlad Amos du village de Kitamaat, appuyés par plusieurs autres, ont commenté la nouveauté et la signification de l'assemblée et ont proposé que la FDS convoque une assemblée de toutes les communautés de la côte centrale et nord, et de Haida Gwaii. Nous étions enchantés. Nous avons invité les onze communautés et les Nemiah à une rencontre de deux jours à la réserve Musqueam de Vancouver, en mars 2000, et avons réuni les fonds pour couvrir toutes les dépenses. Des membres des douze communautés y ont assisté.

L'équipe de Recherche active participative : (de gauche à droite) *Roberta Martell, Bonnie Meyers, Maryann Solomon et Francy Merritt.*

Après une prière et les souhaits de bienvenue des hôtes Musqueam, chaque participant a brièvement énoncé ses préoccupations et ses espoirs. Pour commémorer le nouveau millénaire, nous avons appelé la rencontre le « Point tournant ». Lorsque les chefs et les aînés, extrêmement adroits, ont pris la parole, il était évident qu'ils le faisaient de tout leur cœur, et je sentais qu'ils avaient désespérément besoin de se faire entendre de nous. Des discussions ont suivi et, malgré les désaccords historiques au sujet des chevauchements de territoires, tous ont continué à travailler pour définir les divers problèmes et réfléchir à une approche unifiée. Un des groupes de discussion a rédigé une imposante déclaration :

Déclaration des Premières Nations de la côte nord du Pacifique

Préambule
La côte nord du Pacifique est une partie du monde naturel, riche, variée et fragile.
La rencontre entre la Terre, la mère et les humains a donné naissance à nos antiques cultures.
Nous sommes conscients qu'une menace sans précédent pèse sur cette source de vie et qu'une responsabilité incombe à chacun de nous.
Cette déclaration commune se veut le premier pas vers la protection et la restauration de notre culture et du monde naturel.
C'est nous qui sommes les premiers à souffrir des effets de l'exploitation de notre territoire.

Déclaration
Nous déclarons que la terre et l'eau sont essentielles à la subsistance de notre culture et à la survie même de notre peuple.
Les Premières Nations de la côte nord du Pacifique héritent de la responsabilité de protéger et de réhabiliter les terres, l'eau et l'air, pour les générations futures.

Nous nous engageons :
à prendre des décisions qui assureront le bien-être de nos terres et de l'eau ;
à préserver et à renouveler nos terres et nos cultures grâce à nos traditions, à nos connaissances et à notre souveraineté sur ces territoires ;
à être honnêtes les uns envers les autres et respectueux de toute forme vie.

Nous nous entraiderons et collaborerons en tant que peuple originaire de la côte nord du Pacifique, solidaire dans l'accomplissement de ces engagements.

La FDS assistait au Point tournant dans un simple rôle de soutien, fournissant le financement, l'organisation, la recherche et les contacts. Nous avons clairement établi notre position. Même si nous croyions que le territoire appartenait aux communautés des Premières Nations et que nous appuyions la lutte pour faire reconnaître leur souveraineté par le gouvernement, nous voulions que la forêt et les écosystèmes marins demeurent intacts et productifs à perpétuité. Les gens en avaient tiré leur subsistance pendant des milliers d'années et avaient besoin de ces ressources pour subvenir à leurs besoins. La créations de parcs où les activités des Premières Nations seraient exclues était impensable. Notre perspective différait de celles des groupes environnementaux qui ne cherchaient qu'à augmenter la superficie des zones protégées et des parcs.

Nous avons organisé et financé plusieurs autres assemblées du Point tournant. Nous y avons invité des gens des Premières Nations dont les revendications territoriales avaient été réglées, pour qu'ils nous parlent des suites. Comme le mouvement se consolidait, nous avons travaillé dur à organiser d'innombrables rencontres avec des entreprises forestières, les maires des communautés côtières, des guides touristiques, des travailleurs de la forêt, des camionneurs, des fonctionnaires du gouvernement et d'autres groupes environnementaux, qui ont tous commencé à reconnaître l'importance du Point tournant.

Le gouvernement provincial néo-démocrate subissait des pressions pour en venir à un compromis quelconque, parce que les entreprises forestières savaient que jusqu'à ce que les questions de titres de propriété soient réglées, l'exploitation des forêts de la côte centrale et nord serait extrêmement litigieuse. Le 4 avril 2001, le premier ministre Ujal Dosanjh a signé deux documents, dont un autorisait des négociations entre les gouvernements fédéral et provincial et les communautés du Point tournant, sur une base dite de gouvernement à gouvernement à gouvernement. C'était une importante reconnaissance des droits des communautés autochtones de la côte centrale et nord.

À mesure que la force du Point tournant grandissait, le rôle de la fondation diminuait, jusqu'au moment où il fut temps de nous désengager. En septembre 2003, à l'occasion d'une célébration officielle à Skidegate, dans Haida Gwaii, on nous a remerciés de notre aide et nous avons fait nos adieux. La FDS a reçu un tambour, symbole du battement de cœur du peuple de la côte, et nous avons remis à chaque communauté des feuilles de cèdre fossilisées, symbole de ténacité et de survie.

La fondation a poursuivi ses nombreux autres projets, mais Tara et moi avons noué des amitiés et créé des liens qui durent encore et que nous chérirons toute notre vie.

Cette association a toutefois débouché sur un des épisodes les plus pénibles de ma vie d'adulte. Quand la FDS a accepté l'entière indépendance du projet Point tournant, le principal bailleur de fonds du projet a exprimé sa réticence à transférer ses fonds directement au Point tournant. Nous avions étroitement collaboré avec la fondation Lannan depuis des années, mais le Point tournant était une organisation qui venait à peine d'acquérir son indépendance et qui n'avait pas fait ses preuves, alors le bailleur de fonds voulait continuer à fournir des fonds par l'intermédiaire de la FDS. Nous serions responsables de la gestion des fonds du Point tournant. Jim savait que ce n'était pas une situation idéale et a demandé au bailleur de fonds de revoir sa politique, mais il a essuyé un refus. À contrecœur, nous sommes convenus de nous occuper des fonds et d'employer la « prudence nécessaire » vis-à-vis du Point tournant.

Quand nous nous étions constitués en organisation à deux volets, en 1991, l'institut axé sur les projets s'était frotté aux limites imposées par le volet de collecte de fonds. Maintenant, le personnel de la FDS se trouvait dans une position semblable à celle de l'« agent des Indiens » si détesté du passé, remettant l'argent mais obligeant le Point tournant à faire les courbettes exigées par Revenu Canada.

Malheureusement, nous étions au milieu des interminables vérifications qu'exigeait le gouvernement fédéral, qui nous empoisonnaient l'existence et nous ont coûté plus de cent mille dollars. Nous devions par le fait être aussi exigeants envers le Point tournant. En outre, nous devions nous assurer que les volontés du donateur seraient respectées.

Inévitablement, cette situation a mené à une confrontation explosive et à une rupture officielle entre nos deux organisations. Pour la FDS, cela voulait dire que nous étions libérés de la responsabilité juridique vis-à-vis de ces fonds et du rôle de gros méchant qui exige des comptes, mais le ressentiment à l'égard du rôle que nous avions joué est un des aspects douloureux de ce qui est pourtant une de nos plus importantes réalisations.

Sans doute la question qu'on me pose le plus souvent après une conférence, c'est : « Qu'est-ce que je peux faire ? » À la FDS, nous disions souvent : « Il faut penser globalement et agir localement », mais je sais d'expérience que les problèmes sont si immenses que les gens se sentent insignifiants et impuissants. Notre slogan paralyse plus qu'il ne motive. L'éminent prêtre philosophe Thomas Berry suggère que pour être efficace à l'échelle mondiale, nous devons penser et agir à l'échelle locale, et j'y souscris.

À la fin des années 1990, la FDS a communiqué avec la Union of Concerned Scientists, un influent groupe de scientifiques américains, qui avait dressé une liste d'activités qui réduiraient notre empreinte écologique. Ensemble nous avons adapté leurs suggestions, chiffres et analyses pour le Canada.

Chacun de nous a une influence sur la nature — l'air, l'eau, le sol, l'énergie, les autres espèces — par ce que nous mangeons, la manière dont nous nous déplaçons et le lieu où nous habitons. En mettant l'accent sur les aliments, les voitures et le logement, la Union of Concerned Scientists et la FDS ont établi une liste de dix choses que chacun d'entre nous peut entreprendre. Quand j'ai lu la liste, la première fois, je l'ai mise de côté et me suis exclamé : « Allons donc, soyons sérieux ! C'est trop facile ! » Mais Ann Rowan, qui dirigeait le projet, m'a montré le raisonnement scientifique de chaque suggestion et m'a convaincu.

Nous avons nommé ces dix mesures le « Défi environnemental » et avons demandé aux Canadiens de s'engager à en adopter au moins trois dans l'année :

1. Réduisez la consommation d'énergie à la maison de dix pour cent.

2. Choisissez un logement et des appareils ménagers éco-énergétiques.

3. N'utilisez pas de pesticides.

4. Un jour par semaine, ne consommez pas de viande.

5. Achetez des aliments cultivés et produits localement.

6. Choisissez un véhicule économique en carburant et peu polluant.

7. Marchez, faites de la bicyclette, optez pour le covoiturage ou les transports en commun un jour par semaine.

8. Choisissez un domicile près du travail ou de l'école.

9. Apportez votre soutien aux solutions de rechange à la voiture.

10. Apprenez davantage sur la conservation de la nature et faites part de vos connaissances aux autres.

Nous avons fait des lancements dans six villes canadiennes : Toronto, London, Montréal, Winnipeg, Calgary et Vancouver. Chaque événement était tenu à guichet fermé, grâce à la présence d'humoristes, de musiciens et d'autres célébrités, dont certaines des médias. Tara et moi avons pris la parole, et avons tenté de faire inscrire autant de personnes que possible pour qu'ils fassent leur part pour protéger la nature. Et ça fonctionne : au moment où j'écris ces lignes, plus de cent quarante mille personnes se sont inscrites, y compris des dizaines de maires, des conseils municipaux en entier, et des premiers ministres. Comme des milliers de mandants s'inscrivent, aucun politicien ne peut refuser de faire lui aussi un geste concret.

Le projet de la FDS en lequel nous fondons le plus d'espoirs est « La durabilité en une génération », dont le nom était le titre d'un rapport que nous avons commandé en 2003.

David Boyd est un avocat qui a dirigé le fonds de défense Sierra Legal à Vancouver. Il est professeur adjoint à l'Université de Victoria et un auteur qui écrit sur les enjeux environnementaux d'un point de vue juridique. Son ouvrage, *Unnatural Law*, explore la façon dont différents pays ont légiféré sur la protection de l'environnement. Malgré les sondages qui donnent l'environnement comme une préoccupation majeure des Canadiens, Boyd a constaté que, en ce qui concerne les lois connexes et le rendement, le Canada est presque au dernier rang, vingt-huitième sur trente pays de l'Organisation de coopération et de développement économiques. Seuls la Belgique et les États-Unis arrivent derrière le Canada.

La FDS lui a confié la rédaction d'un document sur la durabilité dans divers domaines comme la gestion des déchets, l'énergie, l'alimentation et l'eau. Il a évité les questions controversées et a produit un magnifique rapport qui répondait à une simple question : Quel genre de pays voulons-nous dans une génération ? Un pays dont l'air est pur et où l'asthme n'atteint pas des taux épidémiques ? Bien sûr. Voulons-nous boire l'eau de n'importe quel lac ou rivière ? Naturellement. Voulons-nous pêcher un poisson et le manger sans craindre les contaminants ? Absolument. Tout le monde est d'accord avec ces buts. Voilà un consensus et un but qui nous donnent une direction à suivre.

Si nous savons qu'à long terme nous voulons atteindre la durabilité, il est utile de déterminer une date butoir. David Boyd a choisi 2030, puis a divisé les besoins de la société en neuf catégories :

Création d'une véritable richesse
Amélioration de l'efficacité
Adoption de l'énergie propre
Réduction des déchets et de la pollution
Protection et conservation de l'eau
Production des aliments sains
Secours à la nature canadienne
Construction des villes durables
Promotion de la durabilité à l'échelle planétaire

D'après l'analyse de Boyd, il est possible d'atteindre la durabilité dans chaque catégorie, si nous travaillons à cette fin dès maintenant et que nous visons des buts concrets, fixés dans des délais précis. Le rapport « La durabilité en une génération » a provoqué une réaction remarquablement favorable. Quand Jim Fulton et moi l'avons présenté au premier ministre

Paul Martin, en février 2004, nous avons appris qu'il l'avait déjà lu et l'avait accueilli avec enthousiasme. Il a promis de tenter de dépasser nos objectifs dans tous les domaines, sauf un — l'énergie.

Nous avions recommandé que cessent les subventions versées à l'industrie des combustibles fossiles. Le premier ministre a admis franchement qu'une telle mesure aurait d'énormes ramifications politiques en Alberta, riche en pétrole, et qu'elle ne pouvait être appliquée. Mais il a promis de tenter d'uniformiser les règles du jeu en vue de sources d'énergie renouvelable, ce à quoi il a promis un milliard de dollars provenant des ventes de Petro-Canada, pétrolière détenue par le gouvernement. Après notre rencontre, le premier ministre a envoyé le document à des hauts fonctionnaires pour qu'ils déterminent la meilleure façon d'inscrire les recommandations dans l'infrastructure du gouvernement, de manière que, malgré un changement de gouvernement, l'objectif fondamental demeure.

En 2004, David Boyd a été nommé consultant contractuel auprès du Conseil privé, puissant organisme de conseil auprès du premier ministre et du cabinet, où il rencontrait régulièrement des hauts fonctionnaires. Les politiciens changent, mais les bureaucrates demeurent ; si les fonctionnaires adoptent les principes de « La durabilité en une génération », ils peuvent faire bouger l'infrastructure et l'attitude du gouvernement.

J'ai également présenté le rapport à la Fédération canadienne des municipalités, à Ottawa, qui l'a fort bien accueilli. L'Australian Conservation Foundation crée actuellement une version australienne du rapport.

En novembre 2005, John deCuevas, un collègue de Tara quand elle enseignait à Harvard, a invité un groupe de quelque trente-cinq bailleurs de fonds, scientifiques, environnementa-

Voici les membres du conseil d'administration de la fondation David Suzuki : (de gauche à droite) *Severn, Wade Davis, moi-même, Mike Robinson, Tara, Peter Steele, Ray Anderson, Stephen Bronfman, Jim Hoggan et Jim Fulton (Stephanie Green et Miles Richardson sont absents).*

listes et activistes à se rencontrer pour un dîner suivi d'une journée de discussion, au Faculty Club de Harvard. J'ai présenté « La durabilité en une génération » qui a été accueilli avec enthousiasme. On a recommandé que le document de la FDS soit américanisé, et deux chercheurs ont déjà été recrutés à cette fin. Le groupe veut réunir une élite de scientifiques, d'économistes, d'athlètes, de célébrités et de politiciens pour agir en tant qu'ambassadeurs de « La durabilité en une génération ».

Le projet « La durabilité en une génération » a été une source d'inspiration au sein de la fondation parce que tous nos projets sont conçus en fonction d'obtenir la durabilité avant 2030.

Quand la série radiophonique *It's A Matter of Survival* a été diffusée en 1988, j'ai été accablé en constatant la vitesse à laquelle la planète se dégrade sous l'effet des activités de l'être humain. Depuis que la fondation a ouvert ses portes en 1991, les signes de danger s'aggravent.

Les êtres humains ne sont pas spécialement doués en matière de vitesse, de force, de taille ou d'acuité sensorielle, comparativement à d'autres animaux avec lesquels nous avons évolué dans les plaines d'Afrique. C'est l'évolution de notre cerveau qui a fait toute la différence. Il nous confère mémoire, curiosité et inventivité, ce qui compense largement notre absence de qualités physiques. La prévoyance, cette faculté de voir plus loin et de reconnaître les dangers ainsi que les possibilités, nous a guidés. C'est ce qui nous a amenés à ce moment précis de l'évolution de la planète, où nous sommes les mammifères les plus nombreux, les plus puissants et les plus exigeants.

On nous a avertis à maintes reprises que nous sommes sur une pente dangereuse. Nous ne devons pas tourner le dos à la principale stratégie de survie de l'espèce humaine en subordonnant les préoccupations écologiques aux exigences de l'économie, à la faisabilité politique et à des ambitions personnelles.

La bataille pour sauver notre mère la Terre est urgente et doit se poursuivre.

CHAPITRE 13

Rio et le Sommet de la Terre

E n 1991, peu après la création de la fondation David Suzuki, nous avons entendu dire que le Sommet de la Terre aurait lieu à Rio de Janeiro en juin 1992. Depuis la publication en 1962 de *Silent Spring*, percutant ouvrage de la zoologue américaine Rachel Carson sur les conséquences insoupçonnées des pesticides, le mouvement environnemental avait évolué de façon spectaculaire.

Le Sommet de la Terre était censé signaler un changement profond : la prise de conscience du fait qu'il était désormais devenu impossible pour l'être humain d'arriver à d'importantes décisions politiques, sociales et économiques sans tenir compte des conséquences environnementales. Pourtant, au moment où les assemblées ont eu lieu, les préoccupations environnementales avaient déjà cédé le pas aux priorités économiques.

La période entre la sortie de *Silent Spring* et le Sommet de Rio reflétait l'évolution d'un remarquable mouvement populaire. Greenpeace était né en 1970 à Vancouver, à la suite d'une manifestation contre un projet américain d'essais souterrains d'armes nucléaires à Amchitka, l'une des îles Aléoutiennes, au large de l'Alaska.

En 1962, il n'existait pas un seul département ou ministère de l'Environnement sur la planète. Puis le livre de Carson avait mis le mot sur toutes les lèvres et, en 1972, le mouvement avait pris une ampleur telle que l'homme d'affaires canadien et éco-logiste d'envergure internationale Maurice Strong avait réussi à convaincre les Nations Unies de tenir un important congrès sur l'environnement à Stockholm. Les scientifiques et éducateurs américains Paul Ehrlich, Margaret Mead et Barry Commoner y assistaient, ainsi que l'économiste et écologiste anglaise Barbara Ward, mais aussi Greenpeace et des milliers d'environnementa-listes préoccupés par les espèces en voie d'extinction, par la pol-lution et par la disparition des habitats naturels.

La création du Programme des Nations Unies pour l'envi-ronnement a été l'un des résultats concrets issus de la rencontre de Stockholm. De plus, les écologistes ont commencé à adop-ter des causes allant des baleines et des phoques à la pollution de l'air et à la disparition des forêts et des rivières. La phéno-ménale croissance économique d'après-guerre avait un prix que les gens n'avaient enfin reconnu qu'après le coup de semonce envoyé par Carson. La technologie et l'activité humaine ont des conséquences sur notre milieu ; nous les avions simplement ignorées trop longtemps.

Pour la majeure partie de notre existence, nous avons été une espèce profondément tribale et locale, passant presque toutes nos vies à l'intérieur de quelques dizaines de kilomètres carrés et croisant peut-être quelques centaines d'autres indivi-dus à peine au cours d'une vie. Mais nous étions maintenant une force mondiale en émergence. Nous devions dorénavant tenir compte de l'influence collective de toute l'humanité — et c'était un point de vue difficile à saisir et à accepter.

Lorsque Tara et moi avions visité le village d'Aucre, au cœur de la forêt tropicale amazonienne, en 1989, nous avions laissé un petit sac de plastique avec nos déchets dans notre hutte, croyant qu'il serait enterré après notre départ. Quand j'y suis retourné, dix ans plus tard, le sac était encore là. Tout au long de leur existence, les Kaiapo ont vécu avec des matières complètement biodégradables, qu'ils pouvaient donc laisser là où elles étaient ou jeter dans la forêt où elles finissaient par se décomposer. Lorsque le plastique et le métal ont fait leur apparition en Amazonie, quand les Kaiapo ont eu des contacts avec le monde extérieur, ces matières étaient jetées par terre comme les peaux de banane d'avant.

Au XXe siècle, les êtres humains étaient devenus si nombreux et nos prouesses technologiques si puissantes que nous avons commencé à perturber les attributs biophysiques de la planète à très grande échelle. Et pourtant, nous pensions encore comme des animaux sédentaires. Il était encore presque impossible pour l'individu moyen de concevoir l'idée que des millions d'hectares de forêt puissent être détruits, que des milliards de tonnes de terre arable puissent être perdus, que la pollution puisse polluer l'atmosphère de toute la planète, qu'une vague d'extinction massive puisse déferler. Le mouvement écologiste se devait de trouver des façons accrocheuses de brosser un portrait global de la situation de manière qu'un vrai rapport puisse être établi avec les gens — ainsi, l'Amazonie est devenue le « poumon de la planète » et on a eu recours à des animaux charismatiques comme de mignons bébés phoques, des baleines ou des gorilles.

Le mouvement écologiste a grandi au rythme où les collectivités locales ont commencé à saisir les conséquences de l'utilisation de l'air, de l'eau et du sol en tant que dépotoirs de déchets toxiques, et au moment où elles ont reconnu — tardivement mais finalement — la valeur de la nature sauvage et des autres espèces peuplant la planète. À la fin des années 1980, les préoccupations populaires avaient porté l'environnement au sommet des préoccupations du public à un point tel que même Margaret Thatcher, premier ministre conservateur de Grande-Bretagne on ne peut plus de droite, a été filmée ramassant des déchets et déclarant à la caméra : « Moi aussi, je suis Verte. » Au Canada, le premier ministre progressiste conservateur qu'on venait alors de réélire, Brian Mulroney, a démontré son nouvel engagement envers l'environnement en nommant ministre de l'Environnement son étoile montante, le charismatique Lucien Bouchard, un nouveau venu en politique, et en intégrant le portefeuille du ministère au sein du cabinet.

Aux États-Unis, en 1988, le candidat républicain George Bush père a promis, s'il était élu, qu'il serait un « président écologique ». Le gouvernement travailliste d'Australie de l'époque a d'abord été dirigé par Bob Hawke, puis par Paul Keating, ni l'un ni l'autre n'ayant d'intérêt reconnu pour l'environnement. Mais le public s'en inquiétait, et Keating a été obligé de nommer une vraie militante pour l'environnement au poste de ministre, Ros Kelly, que j'ai rencontrée et admirée au fil des ans.

Comme l'ont démontré les traces de leurs passages au pouvoir, c'est la préoccupation du public qui a donné naissance aux engagements officiels des politiciens en matière d'environnement, et non pas leur compréhension profonde de l'importance de la question. Dès que des difficultés économiques sont apparues, l'environnement ne leur a plus semblé une si grande priorité et le mouvement écologiste a dû lutter pour garder les enjeux à l'ordre du jour politique. Pour les médias blasés, l'environnement est aussi devenu un sujet usé. En fait, certains révisionnistes comme l'auteur américain Gregg Easterbrook, le scientifique politique danois Bjørn Lomborg et l'ancien président de Greenpeace Patrick Moore ont même commencé à avancer que le mouvement écologiste s'acharnait à défoncer des portes déjà ouvertes et qu'il avait si bien réussi qu'il était temps en fait de passer à d'autres sujets, comme l'économie.

Si 1988 avait marqué l'apogée des préoccupations du public, l'intérêt était encore assez soutenu en 1991 pour faire du Sommet de la Terre un événement extrêmement attendu. Ce serait le plus grand rassemblement de chefs d'État de l'histoire, mais je doutais qu'une assemblée aussi imposante puisse accomplir beaucoup. Mais ma fille Severn avait d'autres idées.

Quand nous étions revenus de notre voyage en Amazonie, en 1989, Severn avait été si bouleversée de voir la forêt amazonienne subir l'assaut des fermiers et des mineurs d'or qu'elle avait fondé un club avec ses amies de 5ᵉ année, qui partageaient ses inquiétudes au sujet des forêts. Elles se réunissaient à la maison, prenaient le thé et parlaient de ce qu'elles pouvaient faire. Elles avaient nommé leur club le Environmental Children's Organization (ECO) et, bientôt, elles se sont mises à faire des exposés à leur école puis à d'autres écoles, à mesure que la rumeur s'est répandu à propos de leur existence. Elles ont alors commencé à fabriquer de petites salamandres et des boucles d'oreilles en argile Fimo, puis à les vendre pour recueillir des fonds.

D'une manière ou d'une autre, Severn a entendu parler du Sommet de la Terre et m'a demandé si j'y allais avec Tara. Je lui ai répondu que non et lui ai demandé pourquoi cela l'intéressait. Sa réponse était fort simple : « Parce que je pense que tous ces adultes vont se réunir et prendre des décisions, et qu'ils ne vont même pas penser à nous, les enfants. Je crois que ECO devrait y aller pour leur rappeler de penser à nous. »

Tara et moi avions été engagés dans un certain nombre d'enjeux internationaux, mais nous n'avions pas travaillé avec des organisations internationales comme l'ONU, dont la très officielle Conférence sur l'environnement et le développement avait été le point de départ du concept plus vaste du Sommet

de la Terre. Sans même réfléchir à l'idée de Severn, je l'ai rejetée : « Ma chérie, ça va être un grand cirque avec des tas de
gens. Il va faire chaud à Rio et c'est pollué. Sans compter que
ça va coûter très cher. » Puis, j'ai vite oublié les espoirs de Sev.

Cet été-là, nous avons eu la visite de Doug Tompkins,
un Américain qui avait lancé la ligne de vêtements Esprit avec
son épouse, Susie Russell. Quand son mariage s'est effondré,
Susie lui a racheté la compagnie et lui a laissé une fortune, esti-
mée à des centaines de millions. Pilotant son propre avion,
Doug parcourait le monde à la recherche de possibilités d'investissement auprès de groupes qui luttent pour la protection
de régions sauvages, et il achète lui-même de grands lots
de terre à protéger.

Ayant entendu parler de Tara et de moi, et de la toute
nouvelle fondation David Suzuki, il est venu en Colombie-
Britannique avec l'écologiste radical Bill Duvall, et a passé deux
jours à notre chalet de l'île Quadra. Pendant ce séjour, à notre
insu, Severn a parlé à Doug de son idée d'emmener ECO à
Rio, l'année suivante. Il était plus emballé que nous ne l'avions
été, et lui a dit : « C'est une bonne idée. Écris-moi à ce sujet. »
Elle l'a fait et, un jour, quelques mois plus tard, elle m'a dit :
« Papa, regarde », me montrant un chèque de mille dollars
américains de Doug Tompkins.

J'étais renversé. Mais j'étais aussi content du fait qu'elle ait
écrit d'elle-même et, pour la première fois, j'ai réfléchi sérieusement à son idée. Je me suis alors rendu compte qu'elle avait
peut-être mis le doigt sur quelque chose. J'en ai parlé à Tara et
nous avons décidé qu'il valait peut-être la peine d'aller au Sommet de la Terre, si les enfants pouvaient attirer l'attention sur
les répercussions à long terme de ce qui était décidé par les
adultes. Alors nous avons dit à Sev que nous avions compris
que son idée était bonne. Nous lui avons annoncé notre intention de soutenir ses efforts en donnant un dollar en contrepar-

tie de chaque dollar recueilli par ECO — ce qui voulait dire qu'elle avait déjà deux mille dollars.

Severn et Sarika et les autres filles membres d'ECO se sont alors lancées dans des projets pour réunir des fonds, ramassant et vendant des livres d'occasion, créant et vendant leurs salamandres en argile Fimo, et confectionnant des biscuits. Mais tout cela ne rapportait presque rien. Jeff Gibbs de l'Environmental Youth Alliance, un jeune homme qui avait fait ses premières armes dans l'activisme écologique au secondaire, a pris ECO sous son aile et a aidé les filles à publier une série de bulletins contenant des articles sur l'environnement qu'elles avaient écrits. Jeff a aussi suggéré un grand événement-bénéfice où les enfants pourraient dire aux gens ce qu'elles voulaient faire. Cela devait avoir lieu le 17 mars 1992. Avec l'aide généreuse de Jeff, Tara et plusieurs autres, les filles ont réservé le Planétarium de Vancouver, fabriqué et distribué des affiches, et téléphoné aux journalistes pour les prier de couvrir l'événement. Parents, famille et amis ont bien sûr été convoqués.

L'événement a fait salle comble. Tara a eu l'inspiration d'inclure un chèque vierge dans l'enveloppe de documents posée sur chaque siège, écartant ainsi toute excuse du genre « j'ai oublié mon chéquier ». Chacune des filles avait préparé un exposé accompagnant un diaporama sur l'environnement. Elles ont expliqué qu'elles voulaient aller à Rio afin d'être la conscience des adultes, et elles ont demandé à l'assistance de les aider. La présentation était d'autant plus efficace qu'elles parlaient avec leur cœur ; leur innocence et leur naïveté touchaient une corde sensible chez les spectateurs. Durant la pause, un homme âgé est monté sur scène, a montré cinq chèques de deux cents dollars chacun et annoncé qu'il était si inspiré qu'il les donnerait tous si d'autres donateurs jumelaient son offre. Des gens se sont mis à remplir les chèques vierges. Papa aussi a fait sa part.

Les filles ont finalement récolté plus de quatre mille sept cents dollars à cette seule soirée, où elles pensaient ne ramasser que mille dollars. Raffi Cavoukian, le célèbre troubadour des enfants, avait déménagé à Vancouver. Comme il s'était vivement intéressé aux questions de l'environnement au fil des ans, il a aussi donné un chèque de quatre mille dollars. Un philanthrope de Toronto qui soutenait les causes des femmes avait également entendu parler des filles et a envoyé un chèque de quatre mille dollars.

En fin de compte, les filles ont réussi à recueillir plus de treize mille dollars, que Tara et moi nous nous étions engagés à doubler, dollar pour dollar — soit assez d'argent pour envoyer cinq membres d'ECO (y compris, naturellement, Severn et Sarika) et trois parents (Tara, moi et Patricia Hernandez, la mère hispanophone de l'une des autres filles) à Rio.

Bien que je prévoyais maintenant me rendre au Sommet, je demeurais sceptique sur ce que l'assemblée elle-même pouvait accomplir. En décembre 1991, j'ai interviewé le coordonnateur de la conférence, Maurice Strong, pour *The Nature of Things with David Suzuki* et lui ai exprimé mes doutes. Il était d'un optimisme incurable et disait que la rencontre ne pouvait pas échouer parce que l'avenir de la planète était en jeu. Mais quand j'ai insisté, il a répondu : « Si ça ne fonctionne pas, on ne doit pas permettre que cet échec soit discret et qu'il disparaisse en douce de nos souvenirs. »

Carlo Ripa di Meana, commissaire à l'environnement de l'Union européenne, voyait le Sommet de la Terre comme une occasion « de prendre des décisions, d'obtenir des engagements précis et concrets pour contrer les tendances qui menacent la vie sur la planète ». Pourtant, afin d'assurer la participation au Sommet du président des États-Unis, George Bush père, la proposition de Traité sur le climat avait dû être diluée : son objectif de réduction importante des émissions de gaz à effet de serre était devenu seulement « une stabilisation des niveaux d'émissions des années 1990 pour l'an 2000 ». En conséquence, Ripa di Meana a boycotté l'assemblée, parce que, a-t-il dit, « en optant pour l'hypocrisie, nous échouerons non seulement à sauver la Terre, mais nous vous tromperons aussi ». Ça s'annonçait mal.

Quand on a su que Tara et moi allions à Rio, on nous a demandé de participer à la planification de l'événement. Pendant des années, des centaines de groupes et des milliers de personnes avaient assisté à des réunions du comité préparatoire, dans divers pays, pour rédiger les documents destinés à être présentés aux chefs d'État à Rio, et signés par eux. Les signatures ne représenteraient que des formalités et l'occasion de s'adonner à des séances de photos, parce que le libellé aurait été au préalable mis au point.

Afin de convaincre les représentants de tous les pays de signer, on devait peaufiner le libellé des documents pour éviter d'offenser les signataires — par exemple, impossible de parler de surpopulation aux pays en voie de développement, ni de mentionner la notion de planification familiale de crainte d'effaroucher les pays catholiques, ou encore d'aborder la question de l'hyperconsommation dans les pays industrialisés. Des documents sur les forêts, l'eau, l'air et ainsi de suite ont été rédigés, sont passés entre de nombreuses mains, ont été corrigés et révisés de nouveau, puis réécrits maintes fois.

Au moment où j'ai moi-même été convoqué à l'une des réunions à Vancouver pour étudier un document sur la foresterie, les gens passaient un temps fou à argumenter pour savoir s'il fallait mettre un trait d'union ici ou une virgule là, ou encore s'il valait mieux écrire « le » ou « un ». Peut-être suis-je injuste, parce que je n'ai assisté qu'à une seule réunion et que j'ai renoncé ensuite à me présenter à toute rencontre ultérieure, considérant l'exercice comme une perte de temps pour moi. Je connais beaucoup de gens qui ont investi énormément d'énergie dans ce processus et, Dieu merci, il y en avait qui étaient prêts à le faire.

Pour moi, l'important ne se trouvait pas dans tous ces menus détails, mais dans une vision globale déterminante qui établirait véritablement une base commune essentielle au dialogue : le fait que nous sommes des êtres biologiques, complètement dépendants, pour notre bonne santé et notre survie même, de la santé de la biosphère. À la fondation David Suzuki, nous croyions que l'une des contributions que nous pouvions apporter à Rio serait l'énoncé de cette vision. Je me suis alors mis à rédiger une déclaration qui permettrait d'exprimer et de comprendre notre place dans le monde et dans la nature. J'y travaillais avec Tara, et elle a suggéré de prendre pour modèle la *Déclaration d'indépendance* américaine, un document d'une puissance éloquente qui toucherait le cœur des gens. « Et si on l'appelait la *Déclaration d'interdépendance* ? » a-t-elle suggéré et, d'emblée, il est devenu évident que c'était ce que nous écrivions.

Tara et moi avons tâtonné, puis nous avons recruté Raffi, notre ami Haida Guujaaw et l'ethnobotaniste canadien Wade Davis pour nous aider. À un certain point, j'étais coincé avec cette lourde phrase : « Nous sommes faits de l'air que nous respirons, nous sommes gonflés d'eau et créés par la Terre par les aliments que nous consommons. » C'est ce que je voulais exprimer, mais d'une façon simple et inspirante. En me battant avec les mots, j'ai soudainement pris un raccourci, et écrit : « Nous *sommes* la terre. »

C'était la première fois que je comprenais vraiment la profondeur de ce que j'avais appris de Guujaaw et d'autres autochtones. Je savais que nous assimilions l'air, l'eau et la terre dans nos corps, mais de déclarer simplement que c'était ce que nous sommes bouleversait toutes les frontières. Je comprenais maintenant qu'il n'y avait ni ligne ni frontière qui nous séparait du reste du monde.

Il n'y a pas de frontière — nous sommes la terre et nous sommes créés par les quatre éléments sacrés : la terre, l'air, le feu et l'eau. Par conséquent, quoi que nous fassions à la planète Terre, c'est à *nous-mêmes* que nous le faisons, directement. J'avais mal cerné la problématique « environnementale » — je croyais qu'il fallait modifier notre interaction avec notre milieu, réglementer et quantifier ce que nous retirions de l'environnement, les déchets et les matières toxiques que nous y enfouissions. Je savais maintenant que ce n'était pas le bon angle parce que, en nous considérant comme des êtres *séparés* de ce qui nous entourait, il nous serait toujours possible de trouver des raisons de justifier notre activité (« le changement coûte trop cher », « ce n'est qu'une petite quantité », « nous avons toujours fait cela de cette façon », « ça nuit à notre compétitivité », etc.). Mais si nous *sommes* l'air, l'eau, la terre, la lumière du soleil, comment pouvons-nous alors justifier de nous servir de nous-mêmes comme dépotoir de déchets toxiques ?

Voici le texte de notre document final :

Déclaration d'interdépendance

CECI, NOUS LE SAVONS :

Nous sommes la terre, par les plantes et les animaux dont nous nous nourrissons.

Nous sommes les pluies et les océans qui coulent dans nos veines.

Nous sommes le souffle des forêts et des plantes de la mer.

Nous sommes des animaux, unis par un lien de parenté à toutes les autres formes de vie, chacun descendant de la première cellule.

Nous partageons avec tout ce qui vit une histoire commune, inscrite dans nos gènes.

Nous partageons aussi un présent commun, rempli d'incertitude.

Nous partageons un avenir commun, dont le dénouement est inconnu.

Nous, les êtres humains, ne sommes qu'une espèce parmi trente millions, tissant une mince toile de vie autour de la terre.

La stabilité de l'ensemble des organismes vivants dépend de cette diversité.

Grâce à cette toile, nous sommes interreliés — utilisant, purifiant, partageant et renouvelant les principaux éléments de la vie.

Notre domicile, la planète Terre, n'est pas infini. Toutes les formes de vie partagent les ressources de la Terre, de même que l'énergie du soleil : de ce fait même, leur croissance est limitée.

Pour la première fois, nous avons atteint cette limite.

Lorsque nous compromettons l'air, l'eau, le sol et la diversité naturelle, nous volons du futur éternel pour servir l'éphémère présent.

CECI, NOUS LE CROYONS :

Nous, les humains, sommes devenus si nombreux, et nos outils si puissants que nous avons apporté l'extinction de plusieurs espèces, nous avons endigué des rivières majestueuses, abattu des forêts anciennes, empoisonné le sol, la pluie et le vent, de même que percé des trous dans le ciel.

Notre science a apporté misère et joie. Le prix de notre confort est la souffrance de millions d'habitants.

Nous apprenons de nos erreurs, nous pleurons les espèces disparues, et nous élaborons maintenant une nouvelle politique d'espoir.

Nous respectons et soutenons le besoin primordial d'une salubrité de l'air, de l'eau et du sol.

Nous nous opposons aux activités économiques qui apportent des bénéfices à un faible nombre et réduisent l'héritage de plusieurs.

Puisque la destruction de l'environnement entraîne des pertes biologiques permanentes, les coûts écologiques et sociaux doivent faire partie de toute équation de développement.

Nous ne sommes qu'une génération, un grain de sable dans l'horloge du temps. Nous n'avons pas le droit d'effacer le futur.

Ainsi, là où nos connaissances nous feront défaut, il faudra se rappeler les générations futures et procéder avec prudence.

À CECI, NOUS NOUS ENGAGEONS :

Tout ce que nous savons et croyons doit maintenant devenir le fondement de notre façon de vivre.

À ce point tournant de notre relation avec la Terre, nous nous engageons à travailler pour l'évolution : de la domination vers le partenariat, de l'individualisation vers l'interrelation, et de l'insécurité vers l'interdépendance[1].

Je crois que, dans sa forme finale, la *Déclaration d'interdépendance* est un document fort et émouvant, qui met de l'avant les principes qui devraient sous-tendre toutes nos activités. Nous l'avons fait traduire en plusieurs langues, dont le français, le

---

1. Le texte français officiel de la *Déclaration d'interdépendance* est tiré du site Web de la fondation David Suzuki, à l'adresse suivante : http://www.davidsuzuki.org/About_us/French_Declaration.asp.

chinois, le japonais, le russe, l'allemand et l'espagnol, et nous avons apporté des copies de toutes ces versions à Rio pour les distribuer — l'un des premiers produits tangibles publiés par la fondation David Suzuki.

Parallèlement à tout cela et à l'aménagement du bureau de la fondation, Tara organisait la participation d'ECO à Rio, y compris toute la logistique de l'hébergement, de la nourriture, des vols, des vaccins, etc. Plus le moment du départ approchait, plus j'étais tendu et inquiet, mais les filles, elles, voyaient le voyage comme une aventure et une occasion rare. Elles étaient si innocentes. Malgré mes inquiétudes, nous sommes partis pleins d'enthousiasme et d'espoir. Après Rio, je devais m'envoler moi-même pour l'Europe, mais Tara avait organisé une récompense post-Sommet pour les enfants : une excursion en Amazonie.

Nous avons atterri à Rio et, comme je le craignais, il faisait chaud et l'air était lourd de pollution à cause de la circulation. J'avais encore tendance à me soucier des détails — où allions-nous loger, qu'allions-nous manger, comment allions-nous nous déplacer, et qu'en était-il des toilettes ? —, mais Tara avait déjà pris toutes les dispositions de ce genre. Mes enfants m'ignorent tout simplement — « Oh ! papa, cesse d'être aussi coincé », me disent-elles. Tara avait réservé un appartement avec vue sur la légendaire plage Copacabana, mais nous avions trop à faire pour en profiter.

Des dizaines de milliers de personnes sont arrivées à Rio de Janeiro pour le Sommet de la Terre, qui comprenait la Conférence officielle de l'ONU au Rio Centro, encerclé de gardes armés exigeant des laissez-passer pour entrer ; le Forum mondial, pour des centaines d'organismes non gouvernementaux (ONG) venus de partout au monde ; et le Parlement de la Terre, pour les autochtones. Chaque congrès avait lieu à des kilomètres des autres. Je suis certain que c'était une décision délibérée visant à garder les porte-parole des ONG et les autochtones aussi loin que possible des délégués officiels, si ce n'était que pour minimiser le contraste entre les riches représentants logeant dans des hôtels de luxe, et la populace comme nous, voyageant à petit budget et logeant dans les quartiers moins huppés de la ville.

Avec de telles distances entre chacun des événements du Sommet, les médias devaient décider ce qu'ils voulaient couvrir. Comme les téléphones, les télécopieurs et les ordinateurs y étaient installés, les journalistes finissaient habituellement par se tenir à Rio Centro. En fait, le plaisir et l'animation se trouvait du côté des ONG, tandis que les délégués, eux, suffoquaient dans leurs complets-veston et étaient pris à huis clos dans des délibérations sérieuses, d'un ennui à mourir, peaufinant le libellé final de documents devant être ratifiés plus tard, à l'arrivée des chefs d'État.

C'était un vrai cirque, que je détestais. La ville était inconfortable et encombrée de voitures. Partout où nous allions, il y avait des foules de gens tentant de se faire voir et entendre. Si vous n'êtes pas quelqu'un de coincé comme moi, Rio est un endroit merveilleux à visiter. Les plages sont charmantes (bien que l'eau soit polluée et qu'il vaille mieux l'éviter), le soleil brille toujours (bien qu'il doive se frayer un chemin à travers la brume et la poussière atmosphérique) et il y a profusion de boîtes de nuit et de restaurants. Nous sommes allés dans des *churrascarias*, endroits étonnants où l'on sert de la viande grillée sur d'immenses broches et où l'on peut se gaver d'énormes portions, tandis que les enfants dehors quêtent quelques restes. Comme dans toutes les grandes villes, mais particulièrement celles des pays en voie de développement, le contraste entre l'univers où habitent les touristes et l'extrême pauvreté des taudis est difficile à accepter. Pour se préparer au Sommet, les autorités brésiliennes avaient retiré de force les sans-abri dès rues du centre-ville de Rio, de sorte que les délégués officiels n'aient pas à faire face à ces contrastes.

Les filles avaient apporté trois numéros de leur bulletin et, entre elles, elles parlaient anglais, français et espagnol. Inscrit parmi les milliers d'ONG, ECO avait demandé un stand où présenter ses articles, affiches et photos, et où rencontrer les gens. Tara et moi avions été invités à prendre la parole à un certain nombre d'événements avec les ONG. À chacune des séances, nous disions donc, vers la fin de notre exposé : « Nous croyons que vous devriez entendre celles qui sont le plus touchées par tout ce qui se passe ici », et nous amenions les filles en scène pour une courte présentation.

Le bouche à oreille a fait son œuvre. La presse a fini par entendre parler d'elles et on est venu les interviewer à leur stand. Il faut dire que ça donnait un bon reportage, ces fillettes si mignonnes qui parlaient avec un tel sérieux et une telle passion. David Halton de la CBC a emmené les filles dans une *favela*, où vivent pauvres et sans-abri de Rio, et les y a interviewées pour un grand reportage. Jean Charest, le nouveau ministre fédéral de l'Environnement canadien de l'époque, est venu au stand parler aux filles, mais elles étaient frustrées parce qu'elles le sentaient plus intéressé à leur dire des choses qu'à les écouter. Les filles s'exprimaient bien, étaient passionnées et télégéniques. Leur demande de ne pas être oubliées alors que des délégués prenaient de grandes décisions affectant leur monde était si pertinente et d'une telle simplicité qu'elle transcendait toutes les fioritures rhétoriques et les gesticulations politiques.

À l'une des séances du Parlement de la Terre, j'ai fait un bref exposé, puis j'ai laissé la parole à Severn. Je l'ignorais mais, dans la salle, il y avait James Grant, le directeur général de l'UNICEF. Il a été si touché par les propos de Sev qu'il a demandé une copie de son discours. Il lui a dit qu'il devait rencontrer le premier ministre du Canada, Brian Mulroney, ce

Le groupe de l'Environmental Children's Organization qui s'est rendu à Rio : (de gauche à droite) Michelle Quigg, Severn, Raffi, Sarika, Morgan Geisler et Vanessa Sutie.

soir-là et qu'il voulait lui remettre ce discours en main propre. Je n'ai jamais su s'il l'a fait, mais nous avons appris plus tard que Grant avait aussi rencontré Maurice Strong et lui avait recommandé de donner à Severn une occasion de parler.

Le lendemain, Tara et les filles devaient quitter Rio pour leur excursion au camp nature en Amazonie. Mais le matin, nous avons reçu un appel du bureau de Strong invitant Severn à prendre la parole au Rio Centro dans le cadre d'une séance pour enfants. Trois autres filles, représentant divers groupes de jeunes, avaient été choisies de longue date pour parler, et Strong ajoutait maintenant Sev à ce groupe. Une jeune fille venait d'Allemagne, une autre, du Guatemala, et deux, dont Sev, étaient du Canada. Chacune ne disposait que de trois ou quatre minutes pour s'exprimer.

L'appel du bureau de Strong avait plongé tout le monde

dans l'exaltation. On devait donc reporter l'excursion au camp d'Amazonie, ce qui est une entreprise fort compliquée au Brésil, mais Tara s'est attelée à la tâche et a pris de nouvelles dispositions. Severn avait eu l'inspiration, plus d'un an auparavant, de venir à Rio pour y faire un plaidoyer. Les filles s'étaient évertuées à réunir des fonds, à publier des articles et à assister à des réunions. Et maintenant, on leur permettrait de s'adresser aux délégués.

Que pouvaient-elles dire ? J'étais dépassé par l'importance de l'occasion et par le défi de caser des idées d'une telle portée dans une allocution aussi brève. Je me suis mis à bombarder Sev d'idées sur la pollution, la faune, les générations futures. Sev m'a dit : « Papa, je sais ce que je veux dire. Maman va m'aider à l'écrire. Je veux que tu me dises *comment* le dire. »

Nous n'avions pas beaucoup de temps. Sev a écrit son discours sur une feuille de papier, ajoutant des mots et des expressions dans la marge alors que chacun d'entre nous lui offrait sa critique. Je ne savais absolument pas comment elle arriverait à lire ce griffonnage. Nous nous sommes tous précipités vers des taxis et, en filant à travers les rues de Rio, j'ai fait répéter Sev à plusieurs reprises, tentant de l'aider à enchaîner son discours de façon fluide et à se souvenir des mots sur lesquels mettre l'accent, tout comme mon père l'avait fait avec moi, quand j'étais petit.

Le centre des congrès était climatisé, il n'y avait qu'un murmure en arrière-fond — un contraste absolu avec les couleurs, les odeurs et les sons vibrants du Forum mondial. Nous sommes entrés dans l'immense salle qui aurait pu accueillir des milliers de gens mais où ne prenaient place que quelques centaines de personnes — la salle semblait presque vide. Sev était la dernière de la liste. Les autres filles ont fait de bonnes présentations, qui nous exhortaient à mieux prendre soin de nos ressources, de la faune, de l'eau et des pauvres —

le genre d'énoncés que les adultes aiment écouter avant de promettre de faire de leur mieux.

Finalement, le tour de Sev est arrivé. Elle avait douze ans et n'avait pas eu le temps de préparer à fond sa présentation. J'étais terrifié — mais je ne lui donnais pas suffisamment de mérite. La mère de Sev est un écrivain à la pensée articulée et Sev nous avait écoutés, prenant note de nos préoccupations et de nos solutions, réfléchissant à sa vie et à son milieu. Elle a parlé simplement, d'une voix qui venait du cœur. Voici ce qu'elle a dit :

> Bonjour. Je m'appelle Severn Suzuki et je parle au nom d'ECO, l'Environmental Children's Organization.
> Nous sommes un groupe de jeunes de douze ou treize ans qui essayons de faire une différence, Vanessa Suttie, Morgan Geisler, Michelle Quigg et moi.
> Nous avons recueilli tous les fonds qui nous ont permis de parcourir 9 500 kilomètres afin de pouvoir vous dire, à vous adultes, que vous devez changer vos façons de faire.
> En venant ici aujourd'hui, je n'ai aucune intention cachée. Je me bats pour mon avenir.
> Perdre son avenir, ce n'est pas comme perdre une élection ou quelques points à la bourse.
> Je suis venue ici pour parler au nom de toutes les générations futures. Je suis ici pour parler au nom de tous les enfants affamés du monde entier dont personne n'entend les cris. Je suis ici pour parler pour les innombrables animaux qui meurent partout sur la Terre parce qu'ils n'ont plus de place où aller.
> J'ai peur d'aller au soleil parce que la couche d'ozone est trouée. J'ai peur de respirer l'air parce que je ne sais pas quelles substances chimiques il contient. J'allais souvent à la pêche avec mon père à Vancouver, ma ville natale,

Severn prononce un discours au Sommet de la Terre tenu à Rio, en 1992 (photo tirée d'une vidéo).

jusqu'au jour où, il y a quelques années de ça, nous avons trouvé des poissons pleins de tumeurs. Et maintenant nous apprenons que beaucoup d'animaux et de plantes disparaissent chaque jour — pour toujours.

Dans ma vie, j'ai souvent rêvé de voir les grands troupeaux d'animaux sauvages, la jungle et les forêts équatoriales pleines d'oiseaux et de papillons. Mais maintenant je me demande même s'ils existeront encore pour que mes propres enfants puissent les voir un jour.

Avez-vous dû vous préoccuper de toutes ces choses quand vous aviez mon âge ?

Tout cela se passe sous nos yeux et, malgré tout, nous nous comportons comme si nous avions du temps à volonté et toutes les solutions.

Je ne suis qu'une enfant et je n'ai pas toutes les solutions mais je voudrais que vous compreniez que vous non plus ne les avez pas ! Vous ne savez pas comment combler les trous dans la couche d'ozone. Vous ne savez pas comment ramener le saumon dans un cours d'eau mort. Vous ne savez pas comment faire revenir un animal disparu. Et vous ne pouvez pas non plus faire revenir les forêts qui jadis se trouvaient là où est aujourd'hui le désert. Si vous ne savez donc pas comment réparer tout ça, alors, s'il vous plaît, cessez de tout casser !

Ici, vous êtes peut-être des délégués de votre gouvernement, des hommes d'affaires, des organisateurs, des reporters ou des politiciens — mais en réalité vous êtes des mères et des pères, des frères et des sœurs, des tantes et des oncles. Et vous êtes tous l'enfant de quelqu'un.

Je ne suis qu'une enfant mais je sais que nous faisons tous partie d'une famille, forte de cinq milliards de personnes — en fait, de trente millions d'espèces différentes. Et ni les frontières, ni les gouvernements n'y changeront jamais rien. Je ne suis qu'une enfant mais je sais que nous sommes tous dans le même bateau et que nous devrions nous comporter comme un seul peuple en route vers un même but.

Je ne suis pas aveuglée par ma colère et, malgré mon inquiétude, je n'ai pas peur de dire au monde comment je me sens.

On produit beaucoup de déchets dans mon pays ; nous achetons et nous jetons, achetons et jetons. Et, malgré tout, les pays du Nord ne sont pas prêts à partager avec ceux qui sont dans le besoin. Même si nous avons plus que ce qu'il nous faut, nous avons peur de perdre un peu de notre richesse, nous avons peur de laisser aller les choses.

Au Canada, nous avons une vie privilégiée avec de la nourriture, de l'eau et des logements en abondance — nous avons des montres, des bicyclettes, des ordinateurs et des téléviseurs.

Il y a deux jours, nous avons été stupéfaits lorsque nous avons passé un peu de temps avec des enfants vivant dans la rue, ici au Brésil. Voici ce qu'un d'entre eux nous a dit : « Je souhaiterais être riche ; alors je donnerais à manger, des médicaments, des logements, de l'amour et de l'affection à tous les enfants de la rue. »

Si un enfant de la rue, qui n'a rien, est prêt à partager, pourquoi sommes-nous si avares, nous qui avons tout ?

Je ne cesse de penser que ces enfants ont mon âge et que l'endroit où l'on est né fait une énorme différence.

Je pourrais être l'une des enfants des *favelas* de Rio. Je pourrais être l'une de ces enfants mourant de faim en Somalie, une victime de la guerre au Moyen-Orient ou une mendiante en Inde.

Je ne suis qu'une enfant mais je sais que si tout l'argent dépensé pour la guerre était consacré à mettre fin à la pauvreté, à conclure des traités et à trouver des solutions environnementales, quel endroit merveilleux serait cette Terre !

À l'école, même à la maternelle, vous nous enseignez comment nous comporter correctement dans le monde. Vous nous enseignez à ne pas nous disputer avec les autres, à régler les choses ensemble, à respecter les autres, à réparer nos gaffes, à ne pas faire du mal aux autres êtres vivants, à partager plutôt qu'à être avide.

Mais alors pourquoi faites-vous exactement ce que vous nous interdisez de faire ?

N'oubliez pas pourquoi vous êtes venus à cette assemblée, pour qui vous faites cela : nous sommes vos propres enfants.

Vous décidez du monde dans lequel nous allons grandir.

Les parents devraient être en mesure de rassurer leurs enfants en disant « tout ira bien », « nous faisons du mieux que nous pouvons » et « ce n'est pas la fin du monde ».

Mais je crains que vous ne puissiez plus nous dire cela.

En fait, comptons-nous encore parmi vos priorités ?

Mon père dit toujours : « Tu es ce que tu fais, non pas ce que tu dis ».

Eh bien, ce que vous faites me fait souvent pleurer la nuit.

Vous, les adultes, qui dites nous aimer, je vous mets au défi : que vos actes reflètent vos paroles. Merci.

J'étais absolument soufflé. C'était un discours puissant, livré avec éloquence, sincérité et passion. L'auditoire était électrifié. Tous les discours de la salle du congrès étaient diffusés sur des moniteurs dans tout l'édifice. On m'a dit que, quand Sev s'est mise à parler, les gens ont interrompu leurs activités et se sont groupés autour des téléviseurs pour l'écouter. Severn a reçu l'une des deux seules ovations de toute la Conférence (l'autre a été réservée au président cubain Fidel Castro, qui a aussi donné un discours très fort).

Quand elle est descendue de scène pour venir vers nous, au milieu de l'auditorium, ses premiers mots à Tara ont été : « Maman, entendais-tu battre mon cœur ? » Comme elle prenait place entre Tara et moi, un membre de la délégation américaine s'est précipité pour lui serrer la main et la féliciter. « C'est le meilleur discours qui ait été prononcé ici », lui a dit le sénateur américain Al Gore.

Heureusement, le discours a été filmé en entier et les Nations Unies l'ont archivé. J'ai une copie que j'ai montré des dizaines de fois aux auditoires venus m'entendre ; chaque fois, je suis encore ému par sa simplicité et sa puissance. Ce discours a eu des répercussions considérables sur la vie de Sev. La Canadienne Michelle Landsberg, journaliste et militante pour les droits de la personne, y a consacré une chronique. Le discours de Sev a été reproduit intégralement dans de nombreux articles et traduit en plusieurs langues. John Pierce, de la maison d'édition Doubleday, a communiqué avec elle pour lui proposer d'écrire un livre, ce qu'elle a fait en 1993 ; le livre porte le titre *Tell the World*. Elle a été interviewée à maintes reprises ; on lui a offert d'animer des émissions de télévision et elle a été invitée à prononcer des discours. Elle a reçu le prix Global 500 du Programme des Nations Unies pour l'environnement, à Beijing, en 1993.

Tout cela était assez troublant pour une jeune fille de douze ans. J'ai commencé à me demander si elle n'allait pas se perdre dans tout ça. J'ai cessé de m'inquiéter l'année suivante, lorsqu'elle a été invitée au *Joan Rivers Show*, à New York. Elle m'a dit : « Papa, j'espère que ça ne t'embête pas, mais je ne vais pas y aller. Il faut que j'étudie et je veux être choisie dans l'équipe de basketball. » Pas de doutes, ses priorités étaient bien établies.

Agenda 21 était la brique de sept cents pages adoptée par cent soixante-dix-huit gouvernements à Rio. Essentiellement, c'était un plan destiné à permettre au monde entier d'atteindre le développement durable. Le coût de ce virage majeur, soit le passage de la croissance économique avant toute chose à l'inclusion de facteurs environnementaux, était estimé à quelque six cents milliards de dollars par année — bien que le coût de *ne rien faire* n'ait pas été estimé et qu'il aurait été maintes fois supérieur. On s'attendait des pays en voie de développement qu'ils y consacrent quatre cents cinquante milliards de dollars, une somme qui représentait huit pour cent de leurs produits intérieurs bruts (PIB) collectifs, tandis que les pays industrialisés devaient fournir le reste, soit sept dixièmes pour cent de leurs PIB, un pourcentage infime. Avant même la fin du Sommet de la Terre, les pays développés se plaignaient déjà que leur contribution était difficilement applicable. La cible des sept dixièmes pour cent du PIB n'a encore jamais été atteinte par aucun des grands pays industrialisés, comme les États-Unis, le Canada et l'Australie, bien que les objectifs établis à Rio en 1992 aient été réaffirmés au Sommet de la Terre de Johannesburg en 2002.

Sev tient dans ses bras un singe laineux, aux Tours de la jungle d'Ariau, en Amazonie.

CHAPITRE 14

La Papouasie-Nouvelle-Guinée

E n 1992, Nick Fogg, qui travaillait en Papouasie-Nouvelle-Guinée, m'a demandé s'il pouvait me rendre visite chez moi, à Vancouver. Peu après son arrivée, il a demandé à aller aux toilettes et s'y est enfermé très longtemps. On pouvait clairement entendre qu'il était malade. Quand il en est finalement sorti, gris et affaibli, il m'a dit qu'il avait une crise de malaria. Puis une fois suffisamment rétabli, il m'a demandé si j'étais intéressé à visiter ce pays du Pacifique Sud.

Nick travaillait pour SUCO (anciennement le Service universitaire canadien outre-mer et pourtant toujours connu sous son vieil acronyme), un organisme non gouvernemental de développement international. J'avoue que, malgré son état inquiétant, il a piqué mon intérêt immédiatement, en partie parce que j'avais beaucoup entendu parler de cette nation insulaire par Richard Longley, recherchiste principal de la série télévisée *Science Magazine*.

Richard avait été formé comme botaniste en Angleterre et avait enseigné un certain nombre d'années en Papouasie-

Nouvelle-Guinée. Bien avant que je ne participe à *The Nature of Things*, il avait agi à titre de personne-ressource pour la productrice Nancy Archibald de la CBC, lorsqu'elle avait tourné un film là-bas pour cette émission. Par la suite, Richard a fini par déménager à Toronto où il a été embauché comme recherchiste pour la nouvelle série *Science Magazine*. À ce titre, il est venu à la University of British Columbia, où il m'a interviewé. Puis, plus tard, j'ai moi-même fini par accepter d'animer la série.

J'avais vu l'émission de Nancy sur la Papouasie-Nouvelle-Guinée. Elle y montrait l'incroyable variété de gens et d'animaux habitant l'île au nord de l'Australie. Pour les ornithologues, la Papouasie-Nouvelle-Guinée est célèbre pour ses légendaires oiseaux du paradis. J'étais donc ravi de l'invitation de Nick et je me suis rendu là-bas en 1993. C'est un endroit fantastique, couvert à plus de quatre-vingts pour cent de hautes montagnes et de vallées profondes. À un certain moment, nous avons survolé une large vallée où je pouvais voir cinq pistes d'atterrissage sculptées dans les collines, sur un rayon de dix kilomètres. Les villages desservis n'étaient éloignés que de quelques minutes les uns des autres par voie aérienne, mais il fallait des jours entiers pour parcourir à pied les vallées et les forêts denses qui les séparaient. L'isolement imposé par le terrain accidenté du pays y a entraîné une multiplicité de cultures différentes et l'émergence de quelque sept cents langues — le pays représente donc à lui seul quarante-cinq pour cent de la diversité linguistique mondiale !

Il n'y a pas si longtemps, semble-t-il, les tribus voisines s'attaquaient encore les unes les autres et pratiquaient le cannibalisme, ce qui perpétuait une terrible maladie, le kuru, que l'on croyait héréditaire. Le célèbre généticien des populations Theodosius Dobzhansky avait écrit un article à ce sujet dans la revue *Science*, décrivant le kuru comme une maladie causée par un gène dominant. Mais Stanley Prusiner a obtenu un prix Nobel en 1997 en démontrant que le kuru était causé par un « virus à longue incubation » associé aux prions entraînant l'EBS (la maladie de la vache folle) et sa contrepartie humaine, la maladie de Creutzfeldt-Jakob. Le kuru, ou « maladie du rire », a été surnommé ainsi parce que ses victimes souffraient de contractions musculaires faciales qui leur donnaient l'air d'afficher un sourire grotesque.

Le kuru était transmis principalement aux femmes et aux enfants, à qui l'on donnait à manger les cerveaux infectés, tandis que les hommes mangeaient de préférence les muscles, qui étaient beaucoup moins porteurs d'agents infectieux. Le christianisme a mis fin au cannibalisme et aux guerres tribales, et, même si j'avoue que je n'aime pas la façon dont la religion en est venue à dominer les cultures de Papouasie-Nouvelle-Guinée, on pouvait difficilement décrier l'abolition de ces tueries.

Nick avait fait en sorte que l'*Indigenous Environment Watch*, un groupe d'environnementalistes autochtones et non autochtones, m'adresse une invitation officielle, que j'ai immédiatement acceptée. Puis, à l'occasion de ma visite suivante en Australie, je me suis envolé pour Port Moresby, la capitale de Papouasie-Nouvelle-Guinée. Quand l'avion a atterri, alors qu'il roulait encore vers l'aérogare, j'ai aperçu une foule d'enfants brandissant des drapeaux et une grande banderole de bienvenue. « Ça doit être pour un politicien ou quelqu'un d'important », ai-je dit à mon voisin de siège.

Imaginez ma surprise quand l'avion s'est arrêté et que j'ai vu l'inscription sur la banderole : « Bienvenue docteur Suzuki ! » Alors que je marchais vers l'aérogare, j'ai aperçu un homme au corps peint en jaune, portant une coiffe de plumes assez compliquée, une jupe de paille et des dents de sanglier dans son nez percé et autour du cou. Il était accompagné d'une femme aux seins nus qui portait elle aussi de minutieuses peintures corporelles. Ils m'ont accueilli en dansant et m'ont conduit dans une pièce où j'ai passé la douane sans question aucune. On m'a ensuite mené à une voiture et l'on m'a conduit en ville. Ah ! qu'il serait formidable d'être accueilli aussi bien partout où l'on va ! Et ce n'était encore qu'un aperçu de ce qui allait suivre !

Une succession de pays avaient revendiqué le contrôle de la Papouasie-Nouvelle-Guinée durant la période coloniale du XIXe siècle, de la Hollande à la Grande-Bretagne, en passant par l'Allemagne et l'Australie. Le pays n'avait finalement obtenu son indépendance complète de l'Australie qu'en 1975. Les vrai rapports avec l'Europe, par l'entremise d'avant-postes européens permanents et l'instauration de relations diplomatiques, n'ont véritablement débuté qu'il y a un peu plus d'un siècle. Mais, en fait, plusieurs tribus sont entrées en contact avec l'homme blanc il y a quelques décennies à peine. À Port Moresby, j'ai rencontré un anthropologue, Nicholas Faraclas, qui enseignait à l'Université de Papouasie-Nouvelle-Guinée depuis des années. Il avait beaucoup d'affection pour ce peuple. En 1997, il a écrit l'un des textes les plus puissants que j'aie lus à leur sujet. En voici un extrait :

> Imaginez une société où il n'y a ni faim, ni itinérance, ni chômage, et où, quand les temps sont difficiles, les individus peuvent avoir confiance en leur communauté, sachant que celle-ci va mettre à leur disposition toutes les ressources disponibles. Imaginez une société où les décideurs ne font la loi que lorsque le besoin s'en fait sentir, et alors seulement par consultation, à l'unanimité et avec le consentement de la communauté. Imaginez une société où les femmes détiennent le contrôle de leurs moyens de production et de reproduction, où les tâches ménagères sont réduites au minimum et où la garde des enfants est dispo-

On vient m'accueillir à l'aéroport de Port Moresby, en Papouasie-Nouvelle-Guinée.

nible vingt-quatre heures par jour, sur demande. Imaginez une société où le crime est pratiquement inexistant et où les conflits communautaires sont réglés par des procédés de résolution raffinés, fondés sur des indemnités pour dommages versées aux parties lésées, sans recours aux concepts de culpabilité ou de châtiment. Imaginez une société… dans laquelle le simple fait qu'une personne existe soit matière à célébration, engageant un sens profond de la responsabilité afin de maintenir et de partager cette existence.

Un tel endroit n'est pas fictif, affirme Faraclas :

Quand les premiers colons sont arrivés dans l'île de Nouvelle-Guinée, ils n'ont pas trouvé une société qui correspondait exactement à la description ci-dessus. Ils ont plutôt découvert plus d'un millier de groupes linguistiques distincts et un plus grand nombre encore de sociétés distinctes, dont la majorité s'approchaient de cette description, mais chacune à sa façon particulière. Ces sociétés n'étaient pas parfaites ; elles avaient de nombreux problèmes. Mais au bout d'une centaine d'années de « développement nordique »... presque tous les acquis réels en matière de développement sociétal réalisés au cours des quarante mille dernières années par les peuples autochtones de l'île ont été sérieusement érodés, alors que, parallèlement, presque tous leurs problèmes originaux se sont aggravés, s'ajoutant à de nouveaux problèmes importés, dont la liste n'a cessé de s'allonger. (« Critical Literacy and control in the New World Order », dans Sandy Muspratt, Alan Luke et Peter Freebody [dir.], *Constructing Critical Literacies.*)

Nick Fogg avait pris des dispositions pour que je me rende en avion jusqu'à des lieux éloignés dans les montagnes et sur la côte afin de rencontrer des gens au mode de vie traditionnel, mais qui étaient menacés par l'exploitation forestière illégale de leur terre. Après avoir passé la nuit à Port Moresby, j'ai été amené dans les montagnes à Kokoda, où nous avons atterri dans un champ herbeux. Pendant que l'avion roulait jusqu'à sa position d'arrêt, un groupe d'hommes aux corps entièrement peints et aux costumes spectaculaires ornés de plumes, de coquillages et de défenses de cochons sauvages a entouré l'appareil. J'étais plus grand que chacun d'entre eux, mais deux hommes m'ont pris par les jambes et m'ont soulevé sur leurs épaules. J'ai été saisi par la surprise et, en tentant de me redresser, je me suis fait mal au dos. J'avais un appareil-photo autour du cou et j'essayais de prendre des photos tout en luttant pour rester droit sans faire davantage souffrir mon dos.

Ces deux types étaient incroyablement forts. Ils couraient — pas de la marche rapide —, suant et grommelant pendant que les autres couraient avec nous en jouant du tambour et en chantant. Je rebondissais sur leurs épaules et j'étais très, très mal à l'aise. Des spasmes de douleur couraient le long de ma colonne, mais j'essayais quand même de capter en photo cette expérience unique. Les hommes ont couru ainsi jusqu'à un village situé à environ un demi-kilomètre plus loin, sans jamais me faire sentir que j'étais trop lourd et sans s'arrêter une seule fois pour se reposer. Ce fut un grand soulagement d'avoir les deux pieds au sol.

Dans le village, il y avait une grande scène extérieure où les gens s'assemblaient pour des réunions et des spectacles. On a exécuté pour moi une danse élaborée avec tambour et chant, puis il y a eu des discours en pidgin, que Nick m'a traduits. Les gens comprenaient que l'industrie forestière représentait une perte de leur identité et de leurs traditions, mais ils avaient aussi besoin d'argent pour des médicaments et des vêtements comme des t-shirts et des shorts. Je leur ai parlé des problèmes qu'il y avait ailleurs dans le monde et de l'importance de la forêt pour cette communauté. J'ai insisté sur le fait qu'ils devaient conserver la propriété de leur terre et penser une stratégie économique communautaire qui leur permettrait de générer des revenus sans détruire leur milieu de vie. J'énonçais une phrase à la fois, que Nick traduisait en pidgin. Il semble qu'on ait bien reçu mon discours. J'ai passé la nuit dans un abri bâti sur pilotis. Ce qui était impressionnant dans ce cas, c'était notre fondamentale humanité — je pouvais rire, manger et communiquer avec ces gens — et pourtant, je ne pouvais pas imaginer comment ils percevaient le monde. D'un point de vue culturel, c'était comme si nous venions de différentes parties de l'univers.

Nick avait organisé la visite d'une série de villages éloignés où nous nous sommes rendus par bateau, par avion ou en jeep. Dans chaque village, les gens m'ont présenté des pièces ou des spectacles qu'ils avaient créés. L'une d'entre elles illustrait l'arrivée des Européens. Les caricatures des étrangers étaient d'un comique à se tenir les côtes. Les acteurs étaient vêtus de costumes faits main et l'homme blanc était représenté comme un clown donnant des ordres aux indigènes sans se douter le moins du monde des tours qu'on lui jouait dès qu'il avait le dos tourné. Je trouvais hilarant que le personnage du visiteur pompeux soit si imbu de sa propre importance, alors que les personnages des Papous se prêtaient simplement au jeu tout en sachant que c'était un imbécile.

Dans un village, après que je suis passé sous un portail de branches et de feuilles, ce qui signifiait que j'étais maintenant le bienvenu sur leurs terres, les habitants se sont mis en cortège pour m'accueillir. J'ai donné des poignées de main tout au long de la file jusqu'à ce que j'arrive devant un jeune homme couvert de la tête aux pieds de ce qui me semblait être une moisissure blanche. Respirant à fond, je lui ai serré la main, supposant que, peu importe ce dont il s'agissait, ça ne devait pas être vraiment transmissible sinon il n'aurait pas été là. Heureusement, ma main n'a pas développé quelque pourriture tropicale, pas plus qu'elle n'est tombée.

Dans chaque village, on m'a reçu avec générosité, on m'a fêté et présenté des mets traditionnels. Dans une communauté, on avait déposé dans un trou dans la terre un poulet, des ignames et d'autres légumes, puis on avait recouvert le tout de feuilles et allumé un feu au-dessus. Des heures plus tard, le repas a été déterré et servi — délicieux.

Partout où j'allais, les gens crachaient. C'était déconcertant parce que les crachats étaient rouges à cause du bétel que les indigènes mâchent et qui leur tachent et leur carient les dents. Nick m'avait dit que le bétel — les noix d'arec — procuraient

Je fais l'essai du petit tambour qu'on vient de me donner, dans les montagnes de Kakoda, en Papouasie-Nouvelle-Guinée.

une certaine sensation agréable, mais j'étais méfiant et je n'ai jamais essayé. J'avoue que j'étais tenté, mais je ne voulais pas me tacher les dents. J'étais encore plus inquiet du fait que, pour activer l'effet de la drogue dans la plante, il fallait la combiner avec de la chaux calcinée qui pouvait brûler la bouche. Je ne voulais pas infliger cela à ma langue ou à mes joues.

Ce qu'il faut faire, c'est mâcher la noix pour la réduire en une pâte fibreuse, puis l'aplatir sur la langue. La chaux, que l'on produit en brûlant et en écrasant des coquilles de palourdes, est placée sur le lit de noix de bétel, sur la langue. Il suffit ensuite de replier la pâte de noix de bétel aplatie autour des coquilles écrasées, à l'aide de la langue et du palais, pour éviter les brûlures dues à la chaux. Ensuite, tout cet amas est mâché et mélangé. La mixture devient alors rouge et l'ingrédient actif est ainsi créé. Mais la grande question demeure : comment ces gens ont-ils bien pu découvrir un processus aussi compliqué ?

Comme les Kaiapo que j'avais rencontrés en Amazonie, les gens de ces villages éloignés étaient presque entièrement auto-suffisants. *The Nature of Things with David Suzuki* a diffusé une émission en deux parties sur un remarquable échange entre une tribu de Papouasie-Nouvelle-Guinée et une communauté amérindienne Salish de la Colombie-Britannique. Le groupe canadien a d'abord séjourné en Papouasie-Nouvelle-Guinée pendant plusieurs semaines puis, l'année suivante, le groupe de l'île du Pacifique Sud a visité le Canada. L'un des Papous a dit que tout ce qu'ils avaient reçu durant leur séjour en Colombie-Britannique — nourriture, vêtements, cadeaux — avait dû être acheté avec de l'argent qu'il avait fallu gagner. « Quand ils nous ont rendu visite, a-t-il dit, tout ce que nous avons utilisé venait de la terre. »

Néanmoins, il reste que les produits de l'économie industrielle étaient visibles dans chaque village de Papouasie-Nouvelle-Guinée que j'ai visité, des casseroles de métal à la toile tissée des chemises et des pantalons en passant par les radios et les tronçonneuses. Comme ce devait être différent de visiter ces lieux dans les années 1950 et 1960, à l'époque où des biologistes comme l'entomologiste de Harvard E. O. Wilson, spécialiste des fourmis, et l'ornithologue de l'UCLA Jared Diamond avaient mené des études dans ces terres sauvages. Devenue nation indépendante, la Papouasie-Nouvelle-Guinée se devait aujourd'hui de trouver une source de revenus pour le gouvernement et faire bénéficier les communautés très éloignées des avantages de l'instruction et des soins médicaux. Le défi est donc de décider si les coutumes et les méthodes traditionnelles ont une valeur au sein d'une économie mondiale et, le cas échéant, de la façon de les protéger tout en créant des sources de revenus.

L'écotourisme semblait une source potentielle de revenus évidente, puisque des millions de gens sont d'avides observateurs d'oiseaux et que ceux-ci abondent dans les forêts tropicales. De même, les mers environnantes sont claires comme du cristal et foisonnent de poissons, de tortues et de corail. Mais je ne voyais pas comment il était possible d'organiser une véritable infrastructure de soutien — édifices, eau, nourriture, lits, couvertures, etc. — avec son personnel accompagnant sans causer un énorme bouleversement des modes traditionnels. Dans la plupart des villages, je dormais sur une plate-forme au-dessus du sol, couverte d'un lit de branchages. Dans l'une des charmantes localités, j'ai dormi tout à côté d'une plage d'une blancheur éclatante. S'il était vrai qu'il y aurait probablement assez de gens pour camper à la dure comme je l'avais fait, il serait tout de même difficile de garantir qu'il y ait assez de nourriture et des premiers soins pour les coupures et les infections, les piqûres et les accidents potentiels.

On m'a traité avec grand honneur et respect, et on m'a donné des cadeaux dans chaque village, comme si j'étais membre d'une famille royale. Après la tournée des villages, je suis retourné à Port Moresby où Nick avait prévu des rencontres avec des environnementalistes. Plusieurs avaient lutté contre l'exploitation forestière et minière, mais la frustration était grande parmi eux à cause de la corruption du gouvernement. Je ne comprenais pas pourquoi les gens me parlaient si franchement de leurs problèmes et me demandaient des conseils, jusqu'à ce que j'apprenne qu'on recevait la télévision d'Australie dans la ville, et que la radio était très écoutée au pays. Certaines de mes émissions et entrevues avaient été diffusées en Papouasie-Nouvelle-Guinée.

Dans une allocution à l'université à Port Moresby, j'ai déclaré que, si l'on effectuait une évaluation objective de leurs ressources naturelles — forêts intactes, faune abondante, air pur et eau propre, riches océans —, les Papous se classaient sans doute parmi les peuples les plus riches de la Terre. La Banque mondiale et les sociétés transnationales les pressaient d'adopter leurs idées du progrès et du développement ; selon eux, la Papouasie-Nouvelle-Guinée se classait parmi les pays pauvres. Mais si les Papous parvenaient à tenir tête à la Banque mondiale et au Fonds monétaire mondial (FMI), ai-je dit à l'assemblée, ils seraient en mesure de mettre au point une forme de développement qui correspondrait plus réellement à leur culture. Et ils pourraient ainsi façonner leur propre avenir.

Les médias ont couvert mes remarques et, à mon dernier soir à Port Moresby, j'ai reçu un message d'Ajay Chibber, chef de division de la Banque mondiale pour l'Indonésie et les îles du Pacifique. Il avait entendu certains de mes propos sur la Banque mondiale et il était ulcéré. Il me disait que j'étais de toute évidence mal renseigné et exigeait de me voir pour remettre les pendules à l'heure.

À six heures le lendemain matin, j'ai rencontré Chibber et Pirouz Hamidian-Rad, économiste principal à la division de l'Asie de l'Est de la Banque mondiale. Chibber a plongé et a dit : « Vous et moi sommes bien nantis. Nous n'avons pas le droit de priver les pauvres de ce monde d'une occasion d'améliorer leur sort. » J'ai acquiescé, mais j'ai demandé qui était vraiment « pauvre » et de quelle manière nous définissions la notion d'« amélioration ». J'ai avancé que la Banque mondiale obligeait les pays prétendument en voie de développement à se conformer à sa vision, que l'économie mondiale surévalue le capital humain, tout en qualifiant les services du monde naturel de simples « externalités ». C'est pourquoi les forêts et les rivières, par exemple, qui ont fait vivre des gens depuis des millénaires, ne revêtent une valeur économique, telle que définie par des gens comme Chibber, que lorsque les êtres humains les « exploitent » en coupant les arbres ou en endiguant les cours

Un costume traditionnel.

d'eau. J'ai avancé qu'il y a d'autres façons de mesurer la richesse et le progrès, ce à quoi Chibber a rétorqué : « Partout au monde, les gens sont plus à l'aise que jamais auparavant. Il y a plus de nourriture que jamais dans l'histoire, et c'est à cause du développement économique. »

La déclaration de Chibber résumait à elle seule cette croyance qui a conduit, d'un côté, à la concentration des richesses entre les mains de quelques-uns alors que, de l'autre côté, la dégradation de l'environnement et la pauvreté affligent des populations entières, de Sarawak en Malaisie jusqu'au Brésil et au Kenya. Je lui ai dit que d'éminents scientifiques ont crié aux désastres écologiques, et il a répondu : « Il y a vingt ans, les scientifiques ont dit qu'il y aurait une grande famine et que des gens mourraient en grand nombre. Ça ne s'est jamais produit. Ils exagèrent souvent. » Les scientifiques n'avaient aucune crédibilité à ses yeux. J'ai écrit par la suite à son sujet dans une chronique, que j'ai ultérieurement incluse dans mon livre *Time to Change*. Des années plus tard, j'ai appris avec une certaine satisfaction qu'il avait été démis de ses fonctions après ma visite, bien qu'il ait ensuite occupé d'autres postes au sein de la Banque mondiale.

Le problème avec des institutions comme le FMI et la Banque mondiale, c'est que tout y est perçu à travers le prisme de l'économie. Certains peuples ou certaines communautés vivent très bien de l'agriculture, de la pêche et de la foresterie depuis des milliers d'années, mais ces activités ne produisent pas de revenus pour les gouvernements ni pour les entreprises. En termes économiques, les pays qui subsistent par des méthodes traditionnelles sont donc des pays « en voie de développement » ou « en retard » et, par conséquent, « pauvres ». Un exemple des conséquences de la notion de « progrès » économique conventionnel est décrit par Richard J. Barnet et John Cavanagh dans *Global Dreams : Imperial Corporations and the New*

World Order : « Sabritos [filiale mexicaine de Frito-Lay, détenue par PepsiCo] achète des pommes de terre au Mexique, les coupe et les met en sac. Puis ils vendent les croustilles cent fois le prix qu'ils ont donné au fermier pour les pommes de terre. »

À mon retour au Canada, j'ai bientôt reçu une autre invitation de Papouasie-Nouvelle-Guinée, cette fois-ci de la part des femmes d'une petite ville nommée Wewak, dans la province de East Sepik. Elles s'inquiétaient de la perte de leurs forêts et de leurs rivières, et m'invitaient à leur rendre visite. Je suis une bonne pâte, alors j'ai pris des dispositions pour aller de nouveau en Papouasie-Nouvelle-Guinée à l'occasion de mon voyage suivant en Australie, en 1994. Au cours de ce séjour, j'ai rencontré Meg Taylor, une avocate remarquable qui a été nommée ensuite ambassadrice de Papouasie-Nouvelle-Guinée aux États-Unis, au Mexique puis au Canada. Elle chevauchait deux cultures, la culture traditionnelle de la Papouasie-Nouvelle-Guinée et la culture compétitive du monde industriel. Je sentais le tiraillement de ces deux univers en elle, ce qui reflétait sans doute ses antécédents. La mère de Meg était papoue et son père était un Australien qui avait été le premier homme blanc à faire l'incroyable traversée de l'île papoue à pied. On peut à peine imaginer les difficultés auxquelles il a dû faire face, vu que les vallées sont si coupées les unes des autres qu'elles ont toutes évolué vers des langues et des cultures différentes. Meg demeure une force politique en Papouasie-Nouvelle-Guinée, mais elle doit se frayer un chemin entre les valeurs traditionnelles et les exigences économiques des pays industrialisés.

À East Sepik, les femmes voulaient désespérément conserver leurs coutumes culturelles et traditionnelles. Elles étaient inquiètes parce que certains chefs se laissaient appâter par l'alcool, les femmes et les pots-de-vin et cédaient leur bois pour une bouchée de pain. L'argent de la coupe des arbres ne se ren-

Cet homme est fier de montrer son costume de fête.

dait pas aux gens ordinaires et on était en train de dépouiller les forêts. Je ne pouvais leur offrir guère plus que des suggestions sur la façon dont il était possible pour les communautés de créer des économies à petite échelle. Je leur ai également parlé des répercussions du développement économique occidental sur les peuples autochtones du Canada, d'Australie et du Brésil en leur racontant des expériences dont j'avais été témoin.

J'étais fasciné par la Papouasie-Nouvelle-Guinée. Voilà un pays où se trouvait l'une des dernières forêts tropicales intactes de la planète et celle-ci était encore occupée par les peuples indigènes qui en sont propriétaires par la loi. Mais qu'arriverait-il dans les années à venir ? J'ai promis d'aider les femmes de Wewak en envoyant de l'argent tiré d'un fonds que j'avais constitué en Australie à même les recettes des ventes locales de mes livres. Elles ne demandaient pas beaucoup, mais elles voulaient avoir la chance d'explorer des marchés pour leurs produits traditionnels.

Parmi les ancêtres de ces peuples indigènes, on trouve ces hommes qui, jadis, portaient ces fameux étuis péniens de toutes les tailles et de toutes les formes — voilà, j'en étais sûr, des objets qui pouvaient constituer des attractions touristiques à coup sûr. Les Papous sont d'excellents sculpteurs et, si leurs costumes, leurs colliers et leurs bracelets de plumes, de coquillages et d'ivoire pouvaient être fabriqués selon des principes de développement durable, ils seraient capables d'en tirer un revenu. Par exemple, on m'a présenté un homme qui avait mis au point une scierie portative, assez légère pour que deux hommes puissent la transporter dans la forêt et débiter un arbre sur les lieux. Le bois pouvait alors être transporté manuellement. Le bois a suffisamment de valeur pour que l'effort en vaille la peine et l'incidence sur la forêt est alors négligeable. Je ne pouvais m'empêcher de me rappeler ces deux hommes qui m'avaient porté sur leurs épaules comme si j'avais été aussi léger qu'une plume.

J'étais persuadé qu'il existait des solutions de rechange : pourquoi donc éliminer une forêt entière simplement pour obtenir quelques arbres qui ont une forte valeur marchande, comme le font les entreprises en Malaisie et au Japon ? Nous devons trouver des moyens pour acheminer l'argent de ces produits forestiers directement aux habitants de ces forêts. Ces ressources leur appartiennent et ce sont eux qui ont le plus à gagner en les exploitant de sorte que les forêts se perpétuent pour les générations futures. Si le siège social de l'entreprise forestière ou minière se trouve à Tokyo, à Kuala Lumpur ou à New York, les profits y sont drainés, ne laissant que des miettes aux peuples locaux qui doivent alors se saigner pour vivre avec ce qui reste.

À Wewak, nous avons pris un bateau à moteur pour visiter une petite île, plusieurs kilomètres au large. Au moment où nous ralentissions à l'approche de la plage, mes hôtes ont pointé le doigt vers l'eau claire. Dessous, je voyais des carcasses d'arbres étendues au fond. « Ces arbres étaient sur la terre avant, m'a-t-on dit, mais le niveau de l'eau a monté et c'est pourquoi ils sont là maintenant. » On m'a demandé si cela était dû à une expansion thermique des eaux attribuable au réchauffement de la planète. Je l'ignorais. On m'a emmené faire de la plongée en apnée dans des eaux merveilleusement pures et chaudes — des eaux grouillant de poissons où j'ai suivi avec bonheur une grosse tortue de mer qui nageait sous moi et qui s'est enfoncée de plus en plus profondément, jusqu'à disparaître. L'écotourisme serait une réussite garantie ici, me disais-je.

Durant ma visite, je n'ai jamais laissé entendre que les gens de là-bas devraient rester figés dans le passé. Simplement, ils leur fallait décider de l'importance de leurs traditions et de l'at-

En compagnie de William Takaku, écologiste, artiste et comédien, qui a joué dans le film Friday, *avec Pierce Brosnan.*

trait de la croissance économique pour eux. L'un des pilotes d'un petit avion que Nick avait affrété pour moi, au moment de ma première visite, avait d'énormes trous dans le nez et les oreilles. Manifestement, il y portait de gros bouchons lorsqu'il était en congé. Dans le siège du pilote, il semblait peut-être incongru, mais les Papous possèdent des ordinateurs, des caméras vidéo et tout l'attirail de la société moderne. La question est de savoir s'ils suivront servilement la voie de la mondialisation, qui réduit la diversité culturelle et biologique partout dans le monde, ou si leur culture et leur savoir seront le point de départ d'un avenir durable.

Dans mes allocutions, j'ai insisté sur la nature inestimable de leur savoir traditionnel — un savoir acquis méticuleusement au cours de milliers d'années et qui, une fois perdu, devenait à jamais irrécupérable. Mon message résonnait fortement aux oreilles des jeunes militants que j'ai rencontrés, mais pas auprès des non-Papous qui se trouvaient sur place pour des raisons économiques.

Je devais rencontrer divers gens d'affaires, des politiciens et autres dignitaires à l'occasion d'un petit-déjeuner, le dernier jour de ce second voyage. On m'a placé à côté du gouverneur général, un Papou au physique imposant qui avait les pieds bien sur terre et avec qui j'ai eu des conversations dénuée de la moindre prétention. Pendant le repas, je lui ai jeté un coup d'œil de profil et je me suis rendu compte que je voyais à travers le cartilage de son nez, entre les narines. Il avait dû porter un ornement de nez à un moment ou à un autre de sa vie.

Je devais aussi prononcer un discours qui serait diffusé en direct dans toute la Papouasie-Nouvelle-Guinée — une occasion en or, parce que la radio était (et est toujours, d'ailleurs) le principal moyen de communication. J'ai prononcé ce qui devait être pour eux un discours inhabituel, voire radical. J'ai expliqué qu'ils étaient seuls à pouvoir décider de leur avenir et qu'ils devaient ardemment protéger ce droit. Ils ne devraient pas permettre à des agences comme la Banque mondiale de décider pour eux. Mon discours a été accueilli avec beaucoup d'enthousiasme par la salle.

Pourtant, un employé australien d'une entreprise minière de Papouasie-Nouvelle-Guinée s'est mis en colère en écoutant mon allocution, à un point tel qu'il s'est rendu en voiture à la station de radio qui diffusait mon discours, y est entré et a arraché tous les fils de la console, interrompant la radiodiffusion ! Ne sachant rien de tout cela, je suis allé à l'aéroport après l'émission et j'ai quitté le pays. Je n'ai su que bien plus tard que des auditeurs enflammés avaient téléphoné et que bon nombre d'entre eux avaient réclamé la mort de l'expatrié australien. Celui-ci a d'ailleurs fini par être chassé du pays. En avril 2005, à Macao, j'ai assisté à un congrès sur le tourisme organisé par les pays du Pacifique. J'y ai rencontré un Papou qui m'a dit : « J'étais là, le matin de votre discours. » Apparemment, il appartient aujourd'hui à la légende.

CHAPITRE 15

Kyoto et les changements climatiques

ous, les êtres humains, sommes devenus si puissants
que nous sommes en train de modifier la composi-
tion chimique même de l'atmosphère qui nous maintient en vie. Les scientifiques spéculent à ce sujet depuis le
XIXe siècle mais, pour l'individu ordinaire, ce n'est devenu une
source de préoccupation que tout récemment.

Nous avons tendance à présumer que l'atmosphère atteint
le firmament. Mais, en fait, l'air dans lequel la vie peut exister
ne fait que huit à dix kilomètres de profondeur, une distance
que plusieurs d'entre nous peuvent courir facilement. Quand
j'ai interviewé l'astronaute canadienne Julie Payette pour la
série *L'Équilibre sacré*, elle a dit que, chaque fois qu'elle faisait le
tour de la planète au cours du trajet dans l'espace, elle pouvait
voir, à chaque lever et à chaque coucher du soleil, la mince
couche juste au-dessus de la Terre — l'atmosphère. « Nous
sommes bien au-dessus d'elle. C'est sous cette mince couche
que la vie s'épanouit et au-dessus, il n'y a rien. C'est le vide. »

Si nous devions comparer la planète à un ballon de basket,

l'atmosphère serait plus mince qu'une pellicule de plastique dont on enveloppe les sandwichs. Et c'est là que nous déversons nos effluents chaque fois que nous conduisons une voiture et chaque fois que les cheminées de nos usines crachent des polluants.

Il y a plus de trois milliards d'années, les plantes sont apparues et, avec celles-ci, la photosynthèse. Elles ont commencé à absorber le gaz carbonique et à le combiner avec l'eau et l'énergie du soleil, entamant le processus de formation de la chaîne carbonée qui produit toutes les molécules nécessaires à la vie. Un sous-produit des réactions chimiques de ce processus fut l'oxygène. Avant qu'il n'y ait de plantes, l'atmosphère était toxique pour des animaux comme nous, car elle était lourdement chargée de gaz carbonique et dénuée d'oxygène. Les plantes ont non seulement créé l'atmosphère riche en oxygène dont nous dépendons, elles ont aussi éliminé une partie du gaz carbonique produit par la respiration pour qu'il atteigne une concentration dans l'atmosphère de deux cent quatre-vingts parties par million (ppm). Mais depuis plus d'un siècle, les pays industrialisés ont produit tellement de gaz carbonique en brûlant des combustibles fossiles que toutes les plantes de la terre et des océans n'arrivent plus à fournir, et le gaz carbonique s'est mis à s'accumuler dans l'atmosphère.

Le mécanisme fondamental du réchauffement de la planète ne prête pas à controverse. Des molécules qui existent dans la nature comme l'eau, le gaz carbonique, le méthane et l'oxyde nitreux reflètent les rayons infrarouges ou thermiques. Ces molécules suspendues dans l'atmosphère agissent à la manière du verre dans une serre, laissant pénétrer la lumière du soleil mais reflétant la chaleur. C'est pourquoi on les qualifie de molécules de gaz à effet de serre. Sur Mars, qui a une couche atmosphérique très mince, les températures fluctuent entre la chaleur bouillante du jour et le froid intense de la nuit parce qu'il n'y a pas de gaz à effet de serre qui retiennent à la manière d'une couverture la chaleur sur la planète. Vénus, elle, est recouverte en permanence d'un épais nuage de gaz carbonique ; les températures à la surface donnent donc dans les centaines de degrés. La Terre a pu profiter de la bonne combinaison de gaz à effet de serre dans l'atmosphère pour stabiliser ses températures entre le jour et la nuit, puis permettre à la vie d'évoluer et de s'épanouir.

Des études minutieuses menées à Hawaï pendant plus de cinquante ans ont enregistré une hausse sans équivoque des niveaux atmosphériques de gaz carbonique, qui sont passés de deux cent quatre-vingt ppm à l'époque préindustrielle à trois cent soixante-deux ppm présentement, une augmentation de trente-deux pour cent. La courbe ascendante du taux d'accroissement indique que, si nous poursuivons ainsi nos activités sans rien changer, nous doublerons la concentration bien avant la fin du siècle. Ces études suggèrent également que, si du jour au lendemain nous diminuions de moitié toutes nos émissions, les ramenant ainsi à un niveau où elles pourraient être réabsorbées par l'activité photosynthétique de la biosphère, il faudrait quand même des *centaines* d'années avant que les changements de température attribuables à nos rejets atmosphériques ne se nivellent, d'abord dans l'air, puis sur la terre et enfin, dans les océans. Autrement dit, nous avons déjà mis en marche un processus dont les enjeux se joueront sur de multiples générations.

Depuis le milieu des années 1980, je savais que l'accumulation de gaz à effet de serre comme le gaz carbonique pouvait avoir atteint un niveau suffisant pour affecter notre climat. Mais je croyais qu'il y avait alors des questions d'une urgence beaucoup plus immédiate, comme la pollution toxique, la déforestation et l'extinction des espèces. Je croyais que les changements climatiques étaient un désastre qui ne prendrait pas effet avant des générations. Ce n'est qu'en 1988, quand j'ai visité l'Australie pour la première fois, que Phil Noyce, mon hôte, m'a convaincu de la gravité de la situation et de l'urgence de réagir rapidement. L'automne de la même année, des experts de la question climatique venus des quatre coins de la planète étaient rassemblés à Toronto pour un grand congrès sur l'atmosphère. Ils nous ont avertis à cette occasion que la menace du réchauffement de la planète était réelle et ils ont demandé une réduction des émissions de gaz à effet de serre de vingt pour cent sur une période de quinze ans.

Cette année-là, l'Organisation météorologique mondiale et le Programme des Nations Unies pour l'environnement ont mis sur pied le Groupe d'experts intergouvernemental sur l'évolution du climat (GIEC), composé de centaines de climatologues de nombreux pays, pour surveiller l'état du climat mondial. Hélas, avec du recul, on sait maintenant que, si les gouvernements avaient réagi et relevé le défi dès 1988, l'air serait aujourd'hui plus propre, les gens, en meilleure santé, et les combustibles fossiles, plus abondants. De plus, nous épargnerions des centaines de milliards de dollars et nous serions bien en voie d'atteindre des niveaux d'émission de gaz à effets de serre qui pourraient être absorbés par la biosphère.

Au plus vif des préoccupations mondiales à propos de l'environnement, les gouvernements et les ONG ont organisé le Sommet de la Terre à Rio de Janeiro, en 1992. Les pays qui ont assisté au Sommet ont tous accepté de stabiliser les émissions de gaz à effet de serre aux niveaux de 1990 pour l'an 2000, mais la plupart des nations, y compris le Canada, ont demandé que cela se fasse sur une base « volontaire ». Entre-temps, l'industrie des combustibles fossiles a lancé une campagne agressive afin de discréditer l'idée même que l'activité humaine puisse influencer le climat. L'utilisation des combustibles fossiles a augmenté et, par conséquent, les émissions de gaz à effet de serre ont continué de s'accroître.

En 1995, pour le tournage d'une émission de *The Nature of Things*, j'ai assisté à une conférence sur le climat organisée par le GIEC, à Genève. En 1990, dans leur première évaluation d'envergure, des centaines de climatologues du GIEC, venus de plus de soixante-dix pays, avaient minutieusement analysé des milliers d'articles scientifiques sur la météo et le climat, pour finalement conclure que le climat de la planète se réchauffait et que le changement ne s'inscrivait pas dans un cycle naturel. En 1995, la deuxième évaluation du GIEC concluait que « la prépondérance de la preuve suggère une influence humaine discernable sur le climat de la planète ». Même si cette conclusion me semblait plutôt tiède — dans l'arène mondiale, les délégués subissent d'énormes pressions et sont sous la surveillance constante de groupes gouvernementaux et industriels —, cela m'apparaissait tout de même une solide mise en garde. La troisième évaluation du GIEC, en 2001, était encore plus forte.

Mais revenons à Genève, en 1995. Deux délégués que j'y ai rencontrés m'ont profondément ému. L'un était un agriculteur kényen qui disait que les fermiers traditionnels dépendaient de l'apparition et de la disparition cycliques de diverses plantes pour labourer, planter et récolter. Toutefois, ils avaient commencé à éprouver de la difficulté parce que les cycles de ces plantes sauvages semblaient déphasés. Je me trouvais là devant un fermier sans instruction scientifique, qui dépendait de signaux externes pour gagner son pain, mais qui m'offrait des preuves du changement climatique. J'ai aussi rencontré un Amérindien de l'Amérique du Sud qui m'a dit que, même à l'équateur, où les quatre saisons telles que nous les connaissons ici n'existent pas, les plantes se comportaient de façon bizarre, jamais vue auparavant.

Malheureusement, ces gens issus de cultures traditionnelles ne détenaient pas de doctorats et ne s'exprimaient pas dans un jargon scientifique. Aussi, à l'instar des peuplades vivant sur les récifs coralliens menacés par les eaux montantes et à l'instar des Inuits de l'Arctique luttant contre le dégel du pergélisol, ces gens n'étaient pas écoutés.

Le GIEC poursuit toujours son travail, raffinant en particulier ses modèles informatiques et réfutant prudemment les objections obscures d'une poignée d'irréductibles (« les relevés par satellite ne confirment pas les mesures au sol », « les taches solaires sont la principale cause du réchauffement », « les modèles ne sont pas fondés sur la réalité », etc.), dont la plupart reçoivent leur financement de l'industrie des combustibles fossiles. En général, la tâche monumentale du GIEC n'a fait que renforcer les avertissements lancés en 1988 et en accroître le sentiment d'urgence.

La plupart des climatologues croient que les preuves sont accablantes : l'atmosphère se réchauffe de façon anormale, les humains contribuent majoritairement à ce réchauffement et il faut agir immédiatement pour en contrer les effets. Malheureusement, le célèbre auteur de science-fiction Michael Crichton, qui a écrit *La Variété Andromède* et *Le Parc jurassique,* a récemment publié un roman de science-fiction, *État d'urgence,* où des extrémistes environnementaux créent des crises écologiques dans le seul but d'effrayer les gens afin d'obtenir leur appui. C'est une thèse absurde qui semble légitimer l'idée que les changements climatiques ne sont pas réels et ne nécessitent aucune intervention.

D'autres livres ont déjà prétendu réfuter les changements climatiques — et nombre d'entre eux ont été écrits par des idéologues qui rejettent les environnementalistes du revers de la main ou qui ont des intérêts industriels précis. Gregg Easterbrook était chroniqueur environnemental pour *Newsweek* et d'autres publications, alors on l'a pris très au sérieux lorsqu'il a suggéré que les environnementalistes avaient déjà atteint la plupart de leurs objectifs — bien que de nombreux éminents spécialistes et écologistes aient réfuté ses propos. Des groupes de réflexion de droite comme l'Institut Fraser de Vancouver et des associations d'entreprises ont encensé *The Skeptical Environmentalist*, de l'universitaire Bjørn Lomborg. Encore une fois, il a fallu beaucoup d'efforts pour réfuter l'argument de Lomborg voulant que l'environnement soit dans un bien meilleur état que ne veuillent bien le reconnaître les environnementalistes.

L'un des aspects remarquables du travail du GIEC est l'unanimité qu'il crée au sein de la communauté, à l'exception d'une poignée de climatologues. Très peu de nouvelles idées scientifiques parviennent à obtenir un tel assentiment auprès d'une majorité aussi écrasante d'experts. Songez à la biologie — l'évolution est le fondement de notre interprétation de la vie sur Terre et, pourtant, des *centaines* de docteurs en biologie croient encore en la version biblique de la Création et nient l'évolution. Un accord total est rarement atteint en science. Donc, lorsque la plupart des climatologues s'entendent sur un sujet, on peut considérer que leurs conclusions ont un certain poids.

Michael Crichton termine son roman en déblatérant sur ses propres opinions, renvois et notes de bas de page à l'appui, ce qui donne l'illusion qu'il a écrit un traité scientifique. Pour discréditer les conclusions du GIEC, il fait valoir des exemples tirés de l'histoire de la médecine où l'idée la plus consensuelle était fautive. Par exemple, les médecins ont déjà cru universellement que la pellagre était le résultat d'une infection bactérienne, alors que c'était en fait une déficience alimentaire. Les médecins ont jadis cru qu'une saignée guérissait bon nombre de problèmes et que les ulcères ne pouvaient être causés par des bactéries. Mais dans le monde de la médecine, comme l'indique le directeur de la Harvard Medical School, Eric Chivian, les médecins apprennent à intervenir non pas lorsqu'ils ont les preuves absolues de leur diagnostic, mais lorsque le danger de ne pas agir devient trop grand. Par exemple, on ne peut être absolument certain d'un diagnostic d'appendicite avant d'opérer, parce que les risques de péritonite et de septicémie mortelle résultant de la rupture de l'appendice sont trop importants. Cela se compare à la nécessité d'agir sur le réchauffement de la planète — sauf que, dans ce cas-ci, comme le dit Chivian : « nous jouons avec la vie de plusieurs milliards de personnes ».

Certains opposants à la réduction des émissions de gaz à effet de serre conviennent que le climat change, mais ils allèguent qu'il faut plus de certitude que nous en sommes réellement la cause et que, jusqu'à ce que nous en soyons convaincus, nous n'avons pas les moyens financiers d'agir. Le climatologue Stephen Schneider, de Stanford University, se questionne sur le degré de certitude qu'il faut pour agir. Il croit que la preuve que les changements climatiques sont dus aux humains est au moins sûre à soixante-dix pour cent, chiffre que les récalcitrants sont heureux d'estimer trop incertain pour agir. Schneider répond par cette question, qui ne commande aucune réponse : si on nous disait qu'un sandwich avait soixante-dix pour cent de risques de contenir un poison mortel, le mangerions-nous ? Bien sûr que non. Donc, si nous menons une expérience sur le seul domicile que nous ayons, la planète Terre, quel degré de certitude nous faut-il atteindre, surtout si les avertissements des scientifiques sont exacts et si les conséquences de l'inaction promettent d'être catastrophiques ? Même si ces scientifiques se trompent, le simple fait de prendre des mesures entraînera d'énormes avantages en matière de santé, un meilleur approvisionnement énergétique, un environnement plus propre et des avantages économiques considérables.

Les effets projetés de la hausse des niveaux de gaz à effet de serre se fondent sur la quantité de combustibles fossiles utilisés, de méthane libéré des sites d'enfouissement, de chlorofluorocarbone (CFC) émis, et ainsi de suite. Mais il est connu qu'il y a d'énormes dépôts de méthane, un gaz à effet de serre beaucoup plus puissant que le gaz carbonique, congelés sous le pergélisol de l'Arctique et au fond de la mer. Les Inuits des pays proches du cercle polaire nous avertissent depuis des années que le pergélisol fond — ce qu'a finalement dû reconnaître même le sénateur de l'Alaska, Ted Stevens, pourtant farouche opposant à l'idée du changement climatique, puisque des dizaines de villages de son propre État rapportent que leurs édifices s'enfoncent dans le sol. En dégelant, le pergélisol libérera des quantités massives de méthane dans l'atmosphère, accélérant le processus de réchauffement bien au-delà de tout ce que les modèles informatiques actuels peuvent prévoir, créant ainsi ce qu'on appelle une chaîne de réaction positive : les niveaux croissants de gaz à effet de serre provoquent le réchauffement, ce qui fait fondre le pergélisol, qui à son tour libère plus de gaz à effet de serre, ce qui accélère encore plus le réchauffement.

En outre, la fonte bien documentée de la calotte glaciaire polaire peut avoir des effets catastrophiques sur le mouvement de la chaleur dans les courants marins. Il y a d'énormes mouvements de masses d'eau dans les océans Atlantique et Pacifique. Dans l'Atlantique Nord, l'eau de l'équateur absorbe la chaleur, puis est transportée par les courants vers le nord le long de la côte européenne, élevant ainsi la température hivernale au-dessus des niveaux prévus pour cette latitude. Quand cette masse d'eau libère sa chaleur et se refroidit en passant le long de la côte européenne, elle se recourbe et s'enfonce au point le plus septentrional, faisant lentement son chemin vers le sud, au plus profond de l'océan. C'est comme un courant d'eau continue dans l'océan.

Comme la calotte glaciaire et les glaciers fondent plus rapidement, l'eau douce inonde l'océan et perturbe le courant. Ce débordement peut se produire rapidement ; il a d'ailleurs déjà eu lieu dans le passé, interrompant les courants marins et, par conséquent, amenant une période plus froide, ou époque glaciaire, en Europe. Il semble contraire à l'entendement d'affirmer que le réchauffement de la planète puisse arrêter le « moteur thermique » de ce courant et causer un refroidissement catastrophique de l'Europe, mais, en novembre 2005, des scientifiques notaient déjà dans la revue *Nature* que les courants semblaient avoir subi un ralentissement de trente pour cent.

Même alors que les sceptiques persistent à prétendre que les scientifiques du GIEC ignorent des parcelles de preuve qui « réfutent » les changements climatiques, il existe deux types de preuves que je trouve accablantes. L'une provient de la nature elle-même. Si le réchauffement se produit, les animaux et les plantes qui vivent dans une certaine zone de température seront obligés de se déplacer pour demeurer dans cette zone. Pour les organismes des montagnes, cela peut se faire en se déplaçant vers le sommet. Dans une émission de *The Nature of Things* intitulée « Warnings from Nature » (Avertissements de la nature), des scientifiques documentaient précisément ce type de mouvement. Dans un autre cas, une ornithologue du Midwest américain a minutieusement enregistré pendant cinquante ans les allées et venues des oiseaux de saison en saison. Ses dossiers montrent clairement que les oiseaux migrateurs arrivent aujourd'hui dans sa cour jusqu'à deux semaines plus tôt et repartent jusqu'à deux semaines plus tard. Il est difficile de croire que ces observations puissent être le fruit d'un parti pris.

À mon avis, les données les plus convaincantes sont les niveaux annuels de gaz carbonique atmosphérique que l'on extrait de la calotte glaciaire de l'Antarctique. Dans les couches supérieures des dernières années, la signature du gaz carbonique s'est courbée radicalement vers le haut puis a monté en flèche au cours de la dernière décennie et demie pour percer à travers le « bruit de fond », avant d'atteindre enfin aujourd'hui un sommet qui va au-delà de tout ce qui s'est jamais vu.

Vers 1997, les préoccupations mondiales à propos des changements climatiques s'étaient suffisamment répandues pour justifier un vaste rassemblement de délégués de presque tous les pays de la planète, à Kyoto, au Japon. Ils se rencontraient pour discuter d'un protocole visant à réduire les émissions nocives, dans le but d'atteindre un équilibre entre les émissions et la capacité d'absorption de la biosphère. Collectivement, les êtres humains produisaient deux fois plus de gaz à effet de serre — tout spécialement du gaz carbonique émanant de l'utilisation de combustibles fossiles — que la Terre ne pouvait en réabsorber, donc les émissions globales devaient être réduites de cinquante pour cent. Mais puisque des pays comme le Canada, l'Australie et les États-Unis produisaient des émissions disproportionnellement élevées, nos objectifs seraient finalement une réduction de quatre-vingt-cinq à quatre-vingt-dix pour cent.

Je me suis retrouvé à assister à cette assemblée à contrecœur, en compagnie du personnel de la fondation David Suzuki. Je dis à contrecœur parce que, à ces gigantesques rencontres internationales, une grande partie des décisions se prennent à huis clos, tandis que des groupes comme le nôtre sont condamnés à tournoyer comme d'agaçants moucherons.

Kyoto est le centre culturel du Japon. En descendant du Shinkanzen (le train à grande vitesse), nous nous sommes trouvés face à cet étrange paradoxe qu'est le Japon avec, d'un côté, ses temples en forme de pagodes et aux dômes traditionnels et, de l'autre, ses pancartes criardes et ses monuments de

Greenpeace a placé une œuvre de sensibilisation devant la salle de conférence de Kyoto.

plastique. Après avoir déposé nos bagages dans nos minuscules chambres d'hôtel, nous avons marché sous une pluie légère le long d'une série de boutiques et de centres commerciaux remplis de clients. Nous étions pressés et nous avions peu de temps pour le tourisme, le lèche-vitrines ou même la quête de bons restaurants. Lorsque nous sommes arrivés au centre des congrès, nous avons été accueillis par une immense reproduction de Godzilla, le monstre cracheur de feu, cadeau de Greenpeace et fabriqué à partir de déchets, métaphore parfaite des effets pervers de la présence humaine sur la planète.

Les salles bourdonnaient du bavardage des invités — délégués officiels de dizaines de pays, environnementalistes et envoyés d'ONG, lobbyistes de l'industrie des combustibles fossiles et représentants des médias. Dans l'ensemble, c'était un mélange de perspectives et de priorités différentes. Aux assemblées, des scientifiques éminents parlaient des dernières preuves confirmant la thèse des changements climatiques, des groupes environnementaux demandaient de sérieuses réductions des émissions nocives, et les délégués des gouvernements luttaient avec les lobbyistes qui travaillaient à saboter le processus. La délégation australienne se plaignait amèrement de ce que leur pays représentait un cas particulier. Sa population était éparpillée sur un territoire immense qui comptait peu de rivières pouvant produire de l'énergie hydroélectrique et, par conséquent, elle dépendait de centrales au charbon extrêmement polluantes.

L'industrie des assurances était le seul groupe important du milieu des affaires qui prenait les changements climatiques très au sérieux. Leurs données actuarielles étaient catastrophiques — les indemnités pour des dommages liés au climat comme des incendies, des inondations, des sécheresses et des tempêtes montaient en flèche, tout comme le nombre de compagnies d'assurances en faillite.

L'Union européenne (UE) était très inquiète des changements climatiques et demandait des réductions sérieuses, de l'ordre de quinze pour cent inférieures aux niveaux de 1990. Alignés contre eux se trouvaient le Japon, les États-Unis, le Canada, l'Australie et la Nouvelle-Zélande, qui formaient un bloc qui cherchait à abaisser les objectifs. Il y a eu d'immenses débats pour déterminer si l'on devait accorder le mérite au Canada (et à d'autres pays semblables) du fait que sa forêt boréale absorbait le gaz carbonique, agissant ainsi comme un « puits de carbone ». D'autres voulaient créer des « crédits d'émission » échangeables, de sorte que les industries ou les pays pollueurs puissent éviter de réduire leurs émissions en achetant les « parts » d'atmosphère d'un autre pays.

Dans une telle ambiance, les cyniques pouvaient déclarer que les décisions et les objectifs étaient beaucoup trop superficiels pour être efficaces, et beaucoup trop coûteux pour les piètres réalisations escomptées. Mais je crois que le résultat des délibérations de Kyoto était extrêmement important ne serait-ce que pour le principe qu'il représentait. Kyoto a signalé la reconnaissance par la communauté internationale que l'atmosphère est un espace fini, que l'activité humaine l'a saturée d'émissions en provenance des véhicules et des industries utilisant des combustibles fossiles, et que nous y ajoutons plus de gaz carbonique et d'autres gaz à effet de serre que la biosphère ne peut en absorber. Pour la première fois, les gouvernements et les industries devaient reconnaître qu'il ne peut y avoir de croissance infinie dans un système restreint comme la biosphère.

L'atmosphère n'est pas confinée à l'intérieur de frontières nationales. C'est une entité unique partagée par tous les habitants et tous les organismes sur Terre. Les pays industrialisés ont créé le problème avec leurs puissantes économies qui dépendent des combustibles fossiles. Afin d'illustrer la disparité entre pays industrialisé et non industrialisés, mentionnons simplement que les trente millions d'habitants du Canada consomment autant d'énergie que la population entière du continent africain, soit une population de neuf cent millions de personnes. En 1976, lorsque j'ai visité la Chine pour la première fois, on y utilisait la même quantité de pétrole et d'essence que le Canada, même si sa population s'élevait à trente fois celle du Canada. J'ai écrit à l'époque que si chaque Chinois voulait une motocyclette, les résultats seraient dévastateurs. Aujourd'hui, un quart de siècle plus tard, la plupart des Chinois ne s'intéressent pas aux motos ; ils veulent des voitures et, avec une économie florissante et une classe moyenne croissante, ils sont de plus en plus nombreux à pouvoir s'en offrir.

En 1997, le défi consistait à savoir comment diviser équitablement l'atmosphère. Les pays comme les États-Unis, l'Australie et le Canada étaient de lourds émetteurs, alors que des pays comme la Russie étaient plutôt des « sous-émetteurs », puisque leurs industries polluantes archaïques n'étaient plus concurrentielles à l'échelle mondiale et devaient fermer. Par conséquent, les Russes affichaient déjà un taux d'émission par habitant plus faible que celui fixé par Kyoto. Ainsi, a-t-on dit, de tels pays devraient pouvoir vendre leur part « inutilisée » de l'atmosphère à des entreprises ou des pays qui ne pouvaient atteindre l'objectif. C'était une idée absurde, cependant, parce que même les faibles taux d'émissions se situaient au-dessus des taux qu'il faudrait atteindre pour permettre aux gaz à effet de serre d'être absorbés par les plantes. Permettre à certains de payer les « parts » d'atmosphère des faibles émetteurs n'était qu'une faille du système visant à donner une chance aux plus fortunés de continuer à polluer.

L'Alberta avait envoyé une délégation exercer des pressions sur les négociations de Kyoto. Je me souviens du réformiste Rahim Jaffer, député d'Edmonton, qui niait ouvertement l'existence des changements climatiques, même si une majorité écrasante de délégués ne contestaient pas les preuves scientifiques. Les Européens étaient choqués de l'intransigeance des délégués officiels du bloc de pays réfractaires à l'accord — surtout ceux des États-Unis, les plus gros émetteurs de la planète, qui étaient déterminés à réduire les objectifs d'émissions. Une impasse menaçait d'enliser les discussions entre ceux qui réclamaient d'importantes réductions de l'ordre de quinze pour cent inférieures aux taux de 1990, et ceux qui prétendaient que de tels objectifs étaient beaucoup trop coûteux et inefficaces. Je n'avais pas accès aux délégués officiels australiens et américains, mais les environnementalistes des deux pays condamnaient ouvertement la position de leurs gouvernements. Nombre d'environnementalistes américains mettaient leur espoir dans l'arrivée du vice-président des États-Unis du moment, Al Gore.

Jour après jour, le cirque continuait tandis que les groupes environnementaux jouaient d'astuces et de coups d'éclat pour attirer l'attention des médias. L'Américain Randy Hayes, directeur du Rainforest Action Network, a même mené une ligne de conga pour protester contre la position de son pays. J'ai toujours admiré Randy pour son originalité et son audace. J'ai assisté à un autre congrès au Japon où il a fait enrager les journalistes en traitant le Japon de « bandit environnemental ».

À Kyoto, la fondation David Suzuki a convoqué une conférence de presse où nous avons utilisé des piles de canettes de boisson gazeuse pour illustrer la disparité de la consommation d'énergie entre les pays industrialisés et les pays en voie de développement. La consommation d'énergie par habitant dans les pays d'Afrique comme le Zimbabwe était représentée par une canette, en Inde et en Chine, par cinq et quinze canettes respectivement, puis au Japon et dans les pays européens, par cinquante-cinq et soixante-cinq canettes. Le Canada a frôlé le sommet avec quatre-vingt-seize canettes, et les États-Unis ont remporté la palme avec un phénoménal cent vingt canettes. Cela a valu une superbe photo.

Le bloc de pays réfractaires ne pouvaient pas s'entendre avec l'UE qui voulait une approche plus dynamique à la réduction des émissions. Une fois de plus, les cyniques ont allégué qu'il était plus facile pour les pays de l'UE d'exécuter des réductions plus importantes. Par exemple, l'Allemagne profitait du fait que, au moment de la réunification des deux Allemagnes, les archaïques usines polluantes de l'Est avaient été fermées, réduisant ainsi d'entrée de jeu les émissions globales du pays et facilitant l'atteinte des objectifs. Depuis lors, cependant, l'Allemagne est devenue le chef de file mondial de l'énergie éolienne, construisant des éoliennes sur son propre territoire et exportant sa technologie à l'étranger. L'Allemagne est

Lors d'une conférence, nous avons utilisé des boîtes de conserve pour représenter les taux d'émissions de gaz à effet de serre. De gauche à droite : moi-même, Steven Guilbault (Greenpeace Canada) et Louise Comeau (Sierra Club Canada).

un brillant exemple des possibilités qu'on peut créer lorsqu'on prend un problème au sérieux. À l'époque, la Grande-Bretagne avait aussi commencé à supprimer graduellement ses usines au charbon désuètes et, par conséquent, il serait plus facile pour elle d'atteindre les objectifs proposés. Depuis lors, toutefois, le premier ministre Tony Blair a promis de réduire les émissions de gaz à effet de serre du Royaume-Uni de soixante pour cent d'ici l'an 2040, et promet que ces réductions pourraient être plus importantes encore si les conclusions scientifiques l'exigent. Voilà un engagement sérieux.

En raison de l'opposition du bloc réfractaire, les procédures ont semblé être vouées à l'échec. Puis le vice-président Al Gore est arrivé. Les environnementalistes l'adoraient parce que, comme il l'a décrit dans son livre *Sauver la planète terre* (Albin Michel, 1993), il comprenait les enjeux environnementaux.

En 1988, en préparant la série radiophonique *It's a Matter of Survival*, j'avais interviewé Gore, en visite au Canada, et il m'a donné des frissons dans le dos en répondant à mes questions. Je n'avais jamais entendu un politicien décrire aussi clairement la situation de l'environnement, et il exprimait les solutions nécessaires pour vaincre les problèmes. À la fin de l'entrevue, j'ai fermé l'enregistreuse et je l'ai supplié d'immigrer au Canada pour que je puisse travailler à le faire élire comme premier ministre.

Puis, plus sérieusement, je lui ai demandé : « Comment des journalistes comme moi peuvent-ils aider des politiciens comme vous ? » Sa réponse m'a surpris et m'a placé sur la voie que je poursuis à ce jour. Il m'a dit : « N'espérez rien d'un politicien comme moi. Si vous voulez du changement, vous devez convaincre le public qu'il y a un problème, lui montrer qu'il y a des solutions, et faire en sorte de susciter suffisamment son intérêt pour qu'il exige une action. Alors, tous les politiciens vont se démener pour être de la partie. » En l'observant dans la course à la présidence en 2000, j'ai compris la portée de son conseil. Il n'a pas parlé d'environnement dans sa campagne parce que le peuple américain n'était pas prêt.

J'ai lu le bouquin de Gore quand il a paru. C'est un document efficace que je trouve très touchant parce que Gore envisage les enjeux environnementaux du point de vue de sa foi chrétienne, de son rôle de parent, et de la politique. Il ne les sépare pas en catégories distinctes mais les réunit pour offrir une perspective et une réponse globales. Gore y signale les problèmes comme il les a perçus à titre de journaliste et de politicien, envisage les enjeux comme parent et comme croyant, et brosse les grandes lignes d'un programme solide, tant sur le plan politique que sur le plan économique, pour réagir aux menaces. À son arrivée à Kyoto, les représentants des ONG environnementales se sont attroupés autour de lui pendant qu'il négociait une entente avec les pays de l'UE. J'ai rencontré plus tard un environnementaliste américain qui avait accusé Gore et le gouvernement du président Bill Clinton d'être trop lents et trop prudents. On l'avait exclu de toutes rencontres futures avec Gore. C'est ce qu'on appelle de la politique.

Au grand déplaisir des lobbyistes américains du secteur privé, Gore a fixé l'objectif à une réduction de six pour cent des émissions de gaz à effet de serre pour 2010. Cela se passait en 1997. Même s'il avait succédé à Clinton à la présidence et était resté au pouvoir pendant deux mandats, il n'aurait plus été en poste au moment où les États-Unis devraient rendre compte de l'atteinte de l'objectif ; on pourrait donc avancer qu'il n'avait rien à perdre en proposant cette entente. Les environnementalistes ont loué Gore comme le sauveur du protocole de Kyoto, lequel a été signé par les délégués présents et deviendrait loi, si un nombre suffisant de nations le ratifiaient.

À l'époque, j'étais amèrement déçu, parce que je savais que Gore connaissait les enjeux du réchauffement de la planète et la nécessité de compressions plus radicales. Dans son livre, il soulignait l'importance d'investir massivement dans la recherche de technologies moins gourmandes en combustibles fossiles et dans la création de nouvelles sources d'énergie. Une réduction de six pour cent me semblait presque insignifiante. Mais quand je pense aujourd'hui aux énormes pressions des lobbyistes, le fait qu'il ait réussi à négocier une *réelle* réduction est une avancée importante. L'entente accordait à l'Australie une énorme concession — c'était le seul pays industrialisé autorisé à fixer son objectif d'émissions *au-dessus* des niveaux de 1990 (soit huit pour cent). Tous les autres devaient parvenir à un niveau inférieur.

Une équipe de la fondation David Suzuki s'est rendue à Kyoto : (de gauche à droite) Sarika, Tara, Severn, moi-même, Catherine Fitzpatrick, Ted Ferguson et David Hocking.

Je n'ai jamais compris l'exigence australienne. Le Canada possède la plus longue côte du monde, mais la frontière de l'Australie en entier est océanique. Puisque la première conséquence du réchauffement des océans est l'expansion thermique — les niveaux de la mer vont monter parallèlement à la dilatation de l'eau due au réchauffement —, les répercussions sur le Canada et l'Australie seront énormes. En tant que pays nordique, le Canada aurait pu se plaindre que ses besoins énergétiques sont plus grands que ceux d'autres pays en raison de son climat froid, mais le premier ministre de l'époque, Jean Chrétien, a pourtant ratifié Kyoto en sachant que soixante-dix pour cent de la population le souhaitaient.

Chaque fois que j'atterris en Australie, je suis toujours

frappé par le fait que le pays jouit en abondance d'une chose dont les Canadiens aimeraient avoir en plus grande quantité : la lumière du soleil. Et pourtant, en roulant dans les villes du pays, il faut chercher longtemps avant de trouver un panneau solaire. Dans de nombreux pays tropicaux, l'eau chaude provient de simples barils d'eau placés sur le toit des maisons et chauffés par le soleil. Comment l'Australie peut-elle justifier son opposition à Kyoto alors que toute son eau chaude pourrait être fournie par la lumière du soleil, gratuite et non polluante ? Avec ses vastes étendues de désert, l'Australie devrait emmagasiner la lumière du soleil au moyen d'immenses capteurs solaires, mettre au point des façons novatrices d'exploiter cette ressource et trouver des marchés pour la technologie solaire. Il est scandaleux que le premier ministre John Howard se soit allié aux États-Unis, faisant de leurs deux pays les seuls du monde industrialisé à refuser encore de respecter ce qui est désormais un traité international.

Kyoto changera-t-il les choses ? Bien des opposants de Kyoto, y compris le président américain George W. Bush, ont fait valoir que son principal défaut est l'exclusion des pays en voie de développement à titre de signataires, tout spécialement l'Inde et la Chine. C'est un argument qui ne tient pas la route.

Si l'Inde et la Chine nous emboîtent le pas dans la consommation débauchée d'énergie et la pollution, peu importe ce que fait le reste du monde, les ramifications seront accablantes. Mais il sera impossible de les attirer vers une autre voie si nous sommes incapables de leur montrer d'abord que nous reconnaissons le problème et que nous agissons pour réduire les dangers. Si nous ne donnons pas l'exemple, nous n'aurons aucune crédibilité morale auprès des autres pays qui nous voient comme des modèles. Enfin, le Canada (et surtout l'Alberta), l'Australie et les États-Unis sont parmi les territoires les plus riches du monde. Si nous prétendons qu'il est trop coûteux d'agir pour minimiser les dangers des changements climatiques, quand aurons-nous les moyens de le faire ? Et si nous ne changeons pas nos façons de faire, pourquoi l'Inde, la Chine, le Brésil ou l'Indonésie devraient-ils se comporter différemment ?

L'accord final à Kyoto s'est conclu tard dans la nuit, le dernier jour de l'assemblée. Comme les délégués fatigués se félicitaient entre eux, peu auraient pu prévoir les défis qui les attendaient. Le protocole de Kyoto ne prendrait pas effet tant qu'un nombre suffisant de pays représentant un total d'au moins soixante pour cent de la population mondiale ne l'aurait pas ratifié. Le processus de ratification prendrait des années, et le Canada, parmi d'autres, avait demandé qu'on se conforme aux objectifs sur une base « volontaire », même si l'expérience indiquait déjà que cela ne fonctionnerait jamais. Le secteur privé s'oppose toujours à la réglementation et, sous l'effet de la pression, promet de régler les choses de façon volontaire — mais ça ne fonctionne jamais. Dans les années qui ont suivi Kyoto, les émissions du Canada se sont accrues constamment, à un point tel que, si nous voulons maintenant atteindre l'objectif voulu, les émissions devront être réduites de trente-deux pour cent. L'ouragan Katrina a révélé la folie et le coût d'ignorer l'avis des experts. Les Canadiens devraient exiger que nos soi-disant dirigeants tiennent compte des conseils scientifiques et technologiques plus que des cris des économistes et des industriels.

Même si Gore s'est attribué le mérite de l'adoption de l'entente finale de Kyoto, il savait que le Congrès américain ne l'adopterait jamais. Quand il a fait campagne à la présidence en 2000, il a à peine parlé de l'environnement. Après avoir été élu président, George W. Bush a rapidement indiqué qu'il n'appuierait pas la ratification de Kyoto. Puisque le plus grand consommateur d'énergie (et le plus grand pollueur) refusait d'envisager la réduction de ses émissions, il était difficile d'obtenir l'acquiescement du reste du monde.

À titre de partenaire commercial principal et de premier exportateur d'énergie aux États-Unis, le Canada subissait une pression énorme pour ne pas signer l'accord. Quand le premier ministre Jean Chrétien est allé de l'avant et a ratifié le protocole de Kyoto en décembre 2002, j'ai été enchanté de recevoir une lettre en janvier 2003 où il remerciait la fondation de lui avoir permis de le faire. Sa lettre se terminait ainsi : « Vos efforts personnels et ceux de votre fondation ont joué un rôle important dans le processus de consultation et ont également contribué à renseigner les Canadiens sur le sujet. »

La signature du Canada marquait une étape très importante, mais ne permettait pas de rendre le protocole exécutoire sur le plan international. Le dernier pays qui pouvait faire une différence était la Russie. Je ne sais pas quel type de pressions les États-Unis ont exercées sur le président Vladimir Poutine pour l'empêcher de signer, mais je suis persuadé que c'était considérable. La Russie était en position de faire chanter tant les Américains, qui voulaient que Kyoto échoue, que le reste du monde, qui avait besoin de sa signature. Bien que je ne sache absolument pas ce qui a finalement fait pencher la balance, je doute que ce soit parce que Poutine voulait faire son devoir pour la planète. Je soupçonne plutôt qu'il a reçu des garanties de l'UE qu'il y aurait des avantages économiques à signer. Néanmoins, dans un climat de désespoir et de pessimisme chez les environnementalistes, la Russie a ratifié Kyoto le 18 novembre 2004, donnant ainsi au protocole force de loi internationale quatre-vingt-dix jours plus tard, le 16 février 2005 — sept ans après avoir été rédigé et cinq ans à peine avant qu'il ne prenne fin.

L'Irak et Katrina auraient dû réveiller une administration

qui se comporte parfois comme un renégat sur la scène internationale, mais l'administration Bush-Cheney garde l'œil bien fixé sur sa ligne de conduite et son ordre du jour. Je n'ai aucun doute que la réalité — des événements climatiques de plus en plus graves, des sécheresses, des incendies, les prix galopants du pétrole — va finir par faire sortir les États-Unis de leur torpeur.

À l'automne de 1957, lorsque *Spoutnik* a été déployé, je me rappelle vivement le choc subi au moment où j'ai compris que l'Union soviétique avait fait de sérieux progrès en génie et en science. Les Américains ne se sont pas écriés « nous ne pouvons rien y faire » ou « c'est trop coûteux » : ils ont plutôt eux-mêmes relevé le défi de la course à l'espace. Investissant argent, énergie et ressources nécessaires dans un but commun, ils ont fait des efforts qui les ont conduits non seulement à remporter la mise de façon spectaculaire en mettant le premier homme sur la Lune, mais ils ont également mené à une véritable révolution en matière de télécommunication, d'astronomie et de recherches spatiales. Aujourd'hui, les prix Nobel continuent d'être remis à un nombre disproportionnel d'Américains en raison de leur engagement envers la science et le génie.

Si nous pouvons obtenir de ce grand pays entrepreneur qu'une infime fraction de ses dépenses affectées à l'armée et à la sécurité intérieure soit consacrée à la recherche de méthodes écoénergétiques et de solutions énergétiques de rechange, il y aura une revitalisation de l'économie grâce à des projets verts.

CHAPITRE 16

Réflexions sur la science
et la technologie

Aujourd'hui, la force qui influe le plus sur nos vies n'est ni la politique, ni les affaires, ni la célébrité, ni les sports, malgré leur médiatisation. Ce qui façonne le plus le monde actuel, c'est de loin la science telle que l'appliquent l'industrie, la médecine et l'industrie militaire. On ne peut aller nulle part sur la planète sans faire usage des produits de la science et de la technologie, ou en tomber sur les débris. Quand je dis aux enfants qu'il n'y avait ni télévision, ni ordinateur quand j'avais leur âge, ils ont peine à le croire et me demandent souvent : « Que faisiez-vous ? », parce qu'ils ne peuvent se faire une idée d'une civilisation aussi ancienne et démunie.

Chaque innovation change la façon dont nous faisons les choses et fait tomber en désuétude les usages anciens. Des technologies encore plus fantastiques nous attendent à l'horizon. Cela va des machines intelligentes au clonage, à la nanotechnologie, à la régénération des cellules souches, au voyage dans l'espace et plus encore. Il y aura également d'énormes problèmes qui vont s'ajouter à ceux qui pèsent déjà sur nous, comme le réchauffement de la planète, la pollution, la disparition des espèces, la surpopulation, l'aliénation et la toxicomanie. Sans une connaissance de base des termes et des concepts scientifiques et une compréhension de la façon dont la science diffère des autres domaines du savoir, nous ne pouvons trouver de vraies solutions à ces problèmes. Les scientifiques comme les éducateurs n'ont pas fait en sorte que la culture scientifique fasse partie des matières dites de base comme les mathématiques, la lecture et l'écriture. Les conséquences de l'illettrisme scientifique au sein du grand public ne sont pas insignifiantes.

À l'automne de 1987, je faisais partie d'un groupe qui évaluait la compréhension de nos élus en matière de science. En regardant de près la formation des trente-huit ministres du cabinet du gouvernement fédéral d'alors, nous avons constaté que, sur les trente-deux qui avaient une profession en dehors de la politique, douze venaient du monde des affaires, dix du droit, trois de l'agriculture et deux du génie. Donc, près de soixante-dix pour cent de ces trente-deux personnes provenaient du monde des affaires et du droit, ce qui explique peut-être pourquoi les gouvernements sont si préoccupés par les questions économiques et juridiques. Pourquoi une représentation aussi disproportionnée de ces deux domaines ? Je crois que c'est parce qu'un plus grand nombre de professionnels dans ces domaines sont assez riches ou assez bien financés pour se porter candidats et en assumer les dépenses et courir les risques énormes en cas de défaite.

Dans une étude connexe de 1987, on a donné à cinquante députés un test très simple pour évaluer leur compréhension de termes et de concepts scientifiques. Ceux qui provenaient des affaires et du droit ont obtenu les notes les plus faibles. Et pourtant, ce sont ces gens qui devront prendre des décisions éclairées sur les changements climatiques, les nouvelles sources d'énergie, la pisciculture, les machines intelligentes, la recherche spatiale, le bouclier antimissile, la biotechnologie, les cellules souches, le clonage et d'autres questions qui exigent au moins une formation de base en science. Aucun degré de vulgarisation par une équipe technique ne surmontera l'obstacle de l'illettrisme scientifique.

Alors les décisions finissent par se prendre pour des raisons politiques. Quelles sont les connaissances scientifiques du président américain George W. Bush lorsqu'il parle du bouclier antimissile, de l'enseignement de la création intelligente dans les cours de science, de l'aide offerte à la lutte contre le VIH/sida ou de la réponse à la grippe aviaire ? Le premier ministre australien John Howard comprend-il l'explication scientifique qui sous-tend le réchauffement de la planète, lorsqu'il s'oppose au protocole de Kyoto ?

Étant donné le degré d'illettrisme scientifique chez les politiciens, il n'est pas surprenant qu'ils ne peuvent arriver à des décisions rationnelles et éclairées sur ces questions. J'ai passé beaucoup de temps à tenter d'éduquer les nouveaux ministres, mais ils finissent toujours par être mutés et, chaque fois, il faut repartir de zéro. Ce n'est que lorsque la culture scientifique sera partie intégrante de notre éducation et de notre culture que nous pourrons espérer avoir un gouvernement qui prendra des décisions politiques pleinement éclairées.

Au début de l'histoire de l'espèce humaine, l'invention de la lance, de l'arc et des flèches, de l'aiguille, de la céramique et des outils de métal, de même que la domestication des plantes et des animaux, ont apporté des changements monumentaux. On a senti les répercussions de nombre de ces inventions pendant des siècles et ces innovations ont transformé la vie et l'organisation sociale, faisant oublier les anciens usages. Aujourd'hui, les multiples changements technologiques se produisent à une cadence toujours plus accélérée, si bien que le monde que je connaissais lorsque j'étais petit n'existe déjà plus.

Dans mon enfance, je n'avais jamais la permission d'aller au cinéma ou dans les piscines publiques l'été parce que mes parents craignaient que je n'attrape la polio, une maladie virale que les vaccins de Sabin et Salk ont depuis fait tomber dans l'oubli. Chaque année, dans le monde, des centaines de milliers de personnes mouraient dans de terribles agonies ou étaient horriblement marqués par la variole, aujourd'hui disparue. Le monde dans lequel j'ai grandi ne connaissait rien encore — ou si peu — des avions à réaction, des contraceptifs oraux, des greffes du cœur, des appels outremer, du CD, du magnéto-scope, du plastique, des photocopieuses, du génie génétique et bien d'autres choses encore.

Non seulement chacune de ces innovations modifie nos habitudes de vie, elle peut également redéfinir la condition humaine. Nous aimons la technologie parce qu'elle répond à des besoins précis. Mais nous réfléchissons rarement aux conséquences ni ne soupçonnons ce que peuvent être les réper-cussions à long terme. Ainsi, nous n'avons découvert la bioam-plification des pesticides, les effets des chlorofluorocarbones (CFC) sur la couche d'ozone et les retombées radioactives des armes nucléaires qu'*après* avoir créé et mis en œuvre ces techno-logies. Songez à l'incidence de l'automobile — elle nous a libé-rés de notre condition d'animaux sédentaires, tué des dizaines de millions d'entre nous, produit un étalement urbain tentacu-laire, fait disparaître de vastes étendues de terres sous les routes, créé la pollution à l'échelle mondiale et accéléré l'épui-sement des ressources. La télévision a eu un effet corrosif sur les mœurs communautaires et sociales, et a mené aux messages publicitaires et à la consommation, ainsi qu'à un nivellement

Je viens d'être embauché par l'Université de la Colombie-Britannique à titre de généticien des drosophiles, à l'époque où de solides prémisses scientifiques étaient la seule condition préalable à l'obtention d'une bourse. C'est d'ailleurs une des rares occasions où j'ai porté un sarrau !

par le bas des débats et de la réflexion. La technologie comporte des coûts très élevés.

Lorsque j'ai entamé ma carrière en science, nous, les scientifiques, étions fiers d'explorer les théories de la structure de la matière, l'origine du cosmos ou la structure et la fonction des gènes sans avoir à justifier le désir d'étendre nos connaissances. La génétique médicale était considérée comme intellectuellement inférieure au genre de travaux que nous menions avec des mouches à fruit.

En 1972, un comité spécial du Sénat canadien sous la supervision de Maurice Lamontagne avait examiné le rôle que joue la science dans la société et avait conclu que la recherche devait se faire en fonction des besoins de la société. On devait encourager la recherche « axée sur la mission », laissant présager la pression énorme qui sera imposée aux scientifiques pour que leurs travaux soient utiles sur le plan économique. Les scientifiques sont motivés, par nécessité, par les priorités sous-jacentes à l'obtention de subventions. Si de solides prémisses scientifiques étaient la seule condition préalable à l'obtention d'une bourse, les scientifiques seraient beaucoup plus honnêtes. Par exemple, il y a des pressions pour qu'ils découvrent un remède contre le cancer, les scientifiques s'engagent dans un jeu qui, au bout du compte, mine le travail scientifique en donnant une fausse impression des visées de la science.

Pourquoi soutenons-nous la science ? L'ancien premier ministre Pierre Trudeau semblait croire que la science était une activité superflue qu'il ne convenait de pratiquer que lorsque l'économie allait bien. Je ne suis pas du tout d'accord. Nous soutenons la science parce qu'elle est l'apanage de toute culture civilisée et parce qu'elle permet de repousser les limites de l'ignorance en nous révélant les secrets de la nature. Pourtant, de plus en plus, on demande à la science qu'elle aboutisse à des applications pratiques. C'est là une exigence dangereuse, parce qu'elle crée un sentiment d'urgence qui peut mener à des raccourcis, à des déclarations non fondées et à des supercheries.

Les scientifiques canadiens représentent une très petite proportion du nombre total de scientifiques dans le monde entier. La somme totale de nos subventions est minuscule comparativement à celle des États-Unis. Sur le plan mondial, la somme est encore plus petite. En supposant que les méthodes scientifiques sont à peu près partout les mêmes, on peut conclure qu'environ deux pour cent des découvertes importantes seront faites au Canada. Donc, la probabilité qu'une « percée » — comme je déteste ce mot dont on fait un usage abusif — fondamentale ait lieu ici est infime, et l'on peut supposer que Trudeau avait raison — nous devrions simplement parasiter la documentation mondiale et chercher à tirer un avantage rapide des nouvelles idées.

Mais ce n'est pas ainsi que la science fonctionne ni qu'elle mène à des applications concrètes. Les moments créatifs réellement passionnants ont lieu au hasard des conversations entre éminents scientifiques à l'occasion de congrès ou de rencontres, ou dans le cadre de réunions à huis clos où une poignée d'experts dans un quelconque domaine se rassemblent pour lancer des idées qui sont encore au stade embryonnaire et ne figurent dans aucune publication. Ces rencontres sont stimulantes, créatrices. Elles sont ouvertes seulement à l'élite. C'est pourquoi nous soutenons les membres de notre petite mais excellente communauté scientifique canadienne — c'est le prix à payer pour rester au cœur de l'action. Sans eux, nous ne serons pas branchés sur les travaux de pointe qui se font partout au monde.

Autrefois, le processus d'octroi de subventions du Canada était un système démodé qui ne fonctionnait que parce que la pression était nulle et que la communauté scientifique était petite. J'ai siégé à un de ces comités et j'ai été surpris de voir combien la politique influait sur l'attribution des fonds. Nous, les scientifiques du comité, prenions beaucoup de temps à évaluer les demandes selon leurs mérites scientifiques, du mieux que nous le pouvions, avant d'allouer les sommes demandées. Mais nos décisions n'étaient que des recommandations que nous soumettions au Conseil national de recherches Canada. Quand on annonçait les décisions finales, il était évident que les sommes que nous recommandions avaient été réduites ou augmentées pour qu'il y ait une meilleure répartition géographique des fonds et une distribution équitable à toutes les institutions qui sollicitaient du soutien. C'était ridicule. Notre politique semblait être : urinez sur une large section de terre et espérez que les plantes pousseront partout. Mais si notre vessie est petite, au moins devrions-nous diriger le jet sur les graines, et non pas le disséminer partout.

Lorsque je faisais encore de la recherche, les agences de financement canadiennes n'avaient pas le courage de récompenser les scientifiques méritants en leur octroyant les plus gros budgets possible et en rejetant les demandes des autres. Si aujourd'hui, on alloue des sommes beaucoup plus considérables et on refuse beaucoup plus de demandes, quand j'avais encore un laboratoire la plupart des candidats obtenaient de petites subventions. Nous devrions encourager les jeunes scientifiques parce que, en début de carrière, ils sont ambitieux et ont de l'énergie à revendre. C'est à eux qu'on devrait donner de substantielles bourses sans autre exigence que d'aller là où leur intérêt les pousse. De cette manière, ils accompliraient des travaux dont l'originalité, la qualité et la quantité pourraient être évaluées. Ensuite, ceux dont les travaux seraient prometteurs recevraient des subventions adéquates. Nous ne parviendrons pas à l'excellence en finançant des institutions ni une infrastructure — c'est sur les individus que nous devons porter notre attention et offrir notre soutien.

La science n'a jamais eu un rôle important au sein de notre culture ni n'a été célébrée à la façon des arts. On a judicieusement établi le Conseil des sciences du Canada à titre de société de la Couronne, prétendument indépendant du gouvernement. Je dis prétendument parce que, quand Stuart Smith, chef du Parti libéral de l'Ontario, est devenu directeur du Conseil des sciences, il a eu de la difficulté à me nommer pour un deuxième terme au conseil d'administration. Un sénateur de la Colombie-Britannique s'y opposait. Néanmoins, à une époque où la science représente la force motrice de nos vies et de notre société, il nous faut un organisme qui en étudie les incidences et prodigue ses conseils. En 1993, le premier ministre Brian Mulroney a dissous le Conseil des sciences (de même que le Conseil économique), condamnant par la même occasion notre société à poursuivre son chemin vers l'avenir dans une plus grande incertitude et à prendre des décisions pour des raisons politiques, sans égard pour les évaluations des enjeux fondées sur la science.

L'ancien animateur de l'émission *Morningside* à la radio de la CBC, Peter Gzowski, méritait amplement le respect qu'on lui a témoigné à son décès prématuré, en 2002. Gzowski était tout ce qu'il y a de plus canadien. Je ne peux imaginer quelqu'un comme lui, avec ses manières hésitantes, humbles et modestes, devenir une vedette à Londres ou à New York, mais au Canada, il touchait une corde sensible.

Il m'a interviewé à de nombreuses reprises pour *Morningside* et j'ai aussi fait plusieurs apparitions à cette pénible incursion à la télévision qu'était *90 Minutes Live*. Il y avait beaucoup de ressentiment au sein de l'équipe de *The Nature of Things* à propos de l'argent que recevait l'émission de télévision de Gzowski, mais j'aimais l'idée d'une émission en soirée consacrée au talent canadien. Il est malheureux que ce qui fonctionnait si bien à la radio ait été un désastre à la télévision. Gzowski croyait que j'étais un bon collaborateur et il voulait que je passe à chacune de ses émissions. J'étais flatté, mais je ne voulais pas être celui qui raconte des découvertes scientifiques en concluant chaque fois par un « Eh ! bien, mince alors, que vont-ils encore inventer ? » ou un « Terrifiant, n'est-ce pas ? », alors j'ai refusé.

L'émission a tout de même connu de bons moments. J'y étais un soir en compagnie de Kurt Vonnegut Jr. et de Timothy Leary. Vonnegut et moi nous entendions admirablement, et nous étions tous deux rebutés par Leary, qui était dans sa phase SMIILE, acronyme de *Space Migration, Intelligent Increase, Life Extension* (migration dans l'espace, accroissement de l'intelligence et prolongation de la vie), le genre de techno-optimisme qui me donne une rage de dents. C'était de la grande télévision, et il y avait des étincelles entre nous trois lorsque Peter a dû interrompre le programme pour une pause publicitaire. Après la pause, Peter a enchaîné avec le prochain numéro, un homme avec un fouet qui faisait tomber des cigarettes de la bouche de son fils.

Beaucoup plus tard, j'ai parlé à Alex Frame, le producteur délégué de *90 Minutes Live*, et il a admis que c'était une erreur que d'être resté accroché au format plutôt que d'avoir laissé évoluer l'énergie de l'échange entre Leary, Vonnegut et moi. Le lendemain de l'entrevue, Tara et moi sommes sortis prendre le petit-déjeuner avec Vonnegut, qui était charmant et a insisté pour nous emmener dans une librairie chercher un de ses livres. Le commis a marqué un temps d'arrêt en reconnaissant Vonnegut et il était si intimidé qu'il a figé sur place. Finalement, Vonnegut a déniché lui-même le livre qu'il voulait et nous l'a dédicacé, et c'est une de nos plus précieuses possessions.

J'ai fait des apparitions sporadiques à *Morningside*. Peter était décontracté, mais j'étais toujours méfiant, redoutant une question déplaisante. Ça n'est jamais arrivé. C'était un intervieweur très généreux, qui posait une question et me laissait répondre plutôt que de me couper pour donner à l'entrevue la forme qu'il voulait, comme le font tant d'animateurs aujourd'hui. Toutefois, s'il avait un intérêt sincère pour mon travail, je ne pouvais pas comprendre qu'il n'épouse pas les causes environnementales. J'ai toujours été étonné par les animateurs qui peuvent présenter des sujets effrayants et, à la fin de l'émission, passer à la question suivante. Voilà pourquoi Jim Murray, mon patron et meilleur ami sur *The Nature of Things*, ne me comprenait pas toujours. Si nous faisions une émission avec, disons, les Cris du Québec, les Kaiapos de l'Amazonie ou les Haidas de Haida Gwaii, je ne pouvais m'empêcher de m'engager auprès d'eux. Une fois l'émission diffusée, je continuais à travailler avec eux, alors que Jim croyait que je devais passer à autre chose et me concentrer sur l'émission suivante, ce qui était parfaitement raisonnable du point de vue de la série.

Dans son livre *A Peter Gzowski Reader*, paru en 2001, Gzowski a déclaré :

> [J'ai] eu une vie bien remplie. À la radio, à la télévision ou crayon en main, j'ai pu rencontrer la reine, huit premiers ministres (neuf si l'on compte Margaret Thatcher...), quatre gouverneurs généraux, deux juges en chef, deux Prix Nobel, les champions du monde de chant tyrolien, de sifflement et de cornemuse (tous Canadiens) et chaque gagnant et la plupart des deuxièmes du prix Giller de littérature.

Gzowski était manifestement fier, à juste titre, d'avoir interviewé tant de gens importants. L'éventail de gens qu'il a rencontrés et interviewés au cours d'une carrière de près de vingt années, trois heures par jour, cinq jours par semaine, doit être époustouflant. J'ai toujours été impressionné par la résistance et la concentration nécessaires à un effort aussi prodigieux.

Mais c'est la liste de ceux que Gzowski a choisi de coucher sur papier qui m'intéresse. Tous ces premiers ministres, et la reine, et ces finalistes et ces gagnants des prix Giller, et pourtant, seulement deux lauréats du prix Nobel. J'ai été surpris qu'il prenne même la peine de les mentionner, et il n'a pas spécifié s'ils étaient des scientifiques, des écrivains, des économistes ou des travailleurs pour la paix. Lester Pearson, premier ministre du Canada de 1963 à 1968, a reçu le prix Nobel de la paix en 1957, mais il y a quatre autres lauréats canadiens du prix Nobel en science qui ont choisi de poursuivre leurs recherches au Canada — Frederick Banting, Gerhard Herzberg, John Polanyi, Mike Smith — et j'en ai interviewé trois (Banting est mort en 1941). Chaque année, il y a habituellement de dix à douze lauréats de ce prix prestigieux dans trois catégories scientifiques. J'ai animé *Quirks and Quarks* pendant quatre ans et, au cours de cette période, j'ai interviewé au moins vingt lauréats du prix Nobel. Un énorme fossé demeure entre les scientifiques et le reste de la société ; la rareté des scientifiques nobelisés sur la liste de Gzowski en témoigne. Comment pouvons-nous, en tant que société, évaluer l'influence potentielle de tant d'enjeux où la science et la technologie jouent un rôle prépondérant si nous n'en tenons pas compte ?

Rien n'illustre mieux les conséquences de l'illettrisme scientifique que la situation actuelle des États-Unis. Le président George W. Bush a étudié à Yale, l'une des meilleures universités du monde, et il dirige maintenant le pays le plus riche et le plus puissant de l'histoire. Et pourtant, le pays, fondé sur la séparation de l'Église et de l'État, a vu l'intrusion du fondamentalisme chrétien au cœur même du pouvoir. L'une des

Jim Fulton et moi venons de présenter au premier ministre du Canada, Paul Martin, notre document intitulé « La durabilité en une génération », en 2004.

conséquences scandaleuses de cela est le débat sur l'évolution. Partout aux États-Unis, les professeurs et les écoles subissent d'énormes pressions pour reléguer l'évolution à l'état de simple théorie au même titre que la création telle qu'elle est décrite dans la Bible. Jadis appelée « créationnisme scientifique », cette interprétation littérale de la Bible a été modernisée sous le nom de « création intelligente », avec toutes les apparences d'une théorie scientifique et le jargon de la biologie moléculaire. Le fait que ce soit encore considéré comme une véritable théorie concurrente à l'évolution est une honte. L'évolution est aussi réelle que l'existence de l'atome, de l'ADN ou d'un trou noir ; nous la voyons partout, pas seulement dans les systèmes vivants, mais dans la géologie de la Terre et dans la dynamique de l'univers. Les mécanismes et les processus de l'évolution sont loin d'être compris, mais le fait qu'elle existe est certain.

La communauté scientifique n'a pas réussi à faire comprendre à la société que rien ne justifie l'ingérence de la religion dans des domaines purement scientifiques.

Mais la foi du président Bush en la science et la technologie lui a permis de dresser pour la NASA un projet de voyage vers la planète Mars dans dix ou vingt ans. J'ai visité le centre spatial de Houston maintes fois à l'occasion de tournages, et j'ai pris en photo les maquettes de vaisseaux spatiaux pour le voyage sur Mars. Elles étaient incroyablement rudimentaires, et je ne crois absolument pas qu'un aller-retour vers Mars sera possible du vivant de mes enfants, ou jamais ; et je ne sais pas si le coût de le tenter en vaut la chandelle. C'est un stratagème politique, une proposition pour laquelle Bush n'aura pas à rendre de comptes, une babiole offerte à l'électorat pour faire montre de leadership et de vision.

La proposition de construire un système de défense anti-missile dans l'espace, qui n'est pas sans rappeler l'initiative de défense stratégique de Ronald Reagan, sa fameuse Guerre des étoiles, est de nature plus sérieuse. Privé d'un Empire du Mal depuis la chute de l'Union soviétique, Bush doit justifier sa bricole aussi inutile que coûteuse en pointant le doigt vers un Axe du Mal qui pourrait comprendre la Corée du Nord, Cuba et Dieu sait qui d'autre dans ce groupe terrifiant — les trois millions d'habitants de la Libye ? Grenade ?

Les plus grands dangers posés par les missiles équipés d'ogives nucléaires sont leur vitesse, leur précision et leur pouvoir de destruction. Munies d'une charge explosive multiple à objectif indépendant, ces armes contiendraient du matériel qui sert à confondre les radars. Pour minimiser le temps de réaction, un système de défense devra repérer un missile immédiatement après qu'il a été lancé. Les ordinateurs devront identifier le missile correctement et ne pas les confondre avec les avions de ligne, les vols de canards ou les OVNI. Il faudra savoir très rapidement la trajectoire, la cible probable et la charge utile afin de neutraliser l'engin avant qu'il ne parvienne aux États-Unis (ce scénario se déroulerait au-dessus du Canada, selon toutes probabilités).

Voici le hic : c'est un être humain qui analysera les données recueillies par le système, que ce soit un ou des dizaines de missiles qui se dirigeraient vers les États-Unis. Si je devais lancer une telle attaque, je le ferais à une heure inopportune, à trois heures du matin le jour de l'An ou après le Super Bowl. Un pauvre militaire quelconque, assis dans un silo quelque part dans le Midwest, jouant tranquillement sur son ordinateur ou, plus vraisemblablement, piquant un somme, devra s'apercevoir de ce qui se passe, évaluer calmement l'information, puis la transmettre immédiatement. En supposant que son supérieur soit disponible, réveillé et vigilant, il ou elle devra alors à son tour évaluer la menace et faire suivre cette information, jusqu'à ce que, finalement, quelqu'un aille réveiller le président pour qu'il puisse appuyer sur le bouton rouge ou tourne la clé ou faire ce qu'il doit faire pour lâcher les armes défensives.

Pouvons-nous présumer que tout le processus d'évaluation et de décision ne prendra que quelques secondes en suivant la chaîne de commandement et que, finalement, quelqu'un entrera, frappera ou donnera un coup de sifflet pour réveiller le président ? Pouvons-nous présumer que le président sera instantanément réveillé et en pleine possession de ses moyens, en mesure d'évaluer l'information avec lucidité et attention, de peser prudemment les conséquences de l'inaction ou de l'action, sans une pensée pour son pays, ses proches ou à la Bourse ? Je suppose qu'il pourra avoir un malaise ou bien rester assis pendant plusieurs minutes, le regard totalement vide, comme on a vu faire George W. Bush dans le documentaire *Fahrenheit 9/11* de Michael Moore, après qu'il a reçu la nouvelle des attaques sur le World Trade Centre à New York, en 2001. En tout cas, je sais que c'est ce que je ferais.

Quand on dispose d'un délai de réaction de quelques minutes à peine, même avec le système le plus efficace, la pression serait trop écrasante pour que quiconque réagisse rationnellement. Alors, si l'on veut se fier à la technologie, il faudrait que le système soit programmé pour suivre à la seconde le déroulement des événements, mesurer le temps réel de réaction, puis décider du moment critique pour engager une réponse qui ne dépende pas des êtres humains et de leurs faiblesses.

La technologie nécessaire pour détecter toute menace et y réagir — satellites-relais de données munis de réflecteurs paraboliques, centres de commandement souterrains, silos à missiles, etc. — est extrêmement complexe. Je ne crois absolument pas qu'un si vaste ensemble de composantes fonctionnera parfaitement dès qu'il sera en place (mon détecteur de fumée n'a pas fonctionné la seule fois où j'en aurais eu besoin), mais la seule fois où nous le saurons sera la première occasion où il sera mis à l'épreuve. Pour fonctionner adéquatement, le système entier dépendra de la vitesse et de la précision des superordinateurs qui sont au cœur du programme de défense. Le programme informatique nécessaire pour analyser toutes les données sera plus complexe que tout logiciel jamais conçu, parce que chaque éventualité devra être prévue et programmée sans que cela gêne d'autres applications.

Nous savons que n'importe quel nouveau programme a de nombreux « bogues » et que ce n'est qu'au moment où des milliers de personnes commencent à les utiliser qu'on peut les détecter. Mais un programme peut-il être conçu pour réagir à une attaque sans être mis à l'épreuve par une vraie attaque ? Il faudra qu'il soit parfait la première fois, ce qui est impossible. Les scientifiques qui ne travaillent pas dans le secteur militaire ou qui ne reçoivent pas de subventions de ce secteur nous disent que c'est une impossibilité. Seul un président rompu à la culture scientifique peut véritablement évaluer les aspects techniques du système proposé.

Depuis que j'ai écrit *Metamorphosis*, j'ai abandonné la génétique, qui m'avait accaparé pendant vingt-cinq années. Dans les années 1970, quand les généticiens ont commencé à trouver des façons très raffinées d'isoler et de manipuler l'ADN, il était soudainement manifeste qu'il y avait là d'énormes conséquences sociales, économiques et écologiques. Pendant des dizaines d'années, les écrivains, les philosophes et les généticiens avaient spéculé sur le génie génétique et discuté ses ramifications potentielles. Je n'ai jamais rêvé que, de mon vivant, non seulement nous déchiffrerions la séquence entière des soixante-quatre codons de trois lettres de l'ADN, mais que nous serions capables de purifier, de lire et de synthétiser des séquences précises d'ADN et de les insérer pratiquement dans n'importe quel organisme, à notre gré. Le temps des organismes de conception humaine était arrivé.

Je savais que les répercussions seraient phénoménales. Comme on a reconnu tardivement les dangers posés par notre inventivité au moment de la lutte contre l'insecticide DDT puis contre les monohalogénocarbones, je croyais qu'il en serait de même avec le génie génétique — nos pouvoirs manipulateurs sont grands, mais notre connaissance du fonctionnement du monde est tellement limitée que nous serions incapables de prévoir toutes les conséquences sur le monde réel. À mon avis, il fallait être très prudent.

Mais il y avait une énorme pression dans mon laboratoire pour que l'on commence à travailler avec les nouvelles technologies de manipulation de l'ADN. Ces techniques étaient si puissantes qu'elles étaient devenues l'équivalent moléculaire d'un microscope, un outil indispensable pour presque tout type d'étude génétique. Cependant, si mon labo se mettait à exploiter ces nouvelles technologies, j'aurais tout intérêt à protéger leur utilisation et, finalement, leur application. Est-ce que je ne serais pas alors semblable à un scientifique travaillant pour l'industrie du tabac, quelqu'un avec une perspective et une motivation qui faussent la façon dont il mène ses tests, interprète ses résultats et tire ses conclusions ? J'avais accompli beaucoup plus en science que je n'en avais rêvé. Je ne m'étais pas lancé dans ce métier dans le but d'accumuler les honneurs ou les prix, ou pour faire fortune. Tout ce que j'ai toujours voulu, c'était la reconnaissance de mon ingéniosité scientifique par mes pairs.

La détournement de la génétique vers des applications monstrueuses et erronées dans la première moitié du XXᵉ siècle avait donné lieu au mouvement eugénique, à l'évacuation des Canadiens japonais et à l'Holocauste. Je savais donc qu'un débat sur le génie génétique allait prendre place et voulais y apporter une voix crédible. Je me suis donc mis à écrire une série d'articles où je déclarais mon intention de ne pas participer à cette recherche, même s'il s'agissait sans doute des moments les plus exaltants de l'histoire de la génétique. Il était important que des généticiens entrent dans le débat sans avoir d'intérêts dans la technologie.

Néanmoins, je prends toujours plaisir à constater l'immense dextérité technique des généticiens moléculaires d'aujourd'hui, et je m'émerveille qu'on ait trouvé des réponses à des questions biologiques que je ne croyais pas être résolues de mon vivant. J'ai observé ma fille mener des expériences dans des laboratoires universitaires de premier cycle qui étaient encore impensables au moment où j'ai obtenu mon doctorat. Il n'est pas étonnant que les généticiens exultent — en fait, ils sont presque en état d'ivresse. Toutefois, la hâte d'exploiter la biotechnologie me trouble profondément.

Je suis également perturbé par la hâte que mettent mes pairs et collègues de la génétique à vanter les avantages potentiels de cette puissante technologie, sans jamais considérer les dangers. À l'instar des scientifiques employés par les industries du tabac, des combustibles fossiles, par l'industrie pharmaceutique et forestière, les généticiens qui mettent sur pied des entreprises, siègent à des conseils d'administration, reçoivent des subventions ou mènent des expériences à l'aide de nouvelles techniques ont des intérêts qui faussent leurs déclarations. Comme les questions du clonage, des cellules souches et de la libération d'organismes génétiquement modifiés dans la nature refont régulièrement surface, il y a une pénurie de spécialistes en génétique qui n'ont pas d'intérêt matériel dans la technologie. Ceux d'entre nous qui n'en ont pas sont souvent qualifiés de ringards qui ne connaissent rien à ces questions. Dans leur élan enthousiaste, les scientifiques ont oublié que la génétique a un passé pour le moins trouble et ne parlent que des énormes avantages potentiels de leurs travaux tout en faisant comme si aucun danger n'existait.

Je me suis longtemps tourmenté au sujet du détournement de la génétique au profit d'idées dangereuses, des ridicules revendications de l'eugénisme à l'interdiction des mariages interraciaux, en passant par les restrictions sur l'immigration imposées aux groupes ethniques, les prétentions d'infériorité raciale, les supposées sympathies raciales des Canadiens japonais et l'Holocauste. Pour cette raison, j'ai écrit une série de chroniques qui ont mené à mon retrait final de la recherche. Je voulais préserver ma crédibilité dans le cadre des discussions sur les conséquences possibles. Dans *Science Forum*, en 1977, j'ai écrit :

Pour les jeunes scientifiques qui subissent d'énormes pressions pour publier leurs travaux afin de décrocher un poste

dans l'enseignement, un poste permanent ou une promotion, et pour les scientifiques établis qui souffrent de
« Nobelite aiguë », le chant de sirène de l'ADN recombinant est irrésistible… Dans mon propre laboratoire, il y a
maintenant une pression considérable pour cloner des
séquences d'ADN de drosophiles en E. coli… Mes étudiants et mes stagiaires tiennent pour acquises des expériences et des techniques dont on ne rêvait même pas il y a
cinq ou dix ans. Nous croyons être sur le point de vraiment
comprendre la disposition, la structure et la régulation des
gènes dans les chromosomes. Dans ce climat d'enthousiasme et d'excitation, les scientifiques estiment que le
débat sur la réglementation et les implications à long terme
de l'ADN recombinant est une entrave frustrante à la poursuite de la recherche.

J'ai conclu que, si je voulais participer au débat sur les
conséquences du travail génétique — ce que j'ai fait —, je ne
pouvais pas participer aussi à la recherche à l'aide de techniques révolutionnaires. Je poursuivais :

Les questions importantes peuvent-elles être abordées
objectivement, lorsque les enjeux sont si élevés dans la
poursuite du travail ? J'en doute. Par conséquent, je me sens
dans l'obligation de prendre position : aucune expérience
de ce genre [sur l'ADN recombinant] ne sera faite dans
mon labo ; les rapports sur ces expériences ne recevront
pas le soutien des fonds de mes subventions ; et je ne serai
pas sciemment mentionné comme auteur d'un article sur
l'ADN recombinant.

À titre de généticien, je crois qu'il y a des découvertes et des
applications monumentales à venir. Mais je sais aussi qu'il est

beaucoup trop tôt et que le moteur de l'explosion de la biotechnologie est l'argent. J'ai reçu mon diplôme de généticien en 1961. J'étais arrogant, ambitieux et rempli du désir de me faire un nom. On connaissait l'ADN et on commençait à peine à déchiffrer le code génétique ; c'était un moment délirant et le monde de la science était en ébullition. Mais aujourd'hui, quand je parle aux étudiants de ce qui constituait les idées les plus avancées en 1961, ils rient, incrédules, parce que quarante ans plus tard, ces idées semblent ridiculement farfelues.

Ces mêmes étudiants semblent scandalisés quand je laisse entendre que, lorsqu'ils seront professeurs, dans vingt ans d'ici, les idées les plus épatantes d'aujourd'hui sembleront tout aussi farfelues. La nature de toute science encore inexplorée est ainsi ; la plupart de nos idées actuelles se révèlent être fausses. Ce n'est pas un dénigrement de la science ; c'est la façon dont elle progresse. Dans un nouveau domaine, nous faisons un certain nombre d'observations auxquelles nous tentons de « donner un sens » en émettant une hypothèse. L'hypothèse ne sert pas qu'à fournir une ligne de pensée aux observations, elle permet aussi de faire des essais critiques par l'entremise d'expériences scientifiques. Au terme de l'expérience, il y a des chances que l'hypothèse soit rejetée ou modifiée radicalement pour donner lieu à une autre expérience. C'est ainsi que la science progresse dans un domaine révolutionnaire tel que la biotechnologie. Il devient carrément dangereux, donc, de nous empresser d'appliquer chaque nouvelle idée ou technique d'après un cadre théorique probablement erroné.

Les généticiens qui travaillent en biotechnologie font des erreurs et des suppositions incroyablement simples. Si on peut isoler des brins d'ADN, en faire le séquençage, les synthétiser et les manipuler, on peut facilement concevoir toutes sortes de créations originales — des bactéries qui se répandront dans nos corps pour piéger le mercure ou d'autres polluants et ensuite les extraire d'un bouton cutané, des plantes qui pourront effectuer leur cycle photosynthétique à des intensités lumineuses réduites ou à deux fois la vitesse normale, des cultures qui pourront survivre sur un sol très salin ou soustraire des engrais de l'air, et ainsi de suite. Bien que ces projets ne soient que des châteaux en Espagne, on crée parfois des entreprises pour mettre au point de telles idées. Mais si ces notions sont considérées comme des possibilités réelles, le transfert du gène de la stérilité aux plantes sauvages, la création de poissons génétiquement modifiés qui détruisent les écosystèmes, et la création de nouvelles maladies mortelles sont tout aussi plausibles. Nous ne le savons tout simplement pas.

Les biotechnologues s'intéressent habituellement à une caractéristique qu'ils veulent transférer d'un organisme à un autre — par exemple, le produit qui se comporte comme un antigel chez les plies et qui permet à ces poissons de vivre à des températures sous le point de congélation. L'ADN qui correspond à cette substance antigel est isolé puis transféré, disons, à un plant de fraise, suivant l'hypothèse que, dans ce tout nouvel environnement, l'ADN fonctionnera exactement comme il le faisait chez le poisson. Mais c'est sans compter que la sélection naturelle agit sur la somme de l'expression de tous les gènes, dans la cascade de réactions en cours, de la fécondation au développement de tout l'organisme. Le génome en entier est une entité qui fonctionne dans une séquence donnée. Quand un gène de plie est inséré dans un plant de fraise, l'ADN du poisson se trouve dans un contexte totalement étranger. Le scientifique ne sait absolument pas si le gène va s'exprimer dans son nouvel environnement, ni comment. C'est comme retirer la vedette de rock Bono de son groupe U2, le parachuter à l'orchestre philharmonique de New York et lui demander de faire de la musique dans ce cadre. Il y aura du bruit, mais on ne peut savoir comment cela sonnera.

Il est beaucoup trop tôt à ce stade de l'évolution de la biotechnologie pour commencer à créer des produits alimentaires ou médicaux, ou à les cultiver dans des champs, si nous souhaitons éviter des conséquences indésirables et imprévisibles. L'argent est la force motrice derrière la volonté de créer de nouveaux organismes. Voilà pourquoi, chaque fois que j'ose me prononcer à ce sujet, je fais face à des biotechnologues furieux qui veulent absolument savoir quand nous saurons qu'un produit génétiquement modifié est prêt à être consommé ou cultivé.

Je réponds que, lorsqu'un domaine d'expérimentation en est à ses premiers pas, pratiquement chaque recherche individuelle livre des surprises et, conséquemment, une communication dans un journal scientifique. Aux dernières nouvelles, il y avait une profusion non seulement d'articles mais de revues de biotechnologie. Cette science en est encore à ses premiers balbutiements. Quand elle aura atteint un point où une séquence exacte d'ADN pourra être synthétisée ou isolée puis insérée à un point précis de la séquence d'ADN d'un récepteur donné et que le phénotype résultant pourra être prédit avec une précision et une réplicabilité absolues, alors la science sera assez mûre pour passer aux phases suivantes d'essais élargis. Nous sommes loin du compte. La science est passionnante, mais les applications sont terrifiantes au vu de notre ignorance.

J'avais délibérément quitté la recherche, mais je n'ai pas immédiatement perdu tout le savoir qui faisait de moi un généticien. Je suis fier de ma carrière et de mon apport au domaine et, pourtant, à l'instant où j'ai cessé de faire de la recherche pour m'exprimer sur la hâte inconvenante avec laquelle les scientifiques se dépêchaient d'exploiter leurs travaux, les gens du domaine de la biotechnologie se sont soudainement rués sur moi comme si je ne comprenais plus rien à rien.

Ce sont les jeunes gens, relativement peu encombrés par

l'administration et l'enseignement, qui sont capables de consacrer leur énergie à la recherche. À mesure que vieillissent les scientifiques, ils accumulent des responsabilités qui les éloignent de la table de travail. Il y a toujours la tentation de continuer à publier pour valider leur réputation de scientifique. Il est malheureux que les scientifiques plus âgés ne reçoivent pas les distinctions qu'ils méritent pour leurs réalisations, et qu'ils ne soient pas reconnus comme des vétérans qui ont une vision d'ensemble.

Le pouvoir de la science réside dans sa capacité de décrire et de dégager des parcelles des secrets de la nature. Chaque idée ou chaque découverte révèle d'autres couches de complexité et d'interconnexions. Nos modèles sont, par nécessité, d'une absurde simplicité, souvent de grotesques caricatures du monde réel. Mais ce sont nos meilleurs outils quand nous tentons de « gérer » ce qui nous entoure. Dans la plupart des domaines, comme les pêches, la foresterie et le climat, notre but devrait être simplement de guider l'activité humaine. Au lieu d'essayer d'amener la nature à se soumettre en la matraquant et en appliquant nos idées par la force — s'ils sont plantés, les semis deviendront des arbres ; les insecticides tueront les insectes —, nous ferions mieux de reconnaître les quelque quatre milliards d'années où la vie a évolué avec ses secrets. Plutôt que d'écraser la nature, nous pourrions tenter d'imiter ce que nous voyons, et le « biomimétisme » devrait être notre principe directeur.

Mais même si nous ne nous concentrons que sur un fragment d'un quelconque processus naturel, il est possible d'apercevoir l'étonnante élégance et l'interconnectivité de la nature, qui nous révèlent à leur tour les failles dans la façon dont nous tentons de gérer la nature.

Un bon exemple des forces et des faiblesses de la science et de ses applications est notre gestion de la forêt pluviale tempérée d'Amérique du Nord. Coincé entre l'océan Pacifique et une chaîne de montagnes côtière, ce rare écosystème s'étend de l'Alaska jusqu'au nord de la Californie. À l'échelle mondiale, les forêts pluviales tempérées représentent une infime partie de la portion terrestre de la planète. Pourtant, elles supportent la biomasse la plus élevée de tout écosystème sur Terre, parce qu'il s'y trouve de grands arbres comme l'épinette de Sitka, le sapin de Douglas, le cèdre rouge et jaune, la pruche et le sapin baumier. Mais les fortes pluies caractéristiques de ce genre de forêts éliminent les nutriments du sol, le laissant pauvre en azote. Comment, alors, ce sol arrive-t-il à soutenir les immenses arbres typiques de ces forêts ? Pendant plusieurs années, la fondation David Suzuki a financé des études pour répondre à cette question, menées par l'écologiste Tom Reimchen de l'Université de Victoria.

L'azote terrestre est presque exclusivement ^{14}N, l'isotope normal de l'azote, tandis que, dans les océans, il y a une importante quantité de ^{15}N, un isotope plus lourd distinct du ^{14}N. Dans toute la forêt pluviale tempérée d'Amérique du Nord, les saumons nagent par milliers dans les rivières et les ruisseaux. Nous savons que les cinq espèces de saumons présentes dans cet environnement ont besoin de la forêt, parce que, lorsque la forêt autour d'un bassin peuplé de saumons est coupée à blanc, les populations de saumons dégringolent. C'est parce que les poissons sont thermosensibles ; la moindre hausse de température est fatale. Les saumons ont besoin de l'ombre créée par la voûte des arbres pour maintenir la fraîcheur de l'eau. En outre, les racines des arbres agrippent le sol pour l'empêcher de s'effriter dans les frayères, et le milieu forestier procure de la nourriture aux bébés saumons en route vers l'océan. Mais nous découvrons aujourd'hui que cette relation est réciproque : la forêt a également besoin du saumon.

Le long de la côte, les saumons nagent vers la mer par milliards. Avec le temps, ils croissent en incorporant le ^{15}N dans tous leurs tissus. Au moment où ils retournent à leur cours d'eau natal, ils sont comme des colis d'engrais azoté étampés ^{15}N. Lorsqu'ils retournent vers leur frayère, les saumons sont interceptés par les épaulards et les phoques dans les estuaires ; les aigles, les ours et les loups, ainsi que des dizaines d'autres espèces se nourrissent d'œufs de saumons et de saumons morts ou vifs dans les rivières. Oiseaux et mammifères font ainsi le plein de ^{15}N et, en se déplaçant à travers la forêt, laissent des excréments riches en azote partout dans l'écosystème.

Les ours sont l'un des principaux vecteurs d'azote. Pendant la migration des saumons, ils se rassemblent aux bords des rivières pour pêcher, mais, une fois qu'un ours a pris un poisson, il quitte la rivière pour aller manger seul. Un ours s'éloignera jusqu'à cent cinquante mètres de la rivière avant de s'installer pour consommer les meilleures parties — cerveau, ventre, œufs — puis retournera à la rivière prendre un autre poisson. Reimchen a montré, par une observation minutieuse, que, au cours d'une saison, un seul ours peut prendre de six à sept cent saumons. Après qu'un ours abandonne un saumon partiellement mangé, les corbeaux, les salamandres, les coléoptères et d'autres créatures consomment les restes. Les mouches pondent des œufs sur les carcasses et, en quelques jours, la chair du poisson devient un amas grouillant d'asticots, qui achèvent de consommer la chair et tombent sur le tapis forestier pour se pupifier durant l'hiver. Au printemps, des milliards de mouches adultes chargées de ^{15}N émergent de la couche de feuilles mortes juste au moment où les oiseaux d'Amérique du Sud passent, en route vers leurs sites de nidification de l'Arctique.

Reimchen calcule que le saumon fournit la plus grande quantité d'engrais azoté que la forêt reçoit de l'année. Par ailleurs, il a démontré qu'il y a une corrélation directe entre la largeur du cercle d'accroissement annuel d'un arbre et la quantité de ^{15}N qu'il contient. Les enregistrements gouvernementaux de migrations de saumons au cours des cinquante dernières années montrent que les cercles les plus larges s'observent les mêmes années que les grandes migrations de saumons. Quand les saumons meurent et coulent au fond de la rivière, ils sont rapidement recouverts d'une épaisse couche duveteuse de champignons et de bactéries qui consomment la chair du poisson. À leur tour, les microorganismes chargés de ^{15}N sont mangés par les copépodes, les insectes et autres invertébrés qui peuplent l'eau et nourrissent l'alevin du saumon quand il émerge du gravier.

Donc, en mourant, les poissons adultes préparent un festin dont pourront se nourrir leurs petits en route vers la mer. Ainsi, l'océan, la forêt, l'hémisphère Nord et l'hémisphère Sud forment une seule unité intégrée de la nature, unifiée par le saumon. Pendant des milliers d'années, les êtres humains ont pu vivre de cette productivité tout en atteignant la densité de population la plus élevée de toute société non agraire, ainsi que des cultures riches et diversifiées.

Quand les Européens ont occupé ces terres, ils n'ont vu que le potentiel économique des vastes populations de saumons. Aujourd'hui, la responsabilité des populations de saumons incombe à Pêches et Océans Canada pour la pêche commerciale, et au ministère des Affaires indiennes et du Nord pour la pêche autochtone d'espèces comestibles, et aux ministères provinciaux du Tourisme pour la pêche sportive. Il y a d'énormes conflits entre les ministères, même s'ils sont responsables de la même « ressource », parce que leurs domaines de compétence ont des besoins très différents. Les baleines, les aigles, les ours et les loups sont de la compétence du ministre de l'Environnement, alors que les arbres sont sous la responsabilité du ministre des Forêts. Les montagnes et les rochers relèvent du ministre des Mines, tandis que les rivières sont administrées par le ministre de l'Énergie (pour l'énergie hydroélectrique) ou le ministre de l'Agriculture (pour l'irrigation). En subdivisant ainsi l'écosystème, selon les besoins et les perspectives des humains, nous perdons de vue l'interconnexion de l'océan, de la forêt et des hémisphères, ce qui fait en sorte que nous ne pourrons jamais gérer les « ressources » de façon durable.

CHAPITRE 17

Une culture de la célébrité

Il est à la fois étonnant et inquiétant de constater à quel point le phénomène de la célébrité en est venu à dominer notre conscience. Non seulement les tabloïdes et les magazines comme *People* et *US*, mais aussi les médias grand public semblent obsédés par les célébrités — et pas seulement pendant des jours ou des semaines, mais des mois et des années. Quand les médias consacrent autant (ou même plus) d'attention aux célébrités qu'aux questions plus sérieuses, comment le public peut-il distinguer l'important du futile ? Notre engouement pour la célébrité a pour résultat que l'opinion d'une personne qui peut être légère ou idiote a autant de poids que les paroles d'un scientifique, d'un médecin ou de tout autre autre expert.

Songez à la façon dont l'information est présentée dans un journal : des sections entières sont réservées aux célébrités (arts et spectacles), aux sports, aux affaires et à la politique, mais peu de journaux affectent des journalistes à écrire spécifiquement sur la science et l'environnement. L'accent que nous mettons sur l'économie se traduit souvent par de grands titres sur un promoteur ou un entrepreneur, tandis que les conséquences environnementales ou sociales de l'industrie sont ignorées. Mais quand plus de la moitié des scientifiques vivants lauréats d'un prix Nobel signent un document de mise en garde — comme ils l'ont fait en novembre 1992, où l'Union des scientifiques responsables a déclaré que les activités humaines sont sur une trajectoire de collision avec le monde naturel et que, non contrôlées, ces activités pourraient mener à la catastrophe dans aussi peu que dix ans —, ils sont presque ignorés.

Leurs prédictions ont été corroborées par des rapports sur les menaces d'un nombre important d'espèces de mammifères et d'oiseaux, par la fonte de la calotte glaciaire et du pergélisol des pays circumpolaires, de même que par le blanchiment du corail attribuable au réchauffement des océans. En 2001, j'ai accepté un poste au conseil d'administration de l'Évaluation des écosystèmes pour le millénaire (EM), un comité formé par l'ONU afin d'évaluer l'état des écosystèmes mondiaux et des services qu'ils rendent (l'échange de gaz carbonique pour de l'oxygène dans l'air, la pollinisation des plantes à fleurs, l'incrustation de l'azote dans le sol, le filtrage de l'eau, etc.). Les rapports issus de ce projet de vingt-quatre millions de dollars, qui a rallié quelque mille trois cents scientifiques de plus de soixante-dix pays, brossaient un tableau dévastateur du monde naturel dont nous dépendons tous.

On a publié le rapport final en mars 2005, et, au Canada, un article en page trois du *Globe and Mail* l'a couvert. Le lendemain, le pape Jean-Paul II a été hospitalisé, et sa maladie, sa mort et sa succession ont chassé notre rapport des nouvelles. Donc, une grande étude prouvant que les écosystèmes de la Terre se dégradaient à un rythme insoutenable a fait sensation un jour, sur une page intérieure.

Nous vivons à une époque où l'armée, l'industrie et la

médecine appliquent les idées scientifiques, avec de lourdes répercussions sociales, économiques et politiques. Par conséquent, ignorer les questions scientifiques est très dangereux. Ce n'est pas que je croie que la science fournira un jour des solutions aux grands problèmes qui nous accablent ; je crois que les solutions aux problèmes environnementaux découleront beaucoup plus probablement de décisions politiques, sociales et économiques que scientifiques. Mais les scientifiques peuvent donner les meilleures descriptions de l'état du climat, des espèces, de la pollution, de la déforestation et ainsi de suite, et celles-ci devraient éclairer nos actions politiques et économiques. Si nous ne fondons pas nos actions à long terme sur les meilleures connaissances scientifiques, alors je crois que nous sommes en grand danger de succomber aux exigences de la politique et de l'économie.

Certaines « célébrités » méritent l'attention. Noam Chomsky est un professeur que j'admire énormément. C'est un linguiste très respecté des universitaires pour son hypothèse voulant que ce soit grâce à l'hérédité que le langage et la mémoire se développent dans le cerveau humain. Toutefois, sa célébrité lui vient de son rôle de critique au franc parler de la politique étrangère américaine.

C'est presque une personnalité-culte au Canada, où chacun de ses livres est propulsé au sommet de la liste des best-sellers, et il s'est gagné un vaste auditoire grâce au documentaire de l'Office national du film, *La Fabrication du consentement*. Ses incursions au Canada sont accueillies avec enthousiasme par ses admirateurs, un contraste frappant avec le traitement que lui réserve son propre pays, où il est vilipendé comme traître par de vastes portions de la société américaine. Quand Tara enseignait à Harvard, elle a vu l'annonce d'une conférence de Chomsky sur le campus, et s'est donc rendue tôt à la salle pour

J'accompagne Jane Fonda et Tom Lovejoy à une conférence tenue à Malibu (Californie).

avoir une place. À son grand étonnement, elle était la première arrivée, et quand Chomsky a parlé, il y avait peut-être trente étudiants dans la salle. Il a des adeptes en Europe, en Australie et en Amérique latine, où ses analyses gauchisantes font vibrer la corde sensible des activistes.

J'ai fait la connaissance de Noam Chomsky au début des années 1990, à Toronto, où il donnait une conférence à l'institut de technologie Ryerson.

À l'époque, les bureaux de la CBC où je travaillais se trouvaient à l'angle de Bay et College, à quelques rues de Ryerson, alors je m'y suis rendu pour voir si je pouvais le rencontrer. C'était quelques heures avant sa conférence, alors il était dans l'auditorium en train de vérifier le système audiovisuel avec quelques étudiants. À mon ravissement, il m'a accueilli chaleureusement, m'a informé que des Canadiens lui envoient régulièrement mes chroniques de journaux. Il m'a complimenté sur mes écrits. C'est une superstar, et c'était flatteur d'être reconnu aussi généreusement.

Pendant des années après que j'ai commencé à parler de questions environnementales, comme je l'ai déjà mentionné, je pensais comme Chomsky — que ce n'était pas à moi de dire aux gens que faire ni où étaient les solutions ; je n'étais qu'un messager tentant de catalyser la préoccupation publique. Mais j'ai lu de nombreux ouvrages et articles, rencontré plein de gens, acquis de l'information et des connaissances, et réfléchi beaucoup à ces questions, et tout cela a donné forme à la façon dont je vois les problèmes. Il m'est apparu évident avec les années qu'il serait très difficile et très long pour les nouveaux militants de venir à bout du même volume de matériel dans un court laps de temps. Et si les questions sont urgentes, alors ceux d'entre nous qui ont ces questions à cœur ont également la responsabilité d'aider les nouveaux venus à éviter le matériel ou les sources inutiles, et à se renseigner plus rapidement, toujours par eux-mêmes, mais avec des raccourcis.

Le défenseur des consommateurs américains, le réformateur Ralph Nader, a pris la parole à Vancouver la même semaine où Chomsky prononçait une conférence au théâtre Queen Elizabeth. C'était presque trop d'avoir deux sommités aussi éclatantes présentes en même temps. La prestation de Ralph Nader, le surlendemain soir, contrastait radicalement avec celle de Chomsky. Nader avait été invité par des infirmières en différend avec le gouvernement. Au lieu du décor somptueux du théâtre Queen Elizabeth, sa conférence avait lieu dans un cinéma d'un quartier dur du centre de Vancouver. La salle était aussi comble, et Ralph a prononcé un discours émouvant où il louait les Canadiens pour leur leadership en matières sociales (il a co-écrit un best-seller avec Duff Conacher sur les innovations du Canada dans le domaine) et a comparé les valeurs sociales canadiennes avec celles des États-Unis. Il a obtenu une ovation debout. Contrairement à Chomsky, quand on lui a demandé ce qui pouvait être fait, il a immédiatement nommé des gens, des organisations et des stratèges avec qui communiquer et travailler.

Nader a passé sa vie à motiver les gens à agir, mettant sur pied des groupes de recherche pour l'intérêt public dans les universités du Canada. Mais c'est une vie solitaire. Depuis les premières incursions de l'avocat comme défenseur des consommateurs contre l'industrie automobile, on a constamment guetté le moindre signe de faiblesse. J'ai fait la connaissance de Ralph quand j'étais à Washington pour tourner *The Nature of Things*. J'avais décidé de rendre visite à un de mes héros. Il m'a accueilli chaleureusement et il était manifestement au courant des débats qui préoccupaient les Canadiens. Son bureau était encombré de piles de livres et d'articles. En marchant dans la pièce, il m'a chargé les bras de livres, de brochures et d'articles. Il croit vraiment que l'information est la source du pouvoir.

Avant son arrivée à Vancouver pour son discours, son bureau avait téléphoné pour me dire qu'il aimerait dîner avec moi. Quand j'ai demandé le genre de mets il aimait, on m'a dit qu'il n'avait pas de grandes préférences, mais que puisqu'il était d'origine libanaise, des mets du Moyen-Orient feraient l'affaire. Allons donc pour le libanais. Tara et Severn sont venues avec moi, et Ralph était accompagné d'un associé et d'un neveu qui habitait Vancouver. La soirée a été animée et stimulante, remplie de discussions passionnées.

Ralph est une personne très sérieuse et intense. C'est devenu évident quand une danseuse du ventre est apparue et a commencé à faire cliqueter ses castagnettes, jetant son écharpe au cou des dîneurs, et les faisant se lever ou attirant leur tête

Graham Greene, l'acteur amérindien bien connu, prend la pose.

vers sa poitrine. J'étais bouche bée devant ce spectacle. Ralph ne lui a même pas consenti un regard et a continué à parler. Finalement, elle est venue à notre table, incitant une ou deux personnes à se lever pour esquisser quelques pas avec elle, avant d'insérer un billet de banque dans son soutien-gorge. Ralph n'a jamais levé les yeux et n'a pas cessé de parler. La danseuse a finalement disparu sans jamais attirer l'attention de Ralph.

À la fin du dîner, comme nous nous levions pour partir, Ralph n'a pas parlé de la danseuse du ventre, mais a seulement dit : « C'était un très bon repas. Et personne n'a trop mangé. »

Quand je vais en voyage — et surtout avant que je n'utilise le courriel — les télécopies et le courrier s'empilent très rapidement. J'ai donc divisé le courrier en différents dossiers marqués urgent, invitations à donner une conférence, première classe, deuxième classe et bof. Ce système me procure une méthode de réponse où je m'occupe d'abord des messages les plus urgents du matériel à regarder, et enfin ce qui est à classer ou à jeter.

En 1990, je suis rentré à la maison après une absence de quelques semaines et j'ai trouvé une pile de courrier que Shirley Macaulay, ma secrétaire, avait laissée sur la véranda, chez nous. Malgré l'heure tardive et ma fatigue, je n'ai pu résister à apporter au lit les deux dossiers du dessus, qui étaient assez épais, et j'ai commencé à les feuilleter. Shirley marquait d'habitude d'un onglet ce qu'elle croyait être des lettres particulièrement urgentes, intéressantes ou importantes.

Quand je suis tombé sur une lettre manuscrite de plusieurs pages sans onglet, je me suis dit que ce serait un effort, parce que les lettres écrites à la main sont tellement plus difficiles à lire, et celle-ci était longue. Mais l'écriture était magnifique et très lisible, alors j'ai commencé à lire et j'ai vite été absorbé par le contenu, qui était la réponse de mon correspondant à un discours que j'avais prononcé quelques mois plus tôt. Quand je suis arrivé à la treizième et dernière page, c'était signé « Charles ». Je me suis dit : « Charles qui ? » J'ai regardé l'en-tête de lettre à la première page, qui disait Château de Windsor. C'était du prince Charles ! J'ai cru que c'était une blague, mais il n'en était rien. Je n'ai jamais parlé de cette lettre en public auparavant.

En janvier 1990, j'avais pris la parole au congrès du Food Marketing Institute, à Honolulu, et apparemment une copie de mon allocution avait été expédiée au prince Charles. Non seulement il l'a lue, mais il m'a envoyé une réponse manuscrite détaillée. Malheureusement, quand j'ai demandé à son bureau l'autorisation de reproduire la lettre, on m'a refusé de citer seulement une phrase. Mais je peux vous transmettre l'essence de son message.

Le prince a été particulièrement frappé par ma métaphore du « syndrome de la grenouille bouillie ». D'après le psychologue Robert Ornstein, les grenouilles qui vivent dans un milieu aquatique sont dotées de récepteurs thermiques, des organes sensoriels qui détectent les grands changements de température mais pas les petits changements graduels. Selon Ornstein, si l'on place une grenouille dans un pot d'eau chaude, elle sautera immédiatement hors du pot. Mais si on la met dans l'eau froide qu'on réchauffe doucement, la grenouille finira par mourir bouillie, sans jamais enregistrer le change-ment de température. Le sens de cette métaphore pour les humains, qui ne peuvent détecter l'amincissement de la couche d'ozone, la hausse de la température atmosphérique, la radio-activité naturelle ou les agents chimiques toxiques, est évident.

Le prince ne trouvait pas seulement mon analyse brillante (c'est lui qui l'a dit, je le jure !), mais il convenait avec moi de la gravité de la crise, du caractère destructeur qu'a l'économie classique qui exige une croissance sans fin, et de la fausseté de la thèse selon laquelle l'innovation technologique va nous tirer de toute difficulté causée par nos activités. Il a décrit ses propres expériences de la façon dont les gens des pays en voie de développement s'éloignent de leurs valeurs traditionnelles, attirés par le leurre de la publicité et de notre style de vie éblouissant.

Le prince Charles m'a dit qu'il discutait avec la BBC de la possibilité qu'il anime une émission sur l'environnement. Cependant, il subissait d'énormes pressions pour modérer ses propos, même s'il croyait que des déclarations-chocs, comme celles de mon discours, étaient nécessaires. Il a terminé en me disant qu'il enverrait des copies de mon allocution à des gens d'affaires et d'autres personnes influentes, et m'a demandé de lui dire si jamais j'étais dans les parages.

Comme bien des gens, j'avais lu des articles dans la presse populaire décrivant un dauphin excentrique qui parlait aux plantes et avait des idées bizarres sur l'architecture, mais cette lettre était d'une profondeur inhabituelle. Et puisqu'il avait réagi si généreusement à mes idées, je me disais bien sûr qu'il devait être brillant. Mes beaux-parents sont anglais, je me disais donc que je grimperais dans leur estime si je leur montrais la lettre. Et j'avais raison — ils étaient tout excités.

Parce que la lettre se terminait par une invitation à y faire un saut, Tara et moi avons décidé de faire un voyage en Angleterre axé sur la visite au prince Charles. Il m'avait donné un numéro de téléphone, que j'ai composé le lendemain, et, assurément, c'était son secrétaire particulier. J'ai suggéré un certain nombre de jours où je pourrais y être, et il m'a promis de vérifier l'horaire du prince et de me rappeler, ce qu'il a fait en moins de deux jours. Il nous a réservé une demi-heure à Highgrove, la résidence d'été du prince, qui était près du lieu de naissance de Tara, à Wotton-under-Edge, dans le Gloucestershire.

Nous avons vite réservé l'avion et fait des plans pour notre visite en Angleterre, pour lire quelques semaines plus tard que le prince était tombé de cheval en jouant au polo et qu'il s'était cassé le bras. J'imaginais que notre visite serait annulée, alors j'ai téléphoné à son secrétaire, lui disant que j'avais entendu dire que le prince annulait ses rendez-vous. « C'est vrai, dit-il, mais pas les rendez-vous auxquels il tient, et le vôtre est encore à l'horaire. »

Tara et moi nous sommes envolés pour l'Angleterre et après avoir laissé nos enfants chez des parents à Wotton, nous nous sommes rendus à Highgrove, où l'on nous a fait entrer dans une grande salle aux murs couverts de tableaux. J'ai reconnu le fameux portrait de George III, le roi fou que l'on disait avoir souffert de porphyrie, une maladie héréditaire. Sous son règne, les États-Unis avaient eu leur indépendance. Posées sur des tables, il y avait de nombreuses photos des frères et sœur du prince, de ses enfants, de ses amis, mais aucune de Diana. Nous avons attendu quelques minutes — assez longtemps pour tout regarder autour de nous sans avoir l'air trop curieux. L'absence apparente de mesure de sécurité était assez étonnante, bien que je sois certain qu'aujourd'hui, les choses sont différentes. Quand nous étions arrivés à Highgrove, j'avais simplement donné mon nom à la grille d'entrée, et on nous avait tout de suite fait entrer, puis laissés seuls dans la pièce.

Finalement, le prince Charles est arrivé, le bras en écharpe, et nous a accueillis chaleureusement, en se moquant de lui-même pour sa maladresse au jeu. Il nous est si familier et est si célèbre, et pourtant, si avenant et si décontracté. Ce n'est qu'un être humain, mais il a été élevé pour ce type de vie dans les hautes sphères et c'est ce qu'il dégage dans sa façon de se tenir. On nous avait renseignés sur ce qu'il ne fallait pas faire — par exemple, appeler la Reine « votre mère » ou l'appeler Charles.

J'étais impressionné par sa silhouette — pas un soupçon de gras à la taille, et pourtant, pensez à tous ces grands dîners auxquels il assiste.

Nous avons parlé de maintes choses. Il a mentionné qu'il avait été vivement critiqué pour avoir exprimé ses vues sur l'architecture moderne, sous prétexte qu'il n'avait aucune compétence en la matière. Il s'intéressait vivement aux questions environnementales, mais voulait éviter d'être attaqué de nouveau comme il l'avait été par les architectes, alors il a demandé s'il pouvait me consulter si jamais il avait besoin de la caution d'un expert. J'ai volontiers accepté, mais je n'ai plus jamais eu de ses nouvelles, alors j'espère qu'il a d'autres spécialistes pour le conseiller. Il m'a dit comment adresser une lettre pour qu'elle se rende directement à lui, mais je n'ai jamais profité de ce renseignement.

Vers la fin de notre rencontre, qui a duré une heure, il a soudain demandé à Tara et moi ce que nous pensions des musulmans. La question a surgi à brûle-pourpoint, et nous avons tous deux bégayé que nous n'y avions pas vraiment réfléchi. « Je crois que c'est un groupe très important qu'il nous faut tenter de joindre », a-t-il répondu, et il nous a dit que son rendez-vous suivant était avec des dirigeants musulmans. L'histoire a révélé à quel point il avait un don de prescience.

Je l'ai rencontré à deux autres occasions. Une fois, quand Bob Rae était le premier ministre néo-démocrate d'Ontario, j'ai été invité à un déjeuner avec le prince et un groupe de dirigeants des communautés ethniques. Le prince était très décontracté et a suggéré d'en faire un déjeuner de travail, et de causer en mangeant. Il a entamé la discussion en demandant à chacun ce qu'étaient, selon nous, les priorités du Canada. Un banquier originaire des Antilles s'est levé et a parlé du racisme ; la première journée où il s'est présenté au travail à la banque, un gardien l'a pris pour le concierge. Une Canadienne chinoise a

La reine Élisabeth II est venue visiter les bureaux de la CBC à Toronto.

relaté ses expériences de discrimination durant son séjour au Canada, et une Juive européenne a exprimé ses préoccupations au sujet des problèmes religieux.

Comme le déjeuner se poursuivait, je me suis rendu compte que je devais représenter une autre minorité visible. J'ai finalement levé la main et j'ai dit que, comme Canadien japonais, je connaissais la réalité de la discrimination, mais que je croyais qu'il y avait d'autres priorités touchant tout le monde qu'il valait la peine de mentionner. « Je m'occupe de questions environnementales depuis un certain temps, mais aujourd'hui, je me sens comme si nous étions tous dans une voiture géante, ai-je dit, créant spontanément cette métaphore, qui fonce vers un mur de briques à cent milles à l'heure, et chaque passager se dispute à propos de la place qu'il veut occuper. Mais peu importe qui prendra place dans le siège du conducteur, quel-qu'un doit crier "donne un coup de volant et freine !" »

Quelques personnes ont ri, dont le prince, se rendant compte que nous avions mis l'accent sur nos problèmes immé-diats et personnels, mais qu'il y avait aussi des enjeux qui nous concernaient tous. J'ai utilisé cette métaphore maintes fois depuis, et l'ai peaufinée en ajoutant « ceux qui demandent qu'on donne un coup de volant et qu'on freine sont coincés dans le coffre et personne ne peut les entendre ».

J'ai rencontré le prince Charles une fois de plus à Ottawa, où de nombreux Canadiens importants avaient été invités à un déjeuner avec le prince et la princesse de Galles. Je n'aime pas ces événements, parce que je me sens toujours maladroit et que je trouve difficile de bavarder pendant que je regarde et que je suis regardé. J'admire la façon dont le prince Charles circule avec aisance, parce que je ne peux pas m'imaginer le faire jour après jour, année après année. Quand on l'a dirigé vers l'en-droit où je me trouvais, il a donné l'impression qu'il me recon-naissait de la façon dont il m'a salué. Nous avons causé une minute jusqu'à ce que la princesse Diana se glisse auprès de lui (j'étais étonné de sa haute taille) et chuchote assez fort : « Encore combien de temps ? » Elle s'ennuyait manifestement et brûlait de s'en aller. Je n'ai pas entendu sa réponse mais je me suis éclipsé rapidement.

Pendant que je suis sur le sujet de la royauté, je dois dire que, bien que je ne sois pas monarchiste, je crois que c'est épa-tant que nous ayons un gouverneur général représentant la Couronne (et des lieutenants-gouverneurs dans les provinces) pour embrasser les bébés, décerner des prix, couper des rubans et jouer un rôle important auprès du public. Cela donne à tous nos premiers ministres un répit, de sorte qu'ils peuvent se concentrer sur la tâche de gouverner. Les États-Unis souffrent de ce que leur président doive exécuter les deux fonctions.

Quand l'ex-journaliste de la CBC Adrienne Clarkson envisageait d'accepter le poste de gouverneure générale, je suis tombé sur son partenaire, l'écrivain philosophe canadien John Saul, et je lui ai dit que je croyais qu'on l'empêcherait de prendre part aux débats importants au sujet desquels il écrit. Il m'a assuré qu'il n'avait nullement l'intention d'être muselé, mais j'étais sceptique. Mais comme il l'avait dit, une fois Adrienne installée, il a continué de s'exprimer et d'écrire comme il l'avait toujours fait. Mon admiration pour eux a grandi, car ils ont apporté un certain chic à la fonction et ont rassemblé des Canadiens pour réfléchir sur d'importantes questions. J'ai été dégoûté par les critiques mesquines à propos de l'argent qu'ils ont dépensé en faisant leur travail qui, je crois, a été très bien fait.

Il y a plus de vingt ans, Tara a assisté à une réception à Ottawa en l'honneur du prince Philip, le père du prince Charles. Elle discutait dans une grande salle de réunion avec Noreen Rudd, une spécialiste de la génétique humaine, quand le prince Philip est apparu et a demandé ce qu'elles faisaient. Quand Noreen a répondu qu'elle s'occupait de génétique humaine qui s'intéressait aux effets des facteurs environnementaux sur le développement du fœtus, le prince a riposté : « Ma mère a heurté un tourne-disques une fois, mais ça n'a pas fait de mal, pas fait de mal, pas fait de mal. »

Le Dalaï Lama est un autre homme qui mérite sa célébrité. En 2002, j'ai reçu une lettre d'un bouddhiste tibétain de haut rang, de Dharamsala au nord de l'Inde, patrie du Dalaï Lama en exil, qui me demandait de m'adresser à un groupe choisi de moines tibétains au sujet de l'environnement. J'étais flatté de recevoir l'invitation, mais j'ai refusé parce que c'était pour janvier, où je savais que la pollution de l'air serait insupportable, et je ne voulais pas risquer d'endommager davantage mes poumons, qui s'étaient sérieusement affaiblis en Inde, quand j'avais tourné le reportage sur les barrages.

Toutefois, quand mes filles ont appris que j'avais refusé l'invitation, elles étaient incrédules : « Comment peux-tu refuser une invitation du Dalaï Lama ? »

« Ce n'était pas le Dalaï Lama. C'était quelqu'un de haut placé parmi les moines », ai-je protesté. Néanmoins, elles m'ont supplié d'y repenser parce qu'elles voulaient rencontrer le Dalaï Lama. Je savais que ce dernier avait un grand nombre de disciples, y compris des stars comme Richard Gere et Goldie Hawn, mais je ne trouvais pas que le tape-à-l'œil et les engouements d'Hollywood étaient des raisons suffisantes pour vouloir le rencontrer. Toutefois, j'aimais l'idée que ma famille voyage ensemble et passe du temps en Inde, alors j'ai écrit de nouveau et demandé si on pouvait encore m'inviter.

Heureusement, j'ai été réadmis dans le programme et, en fait, une séance privée d'une demi-heure a été organisée avec Sa Sainteté, à New Delhi, capitale de l'Inde. Les filles exultaient. Nous avons pris l'avion pour Delhi quelques jours avant la rencontre. En route de l'aéroport vers notre hôtel, le taxi s'est arrêté à un feu de circulation et nous avons été assaillis par des enfants qui quêtaient. Une petite fille est venue à ma vitre, indiquant sa manche vide — elle n'avait qu'un bras et tendait son unique paume. J'ai sorti mon portefeuille et lui ai donné quelques roupies comme elle détalait et que la voiture repartait. Au feu suivant, d'autres enfants nous ont entourés, et l'un d'eux s'est posté devant moi, indiquant sa manche vide. C'est alors que je me suis rendu compte que ces enfants pouvaient trouver des cibles faciles comme moi en rentrant un bras dans leur chemise. Leur ingéniosité m'a amusé.

La rencontre avec le Dalaï Lama devait se dérouler dans un grand hôtel à neuf heures trente, le matin. Nous étions conscients du privilège qui nous était accordé. Des gens ont souvent essayé pendant des années de l'approcher, et voilà qu'il nous consacrait une demi-heure, rien qu'à nous. Nous sommes arrivés tôt, dans un état fébrile, et on nous a dirigés dans un secteur où l'on nous a dit d'attendre. Il y avait des gens partout — des gardes, des confidents, des suppliants — mais ils étaient tenus à l'écart de notre salle d'attente. Le temps s'est écoulé, et nous nous sommes rendu compte que l'heure de notre rendez-vous était dépassée. Je me suis demandé si on allait nous dire : « désolé, mais il n'a pas eu assez de temps pour vous ».

Enfin, quarante-cinq minutes plus tard, on nous a dit d'aller le rencontrer au bout du couloir. Nous marchions dans le corridor faiblement éclairé, quand le Dalaï Lama en personne a soudain surgi d'une porte, a regardé dans le couloir et ricané : « Je vous connais ! Je vous regarde sur le canal Découverte ! » Nous étions devant ce visage mondialement connu, et il agissait comme si c'était moi la célébrité.

Nous nous sommes assis avec lui, et il a parlé avec chaleur et une ouverture d'esprit presque enfantine, innocente. J'avais lu un livre sur son enfance, et je connaissais l'épreuve de l'exil de son peuple. Et pourtant il était là, plein d'humour et d'espièglerie. Nous lui avons parlé de nos intérêts et de nos préoccupations au sujet de l'environnement, et il était d'accord avec l'idée générale de nos commentaires. Nous avons dit combien l'argent semblait être désormais plus important pour les gens que toute autre chose. Il s'est penché, a pris la main de Tara et a dit : « Les chiens et les chats peuvent faire ceci » en faisant semblant de lécher sa main et d'y fourrer son nez, « mais pas l'argent ». C'était un homme si enjoué, et ses paroles étaient si directes et touchantes que, à un certain moment, Sev s'est mise à pleurer. Sa Sainteté n'a pas bronché ni ne s'est détourné, embarrassé. Il a pris les mains de Sev dans les siennes, l'a regardée droit dans les yeux, et a continué à lui parler.

Quand il a abordé les questions environnementales, nous lui avons demandé ce qu'il croyait pouvoir être fait. « L'éducation est la réponse, a-t-il dit. » J'ai eu une répartie un peu espiègle : « Mais nous avons un président américain diplômé de Yale, une des meilleures universités d'Amérique. » « Ce n'est pas le genre d'éducation dont je parle », a-t-il répliqué, et je me suis senti idiot d'avoir fait mon petit malin.

Je savais que ses aides lui faisaient toutes sortes de signaux parce qu'il prenait du retard, mais il n'a jamais montré qu'il était pressé, et il a passé trois quarts d'heure avec nous. Finalement, il s'est levé pour indiquer que le temps était écoulé. On nous avait dit de lui remettre des écharpes blanches, ce que nous avons fait, et il les a ensuite mises à notre cou, à chacun de nous. Il a appelé un de ses aides et l'a prié de prendre des photos avec nos appareils, alors qu'il nous tenait les mains et souriait. « Prenez-en une autre », répétait-il, de sorte que nous ayons une bonne photo. Il était incroyablement généreux de son temps et nous a laissé un souvenir impérissable.

Apparemment, le Dalaï Lama s'intéresse depuis longtemps à la science et croit que ses moines ne devraient pas se pencher seulement sur les questions spirituelles. Pendant un certain nombre d'années, il a invité des scientifiques à s'adresser à un groupe de moines choisis dans toute l'Inde. Ainsi, en janvier 2003, j'étais un des quatre scientifiques enseignant bénévolement à ces moines. L'un était un atomicien de Georgia Tech à Atlanta, un autre, un chimiste de Long Island, et le troisième, un biologiste évolutionniste de Harvard, et moi, j'y étais pour parler de génétique et de l'environnement.

En janvier, au pied des Himalayas, c'est assez froid, le soir. Nous logions dans un hôtel aux murs de pierre et aux sols de tuiles extrêmement froids. Il n'y avait pas d'eau chaude dans nos chambres. Au mieux, nous pouvions obtenir assez d'eau tiède pour couvrir le fond de la baignoire, le bain était donc

Ma famille et moi avons le plaisir de rencontrer le Dalaï Lama à New Delhi.

une opération assez rapide. Le matin, nous marchions à peu près un kilomètre et demi par les champs jusqu'au village d'orphelins tibétains où résidaient les moines. En fait, bon nombre n'étaient pas vraiment orphelins, mais ils avaient été envoyés au Tibet par leurs parents qui demeuraient dans le pays aux mains de la Chine.

Chaque jour, je portais des combinaisons longues, un chandail épais, une veste de polar et un manteau de duvet pour enseigner dans la classe non chauffée. Avec toutes mes couches de vêtements, j'avais l'air du bonhomme Michelin, alors que les moines étaient assis jambes croisées, les bras et les épaules nus. Je donnais deux cours par jour, de deux heures chacun, entrecoupés d'une pause d'une demi-heure. N'importe quel professeur d'université canadienne serait ravi d'avoir des étudiants comme ces moines — ils étaient attentifs, posaient des questions sensées et avaient un délicieux sens de l'humour. Les interprètes étaient fabuleux. Nous avions deux jeunes hommes qui traduisaient tour à tour et qui transformaient un simple énoncé en théâtre, plein de gestes, de mouvements corporels et d'exclamations. Je pouvais prononcer deux phrases, après quoi l'interprète pérorait pendant des minutes, amplifiant l'énoncé et peut-être même ajoutant un peu de son cru. Si je faisais une blague, environ la moitié des étudiants riaient immédiatement, car ils comprenaient manifestement l'anglais ; puis il y avait les rires en différé de ceux qui ne comprenaient que la traduction.

J'ai commencé mon cours avec du matériel tiré de *L'Équilibre sacré*, leur montrant que nous ne sommes pas séparés de l'air, de l'eau, de la terre et du soleil. J'ai dit qu'on nommait jadis l'air *esprit*, qui est l'origine des mots *inspirer* et *expirer*, que nous sommes tous encastrés dans cette matrice d'air qui lie toute vie ensemble à travers le temps. Il était très clair que cela reflétait fortement les enseignements spirituels des moines.

Severn et Sarika ont été invitées à s'adresser aux enfants qui habitaient le village. Comme les moines, les enfants étaient extraordinairement attentifs et éveillés durant leur discussion sur l'environnement et sur ce que peuvent faire les enfants. Donc, même si j'avais été de prime abord un participant récalcitrant, j'ai fini par éprouver de la gratitude d'avoir rencontré Sa Sainteté et d'avoir enseigné à ces moines et aux enfants.

Je suppose que si l'attention du public est un critère, je suis une célébrité au Canada. Je n'ai jamais cherché ou aspiré à être une célébrité, mais la télévision procure un genre d'intimité que le cinéma ne crée pas. On peut regarder une émission et aller aux toilettes, paresser devant un feu de foyer ou s'étendre son lit. Alors quand les gens me croisent par hasard, ils me saluent souvent comme un vieil ami. Je ne peux m'empêcher d'être surpris chaque fois que quelqu'un m'aborde, bien que ce soit presque toujours pour me dire des choses gentilles.

Ce ne fut pas toujours le cas. Dans les années 1970, mon point de vue provoquait beaucoup de ressentiment, surtout de la part des hommes d'affaires, et ils exprimaient franchement leur désaccord. Même aujourd'hui, il y en a qui détestent mes positions. Je me suis opposé à l'invasion de l'Irak par la présente administration américaine, et j'ai applaudi la décision du premier ministre Chrétien que le Canada attende que l'ONU confirme la présence d'armes de destruction massive. Quelques semaines après que le président Bush a envoyé ses troupes en Irak, je me suis rendu à Edmonton, en Alberta. Quand je me suis levé pour descendre d'avion, un homme derrière moi m'a reconnu, s'est penché avec le sourire, et a dit : « J'imagine que vous encouragez votre ami Saddam. » J'étais interloqué, mais avant que je ne puisse bégayer une réplique brillante comme « va te faire foutre », la femme à côté de lui l'a vitupéré à haute voix, et il est parti en catimini. C'est bon d'avoir des amis tout près.

Une autre fois, je m'entraînais au YMCA de Winnipeg. J'utilisais un *cross trainer*, une des quelques machines que mes genoux abîmés par des années de jogging tolèrent, quand le jeune homme à côté de moi a dit : « Vous êtes Suzuki, n'est-ce pas ? »

« Oui, ai-je dit, mais ici, je ne suis qu'un vieil homme qui essaie de rester en bonne santé. » J'ai cru qu'il allait rigoler, mais il a rétorqué : « Vous savez, vous êtes pas mal effronté de débiter toute cette merde dont vous parlez. On devrait vous retirer des ondes. La CBC gaspille l'argent des contribuables. » Eh bien, cette fois, je n'ai pas perdu mes moyens et je lui ai dit où il pouvait mettre ses idées, m'attendant à ce qu'il m'attaque. Il est plutôt docilement descendu de sa machine et il est parti. C'est curieux, mais même si quatre-vingt-quinze pour cent des gens qui m'interpellent sont gentils et généreux, ce sont ceux qui expriment si odieusement leur désaccord qui me restent en mémoire.

Quand la CBC a lancé son concours des Grands Canadiens, en 2004, pour une série télévisée portant ce nom, j'ai été interviewé à la radio et on m'a demandé ce que je pensais de cette idée. Je m'en suis moqué, doutant qu'elle puisse signifier quelque chose. Grand quoi ? Grand bandit, millionnaire, athlète, homme, écrivain ? D'ailleurs, je déteste cette manière de choisir quelqu'un parmi des millions d'autres Canadiens et de conclure que cette personne est la meilleure. Ma mère, par exemple, n'a jamais fait l'objet d'un article de journal ni d'un reportage télévisé ; elle n'a fait que ses études secondaires, a travaillé dur toute sa vie, a mis au monde quatre enfants, et leur a enseigné à devenir responsables, à contribuer à leur pays, et pour moi, c'était la plus grande. Je ressens la même chose pour mon père.

Mais je me rends compte maintenant que l'exercice de tenter de définir la plus grande personnalité canadienne n'était ni vain, ni futile. J'étais étonné d'observer et d'écouter des conversations, souvent très animées, sur le Canada et les Canadiens. C'était fantastique d'entendre les échanges et de sentir la passion — cela nous a fait réfléchir à ce pays, à ses valeurs, et à ce qui nous distingue. J'étais surpris, et la direction de la CBC était enchantée, quand le projet a fonctionné. Selon Slawko Klimkiw, le responsable de l'époque de la programmation télévisée, soixante pour cent des votes du premier tour ont été soumis par des femmes. Je ne sais pas comment il a obtenu cette statistique, parce qu'aucune femme ne figurait dans les dix premiers. Je me disais qu'on aurait dû avoir quatre catégories : les hommes vivants et morts, et les femmes vivantes et mortes. Cependant en tant qu'exercice pour faire participer et réfléchir les gens, ce fut un succès.

Comme scientifique doublé d'un activiste, je n'avais aucune idée que je serais quelque part sur la liste. Alors quand on a annoncé les noms des candidats, j'étais stupéfait de me

En compagnie de Bruce Cockburn.

trouver parmi les dix premiers. Comme je l'ai dit plus tard en entrevue, j'aurais été honoré d'être dans les mille premiers. Quelle liste remarquable — pas une seule personne d'affaires ni, hélas, de femme, mais *trois* scientifiques (Sir Frederick Banting, Alexander Graham-Bell et moi).

Les États-Unis dominent le Canada à maints égards. Je pensais aux personnes de la liste canadienne en comparaison avec toute liste que les Américains pourraient choisir. Finalement, les Canadiens ont choisi comme numéro un Tommy Douglas, prêcheur socialiste et politicien qui a défendu la cause de l'assurance-maladie et tant d'autres causes sociales — une telle personne aurait-elle figuré même parmi les cent premiers Américains ? Je crois que notre liste à elle seule indiquait combien le Canada diffère des États-Unis.

Je rigole avec David Brower, une des grandes figures du mouvement écologiste américain.

Il est amusant de lire la liste des « Grands Américains » choisis par les Britanniques sur Internet avant une émission de la BBC, intitulée *What the World Thinks of America*. Il y a eu 37 102 votes, et les 10 premiers étaient : Homer Simpson (47,2 pour cent), Abraham Lincoln (9,7), Martin Luther King (8,5), Mr. T (7,8), Thomas Jefferson (5,7), George Washington (5,1), Bob Dylan (4,7), Benjamin Franklin (4,1), Franklin Roosevelt (3,7) et Bill Clinton (3,5). Parmi les 2,4 millions de votes déposés par les Américains pour les « Grands Américains », les résultats étaient : Ronald Reagan, Abraham Lincoln, Martin Luther King, George Washington, Benjamin Franklin, George W. Bush, Bill Clinton, Elvis Presley, Oprah Winfrey et Franklin D. Roosevelt. Intéressant. Six présidents

La revue Vanity Fair *a réuni quelques militants écologistes :* (de gauche à droite) *L. Hunter Lovins, Tim Wirth, Leon Shenandoah, Bonnie Reiss, Jack Heinz, Oren Lyons, Ed Begley Jr., moi-même, Thomas Lovejoy, Cesar Chávez, Tom Cruise et Olivia Newton-John, lors d'une conférence sur l'écologie qui s'est tenue à Malibu (Californie).*

dont deux (Reagan et Bush) seront sans aucun doute jugés très durement par les futurs historiens, deux Noirs (King, Winfrey), un scientifique (Franklin) et une femme (Winfrey).

Le premier concours de la « plus grande personnalité » a été lancée par la BBC, et plus d'un million de votes ont été déposés pour les dix premiers Britanniques, qui étaient : Winston Churchill (28,1 pour cent), Isambard Kingdom Brunel (24,6), Diana, princesse de Galles (13,9), Charles Darwin (6,9), William Shakespeare (6,8), Isaac Newton (5,2), Élisabeth Ire (4,4), John Lennon (4,2), Horatio Nelson (3) et Oliver Cromwell (2,8). Deux femmes, mais vraiment, Diana est-elle une des dix grands Britanniques ? Et j'ai dû vérifier qui était l'ingénieur Brunel.

La CBC a traité extrêmement discrètement la liste des candidats. Par exemple, même si je travaillais pour la société, je n'ai jamais eu le moindre soupçon que j'y figurais. Les employés de la CBC ont dû communiquer avec des gens avec qui j'avais travaillé par le passé pour trouver des séquences d'archives, ainsi qu'avec des amis et de la famille pour des photos personnelles, et pourtant, personne n'a rien laissé transpirer. Quand on a annoncé la liste, j'étais soufflé. Comme j'aurais aimé que mes parents soient encore vivants, parce que ce sont eux qui l'auraient le plus savouré. Après avoir subi le rejet des Canadiens, implicite dans l'expulsion des Canadiens japonais de la Colombie-Britannique, et les misères qu'ils avaient endurées dans le pays où ils étaient nés, maman et papa auraient été enchantés de voir leur enfant tenu en si haute estime.

Le soir de l'annonce des résultats du concours, nous avons reçu un appel d'Art Sterritt, un ami de la communauté éloignée gitga'at de Hartley Bay. « Félicitations pour le cinquième rang, a-t-il dit. Puisque tous ceux avant toi sont morts, c'est donc toi le Grand Canadien *vivant* ! »

« Mais Art, ai-je protesté, l'émission ne commence que dans trois heures, alors comment sais-tu ? »

« Oh, nous avons une antenne parabolique. Nous l'avons regardée de Terre-Neuve. » Hartley Bay est un minuscule village isolé du nord de la Colombie-Britannique que l'on ne peut atteindre que par avion ou par bateau, mais grâce à la technologie, il est plus branché que nous ne le sommes dans la grande ville.

Quelques semaines plus tard seulement, *Maclean's* a publié les résultats d'un sondage où les femmes de tout le pays devaient dire avec qui elles aimeraient le plus se retrouver sur une île déserte. Elles devaient choisir un nom dans une courte liste qui comprenait moi-même, le journaliste de la CBC Peter Mansbridge, le premier ministre Paul Martin, Ben Mulroney, animateur de *Canadian Idol*, et la vedette des Flames de Calgary, Jerome Iginla. J'étais sidéré quand un journaliste du magazine m'a annoncé que j'avais été choisi par 46 pour cent des femmes (55 pour cent en Alberta), alors que le deuxième rang allait à Mulroney, avec 16 pour cent !

« Où étaient toutes ces femmes quand j'étais jeune et célibataire ? » ai-je bredouillé. Plus tard, quand je me suis pavané un peu et que j'ai laissé entendre à Tara que je devais être irrésistible, elles a répondu d'un ton neutre : « David, les femmes ne sont pas folles. Elles savent que tu sais pêcher. Tu es un gagne-pain. » Ô réalité.

CHAPITRE 18

Réflexions d'un homme vieillissant

À l'occasion de mes brefs séjours à Cuba, j'ai été frappé par la façon dont les Cubains perçoivent si différemment Fidel Castro et Che Guevara. On voit partout des affiches et des t-shirts à l'effigie du Che ou arborant des slogans tirés des écrits de ce leader de la révolution cubaine tué en Bolivie en 1967, mais je n'ai jamais vu de pancarte, de statue ni de photo du président Castro dans les rues. Cela illustre sans doute sa conviction profonde que rien n'est permanent — même le soleil va mourir dans quelques milliards d'années —, qu'il est inutile de se soucier de la perception qu'auront les gens de nous après notre disparition.

Je n'ai jamais recherché les honneurs ni la célébrité, mais il y a une distinction qui m'a fait plaisir pour ce qu'elle m'a permis de faire. En 1986, j'ai reçu le prix de la Banque royale, qui m'a été présenté à l'occasion d'une cérémonie fastueuse à Vancouver, devant une foule en tenue de soirée, parmi laquelle se trouvait ma belle-famille, mon père et sa compagne, Fumiko. C'était un prix de cent mille dollars exempt d'impôt, qui m'a

Avec ma famille, à Tangwyn.

permis d'acheter notre cher Tangwyn, un petit coin de paradis dans l'île Quadra. Quand nous avons finalement acheté le *Kingfisher*, un petit yacht de croisière, en 2003, Tara a déclaré : « David, nous avons tout ce qu'il nous faut dans la vie. Nous n'avons plus besoin de rien. » Si jamais je reçois un autre prix en argent, il ira directement au fonds de dotation de la fondation David Suzuki.

Tara et moi croyons également que nous avons donné à nos enfants le meilleur de nous-mêmes — un amour illimité, de vastes expériences au Canada et ailleurs dans le monde, et une bonne éducation. Quel soutien de leurs parents leur faut-il de plus pour faire face à l'avenir ? Maintenant, nous avons pleinement rempli nos devoirs de parents ; nous le ferons peut-être, mais nous ne sommes pas obligés de leur laisser de l'argent, des biens précieux ni des propriétés immobilières.

Quand Tara et moi nous sommes rencontrés, nous aimions passer du temps ensemble au chalet de ses parents à Sechelt Inlet, au bord de la mer, sur la Sunshine Coast de la Colombie-Britannique. Nous adorions cet endroit. De l'autre côté de l'anse, il y avait une plage de vase où nous pouvions déterrer des palourdes, sentir des coques sous nos pieds et installer nos casiers à crabes. Je lançais ma ligne depuis le radeau familial et j'attrapais des morues-lingues. Nous allions en chaloupe le long du littoral pour pêcher la rascasse. Parfois, nous avions de la chance et prenions du saumon.

Mais la pression constante exercée par des gens comme moi a fait que, avec le temps, les morues-lingues ont disparu, victimes de leur appétit vorace et de leur territorialité agressive. La rascasse sur laquelle nous comptions au petit-déjeuner s'est raréfiée et sa taille a diminué. Et de plus en plus de chalets ont surgi autour de nous, avec la multiplication inévitable de chaînes stéréo compactes, de fêtes extérieures et de skieurs aquatiques que cela entraîne. De l'autre côté de l'anse, un flanc de coteau a été complètement rasé de ses arbres, puis des lampadaires et des routes sont apparues, signes avant-coureurs de l'énorme développement qui a suivi et des maisons qui luisent maintenant dans la nuit. Après quinze ans, le temps était venu pour nous de trouver notre propre refuge loin de la ville.

Nous nous sommes mis à chercher, avec l'aide des parents retraités de Tara qui pouvaient aller voir certains des endroits qui nous intéressaient. Nous avons passé des mois à éplucher les propriétés à vendre dans les îles, entre le continent et l'île de Vancouver, à la recherche de l'endroit idéal qui nous donnerait un sentiment d'isolement mais qui serait abordable et raisonnablement accessible de Vancouver. Nous avions jeté notre dévolu sur trois terrains en vente dans les îles Quadra et Cortes, non loin de la petite ville de Campbell River dans l'île de Vancouver. Quand nous avons fait quelques pas sur le terrain que Tara baptiserait plus tard Tangwyn (« lieu de paix et de guérison » en gallois), nous avons su instantanément que c'était ce que nous cherchions. Ses quatre hectares renferment de magnifiques sapin de Douglas très anciens, un petit ruisseau et à peu près un demi-kilomètre de littoral, comprenant plages, promontoires rocheux et, à marée basse, un immense bassin de marée. Un pont terrestre relie Tangwyn et l'île Heriot inhabitée, juste à côté. Tangwyn est devenu notre talisman, l'endroit où nous voulions que nos enfants ressentent un fort lien avec la nature. Et c'est devenu l'endroit où les filles et nos petits-enfants allaient apprendre à pêcher, puis à nettoyer et à apprêter leur prise.

J'aime pêcher parce que le poisson est une importante partie de mon alimentation et de la personne que je suis. Je sais que les sportifs et les écologistes prônent la pêche avec remise à l'eau, mais pas moi. Il ne fait aucun doute que, lorsqu'on « joue » avec un poisson, l'animal lutte pour sa vie. Habituellement, on joue avec le poisson jusqu'à ce qu'il soit épuisé avant de le relâcher, alors, à sa libération, c'est une proie facile pour les prédateurs comme les oiseaux et les phoques. Pêchant la truite dans un lac de l'Okanagan, dans le centre-sud de la Colombie-Britannique, j'ai remarqué des huards qui tournaient en rond autour du canot. Je me suis bientôt rendu compte qu'ils avaient appris à se saisir d'un poisson à même l'hameçon ou à le prendre dès qu'il était libéré. Les phoques de mer ont appris à faire la même chose.

Les poissons ne se portent pas volontaires pour prendre part à notre « sport », et le fait de les torturer pour le plaisir, puis de les relâcher comme si nous étions attentionnés et que nous cherchions à les protéger ne fait que perpétuer l'idée que la nature et les autres espèces sont des jouets pour notre divertissement. Je sais que les végétaliens condamnent la prise et la consommation de poissons comme l'antithèse du respect

Je m'adonne à mon passe-temps préféré, près de Tangwyn.

de la vie, mais j'accepte que, en tant qu'animal, je consomme moi-même d'autres êtres vivants (les plantes sont aussi des êtres vivants), et j'essaie de le faire avec respect et gratitude.

Si nous évitons les bouchons de circulation et que nous arrivons à prendre les traversiers aux bons moments, il faut un peu plus de cinq heures (six quand nous sommes malchanceux) pour aller de Vancouver à Tangwyn. En prenant le dernier traversier de Campbell River à Quathiaski Cove, dans Quadra, notre hâte monte et nous nous réjouissons à la vue des collines couvertes de forêt, des bancs de harengs si denses, des bateaux de pêche en quête de saumons et des aigles omniprésents prêts à plonger et à s'emparer d'un poisson insouciant. Nous éprouvons la joie de revenir là où la nature est encore généreuse et intacte.

Mais quand nous parlons à nos voisins qui habitent la région depuis cinquante ans ou plus, ils décrivent un monde qui n'existe plus dans les environs : des baies peuplées d'ormeaux, de vivaneaux rouges, de morues-lingues géantes et de rascasses aussi longues que le bras, de harengs si abondants qu'on pouvait tout simplement écumer la surface du varech pour remplir une petite embarcation en quelques minutes, et de bancs de saumons si denses qu'on pouvait les entendre arriver à des kilomètres à la ronde, quand ils frappaient l'eau de leur corps. Aujourd'hui, tout cela a disparu. Six ans après avoir acheté Tangwyn, nous pêchions la rascasse quand Tara a pris par hasard une grande morue-lingue. À la fois déçu et admiratif, je l'ai regardée décrocher l'hameçon et remettre soigneusement le poisson à l'eau. « C'est la première grosse morue-lingue que nous voyons en six ans, a-t-elle dit. Nous ne pouvons pas la tuer. »

Même si nous n'allons à Tangwyn que depuis peu d'années, cette courte période a suffi pour que nous voyions les harengs disparaître à cause des pêches insensées en période de frai, les ovaires des femelles étant très prisés au Japon. Je dis que c'est insensé, parce que le hareng est une des principales espèces-proies pour le saumon, le phoque, la baleine et d'autres poissons carnivores. Les Premières Nations ont longtemps recueilli les œufs sans tuer le poisson. Comme les harengs en période de frai forment de grands bancs, ils forment une proie si facile que Pêches et Océans Canada a émis des permis pour des périodes de pêche de dix minutes à peine — les senneurs ont le droit d'installer leurs filets pendant dix minutes, ce qui leur permet de gagner d'un coup le salaire annuel de tous les membres de l'équipage. Quelle idée délirante est-ce de croire qu'une saison de dix minutes est une pêche durable ? Il y a des années, une ouverture pour la pêche au hareng en période de frai a anéanti les grandes populations autour de Tangwyn ; les harengs ne sont toujours pas revenus.

Les ormeaux ont déjà été abondants dans les îles du détroit de Georgia, mais lorsque les plongeurs ont eu l'autorisation de les « récolter », ils se sont rapidement éclipsés et ne sont plus jamais revenus. Depuis quinze ans que nous venons à Tangwyn, nous avons trouvé deux ormeaux vivants. À toutes fins utiles, ils ont disparu, et il est fort douteux qu'ils reviennent jamais du vivant de mes enfants.

Les panopes, ces énormes palourdes dont les siphons sont très prisés en Asie, se font brutalement déloger du fond de l'océan par des plongeurs munis de tuyaux à haute pression. Ces palourdes sont comme des pépites d'or, mais nous les exploitons sans aucune idée de leur biologie ni de leur cycle de vie ; elles peuvent vivre des décennies sinon cent ans ou plus. J'ai observé, furieux et impuissant, des plongeurs passer deux jours au large de Tangwyn, pompant les panopes hors du fond marin. Nous étions enchantés lorsque nous avons trouvé, à marée basse, une petite bande de quelque cinquante panopes qui avaient échappé aux pêcheurs commerciaux, mais des ostréiculteurs les ont détruites en traînant de lourdes charges de jeunes huîtres sur elles.

La rascasse, qui a toujours été un repas assuré, a été victime de la surpêche par les pêcheurs commerciaux, qui l'expédient vivante sur le marché asiatique. Quand Pêches et Océans Canada a annoncé un quota d'une rascasse par jour pour la pêche sportive, il était évident que la pêche de ce poisson aurait dû être totalement interdite, jusqu'à ce que la rascasse puisse se renouveler d'elle-même.

Nous avons tendance à croire que l'océan est un environnement homogène dans lequel nous pouvons prendre des créatures qui sont remplacées d'une manière ou d'une autre par magie, à l'infini. Nous savons que, en général, les animaux plus gros et plus âgés sont beaucoup plus féconds que les jeunes poissons ; et pourtant, nous permettons aux pêcheurs de garder les plus gros et de remettre à l'eau les petits, comme si c'était là une saine gestion. Je crois qu'il faudrait fixer des limites de prises beaucoup moins élevées, encourager la libération des plus gros poissons et forcer les pêcheurs à cesser de relâcher les petits en attendant de prendre un poisson trophée. Quand les pêcheurs sportifs ont pris leur quota de saumons, ils visent souvent d'autres poissons, comme la morue-lingue ou le flétan, prenant des centaines de livres. Ils peuvent se pavaner avec des flétans de plus de deux mètres de long pesant plus de soixante-quinze kilos, tout en relâchant les petits (de moins de quinze kilos), ce qui est exactement le contraire de ce qui devrait se faire.

Depuis que nous avons fait l'acquisition de Tangwyn, les coupes vont bon train dans Quadra. Sur la route, de la gare maritime de Quathiaski Cove en tournant vers Heriot Bay, le grand bout de forêt vers la gauche a été coupé à blanc bien avant notre arrivée, tandis que la section à droite a été coupée il y a quelques années. La cynique bordure d'arbres laissés debout à côté de la route ne peut cacher la désolation de la coupe à blanc. Chaque jour, des camions remplis d'arbres quittent l'île. Pourtant, l'une des ironies de la mondialisation veut que, à la cour à bois de l'île, le seul bois en vente provienne de la Californie.

Un autre problème provient du fait que, de nos jours, nous habitons pour la plupart dans de grandes villes ; nous sommes devenus des animaux urbains, occupant un environnement créé par l'homme, qui est presque dépourvu de biodiversité. Nous avons quelques plantes et animaux domestiques dont nous aimons nous entourer, et nous tolérons les animaux nuisibles que nous ne pouvons éliminer, mais fondamentalement, nous habitons un milieu biologiquement appauvri, quelle que soit la région où nous vivons. Donc, lorsque nous tentons d'évaluer l'état sauvage de la nature, notre point de comparaison est si artificiel que, pour nous, le Tangwyn d'aujourd'hui semble riche et abondant.

Voilà, me semble-t-il, le grand défi qui se présente à nous à mesure qu'explosent la population et son besoin de consommer ; notre mémoire collective est si courte que nous oublions vite comment étaient les choses. Nous tenons pour acquis un petit bouquet d'arbres sur un terrain vague et puis, soudain, un jour, les arbres disparaissent. Peu après, un immeuble à logements est érigé et, en quelques mois, nous nous souvenons à peine des arbres et du terrain qui s'y trouvaient. Il en va de même partout sur la planète. Nous perdons d'incalculables richesses et jusqu'à la mémoire de ces richesses au nom du développement économique.

Dans mon enfance, papa sortait en chaloupe autour de Stanley Park, dans le centre-ville de Vancouver, et pêchait la truite fardée. Nous leurrions le flétan au large des Spanish Banks sur le littoral de la ville, nous prenions de l'esturgeon dans le fleuve Fraser, et nous montions à cheval en amont de la rivière Veddar pour attraper des truites Dolly Varden et des truites arc-en-ciel.

Mes petits-enfants n'ont aucun espoir de connaître la richesse qui a baigné mon enfance. Et il n'y a plus de souvenirs vivants des pigeons voyageurs ni des prairies couvertes de millions et de millions de bisons, proies des grizzlis, qui parcouraient le continent, de l'Ontario jusqu'au Texas. Ainsi, nous continuons à célébrer notre empreinte sur la terre, domptant ce qui est sauvage et nous rappelant ce qui fut par les noms que nous donnons aux banlieues et aux rues — boulevard des Chênes, chemin des Collines, rue de l'Orme.

Lorsque nous avons fait l'acquisition de Tangwyn, l'agent a mis beaucoup d'efforts à nous expliquer que nous pouvions subdiviser le terrain en trois lots. « Vous pourriez en vendre deux et payer le tout », a-t-il dit, comme si c'était un incitatif et une possibilité. Ça ne l'était pas. Nous sommes privilégiés de pouvoir posséder ce qui a été un jour une terre des Premières Nations et nous aimerions qu'elle fasse partie d'une plus grande entité, la forêt. La subdiviser en petits lots qui seraient vendus pour qu'on y érige des maisons est contraire à cette idée. D'une manière ou d'une autre, nous devons trouver une façon de préserver l'intégrité des terres sauvages.

Tout n'est pas désespéré si nous arrivons à dépasser le dogme qui veut que tout ce qui est nouveau est meilleur et que l'histoire et le passé ne sont que des matières scolaires. Nous pouvons apprendre beaucoup des leçons du passé. En fait, nous pouvons trouver des moyens de bien gérer les ressources et même de les renouveler et de les faire fructifier, en appliquant les méthodes anciennes.

En 1995, le géologue John Harper survolait la côte de la Colombie-Britannique à marée basse lorsqu'il a remarqué des structures semi-circulaires qui rayonnaient de la rive, à la ligne de la marée. Il a reconnu qu'elles n'étaient pas naturelles et devaient donc être le fruit d'un travail humain. Il a étudié ces structures qui ont maintenant été observées tout le long de la côte de la Colombie-Britannique, et il est désormais reconnu que les premiers habitants de la côte les ont aménagées en plaçant des pierres à marée basse. Avec le temps, la marée montante apportait des coquillages, du sable, des débris par-dessus les rochers et dans la section semi-circulaire, formant un lit parfait pour les palourdes. En fait, c'était des « jardins de palourdes » créés délibérément pour qu'on puisse recueillir les mollusques régulièrement.

Quand Severn a commencé ses études supérieures avec la réputée ethnobotaniste Nancy Turner de l'Université de Victoria, elle a appris l'existence des jardins de palourdes et a rencontré Adam Dick, un vieux sage de la tribu kwakwaka'wakw qui avait reçu une éducation traditionnelle et qui connaissait nombre de traditions perdues chez la plupart des tribus. Severn était persuadée que les structures rocheuses reliant Tangwyn à l'île Heriot n'étaient pas naturelles et elle a emmené Adam les regarder. « Oh ! oui, c'est une *loki way* », a-t-il dit tout naturellement. C'était effectivement un jardin de palourdes anthropique, ce qui expliquait également la fosse que nous avions trouvée sur la propriété, près de la plage.

Pendant des siècles, les explorateurs qui ont découvert de nouvelles terres occupées par les autochtones tenaient ces peuples pour des sauvages primitifs dépourvus des avancées technologiques de la civilisation. Ce n'est que maintenant que nous comprenons à quel point, en vérité, des milliers d'années d'observation et de réflexion avaient créé un riche fonds de connaissances qui permettaient à ces gens non seulement d'exploiter l'abondance de la nature, mais d'améliorer parfois sa productivité, qu'il s'agisse des palourdes ou de la forêt.

Le sexe a été l'une des forces motrices de ma vie. Dans notre société actuelle, les idées sur le sexe avec lesquelles j'ai grandi peuvent sembler vieillottes au mieux, naïves au pire. On valorisait la chasteté et souhaitait que la future mariée soit vierge. Où les hommes pouvaient-ils acquérir de l'expérience, je n'en ai aucune idée, parce qu'il était inacceptable sur le plan social de payer pour avoir des rapports sexuels. Quand j'ai eu environ douze ans, la puberté m'a frappé comme un mur de briques. La testostérone me martelait le corps et me détraquait le cerveau. Ce n'est qu'avec l'âge que j'ai été libéré de l'emprise de mes hormones sexuelles et que j'ai pu ne plus penser au sexe à chaque minute. Maintenant, c'est à peu près toutes les cinq minutes.

Je suis ravi de voir le rôle que joue le sexe dans la vie de Tara et de mes filles ; c'est quelque chose qu'elles aiment mais qui ne se traduit pas en un engagement permanent. Il me semble tellement plus sain de pouvoir avoir des rapports sexuels que de se restreindre à ces séances de caresses prolongées et torturantes qui passaient pour une vie sexuelle normale dans ma jeunesse. Quand j'étais jeune, la croyance était répandue selon laquelle, pour beaucoup de femmes, sinon la plupart, le sexe n'était pas un plaisir mais une tâche. On considérait que la frigidité était le lot de toute femme — notion que les femmes d'aujourd'hui rejetteraient assurément avec véhémence. Ma génération accordait beaucoup trop de valeur à l'acte sexuel en soi.

Tout comme elles sont libres d'explorer pleinement leur corps et leur sexualité, les femmes font tomber les barrières entre les sexes comme je ne l'aurais jamais cru possible. Ma fille Tamiko a décidé de se joindre à une équipe de hockey quand elle était dans la trentaine avancée. Bien que je ne l'aie pas vue jouer, c'est une telle athlète que je suis certain qu'elle s'en est très bien tirée. Malheureusement, elle a été obligée d'abandonner après quelques saisons en raison de problèmes de genoux. Quand j'étais jeune homme, nous n'aurions jamais imaginé des équipes de femmes d'âge moyen jouant au hockey. J'ai été heureux de voir Severn et Sarika jouer au basket comme jamais j'ai vu jouer les filles dans ma jeunesse. Quand j'étais au secondaire, les filles en culottes bouffantes avaient le droit de dribbler le ballon deux fois avant de le passer, un jeu complètement différent du sport mouvementé d'aujourd'hui. Ma nièce Jill Aoki a été une étoile du soccer, comme ma petite-fille, Midori.

En même temps que les femmes ont fait des percées dans le sport, du côté scolaire, elles se sont propulsées en avant. Je me souviens bien de la fin de mes études secondaires, en 1954, lorsque environ dix pour cent des étudiants de ma classe ont poursuivi leurs études jusqu'à l'université et que les garçons ont raflé presque tous les prix et les bourses. Cinquante ans

Troy et moi discutons dans la coque du Klondike, un bateau à aubes à la rénovation duquel participait Troy, à Whitehorse (Yukon).

plus tard, lorsque j'ai assisté à la collation des grades de Severn puis de Sarika, c'étaient les filles qui avaient reçu la plupart des bourses et qui s'étaient engagées dans des activités communautaires et parascolaires.

À l'université, les femmes représentent maintenant plus de soixante pour cent des effectifs au premier cycle et plus de la moitié de ceux des cycles supérieurs, des facultés de médecine et de droit. De plus, un nombre sans cesse croissant de femmes s'inscrivent en génie, en agriculture et en foresterie, secteurs traditionnellement réservés aux hommes. Les ramifications sociales de cette énorme évolution des sexes vont se manifester dans la société pendant des décennies, j'en suis certain.

Toutefois, je m'inquiète pour ces garçons qui n'obtiennent

plus les bourses comme avant et qui ne vont pas à l'université. Et ce n'est pas parce que je crois qu'ils devraient être représentés sur une base égale de cinquante pour cent avec les femmes. Je sais d'expérience que les femmes mûrissent socialement et intellectuellement beaucoup plus tôt que les hommes. Je sais que j'étais abruti par la testostérone et je me dis que je commence à peine à rattraper les femmes, sauf que la sénilité menace de me frapper à tout moment. Mon fils, autant parce que j'étais son père que pour quelque autre raison, n'a pas terminé ses études universitaires et a plutôt reçu son diplôme de la Emily Carr Institute of Art + Design. Il est un excellent menuisier et, plus récemment, un constructeur de bateau accompli, et je suis très fier de ce qu'il est devenu. Et pourtant, je m'inquiète quand je le vois dire aux autres, presque en s'excusant, qu'il n'a jamais fini l'université.

Le diplôme universitaire est-il l'étalon de la valeur d'une personne ? Si c'est vrai, c'est une erreur. J'ai autant de considération pour le talent de menuisier et de constructeur de bateau de Troy que j'en ai pour n'importe quel universitaire détenant un baccalauréat ou même un doctorat. Et chaque fois que ma voiture tombe en panne ou que les égouts bouchent, je suis rempli de gratitude et d'admiration pour les gens de métier qui me secourent.

Il est possible, comme le suggère l'institut Fraser, que le fait qu'il y a de moins en moins d'hommes en milieu universitaire reflète des normes discriminatoires, mais j'en doute. Je crois que nous avons la chance d'aligner nos priorités et nos valeurs sur le bon chemin. Oui, nous avons besoin de personnes formées à l'université, comme nous avons besoin de violonistes, d'artistes et de tant de gens compétents. Dans une société multiculturelle, la diversité est devenue notre grande force. Nous devons trouver des façons de célébrer cette diversité, surtout lorsque la barrière entre les sexes tombe de plus en plus dans la plupart des domaines professionnels et des métiers.

Le conflit entre les ambitions professionnelles des femmes et les impératifs biologiques de leur corps est l'un des plus sérieux défis que pose l'égalité des sexes. Le déclin de la fertilité après l'âge de trente ans est assez radical et mène souvent à d'importantes interventions médicales, comme la fécondation in vitro pour les femmes plus âgées. Serait-ce possible de trouver des façons pour que les femmes puissent entreprendre une carrière et avoir des enfants ?

J'ai eu une merveilleuse secrétaire, Shirley Macaulay, qui a travaillé pour moi pendant plus de vingt ans, jusqu'à ce que l'université l'oblige à prendre sa retraite. Je désespérais à la perspective de trouver quelqu'un qui pourrait la remplacer, tant comme secrétaire efficace que comme amie. Quand Shirley et moi avons finalement rencontré Evelyn de la Giroday, nous avons tous les deux admis qu'elle serait la remplaçante idéale — plus jeune, expérimentée et prête à faire preuve de fermeté, au besoin. J'ai été très déçu d'apprendre qu'Evelyn était enceinte et qu'elle voulait passer un bon bout de temps avec son bébé avant de revenir au travail. « Et si tu emmenais le bébé au bureau, où tu pourrais l'allaiter et quand même travailler ? » ai-je suggéré.

Evelyn avait des doutes, mais nous avons décidé d'essayer. Après la naissance de Ruthie, nous avons monté un parc dans mon bureau à l'Université de la Colombie-Britannique, tandis qu'Evelyn travaillait dans la pièce adjacente. Cela fonctionnait à merveille. Le bébé dormait beaucoup, et d'ailleurs, j'étais absent du bureau la plupart du temps, de toute façon. Evelyn pouvait nourrir ou changer le bébé dans l'intimité de mon bureau, et quand même exécuter ses tâches. Ce qui m'a surpris, ce sont les protestations soulevées par le corps professoral et les étudiants. Il était rare que Ruthie pleure assez fort pour qu'on l'entende à l'extérieur de mon bureau, mais les gens se sont aperçus qu'il y avait un bébé dans les parages et, plutôt que d'être intéressés par l'expérience, les universitaires se sont indignés de ce qu'ils jugeaient comme une présence inconvenante dans leurs lieux sacrés. Evelyn a fini par trouver une gardienne pour prendre soin de Ruthie chez elle, mais, heureusement, l'arrangement a fonctionné aussi longtemps qu'elle a voulu gardé sa fille près d'elle. Evelyn a travaillé pour moi pendant des années.

Le rôle le plus important que j'aie joué dans ma vie est celui de parent. Je me suis toujours consacré entièrement à mes enfants, bien que d'une façon différente de celle de mon père. À en juger par mes souvenirs d'enfance, mon père m'accordait énormément de temps. Que ce soit pour ses affaires ou simplement pour le plaisir, il m'emmenait souvent en excursion. Ces voyages ont formé ma jeunesse. Il passait des heures à écouter mon babillage et mes questions d'enfant, tentant de réagir et de répondre du mieux qu'il pouvait. Je n'ai pas réussi à en faire autant auprès de mes propres enfants.

Après la fin de mon premier mariage, je me suis engagé à être avec les enfants chaque jour que j'étais à Vancouver, et Joane, par sa grande générosité, me laissait carte blanche pour les voir. Mais souvent mon esprit était distrait, pas complètement concentré sur eux mais tourné ailleurs. J'étais trop égoïste pour me donner entièrement à mon rôle de père. Je le regrette, non seulement pour mes enfants, mais pour moi aussi. J'étais simplement incapable de me donner entièrement et de profiter pleinement d'eux.

Joane a été mon premier amour et, bien que nous nous soyons vus de moins en moins au fil des ans, j'ai toujours eu pour elle le plus grand respect. Je lui suis reconnaissant pour les années que nous avons passées ensemble et parce qu'elle ne

Tamiko (au centre), le jour de son mariage en septembre 1983, est entourée de Laura et Troy.

s'est jamais servie des enfants comme d'une arme pour me punir de mes défauts. Ils avaient été conçus dans l'amour. Quand notre mariage s'est terminé, nous n'avons pas négocié de conditions de pension alimentaire parce que, comme elle l'a dit à l'avocat stupéfait : « J'ai confiance en David. » J'ai toujours essayé d'honorer cette confiance. J'ai soutenu Joane pour qu'elle puisse remplir son rôle de mère à plein temps, ce qu'elle a fait à merveille.

Sept ans après notre séparation, j'ai dit à Joane que mon nouveau mariage rendrait les choses un peu difficiles financièrement. Sans un mot de protestation, elle m'a dit qu'elle pouvait se trouver un emploi, maintenant que Laura, notre plus jeune, était à l'école. Joane avait reçu une excellente formation de technicienne de laboratoire au Ryerson Institute of Technology, à Toronto, puis elle avait travaillé avec un microscope électronique à l'Université de Chicago. Elle a vite décroché un emploi et a joué un rôle important dans la direction du laboratoire de Pat et Edith McGeer, la célèbre équipe de neurobiologie de la UBC.

Tamiko est allée à l'université McGill, à Montréal, étudier la biologie. Elle espérait y améliorer son français, mais elle a été déçue de voir à quel point il était facile de continuer à parler anglais. À McGill, Tamiko s'est amourachée d'Eduardo Campos, un Canadien d'origine chilienne inscrit en génie qui était un as de l'informatique. Ils se sont mariés après avoir obtenu leur diplôme et ils ont décidé d'avoir une vie sans attaches, travaillant pendant un certain temps et épargnant suffisamment pour voyager partout dans le monde. Ils ont renoncé à fonder une famille pour vivre une vie de bohème.

Mais les parents latino-américains d'Eduardo y voyaient une erreur, comme moi d'ailleurs. Quand Tamiko a approché la trentaine, elle a commencé à réévaluer cette décision. En 1990, elle a donné naissance à Tamo, mon premier petit-fils, et, trois ans plus tard, à Midori, ma première et unique (jusqu'ici) petite-fille. Tamiko a été l'une de ces supermamans, occupant un emploi d'analyste chromosomique dans un hôpital tout en s'occupant de deux enfants superénergiques, qui sont devenus des athlètes vedettes. Eduardo profite de son bilinguisme en espagnol et en anglais pour travailler en Amérique du Sud et passe beaucoup de temps loin de la maison. À maints égards, Tami reprend le rôle que Tara a joué chez nous, multipliant les tâches à cause des nombreuses absences de son partenaire.

Tamo et Midori sont nés quand Sarika était encore une enfant. J'avais donc une fille en bas âge et des petits-enfants alors que je passais beaucoup de temps au loin. C'est injuste pour mes petits-enfants que je n'aie pu passer tout le temps que j'aurais voulu avec eux. J'ai aimé encourager Sev et Sarika à leurs parties de basket à l'école secondaire, mais j'ai rarement été en ville quand Tamo et Midori ont participé à des compétitions de hockey, de soccer, de planche à neige ou de football.

Les petits-enfants sont vraiment un pur délice parce que la relation est tellement différente de celle que l'on a avec nos enfants. Chaque relation humaine — entre des amoureux, des parents ou des enfants — comporte des moments de frustration, de colère et de ressentiment. C'est inévitable, parce que nous sommes des êtres humains avec des défaillances et des besoins qui peuvent entrer en conflit avec ceux des autres. Mais dans une relation d'amour, nous travaillons à régler ces conflits. Les avantages et les joies font plus que compenser pour ces moments boiteux ou éprouvants.

Avec les petits-enfants, toutefois, il n'y a pas de friction quotidienne, donc chaque rencontre est une célébration et un plaisir. Nous pouvons faire avec les petits-enfants toutes ces choses que nous évitions soigneusement avec nos enfants, comme acheter des bonbons ou des jouets extravagants, puis les laisser chez leurs parents qui doivent recoller les morceaux. C'est une joie pure sans responsabilité aucune. Et parce qu'ils ne vivent pas avec nous, les petits-enfants ne voient pas tous les défauts que leurs parents connaissent si bien en nous — alors ils peuvent nous adorer pour ce qu'ils croient que nous sommes. C'est formidable.

Quand nous avons officiellement obtenu le financement pour faire la série télévisée fondée sur mon livre *L'Équilibre sacré*, Amanda McConnell a eu la brillante idée d'inclure Tamo, à la fois pour me représenter enfant et comme rappel que notre perspective devait inclure les générations suivantes. Même si j'avais déjà emmené Tamo, quand il était plus jeune, faire l'expérience d'un camp d'algues en territoire git ga'at, j'étais nerveux à l'idée de passer beaucoup de temps avec lui, seul à seul.

Peter Cook, mon gendre, avec Laura et Jonathan, mon petit-fils.

« Que vais-je faire pour le distraire ? » me demandais-je. En guise de distraction dans le cadre de notre premier tournage, nous nous sommes retrouvés en Floride et je l'ai emmené visiter les studios Universal, où il m'a fait monter dans des manèges incroyables et nous avons passé trois merveilleuses journées ensemble. C'était un excellent compagnon, et un acteur accompli durant tout le tournage.

Laura a décidé d'étudier à l'université Queen's, à Kingston, en Ontario, où elle s'est spécialisée en psychologie. J'étais ravi quand elle a rencontré Peter Cook, un confrère caricaturiste du journal étudiant également inscrit en psychologie, dont elle est tombée amoureuse. Peter faisait rire Laura et faisait ressortir sa personnalité. Jonathan, leur fils, est un bel enfant qui a manqué d'oxygène à la naissance et qui souffre de paralysie cérébrale, un problème débilitant à divers degrés de gravité, selon les régions du cerveau attaquées. Jonathan a de graves problèmes. Il ne marchera probablement jamais et, bien qu'il soit aveugle, il semble qu'il ait développé une autre voie neuronale qui lui permet de reconnaître certains symboles et motifs, ainsi que, étonnamment, de lire.

Ce qui est très impressionnant et une vraie leçon d'humilité pour moi, c'est la façon héroïque dont ce jeune couple, Laura et Peter, joue son rôle de parents. Ce sont des parents magnifiques, mettant tout leur amour et toute leur énergie à développer au maximum les capacités de Jonathan. Comme mon petit-fils a contraint leur univers et leurs activités, les succès et les joies sont venus de leur lutte et de lentes réalisations. Je me suis souvent demandé si je serais assez solide pour m'occuper d'un enfant gravement handicapé. Est-ce que je serais à la hauteur ? Par leurs actions, Laura et Peter démontrent le bien et le potentiel qui sont en chacun de nous, je l'espère, quand l'adversité frappe.

Troy a passé de nombreuses années à essayer de comprendre sa relation avec moi, mais il est resté très lié à mon père et a même habité avec lui plusieurs années. Nous sommes redevenus proches (mille fois merci pour le courriel), et je me demande dans quelle direction évoluera sa vie. Comme bien des jeunes hommes aujourd'hui, Troy a choisi de ne pas se soumettre à la pression d'un métier compétitif, soit le modèle de la « réussite » masculine de ma jeunesse. En retour de quoi, à bien des égards, il a mené une vie plus variée et plus intéressante que la mienne.

Severn et Sarika ont quitté le nid mais sont encore très attachées à la famille. C'est merveilleux de les avoir pendant des semaines à Tangwyn, avec leurs copains. Pour elles, les horizons semblent sans limites, comparativement à ce qu'on attendait des femmes de la génération de Tara.

Après avoir obtenu son diplôme de Yale en 2001, Severn a

pris deux années pour voyager et donner des conférences à des adultes et à des groupes de jeunes, partout en Amérique du Nord. Elle a ensuite décidé de poursuivre des études supérieures en ethnobotanique. Elle travaille maintenant avec l'éminente scientifique Nancy Turner à l'Université de Victoria. À travers elle, Tara et moi nous tenons au courant des découvertes les plus stimulantes en matière de jardinage autochtone sur la côte ouest.

Même si, à titre d'enfants d'un professeur de l'Université de la Colombie-Britannique, mes enfants auraient pu fréquenter cet établissement sans payer de frais de scolarité, je leur avais dit que je payerais leur formation post-secondaire à la condition qu'ils étudient à l'extérieur de la Colombie-Britannique, parce que je crois qu'être loin de la maison constitue la moitié de l'expérience formatrice.

J'avais prié Sarika d'aller à un des endroits où elle avait été acceptée, à Mount Holyoke College ou à Smith College, au Massachusetts, deux universités pour femmes près de mon *alma mater*, Amherst. Mais en fin de compte, elle a refusé de s'inscrire à une école réservée aux femmes et a opté pour des études en biologie marine à la University of California à Berkeley. Maintenant, grâce à elle, j'ai le plaisir d'apprendre bien des choses sur les poissons, importants dans ma vie depuis toujours. Tara et moi avons offert de l'assister dans ses recherches dès qu'elle le voudrait.

Tous mes enfants sont devenus des êtres pleins de vie, intéressants, des environnementalistes engagés qui font leur part pour la société. Mes enfants et les enfants de mes enfants savent tous qu'ils ont mon amour inconditionnel et qu'ils peuvent toujours compter dessus.

Quel est le sens de la vie ? Bien que je sois aujourd'hui un ancien, je ne suis pas près de répondre à cette question. Dans les années 1960, on ne voulait que profiter de l'instant présent. Je me rappelle une grande confrontation entre les étudiants et les professeurs de la UBC. L'un des meneurs qui protestait contre les professeurs, les notes et les cours avait dit que la vie, c'était le « plaisir », et que l'université était donc inutile parce que ce n'était pas amusant. Pour moi, la vie a été et continue d'être fondée sur le *travail.* Je trouve impossible de ne vivre qu'au présent et de ne savourer que la joie éphémère. Pour moi, la vie, c'est assumer ses responsabilités et remplir ses obligations. Cela n'a pas toujours été juste pour Tara, mes enfants et mes petits-enfants, mais le sens du devoir et mes occupations m'ont éloigné d'eux, même lorsque j'étais à leurs côtés.

Je me suis toujours porté volontaire pour certains types de demandes d'aide — comme pour cette femme de Woodstock qui avait cherché des années durant à sensibiliser les gens aux problèmes environnementaux de son coin de pays. Je l'ai aidée en allant prononcer un discours afin de recueillir des fonds pour sa cause et lui apporter mon soutien. Je déteste entendre des histoires de tyrans, comme celle de ce propriétaire d'un parc aquatique de la région de Niagara qui a intenté une poursuite contre un petit groupe qui avait distribué des feuillets dénonçant les conditions des épaulards en captivité. J'ai prononcé un discours à guichet fermé et je les ai aidés à réunir des dizaines de milliers de dollars pour payer leurs avocats. Je ne peux m'empêcher de venir en aide aux communautés isolées des Premières Nations qui font face à des taux de suicide élevés chez les jeunes, à des problèmes de contamination d'eau ou à des autorités arrogantes comme les sociétés hydroélectriques provinciales.

Mais toutes ces bonnes causes m'éloignent de ma famille et de la maison, parce que, la plupart du temps, c'est la fin de semaine que je pars. J'ai été tout à fait égoïste de placer ces activités au-dessus du temps consacré à ma famille et très prétentieux de croire que j'étais seul à pouvoir faire triompher le bien.

Mon dévouement au travail s'est aussi traduit par une obsession de la ponctualité. Or, ce qui crée des tensions entre Tara et moi, c'est nos différences d'approche du temps. Elle veut tirer le maximum de chaque minute, ne pas perdre de temps en arrivant quelque part trop tôt, alors elle retarde les choses jusqu'à la toute dernière minute. Moi, j'aime avoir une bonne marge de sécurité pour les imprévus et j'aime beaucoup mieux arriver tôt et attendre. Je m'affole presque quand Tara est en retard. Elle prétend qu'il m'est déjà arrivé de prévoir tellement de temps pour la circulation et les imprévus que nous sommes arrivés deux heures à l'avance pour une séance de cinéma à West Vancouver. Mais c'est ridicule et faux (du moins, je le crois). Il est vrai, toutefois, que je suis « coincé ». Mes filles me le rappellent sans cesse.

Mes amis et même ma famille croient qu'il me sera impossible de prendre ma retraite, mais je ne suis pas d'accord. La retraite pour moi ne veut pas dire de ne rien faire d'intéressant et de significatif, ni d'attendre la mort. Il y a un tas de choses que j'ai toujours voulu faire, mais je n'ai jamais pu y allouer le temps ni l'attention nécessaires pour m'y consacrer pleinement. Par exemple, j'ai toujours voulu m'essayer à la peinture. Je l'ai dit à ma sœur Aiko, qui était une artiste, et elle m'a envoyé tout le matériel nécessaire, y compris un livre pour débutants, mais je n'ai même pas retiré l'emballage. Il y a bien des années, quand j'ai exprimé le regret de n'avoir jamais appris à lire la musique ou à jouer d'un instrument, Joane m'a acheté une magnifique flûte à bec, et je n'y ai pas touché non plus.

Pour m'y adonner sérieusement, je ne pouvais pas y consacrer qu'une heure par jour ou tous les deux jours. Je veux être capable de m'y concentrer sans avoir d'autres engagements. Peut-être n'est-ce qu'une justification pour ne rien faire, mais pour moi, la retraite signifie avoir le temps de faire quelques-

Nous avons organisé une grande réunion familiale en juin 2005. De gauche à droite, assis : *Sarika, moi-même, Jonathan (mon petit-fils), Marcia, Richard Aoki (le mari de Marcia) et son petit-fils, Malevai.* Debout : *Severn, Tara, Peter Cook (mon gendre), Laura, Delroy Barrette, Jill Aoki (ma nièce) et Makoto.*

unes des choses que je veux faire — peindre, apprendre l'espagnol, sculpter, étudier la géologie — avant que je meure et que les atomes de mon corps retournent au monde naturel d'où ils sont venus.

Les êtres humains portent ce terrible fardeau que la conscience nous a infligé — la connaissance que nous, comme toutes les autres créatures sur terre, allons mourir. C'est de cela que la religion tente de nous consoler, l'insupportable idée de notre disparition. Croire en la vie après la mort est une façon de supporter cette vérité, bien que cela m'attriste de voir des gens se soucier si peu de cette vie-ci parce qu'ils croient qu'ils

La tradition de la pêche se maintient : Sarika et Severn viennent de prendre une morue-lingue.

vivront éternellement après avoir quitté ce monde. Il semble même qu'il soit préférable de se faire exploser que de pleinement vivre une vie quand on vous promet soixante-dix vierges au paradis (quoique, à vivre une éternité, les vierges ne satisferont pas longtemps). J'ai été athée toute ma vie adulte, mais, adolescent, je voulais désespérément croire en un dieu.

Je n'aime pas penser à la mort, parce que je m'en trouve très mal à l'aise, non pas à cause de la peur de mourir, bien que, mis à part une mort subite accidentelle ou une mort lente due à la vieillesse, toute autre forme de mort me semble une manière minable de s'en aller. Non, ce que je n'aime pas, c'est l'idée que ce type qui me regarde dans le miroir, cette personne emprisonnée dans mon crâne plein de souvenirs qui font de lui ce qu'il est, ce gars qui a connu la douleur, la joie, les réflexions, qui a existé pendant un éclair si bref dans toute l'éternité va s'éteindre pour toujours à sa mort. « Pour toujours » est un si long moment, et soixante-dix, quatre-vingts, quatre-vingt-dix et même cent ans, un intervalle si minuscule dans l'infini du temps.

En tant qu'athée, je n'ai pas d'illusions sur ma vie et sur ma mort ; elles sont insignifiantes en regard du cosmos. C'est pourquoi j'ai refusé les demandes de donner mon nom à des écoles, de laisser mon nom comme candidat à la présidence d'une université ou de me porter candidat au poste de recteur d'une autre université. Je n'ai pas le temps de gonfler mon curriculum vitae ni d'accepter un poste purement honorifique.

J'ai assisté à un potlatch, un rassemblement cérémonial, pour le centième anniversaire de naissance du chef haida Watson Price. En réfléchissant à la signification de son anniversaire, j'étais sidéré en pensant au monde dans lequel il est né, un monde sans avions, sans réfrigérateurs ni téléviseurs, sans ordinateurs ni même voitures. Il a grandi dans la tradition de son peuple, dont les racines remontent à des milliers d'années.

Maman et papa célèbrent leur cinquantième anniversaire de mariage, le 21 mars 1984, à peine deux mois avant le décès de maman.

Et, par le souvenir des histoires et des leçons de ses grands-parents, il représente une mémoire vivante du début des années 1800. On se souviendra de la plupart d'entre nous beaucoup moins longtemps. En fin de compte, quand nous réfléchissons au sens de notre vie et au souvenir que nous laisserons, que pouvons-nous demander de plus que d'être évoqués avec affection et respect par les quelques personnes qui survivront une ou deux autres décennies, par nos enfants et nos petits-enfants ? J'espère que, lorsque le temps sera venu de mourir, je le ferai avec autant de dignité que mon père.

Après la mort de ma mère, papa a rencontré une femme, Fumiko Gondo. Elle était venue du Japon pour vivre avec sa fille, Naoko, qui travaillait à Vancouver. Fumiko était d'origine coréenne et avait grandi au Japon, mais elle ne parlait pas

Mes beaux-parents, Harry et Freddy Cullis, à l'occasion du quatre-vingt-sixième anniversaire de naissance de Freddy.

anglais. Elle et papa ont commencé à faire des promenades ensemble, et papa profitait de l'occasion pour rafraîchir son japonais. Ils ont fini par passer tout leur temps ensemble, et c'est même papa qui a conduit Naoko à l'autel, quand elle s'est mariée au Japon.

Fumiko était une femme charmante, et elle et papa formaient un fameux couple. Au début des années 1990, quand papa a souffert d'une tumeur cancéreuse à l'abdomen, Fumiko était terrassée. Même s'il n'avait pas de douleurs, il a perdu l'appétit et s'est mis à perdre du poids et des forces. Il était en train de mourir. Papa avait toujours dit qu'il n'avait pas une grande peur de la mort. « J'ai eu une belle vie et je n'ai pas de regrets », disait-il.

Chaque jour, Fumiko faisait bouillir de grandes quantités

Noël 2003. De gauche à droite, en avant : *Severn, Huckleberry, Tara, Eduardo Campos (le mari de Tamiko)* et *Tamo (mon petit-fils).* À l'arrière : *Tamiko, Midori (ma petite-fille)* et *Sarika.*

de riz afin de produire un gel épais de concentré de riz, que les Japonais apprécient pour ses propriétés nourrissantes et médicinales. J'encourageais papa, qui acceptait d'en prendre quelques cuillerées, mais à qui l'effort donnait souvent des haut-le-cœur. Finalement, un voisin médecin m'a dit qu'à ce stade de son cancer, papa ne mourrait pas de faim, et qu'il ne fallait pas nous acharner à le nourrir s'il ne pouvait pas manger. C'était un énorme soulagement.

J'ai déménagé chez papa pour l'accompagner au cours des dernières semaines de sa vie. Il était encore alerte et s'intéressait à ce qui se passait dans la famille. Chaque soir, Tara et les filles venaient et, parfois, elles apportaient des diapositives de nos voyages, souvent de ceux que nous avions faits avec papa et maman. Il accueillait Tara en disant : « Bon, quelle aventure as-tu pour moi ce soir ? »

La dernière semaine, mes sœurs sont arrivées, et nous avons évoqué des souvenirs de nos vies. J'ai été frappé par le fait que, pas une fois, nous nous sommes plaints que la vie ait été difficile ou que nous ayons manqué de quoi que ce fût. Au lieu de cela, nous avons ri et pleuré au fil des histoires de famille, des amis et des voisins, et en nous remémorant des choses que nous avions faites ensemble pour enrichir nos vies. Nous ne nous sommes pas vantés de nos possessions, de notre richesse ni de nos réalisations. Il n'y avait que des relations humaines et des expériences partagées, et c'est ça, la vie.

La grande réussite de papa, chaque jour, était de sortir du lit et de se rendre à la salle de bains, pour essayer d'aller à la selle. Il avait tellement maigri que la peau de ses fesses pendait. Il était si faible que le seul fait de se rendre aux toilettes et d'en revenir était un exploit. Parfois, dans l'effort de sortir ses jambes du lit et de les poser sur le sol, il avait de petites fuites qui l'embarrassaient terriblement. Nous avons acheté des matelas de caoutchouc pour placer sous les draps et j'ai finalement proposé qu'on règle le problème avec des couches. Il jurait qu'il ne les porterait pas. Finalement, après un accident particulièrement salissant, j'ai téléphoné à Tara et lui ai demandé d'en acheter. Il m'a entendu et, encore une fois, s'y est objecté d'une voix faible. Quelques heures plus tard à peine, il sombrait dans le coma, sa respiration est devenue plus irrégulière, et a finalement cessé. Je crois encore que l'idée d'être obligé de porter des couches a été le comble de l'outrage, et il est simplement parti d'une mort paisible à quatre-vingt-cinq ans.

Pendant qu'il agonisait, j'ai écrit la notice nécrologique de papa, et il l'a lui-même peaufinée. « N'écris pas "s'en est allé", disait-il. Écris "il est mort". » Voici la notice :

Carr Kaoru Suzuki est mort paisiblement le 8 mai 1994, à l'âge de quatre-vingt-cinq ans. Ses cendres seront répandues dans le vent, à l'île Quadra. Il puisait beaucoup de force dans la tradition japonaise du culte de la nature. Peu avant de mourir, il a dit : « Je veux retourner à la nature d'où je suis venu. Je ferai partie des poissons, des arbres, des oiseaux — voilà ma réincarnation. J'ai eu une vie riche et bien remplie, et je n'ai pas de regrets. Je vais vivre encore dans vos souvenirs et par mes petits-enfants. »

Papa s'était intéressé au shinto vers la fin de sa vie, et ses croyances shinto correspondaient bien au sentiment qui unit les Premières Nations à la nature. Si les lois de la physique s'appliquent à nos corps, nous sommes certainement faits de la terre, à travers l'air, l'eau et la nourriture que nous ingérons, et quand nous mourons, les atomes qui composent nos corps ne disparaissent pas mais sont recyclés et retournent à la biosphère. Nous retournons donc à la nature, qui nous a donné la vie. Comme le dit la notice nécrologique de papa, nous serons toujours partout. J'aime cette idée, quoiqu'elle ne satisfasse pas, comme le fait la religion, le désir égotiste de continuer à exister sous une forme consciente ou une autre.

Des années après la mort de papa, un intervieweur, qui connaissait l'importance que mon père a eue pour moi, m'a demandé si sa mort avait été l'un des moments les plus pénibles de ma vie. J'ai dû répondre non. Comment le serait-ce ? Lui et maman me manquent terriblement et je pense à eux tous les jours, mais papa a eu une vie heureuse et bien remplie, il a été lucide jusqu'à quelques heures avant sa mort, n'a ni souffert ni craint la mort.

Les sentiments exprimés dans la notice nécrologique de papa sont ceux que j'aimerais voir dans la mienne. J'ai eu une vie pleine et heureuse. J'ai agi égoïstement d'après mes priorités et mes impulsions, souvent alors que j'aurais dû passer une partie de ce temps auprès de ceux que j'aime. S'il est vrai que j'ai fait du mal à autrui, y compris à ma propre famille, ça n'a jamais été de façon délibérée ni par méchanceté. J'espère que ma vie pourra se résumer en un ajout positif à la grande famille humaine.

Peut-être qu'une ou deux émissions que j'ai présentées à la télévision ou à la radio seront diffusées de nouveau quand je serai mort, peut-être qu'un ou deux des livres que j'ai écrits seront lus. Ce serait bien. Mais le seul véritable héritage de valeur que je laisse, ce sont mes enfants, et par eux, mes petits-enfants. Ceux-ci se souviendront peut-être de quelque chose qu'ils ont appris de moi ou partagé avec moi, et, si je suis chanceux, ils transmettront même peut-être ce petit bout de connaissance à leurs petits-enfants. Alors, au plus, quatre générations pourraient se souvenir de moi. Ma mère était la personne la plus gentille et effacée que j'aie connue. J'ai du chagrin en pensant que, lorsque mes sœurs et moi mourrons, elle s'effacera rapidement des mémoires, réduite à quelques fragments dans le souvenir de mes enfants. Pourquoi, alors, souhaiterais-je être plus que cela ? Mon père insistait pour laisser des arbres en cadeau, un geste qui assurait que, aussi longtemps que ces plantes s'épanouiraient, il serait présent, d'une certaine manière.

C'est une triste époque pour quitter cette vie. J'ai été témoin de la disparition et de la destruction d'une si grande partie de ce que j'aimais dans le monde naturel. Il est normal dans le processus évolutif de la vie sur Terre qu'une espèce disparaisse — 99,9999 pour cent de toutes les espèces qui ont déjà existé ont disparu. Mais nous sommes une espèce qui en est encore à ses premiers balbutiements et qui est arrivée très récemment ici, il y a peut-être quelque cent cinquante mille

C'est ma photo préférée de papa, lors d'un moment de détente à Windy Bay, à Haida Gwaii.

ans, sur les plaines d'Afrique. Et maintenant, ce qui était pourtant impensable — la disparition de notre espèce —, est tout à fait concevable. Notre lancée vers la domination planétaire a été spectaculaire, mais nous n'avons pas pleinement compris le prix de cette réussite. Ce fut mon lot dans la vie que d'être une Cassandre, mettant sans arrêt les gens en garde contre le désastre imminent, mais je ne tire aucune satisfaction à la pensée que mes inquiétudes pourraient être confirmées par la génération de mes petits-enfants.

Mes petits-enfants représentent mon enjeu pour l'avenir immédiat. Mon plus fervent espoir, c'est qu'ils puissent dire un jour : « Grand-papa faisait partie d'un grand mouvement qui a aidé à améliorer les choses pour nous. » J'espère aussi qu'ils se souviendront de ma leçon la plus valable et diront : « Grand-papa nous a montré à prendre un poisson et à le nettoyer. Allons en pêcher un pour le dîner. »

La fameuse photo à la feuille de vigne a été prise pour l'émission de The Nature of Things with David Suzuki *intitulée* Phallacies.

Index

Table des matières

Imprimé sur du papier 100 % postconsommation,
traité sans chlore, certifié Éco-Logo
et fabriqué dans une usine fonctionnant au biogaz.

MISE EN PAGES ET TYPOGRAPHIE :
LES ÉDITIONS DU BORÉAL

CE DEUXIÈME TIRAGE A ÉTÉ ACHEVÉ D'IMPRIMER EN MAI 2006
SUR LES PRESSES DE MARQUIS IMPRIMEUR
À CAP-SAINT-IGNACE (QUÉBEC).